프랑스의 나치협력자 청산

드골의 과거사 정리방식과 친일파 청산

프랑스의 나치협력자 청산

드골의 과거사 정리방식과 친일파 청산

주 섭 일 지음

도서출판 사회와 연대

드골의 과거사 정리방식과 친일파 청산

친일파 청산문제의 소용돌이 속에서

'프랑스의 대숙청' 초판이 출판된 지 5년이 지났다. 그 동안 '프랑스의 대숙청'에 관한 많은 논평과 해설이 있었다. 대부분 호평이었고 악평을 하는 경우는 거의 없었다. 많은 사람들이 서점에서 책을 살 수 없다는 목소리가 들려 초판의 미흡한 점을 전면적으로 보완해 개정신판을 내기로 결정했다. 그래서 상당기간 드골 장군의 '전쟁회고록'과 '희망의 회고록'을 정독했고, 최근에 나온 새로운 연구업적들을 모두 섭렵했다.

그리고 초판을 다시 정독하고 수정 보완할 점이 있는지 자세히 검토했다. 그러나 크게 수정할 점은 보이지 않았고, 드골의 나치협력자 대숙청 경위와 진상, 그리고 평가들을 크게 만족스러운 것은 아니지만 입체적이며 종합적으로 한국의 독자들이 이해하기에 쉽게 쓴 필자의 노력이 대체로 잘 반영된 것으로 판단했다. 그러나 드골의 회고록과 새로운 연구업적을 검토한 결과 보완해야 할 점이 상당히 발견되었고 읽기 쉽게 다듬어야 할 부분도 있었다.

그래서 드골의 나치협력자 숙청에 대한 그 자신의 평가와 논평들을 대폭 보완해 수록했다. 특히 과거에도 미국학계에서 많은 연구업적들이 나오고 있는데, 이번에도 예외가 아니었다. 듀크대학교 카프란 교수의 '적과 내통한 이적죄, 브라지야크의 재판'은 2002년에 프랑스에서 출판된 탁월한 연구업적이다. 또 프랑스 브릴아스의 신판

프랑스의 나치협력자 청산

'자유 프랑스'도 나와 참조하지 않을 수 없었다. 특히 2003년 가을에 파리에서 출판된 "한 줌밖에 안 되는 비천한 인간들"은 〈2차 세계대전 후 프랑스사회의 숙청〉이라는 부제에서 보듯 21세기에 처음으로 드골의 대숙청을 다룬 역작이다. 드골이 숙청개시 전 나치협력자들을 한 줌밖에 안 되는 '비천한 것들'이라고 비난한 말을 그대로 제목으로 달아 나치협력자 재판의 의미를 다시 성찰하게 한 논문집으로 개정신판에 많이 참조해 보충했다.

브리자야크재판을 필자도 자세히 다루기는 했으나 300쪽에 달하는 카프란의 책은 21세기 유럽 극우파의 동향과 접목시키면서 브파지야크에 대한 처리과정을 새롭게 해석한 점이 돋보인다. 필자는 그의 견해를 긍정적으로 수용해 브라지야크의 재판에서 대폭 보완했다. 그리고 초판에서 계속되는 나치협력자 숙청을 다룸에 있어 끝나지 않는 재판들이 미정의 상태로 기록한 경우가 있었다.

그래서 칠레의 군사독재자 피노체트와 프랑스 최후의 나치협력자라는 모리스 파퐁의 재판과 그 후의 우여곡절들을 프랑스의 르몽드와 영국의 가디언 등 언론보도에서 필자가 모은 자료를 분석해 수정 보완했다. 헤이그에 있는 유엔국제전범재판소가 유고내전에서 세르비아계의 인종청소 등의 책임을 물어 세르비아 전대통령 밀로세비치를 반인도적 범죄자 주범으로 재판하는 사실도 함께 소개했다.

그리고 초판에 없는 에필로그를 추가했다. 프랑스의 나치협력자 숙청의 역사가 우리의 친일파문제와는 어떠한 연관성이 있는지를 따져보고 21세기 현안으로 제기된 '친일반민족행위 진상규명 특별법'의 의미는 무엇인지를 생각해 보았다. 초판이 나온 후 급속히 진전된 한국사회의 친일파청산에 분명히 '드골의 나치협력자 숙청효과'가 있다는 사실을 발견하고 이를 지적했다. 남의 나라 이야기이지만 우리가 참조하고 타산지석으로 삼아야 할 교훈이 확실히 있다는 생각으로 에필로그를 썼다.

마지막으로 첨언하고 싶은 것은 많은 독자들이 '숙청'이라는 표현이 과격하다는 반응이었고 다른 표현을 쓸 수 없느냐는 문의들이 있었다. 필자는 동의는 하면서도 모든 연구서와 관련서적들이 한결같이 '숙청-Epuration'이라는 용어를 통일적으로 사용하고 있어 그대로 두기로 했다. 그러나 개정신판의 제목을 〈프랑스의 나치협력자 대숙청, -드골의 민족반역자 청산과 친일파문제〉로 바꾸었다. 보다 구체화된 제목으로 독자에게 접근하려는 노력이다.

한국의 국회가 '친일반민족행위 진상규명 특별법'을 간신히 통과시켰다. 아무튼 '프랑스의 나치협력자 청산'은 친일파 청산에 실패한 한국에게는 도덕적 민주주의 국가건설을 위한 중요한 교훈이 된다는 필자의 생각에는 변함이 없다. 특히 2004년 8월 유럽을 돌아보았다. 때마침 나치로부터 파리해방 60주년과 바르샤바봉기 60주년을 취재할 수 있었다. 유럽은 '영원히 기억하자'고 외치고 있는데 우리는 '망각하자'고 떠들고 있다.

우리가 왜 친일파의 매국행위를 '기억해야' 하며 이제 기록으로나마 진상을 규명해 후세에 남겨야 하는지 이유를 「부록」에 실었다. 친일파 문제를 유럽의 과거청산과 비교한 「부록」을 주목하기 바란다. 아울러 독자 제현의 지도편달을 거듭 바란다. 도서출판 '사회와 연대' 오영환 대표와 편집진에 감사드린다.

2004년 8월 용인수지 서재에서

프랑스의 나치협력자 청산

책머리에

　프랑스 드골 장군의 나치협력자 숙청에 관한 책을 세상에 내놓는다. 이 책은 과거에 낸 것들과 크게 성격을 달리하는 나의 저술이다. 주로 신문에 발표한 칼럼이나 해설기사 및 월간 종합잡지 등에 발표했던 글들을 모아 시사평론집을 낸 것이 지난날의 나의 책들이라면 이 책은 순전히 처음부터 끝까지 '프랑스의 나치협력자 대숙청'에 관하여 연구하고 성찰한 것을 서술한 하나의 이야기이면서도 일종의 논문이라고 말할 수 있다.

　유럽에서 1972년 7월부터 1995년 10월까지 처음에는 중앙일보 주프랑스 특파원으로, 1989년부터는 세계일보 유럽총국장으로 일하면서 언제나 뇌리에 맴돌았던 상념이 드골의 나치협력 민족반역자 숙청문제였다. 특파원 시절 리옹 지역 나치게슈타포 총수 크라우스 바르비에 대한 재판과 1990년대 초반 비시정권의 리옹 지역 민병대장 폴 투비에 재판을 직접 취재한 경험이 이 책을 쓰는데 결정적 도움이 되었다.

　프랑스에서 언론활동을 하는 동안 미국 연구자들이 프랑스에 수년간 머물며 뉘른베르그의 나치독일 수괴에 대한 국제전범재판과 일본의 전쟁범죄자들을 재판한 도쿄재판의 전주곡으로 드골의 나치협력자숙청을 연구하는 것을 직접 보았다. 그들의 연구는 미국적 시각을 어느 정도 담았지만 프랑스 최대의 연구업적으로 평가되는 로베르 아롱의 '숙청의 역사'나 '프랑스 해방의 역사' 또는 '비시정권의 역사'와 나란히 훌륭한 연구서로 평가받고 있다. 프랑스의 숙청에 관해서는 지금도 수많은 연구가 진행되고 있으며 연구업적들이 끊임없이 책으로 묶여 나와 세계의 서점가를 장식하고 있다. 그런데 '드골의 나치협력자 숙청'을 가장 잘 알아야 할 나라인 한국에서 단 한 권의 번역서조차 출판되지 않았다는 사실은 나를 무척 놀라게 했다.

1995년 '역사비평'사에서 해방 50주년을 맞아 특집을 만들면서 '드골의 숙청'에 관한 원고를 청탁해와 개략적인 내용을 기고한 적이 있는데 귀국해 보니 이것이 국내에서 이 방면의 유일한 논문이라고 했다.

드골의 나치협력자 숙청은 외세의 지배를 받은 민족이 그 치욕적인 역사의 흔적을 어떻게 말끔히 처리하고 치유하는가를 보여주는 하나의 전형이다. 프랑스 해방 후 드골은 민족을 배반한 자들을 민족과 정의의 이름으로 철저히 응징, 처단하고 그 바탕 위에서 오늘의 자랑스러운 민주주의 선진국 프랑스를 건설했다.

이와 반대로 우리 사회는 해방 이후 오늘까지 친일 반민족 집단이 지배세력으로 군림해오고 있다. 당연히 드골의 과거 청산작업은 우리에게 부러움과 관심의 대상이 되지 않을 수 없었다. 그런데도 우리는 이에 관한 번역서 한 권조차 갖지 못한 채 새로운 밀레니엄을 맞으려 하고 있다. 프랑스의 나치협력자 숙청에 관한 한 우리 사회는 관심과 정보부재라는 모순 속에서 살아온 것이다.

드골의 나치협력자 숙청을 국내에 소개해야겠다는 의무감을 느끼고 있던 차에 때마침 언론계 후배인 전 경향신문 정치2부장 윤덕한 형이 찾아와 이 책의 집필을 권했고, 그래서 쓰기로 결심했다. 그는

프랑스의 나치협력자 청산

자신이 출판사를 차려 이 책을 첫 출판 작품으로 삼겠다고 말했다. 이것이 1년 전의 일이다. '역사비평'에 소개한 드골의 숙청에 대한 나의 논문이 이 방면의 유일한 글이라고 나에게 가르쳐 준 사람이 바로 윤형이다. 때마침 한국언론재단에서 언론인저술 지원금을 받게 되어 작업에 들어갔다. 그러나 방대한 자료들을 읽고 종합하고 분석해 한국실정에 알맞게 압축적으로 재구성하는 작업은 참으로 어려웠다.

드골의 나치협력자 숙청이 워낙 광범위하고 복잡한 역사적 작업이었던 만큼 그것을 한 권의 책으로 엮다보니 부족한 점이 한둘이 아니다. 이것은 앞으로 기회가 오면 수정 보완할 계획이다. 도서출판 중심 윤덕한 사장과 한국 언론재단의 지원에 감사를 드린다.

1999년 4월 15일 평촌에서

드골의 과거사 정리방식과 친일파 청산

차 례

머리말 / 친일파 청산문제의 소용돌이 속에서 ……………………5
책머리에 ……………………………………………………………8

제1장
드골, 지식인과 언론인들 대거 심판하다
― 나치협력자 숙청, 서막부터 엄정한 응징

프롤로그 / 드골이 나치협력자를 청산한 이유 ………………… 16

1. 드골, 알제서 '민족반역자 숙청' 시작하다 ………………… 23
   ― 루스벨트와 처칠, 비시파와 숙청중단 요구거부

2. 비시정권 내무장관 퓌슈 사형으로 숙청 막 올리다 ……… 34
   ― '드골의 슬기롭지 못한 행동 자제시켜야 한다'(처칠)

3. 파리해방의 환희와 나치협력자 175명 응징 ……………… 45
   ― '연합군의 독일공격 길트기 위해 전투 나서자!'

4. 나치협력자 발본색원하는 '재판'의 하이라이트 …………… 56
   ― 국제사회와 언론 ― 지식인 재판 귀추에 관심집중

5. 문호 카뮈와 모리악의 재판 대논쟁 ………………………… 70
   ― 카뮈, '내일을 말하는 것은 증오 아니라 기억에 의한 정의다'

프랑스의 나치협력자 청산

차 례

6. 드골, 카뮈 등 저항작가의 브라지야크 사면청원 거부 ·················· 82
   ―"지식인의 배반은 오만의 배반으로 나라 팔아먹는다"(드골회고록)

제2장
1차 대전 영웅 페탱, 최고 이론가 모라스, 악질총리 라발의 심판
   ―'나치괴뢰 비시정권은 민족반역 집단이다'

1. 프랑스 민족주의 이론의 석학 모라스에 종신징역 선고 ················ 102
   ―리용숙청재판소, 파시스트 세력에 결정적 타격가하다

2. '방송나팔수' 처형과 저항작가 지탄받은 지드의 숙청 극적 모면 ········ 109
   ―'나치의 앵무새' 방송숙청과 '좁은 문'의 문호 지드의 경우

3. 독일 망명처에서 비시정권 국가원수 페탱의 귀환 ······················· 121
   ―드골의 군선배 스위스 망명주선 거부하고 귀국한 이유는

4. 페탱은 과연 나치협력 민족반역자인가―페탱재판(1) ···················· 137
   ―'나는 프랑스를 보전했고 국내서 해방을 준비했다!'(페탱의 선언)

5. '비시정권의 활동, 불법이며 무효다'―페탱재판(2) ······················ 156
   ―최고재판소, 페탱에게 사형선고 내리다

6. 조국을 팔아먹으려 광분한 반역 총리의 최후 ··························· 170
   ―드골, 파시스트 총리 라발을 사망자 취급하다

제3장

드골의 숙청, 전국으로 확산
― 언론개혁, 관료, 경제, 가요, 영화, 학계 개혁

1. 드골, 새 프랑스의 암적 존재 비시정권 지도부 숙청 ·················· 180
   ―'새 민주사회 건설 위해 나치협력자 숙청은 시대적 과제였다'(드골회고록)

2. 드골, 행정기구 초기 장악으로 미군정 실시 좌절시키다 ·············· 192
   ― 경찰과 지방공직자도 숙청에서 제외되지 않았다

3. 드골, 판검사, 군부, 교육계 숙청하다 ····································· 200
   ―'민족배반 경찰과 판검사로 나치협력자 심판할 수 없다'

4. 드골, 경제계 숙청하다 ··· 211
   ―"나치독일 위해 봉사하고 이익챙긴 기업 스스로 책임져라!"

5. 드골, 나치협력 언론사와 언론인들 개혁하다 ··························· 224
   ―"새 언론은 국가 위해 영감을 주는 원동력되어야"(드골 연설)

6. 나치협력 언론사 해체, 재산몰수한 드골훈령 ··························· 236
   ― 새 시대 정론중립지 모델 르몽드, 드골주선으로 창간

7. 드골, 나치협력 지식인, 작가, 출판인 모두 심판 ······················· 245
   ―'지식인과 작가, 사과로는 안되고 반드시 책임물었다'(드골회고록)

8. 샤샤, 슈발리에, 피아프, 크루조 무혐의, 25명 경고 ·················· 261
   ―'연예계 숙청, 카프카 소설에서나 볼 수 있는 상황'(사르트르)

9. 프랑스 최고 석학집단, 아카데미 프랑세즈의 숙청 ···················· 274
   ―'나치협력자는 프랑스어 말할 자격 없는 외국인'

차 례

10. 리옹숙청재판소, 나치독일 밀정과 민병대 응징 ·············· 288
    ─ 드골의 정치위원, 마녀사냥 비난우려 사형수들의 감형 노력

제4장
21세기에도 계속되는 나치협력자 재판
─ 새 사회, 새 정치 건설전망으로 나치협력자 청산하다

1. 레지스탕스로 완전 물갈이한 정치개혁 ······················ 300
   ─ 드골의 선택, 친일파 재등장시킨 이승만과 정반대의 길
2. 나치협력자 생사 판가름한 '염라대왕' 드골 ··················· 322
   ─ "민족반역자 형집행, 타당하다는 사실 확인했다"(드골회고록)
3. '한 프랑스가 다른 프랑스를 숙청한 고통의 역사' ············· 332
   ─ 60년 동안 계속된 사망숫자 논쟁, 10만에서 1만여 명의 수수께끼
4. 페탱에서 파퐁, 밀로세비치까지 '반인도적 범죄의 세계화' ······ 345
   ─ 친일파 심판 실패한 한국, 진상 철저규명으로 역사청산 가능

에필로그 / 친일파 진상규명과 '드골의 나치협력자 청산효과' ········ 360

부록•1 해방 후 이승만이 드골처럼 했다면··· ····················· 368
부록•2 친일행위 진상규명은 시급한 민족과제 ···················· 376
부록•3 반인도적 범죄법 도입의 특효과 ·························· 386
부록•4 프랑스 극우파, 나치협력자 심판, 친일파 ·················· 398
부록•5 서울, 파리, 바르샤바 해방 60주년의 명암 ················· 404

참고자료 / 418

제1장

드골, 지식인과 언론인들 대거 심판하다
- 나치협력자 숙청, 서막부터 엄정한 응징

프롤로그 / 드골이 나치협력자를 청산한 이유 · 16
1. 드골, 알제서 '민족반역자 숙청' 시작하다 · 23
2. 비시정권 내무장관 퓌슈 사형으로 숙청 막 올리다 · 34
3. 파리해방의 환희와 나치협력자 175명 응징 · 45
4. 나치협력자 발본색원하는 '재판'의 하이라이트 · 56
5. 문호 카뮈와 모리악의 재판 대논쟁 · 70
6. 드골, 카뮈 등 저항작가의 브라지야크 사면청원 거부 · 82

프랑스의 나치협력자 청산

프·롤·로·그

드골이 나치협력자를 청산한 이유
– '나치협력자 방치는 국가에 악의 종기를 그대로 두는 것과 같다'

히틀러의 나치독일군 기계화사단은 벨기에와 프랑스 국경의 틈새인 아르덴 숲을 돌파해 프랑스에 전격적으로 침공했다. 나치독일군의 전격작전에 프랑스군은 수주일 만에 무너졌다. 프랑스는 패배했다. 프랑스의 기나긴 나치점령시대는 이렇게 시작되었다. 프랑스점령에 앞서 히틀러의 군대는 네덜란드 국경을 넘어 서부전선을 전격적으로 침공했다. 1940년 5월 10일의 일이다. 8개월 전인 1939년 9월 1일 히틀러는 폴란드를 선전포고도 없이 침공해 들어갔다. 이틀 후(9월 3일) 영국과 프랑스는 나치독일에 선전포고를 했다. 9월 10일에는 캐나다가 독일에 선전 포고를 해 영·불 연합군과 합세했다. 이렇게 해서 제2차 세계대전은 유럽대륙에서 폭발했다.

히틀러는 27일 만에 폴란드의 항복을 받고 일차 승전고를 올렸다. 그러나 영·불과 캐나다 등 연합군이 포진한 독일과 프랑스국경선은 양측이 엄청난 인명피해를 내지 않으면 승패를 가르기 힘들 만큼 힘의 균형을 이루고 있었다. 프랑스정부는 이미 1930년대에 '영·불 연합군이 승리할 것이다. 왜냐하면 우리가 더 세기 때문'이라고 큰소리칠 정도였다. 사실 독일의 서부전선에는 프랑스가 난공불락이라고 자랑하는 마지노선의 요새가 자리 잡고 있었다. 독일군 기동성이 아무리 뛰어나고 공군력이 우세한 것이라고 해도 프랑스의 마지노선은 이를 격퇴시킬 만반의 태세를 갖추고 나치독일의 침공을 기다리고 있었다. 그런데 독일군은 프랑스를 직접 공격하지 않고 북쪽으로 우회해서 네덜란드의 남쪽 국경도시 마아스트리히트를 먼저 침공한 것이다. 나치의 우회작전이 개시된 것이며 목표는 프랑스였다.

히틀러는 5월 11일 네덜란드가 저항하자 이 나라 최대의 항구도시 로테르담을 폭격할 것이라고 위협했다. 히틀러는 네덜란드가 항전을 선언하자 5월 14일 로테르담을 전면적으로 폭격했다. 이튿날(5월 15일) 네덜란드는 나치독일에게 완전히 무릎을 꿇었다. 나치독일은 침공 5일 만에 네덜란드의 항복을 받아냈다.

그후 히틀러의 군대는 중립국 벨기에를 여전히 선전포고 없이 짓

몽트와르의 패전 : 페탱과 히틀러의 악수는 '나치협력'의 상징이었다

프랑스의 나치협력자 청산

밟아 버렸다. 5월 28일 벨기에도 히틀러에게 항복했다. 독일군은 거침없이 벨기에의 서부 프랑스국경선을 돌파해 프랑스를 동서로 가로질러 진격했다. 영·불 연합군이 방어전을 폈으나 히틀러 기계화사단의 전격전을 저지하기에는 역부족이었다. 프랑스가 자랑한 독불 국경선에 버티고 있던 마지노선의 요새는 히틀러가 북쪽 베네룩스 3국을 침공해 돌파함에 따라 무용지물이 되었다.

히틀러의 군대는 프랑스 북부영토를 동서로 진격해 점령함으로써 영불 연합군을 두 동강내는데 성공했다. 프랑스 북부에 포위된 영·불·캐나다 연합군이 남쪽부터 나치독일군에 역 포위당해 프랑스 북쪽 해안도시 덩케르크에서 오도 가도 못하는 전멸의 위기에 휘말렸다. 벨기에가 항복한 후부터 위기에 봉착한 연합군은 영국의 덩케르크 해상 대철수 작전으로 간신히 전멸위기를 벗어났다.

1940년 5월 29일부터 시작해 6월 4일 막을 내린 덩케르크의 대철수작전으로 영불연합군 34만 여명은 영국 런던으로 돌아갈 수 있었다. 그러나 6만8천여 명은 사망 실종됐으며, 전투기 180여대, 대포 2천4백72문, 차량 7만5천여 대 및 군함 50여만 톤을 상실했다. 프랑스 정부는 사르르 드골 장군을 6월 5일 국방차관으로 임명해 최후의 방어선을 수도 파리 북부에 구축하려고 했다. 히틀러는 덩케르크 승리의 여세를 몰아 6월 6일 수도 파리를 향해 전 병력을 투입해 공격을 가했다. 드골은 6월 9일 런던에 날아가 영국군의 프랑스 지원을 처칠에게 요구했으나 때는 이미 늦었다.

나치독일군의 진격속도가 너무 빨라서 6월 10일 프랑스 정부는 수도 파리에서 철수하지 않으면 안 되었다. 이날 이탈리아의 파시스트 무솔리니가 프랑스의 패색을 읽고 선전포고를 하면서 남부 프랑스의 일부지역을 점령했다. 6월 11일 프랑스의 레이노 대통령과 영국의 처칠 수상이 영·불 합동각료회의를 브리에르에서 갖고 파리 북부전

드골의 과거사 정리방식과 친일파 청산

선 유지를 결의했다. 그러나 파리 북부의 연합군 방어선은 독일기계화사단의 전격전으로 하루만에 무너질 위기에 직면했다.

영·불 연합군은 북부 방어선을 포기하고 연합군의 후퇴를 명령했으며, 프랑스 정부는 수도 파리를 '개방도시'로 선언했다. 프랑스는 파리에 대한 나치독일군의 포격을 우려해 수도방위를 포기하고 사전에 철수함으로써 독일군의 포격으로부터 아름다운 도시 파리를 포탄으로부터 보호하는 비상조치를 취했던 것이다.

프랑스는 파리 남쪽 150km 떨어진 르와르 강변에 새 방어선을 구축했다. 이때 영국에서 병력지원 획득에 실패한 드골은 브르타뉴 지방에 돌아와 서부 방어선을 구축하려 했다. 이날 히틀러의 군대는 후면이 나치독일군에 의해 차단되어 고립된 마지노선에 무려 1천여문의 대포를 동원해 포격을 가한 후 비즈레벤 장군의 기계화사단이 직접 점령작전에 들어갔다. 독일군은 마지노선의 프랑스군에 대한 무장해제에 성공했다.

드골은 브르타뉴의 브레스트 항에서 다시 영국에 건너갔고 처칠과 협의한 끝에 영·불 연합군이 프랑스령 북아프리카에서 반격을 가하기 위한 새 전선 구축에 합의했다. 드골은 보르도에 돌아왔으나 이날 밤(6월 16일) 레이노정

나치독일 점령시대의 파리
파리의 거리, 나치 제복을 입은 독일군들이 파리거리를 활보하고 있다.

프롤로그 19

프랑스의 나치협력자 청산

부가 총사직했다. 1940년 6월 17일 자정 레이노 정권의 부총리였던 필립 페탱 장군이 나치독일에 극적으로 휴전을 제의했다. 6월 17일 낮 12시 30분 페탱은 라디오 연설을 통해 프랑스군에 '전투를 중지하라'고 요구했다. 이것이 프랑스군에게는 나치독일과의 휴전성립으로 해석되었다.

그러나 드골은 이날 영국의 스피어 장군과 같이 보르도에서 항공편으로 런던에 긴급 도피했다. 6월 18일 드골은 페탱의 휴전요구에 반대하고 끝까지 저항하자는 연설을 영국 BBC방송을 통해 내보냈다. 드골이 망명정부 자유프랑스를 창설할 것을 내외에 천명하고 해외에서나마 나치독일과 전면전을 치를 결의를 프랑스국민에게 전한 역사적 연설이었다.

나치독일군은 남쪽으로 르와르강을 건너 남진을 계속했고, 롬멜장군의 탱크사단이 노르망디 북단 항구도시 셀부르를 점령해 사실상 프랑스의 무력점령을 마무리하고 있었다. 6월 22일 나치독일과 프랑스의 페탱 원수의 괴뢰정부간에 휴전협정이 조인됐고, 이틀 후 로마에서도 프랑스 이탈리아간 휴전협정이 체결되었다.

프랑스는 패전했고 휴전협정에 의해 남북으로 분할되었다. 르와르강 북부의 프랑스(전국토의 55%)는 나치 독일군이 직접 점령하고 남부 프랑스는 중부휴양도시 비시에 페탱 원수를 국가원수로 하는 '휴전파'가 비시정부를 구성해 지배하게 되었다. 나치독일의 괴뢰정권인 이른바 비시정권이 출범한 것이다.

비시정권에 맞서 드골장군은 런던에서 망명정부 자유프랑스를 창설했다. 이후 4년 간 프랑스는 나치 독일의 점령통치아래 들어갔다. 드골의 자유프랑스는 프랑스 국내의 반나치 저항운동을 지휘하고 연합군과 함께 제2차 세계대전에 참전해 나치독일과 싸웠다. 그래서 연합군의 노르망디상륙작전으로 1944년 6월 프랑스는 해방되기까지 4년간 비시정권은 나치와 협력함으로써 드골과 페탱의 두 개의 프랑스가 대립하게 되었다. 비시정권과 드골의 망명정부 자유프랑스간 보이지 않는 유혈적 시민전쟁이 벌어지기 시작했다.

　드골의 나치협력자 대숙청은 1944년 6월 연합군의 노르망디 상륙작전 후 나치독일이 패배하기 시작하면서 페탱의 비시정권을 중심으로 하는 나치협력세력을 프랑스가 해방된 후 응징하고 정리하는 작업이었다. 드골이 직접 구상하고 집행한 나치협력자 대숙청은 1943년부터 전쟁진전과 함께 서서히 막을 올렸으며 2차 세계대전이 끝난 후에도 수년간 매우 가혹하게 집행되었다. 나치협력자 대숙청은 프랑스의 각계 각 분야에 걸쳐 총체적으로 광범위하고 복잡하게 진행됨으로써 겉보기에 어지러운 양상을 보이고 있지만, '민족반역자는 반드시 법에 따라 처벌되어야 하고 사회에서 제거되어야 한다'는 드골의 강력한 의지의 표현과 실천에 다름 아니다. 그리고 드골의 훈령-프랑스임지정

레지스탕스들이 나치협력자들을 체포해 압송하고 있다

프랑스의 나치협력자 청산

부 대통령의 이름으로 발령된-이라는 임시적 법에 따라 집행되었다.

다만 프랑스는 연합군이 진격하기 전에 레지스탕스가 먼저 프랑스 영토를 해방시킨 일부 지역에 인민재판이나 보복에 의한 '야만적 숙청'이 횡행했다. 이 부분에 대해서는 필자는 추후에 상세히 다룰 기회가 있을 것으로 생각하고 여기서는 드골이 처음부터 직접 집행한 나치협력자 숙청을 분야별로 종합정리하고 분석해 한국독자가 쉽게 이해하도록 기술했다. 드골은 '전쟁회고록'에서 나치협력자들을 숙청한 동기를 이렇게 설명했다. "나치협력자들은 정치적 결정, 주로 정치활동과 때로는 군사행동, 그리고 행정조치 및 언론의 프로파간다의 변화무쌍한 형태로 민족의 굴욕과 타락뿐만 아니라 프랑스민중에 대한 (나치독일의) 박해마저도 미화했다. 민중의 분노가 폭발하는 것은 당연하다. 나치협력자들의 엄청난 범죄와 악행을 방치하는 것은 국가 전체에 전염하는 흉악한 '농양과 종기'를 그대로 두는 것과 같다. 그들을 정의의 재판에 회부하지 않으면 안 된다"

1. 드골, 알제서 '민족반역자 숙청' 시작하다
― 루스벨트와 처칠, 비시파와 숙청중단 요구거부

런던에 망명정부 자유프랑스를 창설한 드골은 나치독일에 점령된 프랑스본토에 먼저 반나치 레지스탕스(저항운동단체)를 만들어 프랑스 '해방의 날'에 대비했다. 그리고 프랑스 식민지였던 북아프리카의 모로코, 알제리 및 튀니지로 시선을 돌렸다. 이 지역은 이미 페탱 원수의 비시정권이 장악하고 있었다. 드골은 영국 런던에 있는 망명정부 자유프랑스를 북아프리카로 옮겨야 프랑스 해방을 위해 효율적인 운동을 펼 수 있다고 판단했다. 자유프랑스가 프랑스의 북아프리카에 자리 잡으면 나치독일의 괴뢰정권인 비시정부는 정권의 정통성을 상실할 것이며, 현실적으로 본토의 반나치 저항운동을 지휘하기가 쉽다는 이점도 있었다.

드골이 기다리던 기회는 멀지 않아 왔다. 1942년 11월 영·미 연합군이 프랑스령 북아프리카 지역에 대한 상륙작전을 개시했던 것이다. 연합군의 북아프리카 상륙은 나치독일의 공세를 수세로 바꾸는 군사적 전환점이 되었다. 그런데 드골장군에게는 자유프랑스가 알제에 이동하면서 나치에 협력한 프랑스의 반역자, 나치협력자처리를 처음으로 시도하는 중요한 계기를 마련해 주었다. 나치독일은 남부프랑스를 마주보는 북아프리카지역, 모로코와 알제리에 영·미 연합군이

프랑스의 나치협력자 청산

런던 BBC 라디어에서 '나치 독일에 저항하자'고 방송한 드골장군

상륙하자 심각한 군사적 위협을 느꼈다. 그래서 나치독일군은 그 때까지 프랑스를 남북으로 분할해 남부를 비시정권 지배의 자유지역으로 남겨주는 것을 취소했다. 독일군이 전격적으로 남 프랑스에 진주함으로써 프랑스전역이 나치독일의 점령상태가 되었다.

11월 8일 미군은 북아프리카지역 상륙작전에 성공했다. 미군은 상륙할 때 프랑스군의 저항을 받지 않기를 희망했고 예상대로 큰 무력충돌 없이 프랑스령 알제리와 모로코를 점령할 수 있었다. 미국은 페탱 원수의 비시정권을 공식 승인해 외교관계를 유지하고 있었다. 이 때문에 상륙작전을 쉽게 하기 위한 미국과 비시정권간 막후 협상이 가능했다. 상륙을 개시하기 전에 연합군측과 비시정부는 미묘하고도 복잡한 비밀협상을 했다. 이때 프랑스측(비시정부) 협상대표가 앙리 지로장군이었다. 지로는 독일군이 프랑스를 침공했을 때 프랑스 제7군사령관이었다. 그는 독일군과의 전투에서 패배해 40년 5월 18일 독일군의 포로가 되었다. 그 후 독일 케니그슈타인의 포로수용소에 억류됐다가 2년만인 42년 4월 17일 탈출하는데 성공했다. 그는 스위스를 경유해 영국잠수함의 도움을 받아 북아프리카의 알제리로 탈출하는데 성공했다. 지로장군의 영웅적 탈출경력은 프랑스군에게 용기와 희망을 주었으며 드골장군도 높이 평가했다.

지로가 알제에 도착했을 때, 비시정권의 북아프리카지역 군사령관 자리는 공석이었다. 프랑수아 다르랑제독이 반나치 레지스탕스

보니에 드 라 사펠에 의해 암살 당했기 때문이었다. 비시정권이 지로를 그의 후임자로 임명했다. 지로는 북아프리카지역 총사령관과 다르랑이 창설한 제국협회 회장을 겸임함으로써 이 지역의 강자로 등장했다. 그런데 영미연합군의 상륙은 북아프리카지역이 비시정권 지배에서 영·미군의 점령상태로 넘어간 것을 의미했다. 드골과 불편한 관계에 있던 루스벨트 미국대통령은 미군의 상륙작전에서 드골을 완전히 따돌렸다. 그래서 런던에 있던 드골과 자유프랑스 망명정부 사람들은 라디오를 통해 미군의 북아프리카 상륙소식을 알았다.

이날 드골은 지로장군을 영웅으로 대접했다. 지로가 독일을 탈출하고 있을 때 드골은 처칠에게 그를 칭찬하면서 런던에 초청해달라고 요청했었다. 그러나 지로는 런던에 오지 않았다. 자유프랑스는 북아프리카 지역에서 지로장군이 유일하게 앞으로 같이 일할 사람이라고 생각했다. 그러나 이것은 드골의 오판이었다. 드골이 지로와 격렬한 권력투쟁을 벌이게 됨으로써 그 후 지로가 비시정권의 충실한 추종자임을 드러낸다. 특히 드골은 북아프리카지역 나치협력 민족반역자의 숙청에 반대하는 지로의 집요한 저항과 충돌하게 된다.

미국으로부터 북아프리카 상륙작전에 따돌림을 당한 드골은 격분했다. 그는 루스벨트의 특사 스타크제독에게 '나는 미국이 반역자들의(비시정권추종자) 배신을 미국에게 이익이 된다고 해서 흥정한다는 사실을 이해할 수는 있다. 그러나 그 대가는 프랑스의 영광을 짓밟지 않으면 지불할 수 없는 것이다'라고 성토할 정도였다. 드골은 미국이 자유프랑스를 무시하고 비시정권과 북아프리카 상륙작전을 위해 막후 흥정한 사실을 뒤늦게 알고 다시 분노했으나 무혈 상륙작전을 위해 미국의 입장을 이해했던 것이다.

프랑스의 나치협력자 청산

▎드골, 망명정부와 본토 레지스탕스의 '불멸의 지도자'

프랑스본토의 저항단체들은 미국의 비시정권과의 흥정과 타협을 기회주의라고 비난했다. 그들은 '드골만이 반나치 레지스탕스의 불멸의 총수이며 최고지도자'라고 선언했다. 다만 공산당계 저항단체만이 침묵을 지켰다. 이것은 우파인 드골의 자유프랑스를 견제하려는 전략 때문이었으나 나중에는 그들도 드골을 지지하는 태도를 전환하게 된다. 그 때까지 드골은 해외망명정부 자유프랑스와 프랑스 본토 저항운동의 최고지도자로 공인 받았지만 국제적으로는 인정받지 못한 처지에 놓여 있었다. 드골의 국제사회에서 취약한 지위가 자유프랑스의 초기 나치협력자 숙청을 더욱 어렵게 만들었다.

알제리에서 이후 벌어진 드골과 지로와의 날카롭고도 무자비한 권력투쟁이 드골의 이러한 어려움을 증명해 준다. 북아프리카에서의 드골과 지로간 권력싸움은 그 후 나치독일로부터 해방된 프랑스에서 벌어진 나치협력자 숙청의 향방과 성패를 판가름하는 중요한 분수령이 된다. 다시 말하면 그때까지 페탱 원수가 국가원수인 비시정권에 대한 충성심이 강했던 알제리, 모로코, 튀니지 등 북아프리카에서 벌어진 드골과 지로간 권력투쟁에서 만일 드골이 패배했다면 전후 나치협력자에 대한 숙청작업은 아마도 불가능했을 것이기 때문이다.

드골과 지로는 프랑스해방을 위한 전략과 지도노선을 서로 달리 했다. 지로는 페탱 원수의 비시정부를 거의 맹목적으로 추종했으나 드골은 페탱의 비시정권을 철저히 민족반역이라는 범죄집단으로 규정하고 있었다. 드골은 지로와의 이러한 노선과 견해차이를 알게 되었기 때문에 처음과는 달리 그와의 협력을 철회한 것이 틀림없다. 그런데 지로도 일부 반나치 저항단체들에게는 높은 인기를 얻고 있었다. 일부 저항단체들은 지로에게 우호적 비판자세를 취하면서 그가 비시정권과 완전히 결별하고 드골과 연합해주기를 간절히 희망하는 입장을 공공연히 요구했다.

드골과 지로와의 연합은 표면적으로는 단순한 것처럼 보이지만 현실적으로 대단히 어려운 문제였다. 영·미 연합군이 프랑스령 북아프리카를 점령한 상태에서 나치독일의 포로수용소에서 탈출한 프랑스장군인 지로가 해외주둔 프랑스군을 장악한 것은 반나치 레지스탕스를 위해 매우 유리한 국면을 조성한 것은 분명한 일이었다. 그래서 그때까지 정규군을 갖지 못한 드골과 군대를 갖고 있는 지로와의 통합을 저항단체들이 요구했던 것이다. 그러나 미국은 지로를 선호하면서 드골에 강한 적대적 태도를 보였다. 심지어 미국은 드골의 자유프랑스가 지로총사령관 밑으로 합병하는 것을 권유할 정도였다. 영국은 미국과는 달리 드골에 우호적이었다.

▌루스벨트와 처칠, 드골과 지로의 '결혼' 중재하다

처칠은 드골의 자유프랑스가 지로의 군부와 동등한 입장에서 통합할 것을 지지했다. 그러나 지로는 군의 리더였지만 정치에는 매우 둔감한 인물이었다. 그는 페탱의 비시정부와 미국의 친 비시정권 정책의 대변자 역할에 만족할 정도의 단순한 인물이었다.

미국은 북아프리카지역에 대한 드골의 권력장악 기도를 일종의 음모로 보고 경계하고 있었다. 드골은 북아프리카에 아무런 정치·군사적 기반이 없었다. 그래서 우선은 지로와 같은 대접을 받으면 된다는 입장이었다. 다만 드골은 매우 단순한 인물인 지로를 시간이 지나면 완전 제압해버릴 수 있다는 판단을 내렸다. 특히 드골은 북아프리카에서 비시정권의 이념-페탱의 국민혁명이라는 친나치 이데올로기-

프랑스의 나치협력자 청산

을 완전히 근절시킬 뿐만 아니라 북아프리카 지역의 행정, 군, 사법기관에서 친 비시인사의 추방을 통해 인적청산을 단행하겠다는 의지를 마음속에 숨기며 다지고 있었다.

1943년 1월 모로코의 카사블랑카에서 루스벨트와 처칠 등의 나치독일을 압박하고 패망시키기 위한 연합국 정상회담이 열렸다. 여기서 정상들은 프랑스문제를 토의했다. 특히 루스벨트와 처칠은 드골과 지로와의 싸움이 전쟁수행에 도움이 되지 않는다는 점에 의견의 일치를 보았다. 그래서 루스벨트는 드골과 지로와의 '결혼'을 일차 시도했다. 그러나 드골이 '지로의 침대에 들어갈 의사가 추호도 없다'는 사실이 큰 문제였다. 드골은 지로와 '결혼'하기 위한 정치적 조건을 수용하기 힘들었다. 그는 지로의 지휘 밑에 들어가라는 조건을 수용할 수 없었다. 더욱이 비시정권의 내무장관을 지낸 페탱주의자 마르셀 페이루통을 알제리총독으로 끌어들여야 한다는 조건을 받아들일 수 없었다.

드골은 루스벨트가 중재한 지로와의 '강제결혼'에 응하지 않았다. 그리고 런던에서 시간을 끌기로 결정했다. 드골은 시간은 그와 자유프랑스편이라고 확신했기 때문이다. 영국과 미국은 지로에게 겉보기만이라도 북아프리카지역에 민주주의개혁을 하라고 압박했다. 그래서 지로는 43년 3월 14일 연설에서 프랑스가 독일로부터 해방된 후 민주적 공화정의 부활을 역설해야만 했다. 그는 이러한 정치적 입장을 선언했기 때문에 비시정권에 충성하는 참모를 3명이나 해임해야만 했다. 그러나 드골은 지로에게 정치적 공격을 가했다. 그는 4월 중순 지로에게 '알제리의 유태인에게 프랑스시민권을 회복하는 조치를 취하고 비시정권의 모든 법적 행정적 규제를 완전히 폐지할 것'을 요구하는 공문을 자유프랑스의 이름으로 보낸 것이다. 특히 드골은 지로에게 친 비시정권 단체들의 전면적 해산과 그때까지 주요 포스트에 남아있는 비시인사의 완전축출을 강력히 요구했다.

여기에서 드골이 비시정권을 불법적이며 나치독일의 괴뢰정부로 낙인찍은 자유프랑스의 성격을 분명히 했다. 이러한 드골의 정치이념이 비시정권의 합법성을 인정하는 지로와 한판 승부를 불가피하게 만들었다. 이 싸움에서 지로가 드골을 패배시킨다면 이후 나치협력 민족반역자에 대한 숙청작업은 물 건너가게 될 것은 분명했다. 드골-지로의 권력투쟁은 그래서 나치로부터 프랑스가 해방된 후 나치협력자 숙청을 위한 서막이며 분수령이 되는 것이다.

미국은 페탱 원수의 비시정부와 전략적으로 외교관계를 계속 유지했다. 그래서 비시 편에 서있는 지로의 입장을 지지하는 태도를 취했다. 비시정권을 반역집단으로 규정한 드골은 이러한 미국의 태도에 큰 불만을 표시했다. 알제에서 지로와의 한판 승부에서 매우 불리한 조건이기도 했다. 현지여론도 드골에게 우호적이지 않았다. 알제리와 모로코의 여론은 대체로 페탱 원수의 비시정권에 충성하겠다는 입장이 강했다.

43년 5월에 가서야 나치독일 롬멜장군의 군대를 리비아로 물리치고 영·미 연합군이 진주한 튀니지만이 드골의 자유프랑스를 전폭적으로 지지하기 시작했다. 이때 드골은 나치점령하의 본토에서 반나치 저항운동에 참가한 모든 애국단체와 세력을 규합해 하나로 묶는데 성공한다. 5월 15일 그는 모든 저항단체, 정당, 노동조합들을 모두 통합한 '저항운동 국민협의회'(CNR)를 결성한 것이다. 드골이 지로에게 정치적으로 결정타를 친 첫 번째 쾌거였다. 왜냐하면 CNR은 '드골을 전폭적으로 지지한다'는 첫 성명을 냈기 때문이다.

▌드골, 나치협력 반역자 숙청 공개적으로 선언

드골은 지로와 '결혼'할 때가 드디어 왔다고 판단했다. 그는 지로보다 우세한 상황에서 루스벨트가 주선한 '결혼'을 수용할 때가 왔다고

프랑스의 나치협력자 청산

판단하고 1943년 5월 30일 런던을 떠나 알제에 도착했다. 프랑스를 해방하기 위한 공동위원회를 구성하고 지로와 같이 드골은 공동대표에 취임했다. 5월 31일 공동위원회는 형식적으로 구성됐으나 드골과 지로간에 인선 등을 둘러싸고 격렬한 투쟁을 벌이게 된다. 드골은 친비시정권 인사들을 완전히 제거해야 한다는 입장을 분명히 했고 지로는 반대했기 때문이다. 드골은 친나치 민족반역집단인 비시의 사람과 같이 반나치 투쟁을 할 수 없다고 집요하게 주장했다.

드골은 공동위원회에서 비시정권의 사람들인 브와송과 페이루통을 제거해야한다고 주장했다. 그러나 지로는 이들과 함께 일해야한다고 반박했다. 지로에 따르면 브와송은 독일군의 서아프리카 진출을 막는데 공을 세웠고, 페이루통은 프랑스의 북아프리카지역 식민지행정에 정통한 전문가라는 것이다. 그러나 드골과 반나치 저항단체의 시각에는 이들이 완전한 나치협력자로 보였고 즉각 제거해야한다는 주장을 조금도 굽히지 않았다. 지로는 드골에게 광범위한 반나치 통일전선을 구축해야한다는 명분을 내세우며 이들의 포용을 계속 주장했다. 드골은 반대했으나 그의 의견이 받아들여지지 않자 분통이 터진 나머지 회의장을 박차고 퇴장하기도 했다. 양측의 논쟁이 가열돼 타협의 길 보다는 분열의 징후를 나타내자 페이루통은 이튿날 드골에게 '공동위원회의 단결을 위해' 회원의 사직서를 제출한다. 드골과 지로는 그의 사표를 즉각 수리하고 43년 6월 3일 파리가 해방된 후 프랑스임시정부의 모태가 되는 민족해방 프랑스위원회(CFLN)를 공식적으로 출범시켰다.

CFLN은 나치독일과 비시정권에 동시에 대항하는 새로운 프랑스 망명정부였다. CFLN은 자유프랑스를 계승한 해외 망명정부지만, 파리해방 후 프랑스 임시정부로 발전하게 된다. 지로는 얼마 후 루스벨트 미대통령의 반대의견에도 불구하고 비시정권의 북아프리카 대표들인 노게와 브와송을 제거하는데 동의했다. 드골은 지로와의 권력투쟁에서 1차 판정승을 거둔 것이다.

드골은 1943년 8월 10일 처음으로 나치협력자들에 대한 숙청방침을 밝혔다. 그는 비시정권 추종자 지로보다 완전한 정치적 우위를 차지한 다음 마음속에 숨겨둔 숙청의지를 과감하게 표출한 것이다. 드골은 비시정권의 직접 가담자와 지지세력 및 나치독일에 협력한 자에게 가차없는 징벌을 가할 것이라고 공식적으로 천명하고 '국가가 애국적 국민에게는 상을 주고 민족배반자나 범죄자에게는 벌을 주어야만 비로소 국민들을 단결시킬 수 있다'고 강조했다.

이 때 드골이 규정한 나치협력 민족반역 범죄자는 자유박탈을 정당화하기 위해 프랑스의 패배를 악용한 투항주의자들, 프랑스국민을 '악의 길'로 인도한 비시정권의 고위공직자들과 그 추종자들, 그리고 나치독일의 승리를 위해 물심양면으로 협력한 프랑스 사람들이다. 이들은 모두 국가반역죄로 다스려질 것이라고 드골은 선언했다. 드골의 숙청에 관한 선언은 나치협력자 숙청 문제가 프랑스 국가의 최우선 과제가 되었음을 의미하는 것이다.

드골의 숙청선언은 바로 큰 호응을 얻었다.

▎드골, 페탱 원수를 민족반역자로 규정, 심판선언하다

8월 14일 아프리카에서 반나치 저항운동을 벌이고 있는 '북아프리카지역 전투를 위한 프랑스위원회'라는 단체는 자체적으로 나치협력자 숙청위원회를 구성해 민족반역자들의 범죄를 추적하며 그 결과를 드골장군에게 보고할 것이라는 결의안을 채택했다. 이 단체는 먼저 나치독일군의 튀니지 입성을 저항하지도 않고 허용한 사텔장군과 드리엥제독, 그리고 비시정권에 외무장관으로 봉사했다가

프랑스의 나치협력자 청산

북아프리카에 와있는 피에르 프랑뎅을 나치협력 혐의자로 지목해 범죄를 조사했다. 그리고 비시정권의 내무장관을 역임한 피에르 퓌슈가 그때까지도 재판에 회부되지 않고 가택연금 상태에 있는 사실을 유감이라고 밝혔다. 이 결의안이 지하저항신문 '콩바'(전투)지에 보도된 직후 CFLN은 퓌슈 전내무장관을 군사재판소에 회부키로 결정하고 그를 모로코에서 압송해 알제리의 메크네스 교도소에 수감했다.

드골과 지로는 CFLN공동대표 자격으로 나치협력자 숙청위원회의 설치안을 결제해 가동시켰다. 나치협력자 숙청위원회라는 기구는 이후 광범위한 숙청대상자를 선별하고 수청기준을 마련하는 등의 중요 역할을 맡는 드골의 핵심기구가 된다. 퓌슈가 구속 수감된 메크네스 교도소는 그후 북아프리카지역 모든 나치협력자를 수감하는 감옥이 됐다. 나치협력자숙청위원회는 북아프리카지역의 반역자 처단뿐만 아니라 본토가 해방된 후 나치협력자 숙청을 위한 민족반역자 명단을 작성하는 등 '프랑스의 대숙청'을 본격적으로 준비했다.

CFLN은 파리해방 후 드골이 첫 국가원수가 되는 프랑스 임시정부로 탈바꿈하게 되는데 이때 드골이 서명한 훈령들이 모두 임시정부의 법령으로 제도화된다. 사실상 드골은 알제시절부터 지로와의 권력투쟁에서 승리한 후 대통령과 같은 권력을 행사했다. 드골은 명실상부한 헤게모니를 장악해 권력을 갖고 난 다음인 9월 3일 드디어 CFLN을 통해 대숙청을 위한 중대결정을 내린다.

드골은 비시정부의 최고지도자 페탱 원수를 민족반역자로 재판에 회부한다는 결의안을 만장일치로 통과시킨 것이다. 이에 따르면 '페탱은 가짜정부를 구성해 수반에 취임하면서 나치독일에 굴욕적으로 항복했고, 민주헌법을 훼손했으며, 적을 지원하기 위해 프랑스노동자를 독일에 압송하는가 하면 연합군과 반나치 투쟁을 계속하는〈정의의 프랑스〉에 대항해 프랑스군을 싸우게 하는 반역죄를 범했다'는 것이다. 페탱에 대한 드골의 민족반역자 규정은 그때까지 많은 프랑스인들이 나치독일과 휴전협정을 통해 프랑스를 구출했다는 페탱과 비시정부의 선전을 정면으로 뒤집는 논리가 되었다. 페탱이 나치협력 민족반역자로 규정됨으로써 비시정권의 각료들과 공직자들은 자동적으로 모두 나치협력자로 낙인찍혀 숙청될 운명 앞에 서게 되었다. 드골은 여기서 첫 숙청대상자로 비시의 전 내무장관 퓌슈를 지목했다. 프랑스의 대숙청은 프랑스 해방 1년 전에 알제에서 첫 숙청작업이 시작됨으로써 1790년대 프랑스혁명 지도자 로베스피에르의 반혁명 세력에 대한 숙청보다 더 가혹한 역사상 최대의 민족반역자 숙청을 예고했던 것이다.

2. 비시정권 내무장관 퓌슈 사형으로 숙청 막 올리다
— '드골의 슬기롭지 못한 행동 자제시켜야 한다'(처칠)

처음으로 나치협력자 숙청의 도마에 오른 피에르 퓌슈는 애당초 알제리태생의 사업가로 정치와는 무관한 사람이었다. 그는 페탕 원수를 추종하거나 파시즘 또는 나치즘의 확고한 신념을 갖기 때문에 비시정권의 고위관료가 된 사람은 아니었다. 그는 사업가로 큰돈을 모으는데 성공한 것이 계기가 되어 먼저 기업가의 전문성을 인정받아 비시정권 산업차관에 발탁된 인물이었다. 그리고 페탕은 그의 무난한 인품을 높이 평가해 내무장관이라는 요직에 임명했다. 비시정권의 내무장관직은 출세자리가 아니라 드골과 저항단체에게는 최대의 공적이 되는 악역을 담당하는 위험한 자리였다.

1941년 8월 내무장관에 오른 그는 반 나치레지스탕스의 '공적 1호'가 될 수밖에 없었다. 내무장관 퇴임 후 알제출신이라는 이유로 북아프리카지역에서 담당할 모종의 역할이 있다고 판단했기 때문에 지로 장군의 초청으로 그는 알제에 건너와 있었다. 그는 지로의 힘이 약화되면서 헤게모니를 장악한 드골에 의해 첫 숙청대상자로 지목된 것이다. 북아프리카의 프랑스 식민지에서 나치협력자숙청은 드골의 강력한 숙청의지가 없었다면 불가능한 일이었다. 미국과 영국의 반대와 지로뿐만 아니라 자유프랑스의 온건파조차도 대독일 전쟁에서 승리

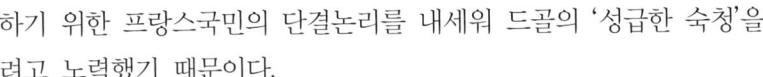

하기 위한 프랑스국민의 단결논리를 내세워 드골의 '성급한 숙청'을 려고 노력했기 때문이다.

■ 숙청 반대파, '전쟁 끝난 후 나치협력자 처벌하자'

'드골의 성급한 숙청'에 반대하는 사람들은 전쟁이 끝난 후, 새 사법부와 새로운 법체계에 의해서 정정당당하게 나치협력 민족반역자들을 응징하자고 주장했다. 그러나 아무도 나치협력자숙청에 대한 드골의 고집을 꺾을 수 없었다. 이미 퓌슈의 재판이 시작되기도 전에 나치협력자 체포바람이 북아프리카 전역에 불기 시작했다.

비시정권의 각료를 지낸 벨주레장군이 먼저 체포됐다. 그는 1941년 6월 시리아전선에서 영국군과 자유프랑스군의 공동작전이 승리를 예상하고 있을 때, 독일공군이 이라크공격을 감행할 수 있도록 시리아비행장을 이용하는데 최초로 합의해 주어 연합군의 중동작전을 망치게 했다. 그는 그래서 '적을 이롭게 해 국가안전을 위태롭게 한 반역행위를 저질렀다'는 고발을 당해 구속되었다.

그 다음에는 1943년 11월 지로가 알제리총독으로 임명한 페이루통이 숙청위원회에 소환돼 비시정권에서 한 직무에 관해 심문 당한 후 가택연금 됐다. 그는 비시정권 수상 피에르 라발 퇴진 음모에 가담한 후 주 아르헨티나대사로 좌천돼 부임도중 라발이 재임용된다는 소식을 듣고 항의의 의미로 대사직 사표를 낸 사람이다. 아르헨티나주재 미국무관이 그의 딱한 사정을 듣고 아이젠하워장군과 면담을 주선해 알제리로 오게 된 것이다. 지로는 그의 대사직 사임을 높이 평가하고 알제리총독으로 임명해 치안유지를 각별히 당부했었다.

이해 12월 11일 CFLN은 북아프리카주 비시정권 전 고위 공직

프랑스의 나치협력자 청산

자들을 모두 체포하기로 결정했다. 그래서 비시정권의 고위 공직자들 가운데 북아프리카에 있던 인사들이 거의 모두 드골의 CFLN에 의해 체포되었다. 예컨대 모로코총독 프랑뎅, 브와송장군과 비냥쿠르 등이 반역자로 체포됐던 것이다. 드골의 숙청개시가 세상에 알려지자 먼저 영국과 미국 등 연합국들이 큰 충격을 받았다. 12월 21일 처칠 영국수상은 루스벨트대통령에게 긴급전문을 보내 드골이 주도하고 있는 알제리에서 나치협력자숙청 문제를 심각하게 협의했다.

▌처칠과 루스벨트, 드골 제거작전에 나서다

처칠은 전문에서 '나는 이들에게(드골이 체포한 비시의 나치협력자들) 자리를 충실히 지키고 영국군의 튀니지군사작전을 도와야한다고 격려했다'고 설명하고 '우리는 미국의 북아프리카 정책을 따르고 있으므로 미국의 책임이 너무나 크다. 그래서 (미국은) 드골의 지혜롭지 못한 행동을 자제시켜야한다'고 주장했다. 그리고 처칠은 미국이 드골에 의해 체포된 프랑스(비시정권의) 고위공직자들의 망명을 주선하고 망명지를 제공하기를 기대한다고 밝혔다. 연합국의 지중해최고사령관으로 튀니지에서 나치독일군과 대적하고 있는 아이젠하워는 '나는 나의 충실한 부하인 브와송장군의 체포소식에 큰 충격을 받았다'는 요지의 전문을 루스벨트에게 보냈다. 루스벨트는 처칠과 아이젠하워의 전문을 받고 드골이 체포한 페이루통, 브와송, 프랑뎅 등에게 어떠한 위해도 가해지지 않도록 처리하라는 지시를

숙청 반대한 처칠

아이젠하워를 통해 CFLN에 보냈다.

루스벨트는 '이 사람들의 재판이 설사 필요하다고 하더라도 프랑스가(나치로부터) 해방되고 새 헌법에 의한 정부가 들어서기 전에는 재판을 시작하면 안 된다'고 못 박았다. 그리고 드골의 제거를 처칠과 협의하기까지 했다. 루스벨트는 '잔다르크의(드골을 지칭하는 암호) 모든 복잡한 문제를 제거하는데 좋은 계기가 왔다. 나도 그 순간 오만한 (나치협력자)체포작전에 크게 당황했다'며 말을 듣지 않고 숙청에 손을 대는 드골의 제거를 처칠에게 설명했다.

아이젠하워

얼마 후 루스벨트는 '드골을 제거할 절호의 기회가 드디어 왔다'는 의견을 공개적으로 말하기에 이른다. 그러나 CFLN은 알제리주재 미국대표 윌슨에게 나치협력자들의 재판을 프랑스가 나치독일로부터 해방된 후로 연기하는 것을 드골이 결정했다고 통보했다. 드골은 루스벨트의 요구에 일단 순종함으로써 말썽의 불씨를 재빨리 껐다. 그리고 드골은 즉각 브와송과 페이루통을 석방하고 프랑뎅도 군형무소에서 최고시설을 갖춘 알제교외의 특별교도소에 연금하는 특별대우를 한다. 루스벨트와 처칠은 북아프리카 상륙작전에서 당시 비시정권의 지배하에 있는 프랑스군이 저항하지 않고 영·미 연합군의 상륙을 허용한 고마움을 드골을 제거할 결심까지 하면서 갚은 셈이다. 그러나 루스벨트의 드골 제거계획은 결국 실패했다.

영·미 연합군의 비호를 받지 못한 유일한 비시의 고관이 바로 퓌슈였다. 연합국의 압력은 드골의 나치협력자 숙청에 관한 거부감으로 해석되기 때문에 퓌슈의 재판도 연기될 것으로 전망됐다. 그러나 이

프랑스의 나치협력자 청산

재판은 재빨리 열렸다. 퓌슈는 연합군에게는 별로 쓸모가 없는 민간인이기 때문에 구명의 손길이 미치지 않았다. 알제에서 개회된 임시제헌의회가 숙청재판을 즉각 개정해야한다고 결의했기 때문에 퓌슈의 재판이 지체없이 열리게 된 것이다. 44년 1월 7일 나치협력자 퓌슈에 대한 숙청을 위한 군사법정이 드골의 훈령에 따라 구성됐다. 재판부는 3명의 장교와 2명의 민간인 판사로 구성됐고, 튀니지고등법원 베렝원장이 재판장으로 선임됐다. 3월 4일 오전9시 퓌슈에 대한 숙청재판이 알제에서 개정되었다.

기소장에 따르면 퓌슈의 혐의는 비시정부의 내무장관 등 각료가 되어 프랑스국가에 대해 전복행위를 저질렀다는 무시무시한 범죄를 저지른 것으로 돼 있었다. 특히 프랑스청년들에게 나치군복을 입혀서 연합군과 싸우게 하기 위해 군에 지원하도록 격려하고 부추겼으며, 프랑스경찰을 나치점령군과 협력하도록 지시했다는 것이다. 퓌슈는 드골과 공동대표인 지로장군의 초청을 받아 모로코에 왔다는 사실을 상기시키고, 이 재판에는 증인과 증거가 전혀 없기 때문에 재판의 공정성을 인정할 수 없다고 항변했다.

▎민간인 퓌슈만이 나치협력 반역자로 숙청심판대에

그는 따라서 전쟁중의 임시재판이 아니라 정식재판을 받고 싶다고 요구하면서 재판자체를 거부했다. 그러나 알제에서도 피고가 부정할 수 없는 민족을 배반한 증거들이 제시되었다. 41년 12월 31일 그가 서명한 문서는 동부전선(나치독일의 대 소련전)에서 나치독일군에 배치되어 싸워야하는 프랑스자원부대의 징병을 격려하고 유도하는 내용을 담고 있었다. 또 그는 이해 9월 7일 반나치 저항운동가를 단심으로 사형시킬 수 있는 국가재판소 설치와 저항운동가를 뜻하는

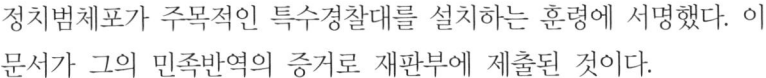

정치범체포가 주목적인 특수경찰대를 설치하는 훈령에 서명했다. 이 문서가 그의 민족반역의 증거로 재판부에 제출된 것이다.

퓌슈는 증거가 제시될 때마다 부정하거나 항변했다. 프랑스경찰을 독일점령군의 하수인 기관으로 전락시키는 그의 조치가 문서로 제시되기도 했다. '제시된 모든 증거들은 허위요, 가짜다. 나는 전임자인 다르랑이 계획한 것을 그대로 집행했을 뿐'이라고 변명했다.

변호인들은 퓌슈에 대한 적대감정으로 반대여론을 조장시키는 알제의 언론보도가 부당하다고 지적하고 비시정부와 페탱 원수에 대한 재판이 프랑스가 해방된 후 최고재판소에서 다루게 됨으로 이 재판은 연기돼야 한다고 주장했다. 퓌슈는 최후진술에서 프랑스대혁명시 자코뱅파가 온건파 지롱뎅파를 사형에 처함으로써 '테르미도르의 반동'을 불러왔다고 상기시키고 '피는 반드시 피를 부를 것'이라고 부르짖었다.

그는 '나는 정치적 속죄양'이라고 외쳤다. 그러나 사실은 그가 결코 속죄양은 아니었다. 다만 그는 첫 번째 숙청 심판대에 오른 나치협력 반역자일 뿐이었다.

군사재판부는 선고공판에서 변호인이 제출한 본토해방 후까지 재판연기신청을 기각하고 피고에게 국가반역죄를 적용해 사형을 선고했다. 2명의 군소속 판사는 사형집행의 유예의견을 제시했고 나머지 민간판사들도 동의했다. 베렝 재판장은 재판부의 퓌슈에 대한 사형집행유예 희망을 드골에게 청원했다. 퓌슈의 재판결과는 나치협력자 숙청에서 앞으로 타산지석이 될 것이 분명하기 때문에 사형집행 유예에 관한 드골의 결정은 중대한 의미를 지니게 된다. 첫 재판부터 관용을 베푼다면 민족반역자 처단은 앞으로 쉽지 않을 것이며, 그렇다고 엄정하게 처단한다면 나치협력자에게 격렬한 저항의 빌미를 줄 수도 있기 때문이다.

프랑스의 나치협력자 청산

지로장군은 그의 구명운동을 벌였다. 그는 드골에게 관용을 베풀어달라고 간곡히 부탁하는 서한을 보냈다. 퓌슈를 나치독일과 싸우도록 하기 위해 북아프리카에 오도록 권유한 사람이 바로 지로였고, 만일 그가 오지 않았다면 숙청을 모면했거나 적어도 프랑스 본토가 나치독일로부터 해방된 후에 재판에 회부됐을 것은 분명한 일이다. 지로는 드골에게 '만일 한 인간의 초상을 그리는 재판에서 한 프랑스인의 피를 흘리게 한다면 정치재판의 남용이라는 비난을 피하기 힘들다'고 경고하는 것도 잊지 않았다.

드골은 지로에게 비시의 각료와 공직자들을 재판하자는 CFLN의 결정을 내리게 한 것과 퓌슈의 체포를 승인한 것이 모두 드골 자신이라는 사실을 상기시켰다. 그리고 드골은 사형에 대한 집행유예를 허용하지 않는다고 결정했다.

드골은 더욱이 종신형으로 감형할 것을 거부하면서 이렇게 답변했다. '국가의 책임기관인 정부만이 판결을 평가하며, 국가이성에 따라 최종결정이 내려지는 것이다.' 드골은 재판결과에 대한 평가를 국가만이 하는 것이며 개인적 판단이 개입되면 안 된다는 사실을 지적한 것이다. 3월 18일 고등군사법원은 항고를 기각했다. 변호사들은 드골이 '퓌슈의 생각과 의도가 좋다'고 언급한 사실을 상기시키며 재판부의 사형집행 유예의사를 존중해달라고 드골에게 간절히 탄원했다.

그러나 '국가이성'은 민족반역 죄인의 사형집행을 요구하고 있었다. 드골은 측근 슈미트장군에게 그 후 퓌슈문제에 대해 이렇게 고백했다.

'재판부의 소망(사형을 유예하는 것)과 특별감형에 동의하지 말라는 두 가지 요구 가운데 하나를 결정함에 있어 타협할 수 없었다. 퓌슈를 감형한다면 스캔들이 될 것이 분명하다. 또 저항운동을 하는 동지들의 용기를 꺾어버릴 것이 틀림없다. 그를 처형하는 것은 프랑스 본토에 남아있는 우리가족을 직접 위협하는 비시정부에 대한 도전이었다'

1944년 3월 22일 새벽 퓌슈는 알제의 형장에서 처형됐다. 드골의 측근이며 후에 외무장관을 지낸 모리스 슈만은 라디오 런던을 통해 퓌슈의 처형을 보도하면서 '그는 1941년 8월 비시정권의 내무장관시절에 〈우리는 무자비하다〉라며 반 나치저항운동에 대해 가혹한 선언을 했으며 바보 같지만 이런 유혈적 모험은 독일의 승리를 전제하고 있었다. 이제 그는 독일과 같이 패배했다'고 설명했다.

▌프랑스 여론, 60%가 반역자 퓌슈 처형은 당연평가

미국은 재판결과에서 거리를 두는 입장을 취했다. 미국무장관 콜델 헐은 CFLN주재 미국대표 체핀에게 '내정간섭이라는 오해를 절대 받지 않도록 어떠한 논평도 하지 말라'는 훈령을 보냈다. 프랑스 본토의 지하 레지스탕스는 퓌슈의 사형집행에 대한 비밀 여론조사를 실시했다. 나치협력자가 제외된 여론조사에서 60%가 퓌슈의 처단을 찬성했으나 이중 70%는 본토가 해방될 때까지 사형집행을 유예하는 것이 바람직하다고 답했다. 사형집행의 유예를 희망한 것은 본토에 남아있는 드골파와 그들의 가족들에 대해 비시정권의 보복을 피해야 한다는 이유에서였다.

프랑스여론은 '퓌슈가 배신자이므로 사형을 당하는 것은 당연하다' '알제는 반역자들에게 시범을 보이기를 바란다' '드골파의 손에 들어간 가장 대표적인 배신자에게 최초로 본때를 보였다'는 의견으로 사형에 다수가 찬성했다. 그러나 '모든 민족반역자들은 종전 후 재판에 회부하는 것이 옳다'거나 '사형만은 무조건 반대한다'는 소수

프랑스의 나치협력자 청산

의견도 있었다. 퓌슈가 사형대 앞에서 마지막 남긴 말은 '나의 죽음이 감형보다 프랑스를 위해 더 유익할 것이다. 그러나 당신은 내가 정치적 살인을 당했다고 말하겠지'라는 것이었다. 드골의 나치협력자 숙청은 이렇게 막을 올렸으며 퓌슈가 첫 심판대에 올라 사형됐다. 퓌슈에 대한 사형집행은 나치협력 배반자에 대해 결코 관용을 베풀지 않는다는 드골의 강력한 숙청의지를 나치독일과 비시정권에게 과시한 것이다. 알제의 군사재판소는 1944년 3월부터 북아프리카 전선에서 나치독일에 협력한 프랑스군부에 대한 숙청도 개시했다. 아프리카 파랑헤당으로 악명높은 친 나치간부들에 대한 첫 재판에서 1명이 사형, 3명이 종신강제노동형 선고를 받았다. 2차 재판에서는 2명이 사형, 1명이 종신강제노동형을 선고받았으며, 얼마 후 아프리카 파랑헤부대장 크리스토피니중령도 사형선고를 받았다. 군부의 나치협력자재판은 6월까지 계속되었다.

드리엥제독에 대한 재판이 마지막으로 큰 주목을 받았다. 그는 영·미 연합군과 나치독일군간 튀니지공방전 기간에 비제르트의 프랑스해군기지를 독일군이 마음대로 사용하도록 허용했기 때문에 국가반역행위와 군사의무에 태만한 죄로 구속 기소되었다. 변호인은 피고가 튀니지에 독일군이 입성하도록 허용한 것은 연합군에게 저항하라는 비시정부의 지시를 충실히 이행한 것일 뿐이라고 주장했다.

CFLN의 정치위원이며 판사인 바이스장군은 피고에게 이렇게 호통을 쳤다.

'조국을 배반한 죄인들이 백일하에 나타나 언제나 페탱 원수의 핑계만 대고 있다. 피고도 페탱 없이는 피고석에 앉지 않겠다는 말인가. 그의 범죄를 용서하기에는 불충분한 변명이다. 미국과 영국의 동맹군이 우리를 구출하기 위해 아프리카에 상륙했던 그 아름다운 날에 제

독은 계속 비시의 사기꾼들에게 복종했다'

드리엥은 5월 12일 종신징역형을 선고받았다. 그는 60세가 넘었기 때문에 강제노동형만은 면제됐다. 그의 범죄는 당연히 사형감이지만 정상참작으로 죽음을 면한 첫 케이스가 되었다. 드골의 나치협력자숙청이 북아프리카에서 본격화되자 비시정권은 즉각 보복을 개시했다.

▌프랑스 국민, 드골과 페탱 중 선택의 기로에

아프리카 파랑헤 부대장 크리스토피니가 처형된 후 비시의 군사재판부는 9명의 저항운동가를 재판에 회부해 5명을 현장에서 처형했다. 그리고 나머지 레지스탕스 4명의 생명은 알제리의 숙청재판의 결과에 달렸다고 비시정부는 선언했다. 비시의 선언은 항소심에서 드리엥을 사형시키면 4명을 모두 처형한다는 협박이었다. 드리엥의 목숨은 4명의 저항운동원과 같이 계속 연장되었다. 그러나 이때부터 반 나치저항운동을 주도한 프랑스공산당은 재판부의 관대한 판정에 불만을 품고 숙청재판을 비판하기 시작했다. 북아프리카지역의 나치협력자숙청은 프랑스본토의 기회주의자들에게 큰 충격을 주었다. 드골이 퓌슈의 감형을 거부해 사형이 집행됐다는 뉴스는 어느 편에 붙을까 주저하며 눈치를 보는 많은 프랑스인들에게 드골이 분명한 경고 메시지를 보낸 것이다.

'이제 페탱과 드골 중 한편을 선택할 때가 왔다. 드골편이 사는 길이며 애국의 길이다'라고 드골은 프랑스본토의 국민에게 말하고 있었던 것이다.

이때부터 본토에는 드골파와 공산당에 가입하는 사람들이 크게 증가했다. 비시정권이 이제 불법범죄 집단으로 규정되면서 말기증상을

프랑스의 나치협력자 청산

나타내기 시작했다. 비시의 민병대와 나치독일의 게슈타포가 저항운동원을 잡아 죽여도 저항단체의 반 나치저항운동은 날마다 활동을 증대시키고 있었다. 비시정권의 라발총리가 도지사를 계속 임명하고 페탱이 수도 파리 등 도시의 군중대회에서 계속 박수를 받기는 했지만 이들은 이미 정치적으로 사망선고를 받은 것이나 다름이 없었다.

알제에서는 CFLN에 공산주의자들이 가담해 드골파와 좌파간 공동전선이 형성되었다. 반면 퓌슈 구출에 실패한 지로는 어리석게도 페탱을 계속 지지했기 때문에 드골에 의해 제거되고 말았다. 그래서 CFLN은 완전히 드골파와 반 나치레지스탕스의 장악 아래 들어갔다. 오랫동안 지로를 지지성원한 미국도 속수무책으로 지로의 참담한 패배를 방관할 수밖에 없었다. 그리고 루스벨트는 드골의 망명정부 CFLN의 지배를 기정사실화 했다. 이제 드골의 나치협력자에 대한 대숙청의 문이 활짝 열린 셈이 되었다.

3. 파리해방의 환희와 나치협력자 175명 응징
－'연합군의 독일공격 길트기 위해 전투 나서자!'

　영·미·불 연합군은 프랑스 노르망디에 성공적으로 상륙한 후 (1944년 6월 6일의 D-데이) 수도 파리를 향해 진격했다. 프랑스를 점령한 나치독일 군대는 동쪽 독일영토로 후퇴하기 시작했다. 프랑스 본토의 저항단체들은 독일점령군사령부와 독일군 방어진지를 직접 공격하며 전쟁을 펼쳤다. 프랑스 저항단체들은 영·미 연합군이 들어오기 전에 나치독일 점령군과 전투를 벌여 프랑스의 영토를 해방시키고 있었다. 1944년 8월 19일 수도 파리의 레지스탕스는 시민에게 총궐기하라는 삐라를 거리에 뿌렸다. "프랑스시민이여! 모두 전투에 나서자. 드골장군과 영미 연합군에게 길을 열자, 드골 만세, 공화국만세, 프랑스 만세"라고 삐라에는 기록돼 있었다. 파리의 반 나치 무장저항단체가 나치독일군과 치열한 전투를 벌여 아름다운 파리의 거리는 격전장이 되었다.
　파리의 레지스탕스와 시민봉기군은 연합군이 입성하기 전인 8월 25일 독일점령군 사령관 폰 콜티츠장군으로부터 항복을 받았다. 레지스탕스는 전면봉기 6일 만에 승리한 것이다. 파리는 반 나치저항단체의 용감한 궐기로 나치독일군을 무장을 해제시켰고 드디어 나치점령으로부터 해방되었다. '파리는 불타고 있는가?'라는 파리해방 기록영화에서 잘 묘사돼 있듯 파리는 사실상 저항단체가 주도한 시민의 전면봉기가 연합군보다 한 발 앞서 독일군의 항복을 받아 해방의 환희를 맛보았다. 만일 레지스탕스가 연합군 진주에 앞서 파리를 해방시키지 않았다면 파리는 광신적 히틀러의 명령으로 불바다가 되었을 것이다.

▌드골, 1944년 8월 26일 해방된 파리 샹제리제 행진

히틀러는 '파리철수 전에 파리를 폭파시켜 불바다를 만들라'는 지시를 나치독일 파리점령군에게 내렸고 콜티츠 중장에게 연일 확인전화를 걸어 폭파를 독촉했기 때문이다. 그러나 콜티츠 중장은 히틀러의 명령을 거부하고 자신이 레지스탕스에게 항복을 자청함으로써 아름다운 파리를 구했다. 나중의 일이지만 드골은 콜티츠 장군을 전범재판에 회부했으나 징역 7년의 가벼운 형을 선고하게 주선했는데, 그는 독일에 돌아가지 않고 프랑스에서 조용히 여생을 보냈다고 한다.

1944년 8월 24일 프

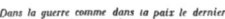

저항신문 '콩바'의 레지스탕스 호소
'이방인'의 작가 알베르 카뮈는 '정의'의 이름으로 숙청을 외쳤다.

랑스의 제2전차사단 선발대와 함께 르크레르장군이 처음 파리 남쪽 외각인 몽파르나스 대로에 모습을 나타내면서 파리의 해방은 공식화되었다. 드골이 르크레르장군과 나란히 파리에 입성해 샹제리제 대로를 시민과 함께 행진한 것은 8월 26일이다. 드골은 이날 연설을 통해 수도 파리가 용감한 시민봉기에 의해 나치독일군에게 승리해 시민의 힘만으로 해방됐다는 사실에 무한한 찬사를 보냈다. 이때 프랑스저항운동 전국협의회는 파리시청에서 저항운동지도자 조르주 비도 주재로 처음으로 지하에서 지상으로 나와 회의를 열고 나치협력자 체포에 적극적으로 참여하기로 결정했다. 이제 저항단체의 나치협력자 체포는 공식화되었고, 경찰과 동행하는 경우가 많았으나 저항단체가 임의로 체포하는 사례도 속출했다.

시민봉기 5일전인 8월 14일부터 파리의 저항단체연합체인 파리해방위원회(CPL)는 자체적으로 나치협력자를 색출하기 시작했다. 첫 번째 체포대상은 민병대원, 비시정권 선전원, 비시의 계엄군법재판소 검사와 판사, 고위공직자였고 두 번째는 최근 수개월간 비시와 나치독일을 찬양하는 언동을 했거나 수상한 태도를 취한 자들이었다. CPL 등 각 지역해방위원회의 체포권은 드골의 프랑스임시정부가 주지사와 지역 정치위원을 임명할 때까지만 부여된 한시적 권한이었다. 파리해방 2주일 후인 9월 4일 CPL은 마란느 대표가 작성한 보고서에서 4천여 명의 나치협력자를 체포했다고 보고했다. 보고서는 경찰관이나 사법관 경험이 없는 각종 저항단체의 '애국자들'이 민족반역자들의 교도소수감, 무단감금 및 임시석방 등을 집행해 체포된 혐의자가 도주하거나 교도소에 수감되지 않는 사례가 허다하다고 밝혔다. 나치독일 점령기간 한때 자진 정간했던 르피가로는 파리해방과 함께 복간하면서 날마다 '체포와 숙청'란을 신설, 나치협력 반역자처리 상황을 상보하고 있었다.

프랑스의 나치협력자 청산

드골이 개선문 앞을 시민, 레지스탕스 지도자들과 행진하고 있다. 별 2개 단 군모 쓴 드골 뒤에 대장(별 4개)이 수행하는 모습이 이색적…(1944. 8. 26.)

이 신문은 파리해방 첫 수일간 체포된 사람들은 페탱의 친구인 레지옹 돈뇌르 훈장수상자, 프랑스 최고급식당 맥심사장, 유명한 오페라 여가수, 나치비밀경찰 게슈타포를 위해 밀정노릇을 한 신부, 프랑스 기업가연맹회장, 파리고등법원 부장판사 등이라고 보도했다. 나치협력자들은 경찰서나 초등학교 등 공공장소 등에 집합했다가 센느강 속에 있는 시테섬의 파리대법원 지하감방에 수감됐다. 대기업사장인 전 파리시의회의장 테텡제도 지하감방에 수감됐다. 그는 여기서 많은 유명인사를 만났다고 후에 기술했다. 북아프리카에 영·미 연합군의 상륙성공을 비난한 에르비옹장군, 흰색 잠옷바람에 맨발인 당대 최고의 작가겸 연극배우 샤샤 귀트리, 친나치 언론인 폴 사크와 재무성과 법무성의 고위관료들이 이곳에 수감되었다.

■ '나치협력자 프랑스의 미래에서 추방되고 있다'

체포된 나치협력자들은 수가 늘어나자 여기서 트럭에 실려 나치점령시절 나치독일군이 유태인을 수용한 파리교외 강제수용소 드랑시나 공설운동장에 이송되어 수용됐다. 8월말에는 벌써 2천여 명이 경찰신문을 기다리고 있었다. 이곳을 취재한 신문기자들은 나치협력 민족반역자들이 비교적 좋은 대우를 받는다고 보도하면서 '나치독일의 감방과는 천양지차'라고 평가하기도 했고, 특히 공산당 기관지 뤼마니테는 '드랑시 궁전'이라며 나치협력자들의 호화수감생활을 비꼬았다.

언론을 통해 수많은 증언들이 쏟아져 나왔다. 프랑스 최고의 고등교육기관 파리고등사범 전 총장이며 비시정권 교육장관 카르코피노는 공설운동장에 연행돼 들어오면서 교도관들의 몽둥이찜질부터 먼저 당했다. 샤샤 귀트리는 맨발에 잠옷바람으로 체포되어 트럭에서 내리면서 '더러운 나치협력자 귀트리'라는 분노한 군중의 함성을 들어야 했고, 교도관들이 무릎을 구둣발로 짓이겼다고 호소했다.

드랑시 시민들은 수용인원에 대해 보통 3천여 명이고 때로는 4천여 명으로 증가했고 최고 많을 때는 6천여 명에 이르렀다고 증언했다. 파리지역의 각 수용소에 총 6만여 명의 나치협력 혐의자들이 수용돼 있다고 언론들은 보도하고 있었다. 저명한 여류작가 시몬 드 보브아르는 '나치협력자들이 언론과 사회로부터, 그리고 프랑스와 미래로부터도 추방되고 있다'고 기록했다. 프랑스가 나치독일로부터 해방된 첫 수일간 페탱정부의 수도였던 비시에서 6백50여명, 지방도시 크레르 몽페랑에서 1천1백6명 등 이 지역 4개현에서 총 2천9백80명이 체포된 것으로 발표됐다. 그러나 드골과 프랑스임시정부가 우려했던 비시에서의

프랑스의 나치협력자 청산

유혈사태는 끝까지 발생하지 않았다. 비시정부가 나치독일군의 호위를 받으며 독일로 피난한데다가 알제에서 귀국한 프랑스임시정부가 무정부 상태를 재빨리 제압해 질서를 잡았기 때문이다.

파리해방 후 일주일만에 나치협력자 숙청에 관해 여론조사가 실시됐다. 프랑스여론조사연구소의 조사결과는 페탱 원수에게 죄를 물어야 하는가 라는 질문에 32%만이 찬성했을 뿐 절대다수인 58%가 반대한 것으로 나타났다. 해방초기에는 드골이 알제에서 페탱에 대한 응징을 천명했음에도 벌주어야 한다는 여론이 미약했다.

그러나 인기배우이며 작가인 샤샤 귀트리를 체포한 것이 잘한 것이냐는 물음에는 56%가 잘했다고 응답했고 12%만이 반대의견을 보였다. 해방한달 지난 후의 여론조사에서는 비시정권의 라발 전총리를 65%가 사형에 처하라고 요구했고, 7%가 재판부의 결정에 맡긴다고 했으며 3%만이 관용을 요구했다. 나치독일의 '위대한 친구'이며 선전원인 자크 도리오에게는 75%가 사형을, 2%만이 무응답이었고, 비시정권 각료 비슈롱은 44%가 사형을, 17%는 징역형을 요구했다. 파리에서 열린 저항운동전국협의회(CNR) 총회에서 오기스트 기요(공산당보고자)가 처음으로 숙청문제에 관한 결의안을 제안했다. 그는 '반역자를 응징함에 있어서 군사 및 민간재판소가 판결 및 집행을 지연시키고 있어 민중이 용서할 수 없는 태만이라고 분노를 나타내고 있다'고 역설하고 나치협력자숙청에 민중이 만장일치의 동의를 나타냈다고 밝히고 있다. 결의안은 드골의 임시정부에게 '반역자들을 고도로 빠르게 또 정의롭게 응징하라'고 요구했다. 그리고 결의문은 '나치독일군에게 달걀을 팔아 무의식적으로 과오를 범한 가난한 농민이 아니라 적과 야합한 사회의 지도층, 군부지도층, 정치인들 및 언론인, 방송인, 영화인, 출판인, 작가, 예술인들을 즉각 처단하라'고 주장했다.

드골의 과거사 정리방식과 친일파 청산

파리해방과 드골의 금의환향
레지스탕스의 파리해방에 환호하는 파리시민들

▎ 법무성, 나치협력 언론인 체포작전에 나서다

파리의 방돔광장에 레지스탕스가 비시정권의 법무성을 접수한 것은 1944년 8월 14일이었다. 이튿날 법무성은 공보성에서 체포해야 할 최초의 나치협력자 명단을 전달받았다. 공보성은 주로 신문사 사장과 간부들을 첫 숙청대상자로 지목했다. 나치독일군 점령하에서 계속 발행한 나치독일의 앞잡이 신문들의 언론인 33명의 이름이 나열되어 있었다. 그리고 나치의 나팔수 역할을 한 국영라디오와 라디오 파리 사장과 간부 17명, 9명의 출판사 사장들, 간부는 아니지만 나치독일을 찬양한 저명한 신문기자 34명도 체포명단에 포함돼 있었다. 법무성이 시가전이 펼쳐지고 있음에도 나치협력 언론인 체포작전을 펼친 것은 두말할 나위가 없다.

프랑스의 나치협력자 청산

8월 16일에는 42명의 유명작가와 연예인들의 명단이 넘어왔다. 여기에는 '즉각 체포요망'이라는 단서가 붙어 있었다. 아벨 보나르, 폴 샤크, 드리으 라 로셀 같은 친나치 작가들과 샤샤 귀트리 등 배우, 고위경찰간부, 화가, 극장사장의 이름이 적혀 있었다. 곧 이어 법무성은 다시 175명의 유명 나치협력자 명단을 받았는데, 이들은 거의 모두 체포되어 드랑시 수용소와 프렌교도소에 수감되었다.

파리에 입성한 드골의 임시정부는 나치독일의 점령상태로부터 해방되는 지역마다 나치협력자 숙청을 우선적 과제로 삼아 집행하라고 요구했다.

드골은 임시정부의 각료들과 모든 저항단체 대표들에게 나치협력자라는 민족반역자에 대한 숙청을 적극적으로 장려하고 성원하고 있었다. 이 무렵 드골은 남부독일 시그마링겐으로 도주한 비시정권의 잔당이 페탱 원수 이름으로 보낸 특사를 접견했다. 페탱은 2차 세계대전의 승리자로 금의환향한 드골에게 최후의 타협을 모색하고 있었다. 페탱은 파리가 해방된 후에도 상당한 프랑스국민이 자신을 지지하는 것으로 착각하고 있었다.

특사는 먼저 '시민전쟁을 피하기 위해 자연스러운 해결책을 토의하자'는 페탱의 입장을 전달했다.

드골은 '내가 대표단을 거느려야 하겠지, 그런데 어디에 시민전쟁이 있다는 말인가?'라고 응수했다. 페탱은 프랑스국민들 중 절반이상이 비시정권을 계속 지지하는 것으로 믿고 있었고, 드골이 비시정권 지도부를 숙청하면 페탱을 구출하기 위한 시민봉기가 일어날 것으로 판단하고 있었다. 페탱은 시민전쟁이 발생해 '제2의 내전'이 벌어지기 전에 드골과 타협을 모색하려고 했던 것이다. 그런데 드골은 '시민전쟁은 없다'고 잘라 말하고 페탱과의 타협을 가차없이 잘라 거부했다.

■ 드골의 민족반역자 청산도구는 '정의의 법정'

나치협력 민족반역자를 응징하기 위한 드골의 기본도구는 '정의의 법정'이었다. 프랑스본토 저항단체와 마찬가지로 임시정부가 알제시절부터 준비한 최우선 과제는 다름 아닌 나치협력 민족반역자의 숙청이며, 해방지역에서 무자비한 보복과 일부 지역의 인민재판에 의한 총살집행을 차단해야 하기 때문에 '정의의 법정' 설치가 시급했다.

임시정부 법무장관 망통교수는 파리해방 직후 알제를 떠나 파리에 돌아오자마자 방돔광장의 법무성에 진을 치고 숙청을 효율적으로 집행하기 위한 '정의의 법정'을 만들기 위해 머리를 짜내고 있었다. 곧 비시정권의 각료들과 고위공직자들을 재판하기 위한 최고재판소가 파리에 설치됐고, 지방마다 공직자가 아닌 일반 나치협력자를 처리할 지방숙청재판소와 가벼운 나치협력자 등을 재판할 시민법정을 설치했다.

나치협력 민족반역자 처단을 위한 이러한 재판소 설치는 모두 알제시절에 발표한 드골의 훈령에 근거를 둔 조치였다. 극소수의 예외를 제외하고 거물급으로 유명한 나치협력자들의 재판을 파리에서 열기로 결정했다. 지방의 숙청재판소에서는 악질적 게슈타포 앞잡이와 고문경관, 독일군의 밀정, 민병대장과 대원 등이 심판대에 올랐다. 국제적으로 시선을 모은 유명나치협력자의 재판은 거의 모두 수도 파리에서 벌어졌다. 파리에는 체포된 반역자들이 너무나 많아 파리 남쪽에 있는 프렌감옥이 초만원이었고, 각종 운동장과 나치독일이 유태인 수용소로 악용했던 드랑시 수용소에도 나치협력 반역자들은 넘치고 있는 실정이었다.

프렌감옥에는 여성 수백 명을 포함, 5천여 명의 나치협력자들이 수용돼 있었다. 여기에는 여배우 마리 마르케 등 수많은 유명인사들이

프랑스의 나치협력자 청산

국가반역과 이적혐의로 수감됐고, 최대의 기업으로 유명한 르노자동차회장 루이 르노, 샤샤 귀트리와 티노 로시 등 배우들, 저명한 신문사 사장들과 작가인 앙드레 테리브, 로베르 브라지야크, 폴 샤크 및 알제의 숙청에서 미국의 간섭으로 재판이 연기된 페이루통과 프랑뎅 및 베르트롱 등 비시의 각료들과 장군들, 페탱의 측근들인 비노장군, 에스테바제독, 당츠장군과 유태인문제 담당 정치위원 바라 등이 수감돼 있었다.

파리시민들은 이들 반역자를 '프렌감옥의 엘리트'라는 고상한 별명을 붙여 불렀다. 이밖에도 아카데미 프랑세즈회원인 석학 아벨 에르망과 조르주 클로드 및 피에르 브느와, 만화가 수폴, 페탱의 주치의 메네트렐 및 배우 르 비강, 페탱의 연설문 집필자이며 극우신문 악시옹 프랑세즈 사장 앙리 마시스와 뷔시에르 경찰청장 등이 이른바 '프렌궁전'의 임시 거주자들이었다. 그래서 프렌감옥은 '문명화된 감옥'이라는 별명으로 불리고 있었다.

프렌감옥을 '궁전'이라고 부른 까닭은 페탱파와 나치에 협력한 거물급 유명인사들이 모두 몰려있어 비교적 대접이 좋았기 때문이다. 재판에 출정했다가 최고형이 선고된 나치협력자는 곧장 철창감방에 보내졌다. 사형선고를 받아 철창감방으로 간 한 나치협력자는 벽에 무엇인가 자기기록을 남기려고 한다. 민족반역자로 유명한 언론인 르바테가 철창감방에 다음과 같이 기록한 사실이 나중에 밝혀지기도 했다.

'뤼시엥 르바테, 1946년 11월 23일 사형선고를 받다. 1백41일간의 철창생활 끝에 1947년 4월 12일 무기징역으로 감형되다. 우연한 내 후임자여, 용기와 믿음을 결코 망각하지 말라'

나치협력 반역자들이 재판을 기다리는 동안에도 전쟁은 계속되고 있었다. 나치독일군이 1944년 12월 아르덴지역에서 총반격을 가해

드골의 과거사 정리방식과 친일파 청산

연합군이 일시 후퇴하는 사태가 벌어지자 프렌감옥 수감자들의 사기가 한순간 드높아지기도 했다.

　나치협력자들은 프랑스 북부지역 아르덴의 승리로 나치독일군이 다시 파리를 점령해 그들을 석방시켜 주기를 간절히 기원했다. 그러나 민족반역자들의 기원은 환상일 뿐이다. 독일의 승리는 일시적인 것이었고, 그 후에는 참담한 패배뉴스만이 날아올 뿐이었다. 아르덴 전투에서 연합군은 일시적 후퇴를 했지만, 얼마 후 나치독일군이 패배해 나치 제3제국의 세계정복 야망은 완전히 물거품이 되고 있었다. 이제 프랑스사람들은 전선소식보다는 나치협력 반역자 처단 뉴스를 더 애타게 기다리는 형편이 되었다. 프랑스국민들은 나치독일의 패전이 기정사실화됨에 따라 나치협력 민족반역자들의 운명을 더 궁금하게 생각했기 때문이다.

프랑스의 나치협력자 청산

4. 나치협력자 발본색원하는 '재판'의 하이라이트
― 국제사회와 언론―지식인재판 귀추에 관심집중

나치협력 민족반역자에 대한 재판은 특히 파리숙청재판소가 거물급 유명인사들을 거의 다루었다. 이 때문에 프랑스뿐 아니라 세계의 이목이 파리의 재판에 집중됐다. 드골의 과거청산작업은 히틀러가 항복하기 전 전쟁수행과 병행해 시작됐기 때문에 나치전범을 심판한 뉘른베르그의 국제재판보다 시기적으로 2년 정도 앞서 열렸다. 만일 한국에서 반민특위가 제대로 가동돼 친일반역자들을 재판했더라면, 아마도 파리의 나치협력자 재판과 같이 국제사회의 큰 주목을 받았을 것이 틀림없다.

이승만대통령이 경찰을 동원해 반민특위를 해산시켜버림으로써 반민족적 친일세력에 대한 응징은 불행하게도 좌절됐을 뿐만 아니라 오히려 친일파를 해방 후 새 독립국가의 지배세력으로 또다시 복귀시켜주는 '천추의 한'을 남기게 했다(프랑스의 나치협력자 숙청과 한국의 친일파 처리실패의 비교연구는 마지막 에필로그를 참조할 것).

프랑스는 한국의 사례와는 정반대의 길을 선택했다. 드골이 주도하는 나치협력자 대숙청은 민족을 배반한 '비천한 것들을' 모두 지배세력에서 뿌리 뽑았고 악질적이며 광적인 나치협력자들을 사형과 무기강제노동형에 처함으로써 다시는 지배세력으로 군림할 수 없도록

드골의 과거사 정리방식과 친일파 청산

영원히 매장해 버리는데 성공한 본보기가 되었다. 나치협력자에 대한 파리숙청재판소의 재판은 드골이 말했듯 민족반역자를 발본색원하기 위한 '정의의 재판'의 하이라이트였다.

파리의 숙청재판정에 가장 먼저 끌려나온 피고들은 널리 알려진 나치협력 언론인들이었다. 민족반역 언론인들은 사설과 칼럼으로 나치독일과 비시정권을 찬양하고 연합군과 드골의 망명정부를 적으로 지목해 비난하고 욕하는 글을 썼기 때문에 나치협력행위의 증거들이 신속하고도 쉽게 수집될 수 있었다. 또한 언론인의 이름과 얼굴이 대

파리숙청재판소의 나치협력자 재판 광경

4. 나치협력자 발본색원하는 '재판'의 하이라이트

프랑스의 나치협력자 청산

중에게 널리 알려져 있으므로 쉽게 숨어 다닐 수도 없었다.

이들 자신이 나치독일이 전쟁에 이길 것으로 착각해 쓴 글들이 모두 부메랑이 돼 필자 자신들에게 규탄의 소리가 되어 되돌아오는 형국이었다. 변호사들조차도 이들 언론인들을 '나치협력 선전원'이라고 부를 정도로 나치독일 점령기간에 미쳐 날뛰었던 '히틀러의 나팔수'들이었다. '드골은 정의의 심판'을 통해 숙청의 칼을 빼든 것이다.

▌드골이 반역 언론인들을 먼저 재판한 이유

이들은 이미 2차 세계대전 전에 친 나치언론인이나 지식인으로 낙인찍힌 부류들이고 파시즘을 찬양하며 파시즘 최악의 이념체계인 나치즘을 확고한 자기신념으로 갖고 나치가 승승장구할 때 자연스럽게 선전역할을 담당해 미친 사람처럼 설친 자들이다. 그럼에도 이들에 대한 숙청재판부와 방청시민의 태도가 비교적 관대하다는 보도가 나왔다.

그런데 전쟁 전에 기회주의적으로 반 나치였다가 독일이 점령군이라는 강자로 등장하자 나치독일의 선전원으로 전락한 '매춘언론인'은 더욱 가혹하게 다루어졌다. 나치협력자 숙청에 반대하는 낡은 세력은 '단순히 사설 쓴 것으로 재판에 회부하다니'라고 비판하면서 언론자유를 들먹이기도 했다. 그러나 프랑스임시정부 대통령 드골과 반 나치저항운동의 용사들이며 드골의 측근들과 각료들이 여론의 추이를 주시하면서 매우 신속하지만 신중하게 나치협력자 숙청을 집행해 구시대 반역세력에게 조그만 틈조차도 허용하지 않았다.

드골이 언론인을 제일 먼저 민족반역자의 숙청재판의 도마 위에 올린 것도 숙청전략의 일환이었다. 드골 자신이 언론인을 제일먼저 심판하는 이유에 대해 나중에 솔직히 술회했다. 그는 전쟁회고록에서

'언론인은 도덕의 상징이기 때문에 첫 심판에 올려 가차없이 처단했다'고 기록했다. 특히 드골은 언론숙청에 대한 자초지종을 이렇게 설명했다.

"알제시절부터 정부는 파리해방 때 언론문제를 최우선적으로 처리키로 결정했다. 1944년 5월 6일 훈령을 통해 적이 지배한 지역에서 발행한 신문들은 파리해방 후 발행할 수 없다. 신문사의 재산을 몰수하며 건물과 시설들은 지하의 저항신문들이 임대해 쓴다. 또 훈령은 금융기관이나 자본에서 독립성유지를 지원하며 광고는 규제되며 신문사의 모든 회계와 매출은 반드시 발표하도록 의무화했다"

1944년 10월초 파리숙청재판소는 '반역자들을 찾아내기 위하여'라는 간판을 센느강의 한복판에 있으며 법원과 파리경시청이 자리잡고 있는 시테섬의 법원사무실에 내걸었다. 파리재판소는 여기서 독일점령기간 나치협력자들의 언동이나 행동, 집필 등에 관한 정보를 수집하고 시민의 나치협력 혐의자 신고를 받았다.

프랑스임시정부 법무성은 '나치협력에 관한 자세한 정보를 갖고 있는 모든 시민은 가능한 한 빨리 나치협력 민족반역자들을 체포하기 위해 법원에 정보를 제공해주기 바란다. 모든 애국시민은 재판을 용이하게 하는 절대적 의무를 진다'고 고시했다. 그리고 법무성은 나치점령시절 나치협력자에 대해 지하에서 비밀리에 즉결재판을 집행한 국민사법전선요원이었던 바사르를 공화국검사로 임명했다.

▌드골회고록 "언론인은 도덕적 상징임으로 가차없이 처단했다"

파리숙청재판정에 처음으로 끌려나온 나치협력 지식인은 조르주 쉬아레즈였다. 그는 전쟁 전에는 크레망소의 전기를 쓴 유명한 역사가였으며 파시스트 도리오가 당수인 극우정당 프랑스인민당의 당원

프랑스의 나치협력자 청산

으로 활동했다.

나치점령시절 그는 친 비시정권 일간지 '오늘'의 정치부장을 맡았었다. 이 자리는 히틀러의 프랑스총독격인 프랑스주재 독일대사 라이흐 오토 아베츠가 지명할 정도로 친 나치분자만이 차지하는 요직중의 하나였다. 쉬아레즈의 변호사 브와토는 프랑스가(비시정권) 1940년 6월 독일과 휴전협정을 체결했기 때문에 '독일과 적대관계에 있었다고 볼 수 없다'고 강변하고 따라서 피고가 '적을 이롭게 한 반역행위를 저지르지 않았다'는 궤변을 늘어놓았다.

재판부는 '휴전이란 적대행위가 종식된 것이 아니라 중단된 것이므로 나치독일은 어디까지나 적이다'고 변호사의 주장을 일축하고 독일대사의 보호아래 '오늘'지 정치부장으로 승진했느냐? 라고 피고를 추궁했다.

그리고 검사는 '적과 내통했고 프랑스를 노예화할 목적으로 나치즘을 선전한 것으로 고발당한 작가와 언론인들의 기나긴 행렬이 드디어 숙청을 위한 정의의 재판정에까지 이르게 됐다'라고 설명하고 피고를 포함해 나치선전원으로 전락한 조국배반 언론인을 준엄하게 심판할 것이라고 다짐했다.

또 재판부는 증거로 제출된 피고의 기사 1백3건을 모두 정독했다고 전제, 모든 글이 나치즘찬양 일색이고 히틀러의 천재성을 찬미하는 천편일률적 논조뿐이었다고 지적했다. 또 피고는 연합군이 노르망디에 상륙작전을 개시하자 '프랑스를 방어해 주는 나라는 독일뿐'이라는 궤변을 글로 옮겼고, 특히 영국과 '드골의 도발자들'이 폭격을 감행하면 나치독일군이 유태인과 공산주의자, 프랑스거주 미국인과 영국인을 인질로 잡아 대항하자고 황당무계하게 주장했다고 질타했다.

쉬아레즈는 글에 분명히 나타난 그의 입장을 모두 시인했지만, 독일군과 게슈타포에 체포된 프랑스인 '범법자'들을(반 나치저항운동가

를 지칭) 구출했으며, 불리한 줄 뻔히 알면서도 저항운동가의 증인까지 섰다는 자기역할을 내세웠다.

■ 나치선전지 '오늘' 정치부장 쉬아레즈 최초로 처형되다

검사는 피고가 어떤 좋은 일을 했다고 주장해도 이것이 '그의 유죄를 면죄시킬 수 없다'고 단호하게 밝혔다. 변호인은 '나치독일 점령기간의 반역행위란 시간의 선택문제'라고 주장하면서 그의 문학적이며 위인전기를 집필한 사학자의 경력을 참작해달라고 호소했다. 그러나 검사는 냉정하게 사형을 구형했고, 재판부도 최고형과 전 재산몰수형을 선고했다. 쉬아레즈의 항소는 기각됐다. 나치협력 언론의 선봉에 섰던 쉬아레즈는 1944년 11월 9일 새벽 파리남쪽 몽패르의 처형장에서 총살형으로 54세의 민족반역 언론인의 삶을 마감했다.

이 재판을 취재한 프랑스 언론들은 그의 처형이 나치 독일자본으로 운영되는 프랑스신문에 기명 칼럼을 쓴 것이 확실한 증거가 돼 사실상 예정된 것이라고 논평했다. 오늘날 쉬아레즈가 나치협력 언론인으로써 최초로 사형이 집행된 것으로 나치협력자숙청 연구가 허버트 로트만의 '대숙청, 1943~1953' 등 많은 연구서들은 기록하고 있다. 그러나 그보다 앞서 자동차신문 사장 알베르 르전이 나치협력 반역자로 사형선고를 받았다. 59세인 그는 '자동차'라는 신문과 '작은 니스사람들'과 '공화주의 리옹' 등 남부 프랑스의 지방신문의 저명한 발행인이었다.

그는 독일대사관으로부터 신문발행을 위한 자금지원을 받았을 뿐만 아니라 독일점령군 선전실과도 깊은 관계를 맺고 갑자기 졸부가 된 것으로 유명했다. 프랑스 남부지역을 연합군이 해방하자 그는 즉각 체포돼 지방도시 부슈 뒤 론의 숙청재판소에 구속 기소됐다. 재판부는 그의 반역행위를 용서하지 않고 사형선고를 내렸고 이튿날 바로 처형했다. 그가 처형된 3일 후 쉬아레즈가 파리에서 나치협력 반역자의 심판대에 올려졌던 것이다.

민족반역 언론인 3번째 타자는 프랑스 최대의 일간지 '르 마텡(조간)'지 편집국장 로잔이었다. 나치점령시기에 프랑스 최대의 일간지가 버젓이 발행되기 위해서는 언론인의 간과 쓸개를 모두 내어놓아야만 가능한 일이었다. 르 마텡도 독일점령군 선전국의 호평을 받은 파시스트 신문이며 편집국장인 로잔 자신이 기명사설을 많이 썼다. 그러나 그는 70세의 고령으로 경험상 언론의 속성을 잘 알고 있었다. 그는 교묘한 편집기술을 발휘해 비시의 나치협력정책을 잘 미화했다.

로잔은 페탱의 나치협력정책을 독일과의 전략적 화해라고 해석했다. 특히 변호인 무로는 피고가 나치에게 점령된 첫 6개월간 붓대를 꺾고 침묵을 지키기도 했으나 바릴라사장의 압력에 못 이겨 드골과 연합국에 적대적 사설 등을 쓰고 말았다고 변명했다. 나치독일군이 파리에 입성한 날 그는 격분해 자살한 의사 티에리 드 마르텔처럼 자살을 기도했다고 재판부에 호소했다. 변호인은 피고가 조국을 결코 배반하지 않았다고 주장하면서 정상참작을 간청했다. 그리고 '당시 프랑스의 정서에 따라 마지못해 큰 과오를 범한 사실이 유감'이라고 사죄했다. 그러나 재판부는 피고가 '독일 선전상 괴벨스의 품에 결국 안겼다'고 질타하면서 20년 징역형을 선고했다. 방청석에서 박수가 쏟아져 나왔다. 나치협력 언론인에 대한 판결이 중형이나 최고형으로 내려질 때마다 방청석의 박수를 받아 드골이 주도한 숙청재판은 순항했다.

44년 12월 18일에는 해군역사가로 유명한 폴 사크가 숙청재판정에 섰다. 그는 '오늘'지에 친 나치 반 드골 칼럼을 계속 집필하면서 반 볼셰비키 행동위원회에 가담했고 페탱의 국민혁명전선을 적극적으로 지지했다. 재판부는 그를 사형에 처했는데, 이 재판기사가 이날 창간호를 낸 유력지 르 몽드 1면의 지면을 크게 장식했다.

▌드골, 나치협력 경범죄를 응징하는 '부역죄' 훈령 공포

드골의 임시정부는 1944년 8월 26일 부역죄(indignite nationale)에 관한 훈령을 발표했다. 원문이 '국민자격의 박탈'이라고 표현되는 이 훈령은 재판부에서 형법상 선고를 면하거나 기소전에 훈방된 경미한 나치협력자들에게 주로 적용될 벌칙을 규정한 것이다. 부역죄는 형을 선고받은 모든 나치협력자에게 병과되었고, 심지어는 알제리에서 사형된 나치협력 반역자에게까지도 소급해 적용됐다. 부역죄는 시민법정에서 부과하는 벌이라고 훈령에서 규정되었으며, 나치협력 반역혐의로 정식재판에 회부되지는 않았으나 나치에게 협력을 시도하거나 도움을 주려고 한 일반인 등 경미한 나치협력사범을 처벌하기 위한 조치로 해석된다.

부역죄란 무엇인가? "국외추방과 국적박탈을 주로 하는 정치적 형벌"이라는 것이 안느 시모넹교수의("한 줌밖에 안 되는 비천한 사람들") 해석이다. 그는 '부역죄란 근본적으로 공화주의적 형벌'이라고 규정하고 사형 등 최고형으로 응징할 수 있는 국가반역죄와(형법 75조) 종신 강제노동형이나 징역형을 선고할 수 있는 이적죄에(형법 79조) 해당하지 않는 나치협력자에 대한 새로운 법이라고 해석했다. 구체적으로 나치독일과 공개적으로 협력한 비시정권의 명령과 지시에 복종한 국민들, '국가반역죄로 다스릴 수 없는 비시정권 지지자들, 나치점령기간 합법성을 가장한 비시정권의 법을 솔선해 준수한 자들을 다스리기 위한 법이다.' 실제 부역죄 '제1조는

프랑스의 나치협력자 청산

프랑스국민의 단결, 자유, 평등 원칙을 위반한 공화주의 침해죄'라고 규정했다.

부역죄는 이중처벌이라는 반대론이 고개를 들기도 했다. 그러나 드골이 훈령으로 공표하자 반대여론은 즉각 진정되고 말았다. 그래서 부역죄는 모든 숙청재판에 반드시 병과되었으며, '적에게 직·간접으로 도움을 주었거나 국민의 단결을 해치고 프랑스인의 자유와 평등을 침해한 행위를 한 자가 바로 부역죄를 저지른 자'라고 공식적으로 규정돼 일반 국민도 나치협력에 관한 소추를 당하게 되었다. 부역죄는 선거권과 피선거권 및 공직 진출권이 박탈되며, 공무원, 군, 변호사, 회계사, 교원, 노동조합원, 언론인과 모든 통신과 정보 업무에서 추방되고 심지어는 개인기업의 대표이사는 물론이고 이사 승진에서도 제외된다.

▌'국가의 불순물을 제거해야 새출발 가능하다'

특히 부역죄는 국적박탈의 형벌이 자동적으로 병과된다고 규정해 드골이 나치협력반역자 숙청을 통해 프랑스사회를 완전히 정화해 애국시민만으로 재조직하려한 정치적 비전을 실현하려한 것으로 주목되는 특별법이다. '국가에 가득 찬 불순물이 근본적으로 제거되어야 새 출발이 가능하다'라고 나치협력자 숙청의 의미를 강조한 M-O 바뤼슈교수의 말은('한 줌밖에 아누 되는 비천한 사람들' 서문) 비단 드골의 나치협력자 숙청의 뜻만이 아니라 어느 나라에게도 진실로 수용될 수 있을 것이다.

드골의 대숙청 후 프랑스사회가 급속도로 민주화되고 도덕성과 윤리 및 민주적 법질서가 잡힌 것은 나치협력 민족반역자들을 채로 모두 걸러내듯 부역자들까지도 응징한 당연한 결과라는 평가이다.

그러나 저항운동가인 샤르팡티에 프랑스변호사회장은 범죄에 대한 확실한 증거없이 예단에 의해 범죄가 만들어질 것을 심히 우려했다. 저명한 변호사 모리스 가르송도 수많은 사람들이 조국 프랑스와 나치독일이라는 적의 틈에서 현존하는 권력과 법의 탄압을 피하기 위해 노력하지만 명예를 더럽히는 언동이나 행동을 할 가능성이 없지 않다고 지적하고 앞으로 숙청재판정이 한결같이 부역죄를 선고하며 자동적으로 재산몰수형을 가하는 것은 너무 심한 형벌이라고 비판했다. 그러나 부역죄는 예외없이 모든 나치협력자에게 부과되었다.

31세의 뤼시엥 콩벨은 국가반역혐의로 숙청재판정에 선 가장 젊은 신문사 사장이었다.

'라 제르브'라는 나치선전 신문의 사장으로 나치협력 언론인이었으나 '좁은 문'의 문호 앙드레 지드의 비서를 지냈고, 극우 파시스트 단체인 악시용 프랑세즈단원이었던 그는 나치독일을 찬양하고 영·미 연합군을 비난하는데 앞장섰다. 그는 저명한 작가 앙리 드 몽테르랑과 드리으 라 로셀 및 테리브 등과 베를린에 있는 독일연구소를 방문했으며 독일 군수공장에서 강제노동하는 프랑스노동자들을 격려하는 등 나치협력에 앞장섰다는 혐의를 받았다. 그는 친 비시정권 성향의 주간지 '국민혁명'의 논설에서 '독일이 전쟁에서 패배하는 것은 부당하다'고 주장하기도 했다. 이 증거를 잡은 코아사크검사는 그에게 사형을 구형했다.

그러나 '리베라시옹-스와르'지 브와이에사장과 재헌의회의원인 필립신부 및 문호 앙드레 지드가 서명한 탄원서가 재판부에 제출되었다. 이 탄원서가 효력을 발생해 재판부는 정상을 참작해 그에게 강제노동형 15년을 선고했다. 이러한 정상참작은 대숙청과정에서 매우 이례적인 것으로 앙드레 지드의 탄원과 피고의 재판에 임하는 성실

프랑스의 나치협력자 청산

한 자세가 재판부의 마음을 움직인 것으로 지적됐다. 그럼에도 판결문은 그의 글이 '철저히 나치를 찬양할 뿐만 아니라 침략자에게 아양을 떠는 국가반역범죄의 극치'라고 준엄하게 질타했다.

▌교묘하게 나치 선전한 공쿠르상 수상작가 베로의 심판

1944년 12월 29일은 거물언론인이며 작가인 베로가 프랑스민족을 배반한 대가를 치르기 시작한 날이다. 친 나치 정치주간지 '그렝고아르'의 칼럼니스트로 유명한 공쿠르상 수상작가였던 59세의 베로는 1936년 최초의 좌파연합정부인 인민전선내각의 사회당출신 각료 로제 살렝그로를 사설과 칼럼으로 집요하게 비방하며 물고 늘어져 자살에 이르게 한 극우논객으로 명성을 떨친 사람이다.

재판부는 '과오만 많고 범죄상의 증거'가 적은 이 논객의 재판을 매우 신중하게 다루었다. 나치점령시절 지하의 저항언론에서 파리해방 후 지상의 언론주역으로 부상한 '애국언론'의 나치협력자 처단압력은 매우 큰 것이었다. 그런데 문제는 베로가 기명으로 쓴 글이 매우 드물어 국가반역범죄를 증명할 증거를 잘 발견할 수 없다는 점에 있었다. 그리고 나치점령기간에 그의 호화생활도 문제가 됐으나 독일점령군으로부터 돈을 받았다는 소문만 있었지 증거는 없었다.

그러나 그는 파리가 해방되기 전에 무장저항단체 요원들에 의해 체포될 정도로 거물 나치협력자 취급을 당했다. 이처럼 교활한 거물 논객이 저항운동 요원들이 동행을 요청하자 '구속영장을 제시하라'고 요구했다. 한 요원이 권총을 뽑아 보이며 '이것이 영장이지'라고 응수하고 그를 연행했는데, 9월 2일 그는 파리교외 프렌감옥에 수감됐다.

검사는 1940~1943년까지 '그렝고아르'지에 발표한 친 나치 반 드골, 반 영미연합군 및 반 소련에 관한 그의 논설들이 나치독일이라는 적을 이롭게 하고 조국 프랑스를 배반했다고 준엄하게 논고했다. 피고는 검사의 논고를 즉각 반박했다.

그는 '1940년 페탱 원수는 무엇이었던가. 그는 공식적이며 합법적으로 국가원수에 취임한 국가지도자이다. 그때 프랑스의 모든 공직자들, 동사무소 서기부터 최고헌법기관의 고위공직자까지 모두 페탱에게 충성맹세를 했다. 도시마다 가장 아름다운 길에 페탱의 이름을 붙이기도 했다. 교회주교들은 그를 엄숙하게 성당에 모셔 극진한 대우를 할 만큼 페탱 원수는 조금도 하자가 없는 국가원수였다'라고 비시정권을 변호했다. 검사는 베로의 나치협력 논설을 배심판사들에게 읽어주어야 했다. '프랑스와 안보는 그만한 대가를 지불해야한다. 영국은 가짜동맹국이며, 드골이라는 이름을 역사가 들으면 당장 구토할 것이다…'라는 논설은 배심판사에게 피고의 민족 반역 범죄를 이해시키기에 충분한 것이다. 검사는 이어서 '프랑스가 히틀러의 구둣발에 짓밟혀 신음하는 동안 이 나라는 분열됐다. 전투의 치열함이 전선에서 점차 가까워진다. 작가 프랑수아 모리악은 흉악스러운 희망이 드디어 가면을 벗는다고 지적하는데, 독일이 순간적으로 전선에서 유리해지면 용기를 되찾는 반민족적 무리가 아직도 있다'고 질타하고 '베로는 악을 범했고, 그리고 앞으로도 프랑스에게 악을 가져다줄 것'이라는 결론을 내리고 최고형인 사형을 구형했다.

재판부가 피고에게 내린 판결은 물론 최고형이었다. '피고에게 총살형과 전재산몰수 및 시민권박탈을 선고한다'는 재판장의 목소리가 재판정을 엄숙하게 울렸다. 베로를 살리기 위한 수많은 변론이 무위로 끝난 것 같았다. 르 피가로지는 '지식인으로서 작가의 책임을 상기시켜 주는 재판'이라고 논평하고 베로를 규탄한 뮈슬리에 해군제독

프랑스의 나치협력자 청산

의 증언을 상기시켰다. 해군제독은 드골의 자유프랑스를 지지했다가 피고의 비판을 받아 엄청난 곤경에 처했다고 증언했다. 그는 '베로는 논설을 통해서 나와 내 가족에게 더러운 물을 끼얹었으며, 프랑스해군까지도 모독했다. 그의 국가배반행위를 씻어주는 것은 바로 우리들의 피였다'고 부르짖었다.

▌ 모리악의 구명운동으로 베로 감형되다

변호인은 '제독의 증언은 피고의 논설을 너무나 증오한 나머지 감정적으로 평가한 것 같다. 나는 피고의 선전술에 의해 고통받은 모든 피해자이름으로 피고에 대한 재판이 너무 가혹하다고 주장한다'고 말했다. 그에 대한 총살형 선고는 20년형을 받은 다른 나치협력 언론인들에 비해 '너무 가혹하다'는 여론이 일어났다. 기명논설과 칼럼을 피한 교활한 배반자이기는 하지만, 연로한 작가를 죽음으로 응징할 것까지는 없다는 동정론이 일어난 것이다.

이때 한 유명작가가 '베로의 형량이 너무 무겁다'는 소리를 질렀다. 그는 바로 우파의 대변인이지만 반 나치저항운동에 직접 참여한 거물작가 프랑수아 모리악이었다.

'붓끝을 잘못 놀린 탓으로 베로는 중형이 선고되어 너무나 비싼 대가를 지불하고 있다. 그러나 우리는 조국을 배반하지 않은 작가를 배반자로 지탄하고 독일인과 접촉하지도 않은 그를 나치독일의 벗으로 규탄하고 있다. 이것은 증오이지 정의가 아니다'라고 모리악이 르 피가로지의 논설에서 그를 옹호하고 나섰다. 드골은 모리악의 논설이 나온 2주일 후(45년 1월 13일) 그를 무기징역형으로 감형했다.

드골의 감형조치는 '정치적 이유가 아니라 숙청작업의 정당성과 정의를 위한 것'으로 언론들은 해석했다. 베로는 한참 후에 모리악이 생명의 은인임을 솔직히 인정하고 '프랑스라는 황량한 사막에서 한 거인이 일어섰으니…'라는 내용의 감사의 편지를 그에게 보냈다. 파리해방 직후 파리숙청재판소가 최초로 응징한 나치협력자들은 모두 언론인과 작가들이었다. 드골은 나치협력 언론인을 제일 먼저 민족반역자의 심판대에 올림으로써 나치협력자숙청에 대한 비판여론을 간단하게 잠재웠다. 그러나 드골의 베로에 대한 감형조치는 다음에 자세히 언급하겠지만 '프랑스의 가장 빛나는 천재 작가이나 파시즘의 확신범으로 나치독일을 찬양한 언론사 편집국장 브라지야크'의 경우와 비교되어 오늘까지도 의문으로 남았다.

프랑스의 나치협력자 청산

5. 문호 카뮈와 모리악의 재판 대논쟁
― 카뮈, '내일을 말하는 것은 증오 아니라 기억에 의한 정의다'

 드골은 앞에서 보았듯 알제리 시절부터 나치협력자의 숙청을 파리 해방 후 최우선적으로 집행해야 할 과제로 설정해 실천에 옮기고 있었다. 그러나 이 작업이 프랑스국민의 여론의 지지를 어느 정도 받을 수 있을는지는 의문이었다. 왜냐하면 프랑스본토에서 나치독일 점령 시기를 살았던 절대다수의 국민들은 나치에 협력하지도 않았지만, 또한 저항운동에도 가담하지 않았기 때문이다.
 또 많은 프랑스국민들은 1차 세계대전에서 독일을 패망시킨 전쟁 영웅 페탕 원수에 대한 존경심을 버리지 않고 있었다. 페탕은 영·미 연합국에 선전포고를 하지 않고 미국과 외교관계를 계속 유지하는 등 상당히 현명한 외교정책으로 프랑스를 제2차 세계대전으로부터 벗어나 중립지대로 남아 있게 만들었다. 특히 히틀러의 동반자, 나치독일의 괴뢰라는 오명에도 불구하고 미·영 연합군과 전쟁을 피하는 슬기로운 면이 없지 않았다. 1940년 6월 나치독일과 휴전협정을 재빨리 맺어 프랑스국토를 나치 기계화부대의 전격전의 포화로부터 구출했다는 점도 프랑스국민은 인정하고 있었다. 페탕이 대미선전포고를 하지 않았기 때문에 미국은 비시정권말기까지 비시정권과 외교관계를 계속 유지하고 있었다. 특히 페탕은 연합군의 일원으로 나치독일과 싸운 드골의 자유프랑스군과 전투하는 민족상쟁을 피할 수 있었다. 그래서 흔히들 나치로부터 해방된 후의 프랑스는 드골과 페탱의 2개 세력이 주도하는 2개의 프랑스라고 불리기도 했다. 이것은 드골과 페탱의 양대 세력을 상징하는 것이었다.

드골은 나치협력자들 뿐만 아니라 페탱 등 비시정권의 지도층을 모두 민족반역자로 규정해 숙청하기 위해서는 언론의 역할이 결정적으로 중요하다고 판단했다.

'정의의 숙청' 외친 카뮈

드골의 임시정부가 제일 먼저 나치협력 언론인들부터 숙청의 심판대에 올린 이유는 비시정권을 동정하는 여론을 잠재우고 그들에게 나치협력 민족배반자라는 낙인을 확실히 찍기 위한 드골의 전략에 있었던 것이다. 그런데 숙청대상 언론인들이 모두 유명한 지식인들이며 광범위한 영향을 미치고 있는 것이 숙청집행 단계의 어려움이었다.

▍카뮈의 외침, '누가 감히 용서를 말하는가!'

파리해방 직후 나치협력자 숙청문제를 제일 먼저 제기한 사람은 '이방인'과 '페스트' 등의 명작으로 노벨문학상을 받은 작가 알베르 카뮈였다. 카뮈는 일찍부터 지하에 들어가 레지스탕스운동을 주도했으며 반나치 저항신문 '콩바'(전투)의 주필로 활약했다. 파리가 나치 독일로부터 해방된 감격과 흥분에 사로잡혀 있을 때 그는 저항신문 '콩바'지의 사설을 통해 나치협력자 대숙청이 시급한 과제라고 역설했다. 카뮈는 '누가 감히 (나치협력자에게) 용서를 말할 수 있겠는가? 왜냐하면 칼은 칼에 의해서만 이길 수 있고 무기를 잡아야 반드시 승

프랑스의 나치협력자 청산

리할 수 있다는 사실을 드디어 우리가 알게 됐기 때문이다. 감히 누가 이 진리를 망각하라고 요구할 수 있겠는가? 내일을 이야기하는 것은 증오가 아니라 기억을 기초로 하는 정의이다'라고 '콩바'의 사설에서 외쳤다.

카뮈는 드골에게 나치협력자에 대한 대숙청을 논설을 통해 재촉한 것이다. 이튿날 그는 '우리는 무엇을 원하는가? 신문은 글에 있어서 투명하고 단호해야만 한다. 수 년 동안 기사를 쓰면서 죽음이나 감옥에 갈 것을 각오했던 많은 언론인들에게는 글이 그들의 가치관을 표현하는 것이며 그래서 글쓰기 전에 많은 성찰을 한다는 것은 너무나 명백한 사실이다. 우리가 바라는 것은 국민에게 언론인의 책임을 회복하자는 것이다'라고 역설했다.

카뮈의 논설은 반 나치저항언론인이 지하에서 목숨을 걸고 한 줄의 기사를 쓰기 위해 얼마나 고뇌하고 성찰했는지를 잘 설명하고 있다. 한 줄의 글이 나치게슈타포나 비시의 민병대에 의해 반 히틀러나 미국의 간첩이라는 누명을 쓰고 기자의 목숨을 빼앗아 갈 수 있는 것이 나치점령시대 언론인의 운명이기 때문이다. 그러나 이때 지상의 나치협력언론인들은 저항단체와 저항운동가 그리고 드골의 자유프랑스를 테러범으로 매도하고 영·미 연합군과 망명정부 자유프랑스를 패배시켜야한다고 부르짖으며 나치독일의 승리를 기원했던 것이다.

카뮈는 이러한 사실을 상기시키며 민족반역언론의 책임을 준엄하게 묻고 진정한 민주언론의 복구와 회복을 요구하고 있었다. 나치협력자 숙청의 도마 위에 올려진 첫 피고인들이 모두 언론인들이었다는 사실은 카뮈가 주장한 '언론의 책임론'에 여론이 전폭적으로 지지했기 때문에 가능한 일이었다. 카뮈는 반 나치저항운동에 직접 참가한 대표적 지식인이며 언론인, 작가로 사실상 논설 한 줄에 자신의 귀중한 생명을 걸고 '콩바'에 글을 썼다. 그는 레지스탕스를 찬양하면서 나치독일

점령군과 비시정권의 친 나치각료들에 대한 테러를 고무했었다.

카뮈는 나치점령시절 '전면전과 전면적 저항운동'이란 논설을 지하신문 콩바지에 발표한 저항언론인으로 널리 알려져 있었다. 그는 저항운동을 기피하는 지식인과 기회주의자들에게 '그래도 당신들은 저항운동가나 그의 동반자들과 똑 같이 나치의 고문을 받거나 나치강제수용소에 유배되며 궁극적으로는 학살을 피할 수 없을 것'이라고 경고했었다. 카뮈의 '정의론'은 나치협력자 대숙청을 단행하는 드골에게 큰 힘과 명분을 주었다.

카뮈가 나치협력자 처단을 정의로 규정하고 드골의 숙청을 찬성했다면, 드골의 숙청을 인정하면서도 관용론을 적극적으로 펼쳐 '숙청의 희생자'를 줄이려고 애쓴 거물작가가 우파 논객이며 문호인 프랑수아 모리악였다.

▍모리악, 카뮈의 정의론에 관용론으로 반격하다

모리악은 우파지 르피가로의 논객으로 '정의론'으로 숙청의 정당성을 강조한 카뮈의 입장에 반론을 제기해 나치협력자 숙청을 둘러 싼 격렬한 논쟁을 불러 일으켰다. 모리악이 숙청에 문제를 제기한 첫 대상은 아카데미 프랑세즈에서 나치협력자로 추방당한 아벨 에르망이었다. 그는 에르망이 '속죄양'이라고 주장했다. 모리악은 특히 언론인과 작가들의 나치협력 정도에 차별성을 측정하고 재는 것을 거부하면서 가능하면 언론인과 작가 등 지식인의 책임을 관용의 이름으로 가볍게 하기 위해 노력했다.

그는 파리해방 직후인 44년 9월 초순부터 3일에 한 번 간격으로 르피가로의 칼럼을 통해 나치협력자 숙청에 대한 자기견해를 밝히면서 '관용을 위한 여론'을 불러일으키려고 애썼다. 1944년 9월 8일 페

프랑스의 나치협력자 청산

나치협력여인이 머리깍이고 맨발로 파리시내를 뺑뺑이 돌려지다.

탱 원수와 라발 전총리 등 비시정권 지도층이 비시를 버리고 독일로 망명의 길을 떠나자 모리악은 '앞으로 건설될 제4공화국은 나치 게슈타포의 구두 발소리가 떠올리는 생각에 사로잡혀서는 안 된다'고 말했다. 모리악은 프랑스가 해방된 후 수립된 새 정권이 과거 비시정권이나 나치독일이 프랑스국민에게 했던 것과 똑같이 나치협력자를 처우하고 대해서는 안 된다고 주장한 것이다.

다시 말해 모리악은 보복을 하지 말라고 강조하고 있었던 것이다. '우리는 적들보다 몇 단계 위에서 놀아야 한다. 그들이 우리를 고문했다면 우리가 공정하게 재판하면 그것으로 족하다. 그런데 중요한 것은 모든 인간에게는 과오를 범할 권리가 있다는 사실이며, 우리 모두가 이것을 인정하는 것'이라고 그는 주장했다. 바로 이것이 모리악의 나치협력자를 위한 '관용논리의 핵심'이다.

충실한 기독교인인 모리악은 관용을 사랑하는 석학이요, 문호이지만 어렸을 때부터 고생을 하지 않은 넉넉한 삶 때문에 일반 민중이나 저항지식인 및 저항언론인들의 정서와 거리가 먼 주장을 한다는 일부 비판도 없지 않았다. 심지어는 모리악의 형 피에르 모리악은 저명한 의사인데도 페탱의 광신적 추종자로 비시정권과 나치독일이 레지스탕스들을 잡아 사형을 집행하는데 상당한 책임이 있는 것으로 소문났다. 이 소문이 모리악의 숙청에 대한 태도에 영향을 미치는 것으로 해석하는 사람도 있었다.

모리악의 관용론이 필연적으로 카뮈의 정의론과 충돌하는 것은 자명한 사실이었다. 전후 '페스트'라는 작품으로 프랑스의 나치점령시대를 우화적으로 묘사한 작가 카뮈가 파리해방 직후 '콩바'에서 숙청을 '신속하고 전면적으로 단행하라'고 외치면 모리악이 르피가로에서 '관용을 베풀자'고 주장하는 글을 주고받는 방식으로 논쟁은 이어지고 있었다. 그러나 모리악의 관용론에 호응하는 언론은 거의 없었다. 카뮈의 정의론은 여론의 큰 호응을 얻었고, 지지하는 언론도 많았다. 유명한 진보적 주간지 프랑스문학(레 레트르 프랑세즈)이 카뮈의 입장을 언제나 전폭적으로 지지 성원했다. 이 주간신문은 나치독일 점령시절 지하에서 발행돼 비밀리에 배달되어 읽었던 지식인들이 나치 게슈타포에게 체포돼 목숨을 잃은 것으로 유명한 대표적 저항언론이었다.

▌카뮈의 '정의론'에 손 들어준 '프랑스 문학' 신문

'관용은 또 하나의 범죄'라고 부르짖다 프랑스문학 신문은 나치점령시절 일찍부터 화해를 거부하며 '사형집행인(나치게슈타포)과 희생자(저항운동가) 및 애국자(저항운동가)와 배반자(나치협력자)로 구별하는 것밖에는 다른 방법이 없다'는 논리를 내세워 반 나치무장투쟁을 역설했었다. 프랑스문학은 모리악의 관용론에 대해 '용서하라고? 만일 당신이 당신에게 행한 악을 용서할 수 있다면, 당신은 타인에게 행한 악을 용서할 수 없다'고 지적했다. '누구도 드랑시 나치강제수용소에서 죽은 시인 막스 자콥과 나치 독일군에 의해 억울하게 총살당한 프랑스문학 창설자 자크 드쿠르 교수의 이름으로 고문 학살자와 나치협력 배반자를 용서할 수 있다고 감히 말할 수 없다'고 이 신문은 지적하며 카뮈의 정의론에 손을 들어주었다.

프랑스의 나치협력자 청산

　나치점령시절 레지스탕스에 참여했다가 목숨을 잃은 희생자들의 이름으로라도 나치협력자를 철저히 소탕해야한다고 주장한 이 신문은 '관용은 또 하나의 범죄'라는 새 논리로 카뮈를 지지하고 모리악의 관용론을 격렬하게 비난했다.

　프랑스문학은 무엇보다도 이름이 널리 알려졌거나 천재성이 돋보이는 나치협력 언론인과 지식인에게 더욱더 엄중히 행동의 책임을 물어야 한다고 주장했다. 프랑스 국수주의의 원조라고 널리 알려진 민족주의이론의 최고석학 샤르르 모라스가 페탱에게 제공한 맹목적이며 광신적 지지, 유명작가 앙리 드 몽테르랑이 '6월의 하지'란 작품에서 독일군의 파리점령에 동의한 사실 및 저명한 작가 폴 모랑이 비시정권의 스위스대사 등을 역임하면서 독일의 프랑스점령군 사령관 폰 스툴프나겔장군과 맺은 우호적 관계, 그리고 '내가 도처에 있다' (주 스위 팔투)라는 친나치 신문에 히틀러와 나치즘을 찬양한 천재 파시스트 브라지야크의 논설내용 등에 준엄한 책임을 물어야 한다고 이 신문은 부르짖었다.

　프랑스문학 신문은 '우리들이 과거에 겪은 모든 불행은 민족배반자들에 대한 척결을 거부한데서부터 왔다. 오늘날 우리가 또다시 나치협력 반역자의 머리를 강타하기를 주저한다면 프랑스의 미래에 엄청난 위험이 닥칠 것이다. 어제의 범죄를 벌하지 않는 것, 그것은 내일의 범죄에게 용기를 주는 것과 똑같은 어리석은 짓이다. 프랑스공화국은 절대로 관용으로 건설되지 않는다'라고 모리악의 관용론을 정면으로 반박했다. 나치점령시절에 출판됐으나 독일 점령군당국에 의해 판매 금지된 루이 아라공의 소설 '오르레앙'과 앙드레 말로의 '모멸의 시대' 및 생택쥐베리의 '전투조종사' 등을 출판한 갈리마르 출판사를 프랑스문학이 '기회주의적 출판사'로 규정한 것은 특기할만하다. 왜냐하면 나치점령시절 계속 친 나치작품을 출판한 것도 바로 갈리

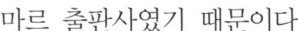

마르 출판사였기 때문이다.

카뮈와 모리악간 논쟁에서 이처럼 카뮈편에 지원군이 많았다. 44년 9월 16일 드골의 임시정부가 나치협력 반역자 처단을 위한 특별재판소의 설치를 규정한 훈령을 발표하자 카뮈는 전폭적 지지를 보내면서 이렇게 썼다.

'나치협력 민족반역자를 수적으로 많이 숙청하는 것이 문제가 아니라 얼마나 잘 숙청하느냐가 문제다'라고.

▌베르코르, '바다의 침묵' 출판해 해방의 희망 주다

반 나치저항 작가들로 구성된 전국작가위원회(CNE)는 나치점령시기에 문을 열었던 모든 출판사의 범죄를 조사하기 위한 작가와 사법기구의 공동조사위원회 구성을 제의했다. CNE에서 가장 영향력이 큰 작가는 유명한 반 나치저항작품 '바다의 침묵'을 지하에서 비밀리에 출판한 베르코르였다. 나치 점령시기 베스트셀러가 된 '바다의 침묵'은 저항운동의 승리와 나치독일의 패망에 대한 희망을 준 베스트셀러였다. 심야출판사(에디시옹 미뉘)를 비밀리에 창설해 반 나치저항 작품들을 용감하게 출판한 작가도 바로 베르코르 자신이었다. 오늘에도 활발한 출판을 하는 심야출판사는 반 나치레지스탕스에 가장 효과적인 저항수단을 제공했다. 나치점령군과 히틀러, 비시정권을 공격하는 작품을 계속 출판했기 때문이다.

베르코르는 파리해방 후에도 나치협력자에 대한 철저한 숙청을 주장해 카뮈와 동맹군을 구성했다. 베르코르는 갈리마르사가 나치점령시기 계속 출판한 월간지 신 프랑스잡지(NRF)와 '륄뤼스트라시용' 지의 나치협력 사실에 분개하고 이 잡지들의 폐간을 관철하기 위해 동분서주했다. 이 잡지들은 유명한 작가이나 광신적 나치협력자인 드

프랑스의 나치협력자 청산

리으 라 로셀이 편집국장을 맡아 나치와 비시정권의 선전도구로 이용했다고 베르코르는 주장했다. 드골은 국방장관과 함께 베르코르를 석찬에 초청해 지식인과 작가 및 언론 출판계의 숙청에 관한 의견을 직접 청취했다.

베르코르는 이 자리에서 갈리마르가 발행하는 두 잡지의 나치협력 사실을 비판하고 즉각 폐간할 것을 드골에게 건의했다. 그러나 드골은 오히려 갈리마르 출판사에게 두 잡지의 복간을 통보했다. 드골은 대신 실망하는 베르코르에게 갈리마르출판사와 잡지사내부의 나치협력 반역자를 철저히 조사해 민족반역자들을 숙청함으로써 잡지들을 거듭나게 할 것이라고 단호하게 설명하며 달랬다는 것이다. 베르코르는 드골이 두 잡지를 죽이지 않고 살려서 복간한 이유가 세계적으로 명성을 갖고 있는 프랑스지성을 대표하는 출판사이기 때문이라고 나중에 회고했다.

카뮈, '나치협력은 과오가 아니라 범죄일 뿐이다'

나치협력자 숙청이 본격적으로 진행되면서 카뮈-모리악간 논쟁도 점차 가열되고 있었다. 카뮈는 '콩바'에서 '나치협력자 숙청은 절대로 필요한 과제다. 일부 프랑스인들이 숙청을 이쯤 해두고 중단하자는 주장을 한다. 어떤 순간에 인간은 과오를 범할 수 있으나 나치협력이란 과오는 과오가 아니라 범죄일 뿐이다'라고 주장했다. 드골장군 조차도 단순한 과오를 범한 나치협력자에게 관대한 처분을 권할 정도로 모리악의 과오를 범한 자에 대한 관용론이 설득력을 얻어가고 있을 때였다.

카뮈는 이러한 정서를 차단하기 위해 논설을 정력적으로 계속 썼다. 그는 '우리는 프랑수아 모리악의 주장에 전혀 동의하지 않는다'고 밝히고 정의의 실현을 위해서 민족반역자에 대한 숙청이 반드시 필요하다고 거듭 강조했다. 그리고 그는 '자기 의견에 반대할 줄도 알아야 하고 자기마음의 평화에 타격 가하기를 포기할 줄도 알아야한 다'고 모리악에게 관용론의 포기를 권유하기도 했다.

모리악은 르피가로지 44년 10월 23일자에서 '콩바지 논설진에게' 라는 제목으로 카뮈의 논리를 정면으로 반박하는 직격탄을 날렸다. 그는 '과오도 범죄'라고 역설한 카뮈의 논리에 당혹감을 느꼈으나 '마음의 평화에는 공감한다'고 썼다. 카뮈는 숙청문제가 많은 사람을 불안하게 한다는 사실을 인정하면서 모리악에 대해 계속 답변하는 형식의 글을 썼다.

나치협력 언론인 쉬아레즈가 사형선고를 받은 후 바로 처형됐기 때문에 카뮈에게 입장표명이 불가피한 면도 없지 않았다. 기독교인에게는 인류의 정의가 하늘의 정의에 의해 언제나 대신하게 되므로 관용이 바람직한 것이지만, 비기독교인의 정의가 과연 무엇인지가 카뮈에게는 풀어야 할 문제가 되었다. '우리는 인간의 가공할 불완전성에도 불구하고 인간의 정의를 수용할 것을 선택했다. 프랑스는 무엇보다도 깨끗한 손을 가져야 한다. 이것은 시간에 쫓기는 신속한 정의를 요구한다' 라고 밝힌 카뮈는 '하늘의 정의가 아니라 인간의 정의'를 외치며 나치협력자 숙청을 계속 주장했다.

▌ 모리악도 악질 반역자에게는 준엄한 심판요구

그러나 모리악은 나치협력 용의자 가족들로부터 수많은 청탁을 받는다고 솔직히 시인하면서도 '기독교적 휴머니즘'을 앞세워 관용을 계속 요구했다. 그러나 모리악도 일부 프랑스인들이 총살되는 줄 뻔히 알면서도 같은 국민인 저항운동가를 밀고하고 나치 게슈타포에게 그를 인도해 치부한 악질적 반역자에 대해서는 엄정한 심판을 요구하는 것을 잊지 않았다. 그래서 모리악은 맹목적 관용주의자로 무조

프랑스의 나치협력자 청산

'관용' 호소한 모리악

건 관대한 처분을 요구한 것은 아니었다. 그도 '독일군의 총살에 의해 흘린 피가 보복이 아니라 정의를 부르고 있다'고 르피가로에 갈파하기도 했다. 다만 모리악은 페탱 원수의 청년조직에서 친 나치행동을 한 어린 청소년들과 지식인 언론인 작가 등에 대해 특히 관용을 요구하고 있었다. 그의 관용론이 거물작가 베로의 목숨을 구한 것은 이미 앞에서 서술했다.

아무튼 모리악은 드골의 숙청 첫해인 1944년에 카뮈와 논쟁을 벌이면서 '관용과 화해'를 부르짖었고, 카뮈는 '나치협력 반역자의 응징을 통해 정의를 세울 것'을 외쳤다. 다음에 자세히 기술하겠지만, 페탱 원수에 대한 재판에 대해 모리악은 "페탱이 선택한 길은 그가 혼자서 걸어 간 것은 아니다"라고 변명해 주면서 페탱의 범죄에 관해 프랑스국민의 연대책임론을 제기하기도 했다.

그러나 모리악은 최고재판소가 페탱 등 비시정권의 지도부에게 내린 사형선고와 중형에 대해서는 반대의견을 내지 않았다. 모리악은 실존주의 철학자이며 저명한 작가인 장 폴 사르트르가 창간한 리베라시옹(해방일보)조차도 숙청을 비판하는데 가담할 것을 권유했다. 그런데 리베라시옹은 작가 베로의 재판에 대한 여론조사를 실시해 큰 주목을 받았다. 베로에게 사형선고를 내린 데 관해 49%가 찬성했고, 30%가 반대, 나머지 21%가 무응답이었다. 드골의 무기징역 감형에 대해서는 34%만이 찬성했으나 42%가 베로의 감형에 대해 반

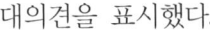

대의견을 표시했다.

나치협력 민족배반자 감형에 반대여론이 더 많았고, 민족반역자를 사형으로 준엄하게 다스리라는 것이 당시의 지배적 여론이었다. 다수여론이 카뮈의 '정의를 세우기 위한 응징론'에 동조한 사실이 여실히 증명된 것이다. 그러나 카뮈는 숙청이 마무리되고 있던 3년 후인 1947년 기자회견에서 '모리악으로부터 날아온 〈말의 남용〉에도 불구하고 나는 그의 말을 계속 성찰했다. 지금 돌이켜 보면 모리악이 나에게 반대할만한 분명한 이유가 있었다'고 피력해 숙청을 주장한 정의론만이 유일한 대안이라는 자신의 주장을 반성하는 태도를 취했다.

그러나 카뮈-모리악 논쟁은 정의와 관용간 선택의 문제였다. 반나치레지스탕스를 조직하고 총지휘한 드골이 카뮈의 정의를 선택함으로써 '새로운 프랑스'를 출범시킬 수 있었던 것이다. 다만 모리악은 그의 아들 크로드 모리악이 드골의 비서로 활약했기 때문에 아들을 통해 그의 관용의 논리를 직접 드골에게 전달할 수 있었다. 그러나 드골은 모리악의 영향을 받은 흔적이 거의 없었고 프랑스임시정부대통령의 사면권을 남발하지 않았다.

드골의 서슬이 퍼런 나치협력자 숙청의지는 다음에 서술할 브라지야크사건에서 잘 드러난다. 그러나 드골은 전쟁회고록에서 상당한 관용을 베풀었으며 사면을 적지 않게 했다고 기술했다. 그러나 나치협력자숙청을 분석한 프랑스자료와 연구업적을 보면 드골의 생각과는 다른 결과를 낳았다. 앞으로 필자의 서술을 보면 이것은 확실하게 알게 될 것이다.

프랑스의 나치협력자 청산

6. 드골, 카뮈 등 저항작가의 브라지야크 사면청원 거부
— "지식인의 배반은 오만의 배반으로 나라 팔아먹는다"(드골회고록)

드골이 나치협력 언론인 베로를 사형에서 종신강제노동형으로 감형한 것은 모리악이 제기한 관용론의 영향이 아니라 '조국을 배반했다'는 증거가 불충분했다는 점에 더 큰이유가 있다고 후일 밝혀지고 있다.

그는 2년 후에는 20년으로, 1949년에는 10년으로 감형의 은전을 받지만, 그의 감형은 그의 범죄가 '과오 때문'으로 인정받은 면도 배제할 수 없다. 그럼에도 드골의 감형은 역시 증거불충분 때문이라는 것이 정설이다.

1945년 1월 19일 시작된 나치협력 언론인이며 당시 혜성처럼 등장한 천재작가 로베르 브라지야크의 재판은 거의 모든 저항언론인과 작가들이 그의 생명을 구출하기 위해 드골에 진정서를 내는 소동이 벌어진 특이한 광경을 연출했다.

36세의 브라지야크는 파리고등사범출신의 천재 작가, 비평가, 언론인으로 프랑스가 낳은 앞으로도 보기 드문 인재라는 것이 프랑스의 일반적 평가였다. 그를 변호하겠다고 나선 젊은 변호사 자크 이소르니는 탁월한 변론으로 명성을 날리고 있었고, 후에 페탱 원수에 대한 숙청재판의 변호까지도 담당한다.

▮ 프랑스의 천재 브라지야크는 지성적 나치협력자의 상징

그러나 브라지야크의 나치협력 민족반역 범죄는 너무나 다양하고 방대한 것이었다. 한마디로 '나치독일의 선전원'으로 표현된 그의 나치협력행위는 독일여행과 나치독일의 각 기관과의 친분, 파리의 친나치서점운영 등을 통해 직접 이루어졌다. 그가 편집국장인 '내가 도처에 있다'라는 조간신문 논설과 정치기사들도 나치찬양 일색이었다는 것이다. 그는 프랑스 노동자들을 독일무기 생산을 위해 독일군수공장에 보내는 것을 찬양하고, 독일군편에서 싸우라고 프랑스군에게 요구하며, 드골장군을 필두로 하는 망명정부 자유프랑스 요원 및 저항운동가들을 테러범으로 엄벌해야 한다고 주장하는 논설을 거침없이 쓴 민족반역 언론인의 상징이었다. 그의 민족반역죄는 모리악조차도 관용을

숙청재판소 검사의 논고에 귀기울이는 천재작가 브라지야크

프랑스의 나치협력자 청산

말하기 힘들만큼 중대하고도 무거운 것으로 평가되었다.

그럼에도 브라지야크는 파리를 철수하는 나치독일군을 따라 독일로 피신하지 않았다. 최근 미국 듀크대학교 프랑스연구소 소장 앨리스 카프란교수가 다년간 브라지야크의 재판에 대해 연구한 탁월한 저서 '적과 내통한 이적 죄, 브라지야크의 재판'은 오늘까지도 그의 숙청을 안타깝게 여기는 사람이 많고 특히 프랑스 극우파 국민전선의 영웅으로 추대된 신비로운 전설을 소개하고 있다. 카프란교수는 파리가 레지스탕스로부터 해방되었을 때 브라지야크의 궤적을 추적해 체포된 경위를 자세히 묘사했다.

브라지야크는 레지스탕스가 봉기한 전날인 1944년 8월 17일 나치 협력신문 '새 시대' 편집국장이며 언론노조 회장인 쟝 뤼세르와 나치독일 점령의 최후의 저녁을 보내면서 독일에 피신하자는 제의를 받는다. 그러나 그는 거부했고 파리에 남았다.

카프란교수의 연구에 의하면 브리지야크는 프랑스를 떠날 생각이 없었고, 자신을 민족주의자로 스스로 규정하면서 극단적 나치협력자와 구별했다는 것이다.

특히 그는 독일연구소 친구들과 마지막 저녁식사를 하면서 최후의 나치 점령일을 보내는 심정을 이렇게 기록했다. "우리는 정원에서 오랫동안 대화를 나누며 남아 있었다. 과거에 했던 일과 앞으로 일어날 일에 관해 이야기했다. 미묘한 순간이었다. 왜 우리는 전쟁 다음에도 (파리에) 있을 수 없다는 말인가?" 브라지야크는 8월 18일 저녁, 레지스탕스들이 총을 나누어 갖고 나치독일군과 전투하기 위해 거리로 달려 나오기 직전 연극을 보러 갔다. 연극은 싸르트르의 '닫힌 문'이었고, 귀가 길에 레지스탕스가 뿌린 파리시민 전면적봉기 삐라를 주어 읽어보았다.

드골의 과거사 정리방식과 친일파 청산

■ '해방 후 너무나 무시무시한 일이 벌어지고 있다'

8월 19일 그는 총격전 소리를 들으며 파리의 뤽상부르 공원 옆 투르농가 16번지 하녀용 다락방에 숨었다. 그는 나치독일장교와 잠자리를 같이 했다는 이유로 체포되어 머리를 깎이고 거리를 끌려다니며 시민들이 욕설로 모욕하는 어느 파리여인들의 참담한 모습을 보았다. 그리고 8월 21일 레지스탕스는 브라지야크의 어머니를 체포해 감옥에 수감했다. 그러나 브라지야크가 어머니의 체포사실을 안 것은 9월 1일이었다. 그의 어머니는 나치협력 혐의로 말라르메 고등학교의 임시 여자수용소에 갇혀 있었다. 친구가 이 사실을 전해 주었는데, 그는 9월 6일부터 일주일간 어머니에게 긴 편지를 썼다고 한다.

'나는 4년 동안 내가 옳다고 믿었던 대로 행동했습니다. 우리가 한 일이 옳았다는 사실을 이해해 줄 것이며 이것이 다른 사람들의 삶을 가능하게 해주었기 때문입니다. (파리해방 후) 최근 수주일간 너무나 폭력이 나무하며 무시무시한 일들이 벌어졌습니다. 나치협력자들과 비시정부가 없었다면 지난 4년간도 그랬을 것입니다' 그의 편지의 한 구절은 나치협력자들이 나치독일과 협력했기 때문에 프랑스는 조용했고 삶을 누렸다는 변명이었다. 브라지야크는 자신이 독일로 도망친 극단적 나치협력자들과 다르다고 판단했다. 그래서 그는 하녀 방을 뛰쳐나와 꿈 많았던 파리고등사범시절을 보낸 파리의 학생거리 카르티에 라텡을 걸어 내려가 시테섬에 있는 파리 경시청에 직접 자수했다.

카프란교수는 그가 자수한 것은 어머니를 살리기 위한 효심의 발동이라고 해석했다. 브라지야크의 여동생 수잔느가 직접 어머니에게 보내는 편지를 휴대하고 파리 레지스탕스의 정치범담당 간부 제르맹

프랑스의 나치협력자 청산

을 찾아가 오빠의 자수를 알리자 그는 직접 말라르메 고교에 달려가 그의 어머니를 석방했다.

세인의 이목을 집중시킨 브라지야크의 재판은 재판소서기가 그의 경력을 간략하게 낭독하는 것으로부터 시작되었다. "파리고등사범출신 작가, '내가 도처에 있다' 신문 편집국장, 이 신문사장과 이견으로 1943년 여름 사직, 그후 나치협력 신문사들인 '국민혁명' '라 재르브' '프랑스의 메아리'지 등에서 국장급 봉급을 받고 고정으로 나치협력 논설을 기고했으며 나치독일선전 전문서점 이사로 근무하며 나치에 협력했고 특히 1941년 3월 독일군의 포로가 되었다가 나치찬양 논설과 칼럼을 평가한 독일당국이 그를 석방했으며…."

법원서기는 피고의 논설들을 나치협력 민족반역 범죄의 증거물로 낭독했다. 피고가 인종차별주의자이며 반공극우이념의 소유자고 반영·반미 주의자라는 사실도 법원서기는 확인해 주었다. 변호인은 '나치협력이라고 하는 적과 내통했다는 혐의'는 페탱 원수가 1940년 10월 행한 연설에 모든 프랑스인이 이의를 달지 않고 추종했고 상·하원 합동회의가 페탱에게 전권을 위임하는데 찬성했으며 피고는 이러한 '합법정부'의 지시를 따랐을 뿐이므로 무죄이며 특히 '이 재판은 정치재판'이라고 주장했다. 변호인은 페탱과 비시정부의 수뇌부가 아직 재판을 받지 않는 상황에서 한 시민인 피고가 정부의 지시에 충실했다는 이유 하나만으로 먼저 재판을 받는 것은 불합리한 일이고 그래서 재판은 연기돼야한다고 주장했다.

▎드골훈령, 모든 시민의 나치협력 행위를 불법으로 규정

드골의 임시정부 르불 정치위원은 '브라지야크는 형법 75조에 따른 국가반역죄에 대한 재판을 받고 있는 것이다. 이 재판은 피고만으로 충분하다. 피고에 대한 나치협력 민족배반혐의에 대한 고발이 사실에 입각해 증명된다면 피고는 국가반역죄의 징벌을 면제받을 수 없을 것이다. 특히 드골장군의 임시정부가 발표한 훈령은 비시정부가 발표한 모든 법규와 연설, 명령과 지시 등이 완전히 무효이며 불법이라고 선언했다. 이 훈령은 모든 시민의 나치협력 행위를 모두 불법으로 규정하고 있다'고 밝히고 브라지야크의 단독재판이 유효하다는 유권해석을 내렸다. 브라지야크의 변호인은 그래서 일차 판정패했다.

르불 위원은 변호인이 비시정권의 합법성을 주장한 결론을 즉각 거부할 것을 재판부에 요구했다. 재판부는 '비시정권이 불법정권이기 때문에 이 재판부가 존재하는 것'이라고 주의를 환기했다. 그 직후 재판장은 피고를 직접 신문했다.

비달 재판장 : 피고는 독일 지식인들과 포옹한 것을 잘했다고 생각하나, 날마다 무고한 사람들이 나치강제수용소에 압송될 때 독일 지식인들과 건배를 들다니…

브라지야크 : 재판장님, 1941년에는 독일점령군의 탄압이 그 후보다 더 부드러웠습니다. 독일의 바이마르에서 유럽지식인대회가 열렸을 때 세상이 1943~44년에 독일을 비판한 가공할만한 일들을 몰랐습니다.

재판장 : 이미 1941년에 매일 아침마다 파리의 벵센느 공원에는 나치독일군에 의해 총살당할 프랑스인 인질들의 명단이 게시되지 않았던가. 파리 시민들은 모두 다 아는 사실이다.

브라지야크 : 아닙니다. 바이마르대회 때는 그런 일이 없었습니다. 비시정권은 프랑스가 세계도처에 진출해야 한다면서 이것이 프랑스정부의 기본정책이라고 말했습니다. 우리는 그래서 바이마

르에 갔고, 지식인대회에서 스위스, 스웨덴, 포르투갈 등 중립국 지식인과 작가들을 많이 만났습니다.

재판장 : 그 나라들은 독일에 점령당하지 않았다.

브라지야크 : 재판장님 맞습니다. 그러나 프랑스는 계속 살아남아야 했습니다. 독일의 점령정책과 프랑스의 협력정책은 프랑스인을 살아남게 하고 점령자와 피 점령자 사이에 때때로 너무나 얇은 협력주의라는 장막을 드리우게 하려는 정책이었습니다. 만일 나치협력에 문제가 있었다면 나는 그 협력이 점령자와 피 점령자간에 차폐하는 막을 친 것이라고 주장합니다.

재판장 : 피고는 극단적으로 자유로운 정신의 소유자다. 독일 지식인들은 100% 나치즘 신봉자들이다. 그들은 나치를 위해 일하고 나치즘과 두목의 영광을 위해 생명을 바친 사람으로 하나의 기계에 불과하다. 피고가 애당초 그들과 관계를 맺은 것이 큰 잘못이었다.

브라지야크 : 재판장님, 가능한 얘깁니다. 비시의 해외진출 정책은 역시 필요한 정책입니다. 어떤 양심적 프랑스지식인도 그때 독일연구소를 비난하지 않았습니다. 이 연구소의 독일지식인들은 자기직업에 충실했고 독일인임을 숨기지 않았습니다. 또 그들은 절대로 프랑스인에게 프랑스의 자부심을 포기할 것을 요구하지 않았습니다.

재판장 : 피고는 나치독일의 선전을 위해 독일인에게 협력한 것이 분명하다.

브라지야크 : 아닙니다 재판장님, 독일연구소나 어떤 독일인도 나에게 독일선전을 해달라고 요구하지 않았습니다. 나는 연구소에서 많은 사람, 많은 작가들을 만났습니다. 내가 저명한 프랑스 출판인 갈리마르씨를 처음 만났던 곳이 바로 독일연구소였

다는 사실을 감히 말씀드립니다. 나는 이 연구소를 지나간 프랑스작가들을 말씀드릴 수 있습니다. 뒤아멜과 장 지로두…나는 지로두가 배반자라고는 추호도 생각하지 않습니다. 나는 대사가 외국의 주재국에 가듯 누구나 독일연구소에 갈 수 있다고 생각합니다.

재판장 : 피고는 나치독일이 히틀러와 나치즘의 선전을 위해 파리에서 개점한 서점 '리브 고슈(좌안)'의 이사를 지내지 않았나.

브라지야크 : 독일선전을 조금도 하지 않았습니다. 독일 책 6권을 팔면 프랑스 책 2권을 반드시 팔았습니다. 시민들은 우리에게 루이 아라공과 엘자 트리올레의(프랑스공산당소속 반나치 저항작가 부부) 소설을 요구하기도 해 팔았습니다.

▍보통 사람보다 지식인 배반이 수백 배 더 악질적이다

비달 재판장의 심문은 한 지식인의 나치협력사실 확인수준을 벗어나지 못했다. 방청석의 파리시민들은 다소 맥빠진 반응을 보였고, 임시정부 정치위원이며 검사인 르불의 신문차례를 기다렸다. 재판장의 심문은 브라지야크가 비시정권의 지시에 의해 행동한 것이며 나치독일을 이롭게 할 목적으로 활동한 것이 아니라는 인상을 줌으로써 국가반역죄 혐의로부터 벗어나는 것 같은 인상을 주었다. 르불은 브라지야크를 '광신적 파시스트'이며 '광란적 반 공화정주의자'로 몰아세운 공화국검사이기 때문이다. 그의 신문 결과에 따라 피고는 사형과 석방사이를 왕래하게 되며 그의 생명을 결정하는 것은 시민대표들인 배심판사들이다. 르불은 브라지야크의 인도주의와 파시스트의 두 얼굴가운데 파시스트가 그의 진짜 얼굴임을 증명해야만 했다. 그는 '피고의 배반은 무엇보다도 지식인의 배반'이라고 규정했다. 그리고 이

프랑스의 나치협력자 청산

렇게 브라지야크의 범죄를 정의하고 규탄했다.

'그의 배반은 (지식인) 오만의 배반이다. 그는 독자와 청중과 광장, 그리고 정치적 영향력이 필요했다. 그는 이 모든 것을 정복하기 위해 무슨 짓이든지 할 만반의 준비가 돼 있었다. 바로 이것이 피고의 나치협력 행동에 대한 나의 설명이다. 그는 결국 행동의 한계를 넘어 적에게 지식과 조국을 팔아먹었다'

검사의 논고는 추상같이 준엄했다. 피고는 나치독일에 아첨하기 위해 비시정권에 협력을 거부한 제3공화국의 좌파지도자들을 전범으로 몰아 응징해야 한다고 주장했고, 공산당소속 하원의원들을 총살시키자고 선동했다고 지적했다. '피고가 원한 것은 협력이 아니라 나치독일과의 동맹이었다. 더욱이 그는 42년 11월 나치독일군이 남부프랑스의 자유지역을 점령하자 나치가 오히려 영·미 연합군부터 프랑스를 지켜줄 것이라고 찬미했다'고 밝혔다.

보통사람의 배반보다 지식인의 배반이 수백 배 더 악질적이라고 규정한 르불검사는 나치점령시절 피고가 쓴 글을 민족반역의 증거로 수도 없이 제시했다. 그리고 '피고는 파시스트가 됐다는 사실을 결코 잊지 말라.

프랑스 제3 공화국의 민주주의 정치 밑에서 극우민족주의자 샤르 모라스가 공화정에 반대하는 글을 썼듯 피고도 참으로 나쁜 글만을 썼다'고 규탄했다. 검사는 브라지야크가 단순한 비시정권 지시로 움직인 언론인이 아니라 나치독일이라는 외세를 위해 행동한 반역지식인의 초상을 그려냈다. 검사의 논고는 피고가 '외세와 내통한 이적죄의 적용이 합당하다고 주장하고 있으며 방청석의 상당한 호응을 받았다.

르불검사는 이렇게 논고의 결론을 맺었다. 브라지야크는 제3공화국의 지도자들, 레옹 브룸, 레이노, 망델이 전쟁패배 책임을 지고 비시정권이 투옥했을 때 눈썹 하나 까딱하지 않고 침을 뱉고 공산당 의원들의 총살을 주장하며 레지스탕스, 드골주의자, 공산주의자, 사회주의자들이 나치 게슈타포의 협박을 받아 목숨이 경각에 달했을 때 '우리는 정상참작이라는 말을 들은 적이 없다'라고 신문에 썼다는 사실을 상기시켰다.

검사는 '브라지야크는 현실적인, 특히 정치적 영향력을 추구했다. 그는 적과 내통한 반역죄라는 지식인의 극단적 한계를 넘었을 뿐만 아니라 지식인 반역자가 되었다'라고 밝혔다. 그는 브라지야크를 단순한 나치협력 배반자보다 더 악질인 지성적 반역자로 브라지야크를 규정한 것이다. 그리고 르불검사는 "브라지야크, 피고의 업적은 너무나 나쁜 것임으로 수학적으로 결심을 한다. 그것은 바로 최고형이며 이것을 피고에게 구형한다"라고 선언했다. 검사는 사형을 구형한 것이다.

변호인은 브라지야크가 목숨을 잃을지도 모르는 위기에 몰렸다는 사실을 직감했다. 그는 우파의 거물작가이며 저항운동 지도자이며 반역자에게 관용론을 주장한 모리악이 보낸 편지를 끄집어 내 인용하며 법정 분위기를 바꾸어보려고 애썼다. 피고의 목숨을 살리기 위해 총력을 기울이는 변호인의 모습이었다. 모리악은 편지에서 이렇게 주장했다.

'브라지야크는 그의 세대에서 가장 빛나는 프랑스정신의 소유자다. 만일 재판부가 너무나 젊은 피고가 이념과 체제에만 사로잡혀 맹목적이며 광신적인 정치적 도그마에 빠진 것으로 판단한다면 브라지야크가 언제나 적으로 취급한 한 작가의(모리악 자신을 의미) 증언에 아마도 상당한 가치를 부여할 것이다. 만일 이 빛나는 정신이 영원히 사라진다면 나는 프랑스문단의 큰 손실이 될 것을 조금도 의심하지 않는다' 이렇게 쓴 모리악의 편지가 낭독된 후 브라지야크는 모리악

프랑스의 나치협력자 청산

을 비난한 자기 글을 그의 저서들에서 모두 삭제해달라고 출판사에게 요구했다.

모리악의 편지는 피고의 이념은 파시즘이지만 천재작가이며 탁월한 언론인이며 지식인이기 때문에 그의 목숨을 구하기 위해 행동에 나서겠다고 은근히 암시하고 있었다. 그리고 변호인의 변론은 이렇게 시작됐다.

▌변호인, 시인, 작가, 언론인의 목을 요구하면 안 된다

'아무 것도 할 수 없고 붓을 빼앗겨 아무 것도 쓸 수 없는 작가, 그리고 같은 상황에 있는 언론인의 목을 요구하는 것은 너무나 쉬운 일이다. 대포를 파는 검은 상인의 뒤에서 많은 시민이 감옥에 처넣어지는 동안 조국이 없는 자본주의의 숨겨진 세력이 암약하고 있다. 여러분들은 이들에게는 침묵하고 있다. 내가 반대하는 것은 바로 이 세력이다. 시인과 작가, 그리고 신문사 편집국장의 목숨을 요구해서는 안 된다는 말이다. 나는 〈내가 도처에 있다〉라는 신문에 관해 말해야 하겠다…'

변호인은 신문 기고자들 가운데 아카데미 프랑세즈사무총장 벨소르, 유명작가 장 아누이와 마르셀 에메 등도 포함된다고 선언했다. '그러나 이들의 협력을 아무도 비판하지 않는다'고 지적한 변호인은 최고재판소 부샤르동판사의 이름을 거론했다. 변호인은 부샤르동이 나치독일 선전지인 '내가 도처에 있다'신문과 인터뷰한 사실을(42년 6월 22일) 상기시키고 이것이 정치적으로 논의대상이 돼야함에도 모두가 입을 다물고 있다고 신랄하게 비판했다.

그리고 이 재판이 여론재판이라고 항의하면서 나치독일군이 피고를 독일의 포로수용소에서 석방해 주었고 나치독일서점 '리브 고슈'

의 이사자리를 주었으며 독일에 2번 여행한 것이 어떻게 형법 75조 외세와 내통한 국가 반역죄를 위반한 것인가 라고 반문했다. 변호인은 여론재판에 관해 '이것은 사상의 연속성에 대한 재판이다. (자기 사상을) 부인하지 않고 전향을 거부하는 사상가에 대한 탄압이다. 피고는 자기 두뇌와 문학적 재질의 우위성을 확인하기 위해 결코 조국을 배반하지 않았다'고 절규했다. 변호인은 재판부에 대해 '여러분들은 판사의 의무를 다해야 한다. 만일 당신들이 공산주의자들을 재판하는 업무를 담당하지 않는다면 공산주의자들을 재판하고 사형에 처한 사람들은 (프랑스사람이 아니라) 바로 독일인이라는 사실을 명심해야한다'라고 상기시켰다.

나치협력자 숙청재판마다 변호인들이 들고 나온 무죄주장의 근거는 프랑스가 나치독일과 휴전한 다음 비시정권이 합법성을 획득한 정부라는 사실이었다. 이소르니 변호사도 '1940년 7월 10일 개회한 국민의회가 페탱 원수에게 모든 권한을 부여했다'라고 지적하며 브라지야크의 재판이 페탱을 위시한 비시정권 지도부를 재판하기 전에 진행하는 것은 부당하다고 주장했다. 그러나 재판부가 들고 나온 것은 1944년 11월 비시정권이 불법적이며 범죄집단으로 규정한 드골의 훈령이었다. 이 훈령은 망명정부 자유프랑스, 레지스탕스의 프랑스만이 앞으로 진정한 프랑스민족의 정부라는 것이며 비시정권은 '법적인 사기정권임으로 역사의 괄호를 매겨 제거한다는 것이었다. 그래서 브라지야크의 재판은 비시정권에서 독립성을 보장받고 있음으로 성립된다는 것이 르불검사의 해석이었고 이것은 재판부에 받아 들여졌다.

아무튼 변호인은 특히 브라지야크의 아버지가 제1차 세계대전에 프랑스군장교로 출병했다가 전사한 사실을 상기시키고 그 자신 독일로 도주할 수 있었음에도 자수한 사실을 강조하면서 모리악이 주

프랑스의 나치협력자 청산

장한데로 '관용'을 요구했다. 그는 배심판사들을 바라보며 이렇게 변론을 매듭지었다. "여러분! 여러분은 피고를 매질할 수 있습니다. 아무런 위험도 없이 매질할 수 있어요, 그러나 내말 잘 들어주세요! 피고에게 죽음을 주는 것은 부당합니다. 재판정이 위대한 영혼을 총살할 권리가 없습니다. 이 위대한 정신이 여러분들의 손에 의해 꺼지는 것은 절대로 불가능합니다. 정의롭고 화합의 프랑스 만세…."

▌아무도 '지식인 반역자' 설파한 논고 못 뒤집어

후에 저명한 작가 쟝 그르니에는 이소르니의 변론을 "아름다운 재판의 변론"이라고 칭찬했지만 르불검사의 '지식인 반역자'의 논리를 뒤집지는 못했다. 저녁 6시30분 비달 재판장은 재판을 속개하고 피고 브라지야크에게 기립을 명했다. 그리고 피고에게 더 할 말이 없느냐고 물었다. 피고가 "더 할 말이 없습니다"라고 대답하자 재판장은 판결문을 읽어 내려갔다. '전쟁하는 프랑스와 영·미 연합국에 반대하고 나치독일에게 지식과 정보를 팔고 적극 협력한 사실이 확인된다. 그래서 피고는 유죄다. 따라서 피고에게 최고형(사형)을 선고한다…' 그리고 방청객들이 배석판사들의 전원일치로 사형이 결정되었느냐는 질문에 비달 재판장은 '그렇다, 절대수의 판정이다, 형법 75조(외세와 내통한 국가반역죄)와 63조(이적죄) 그리고 1944년 11월 28일 드골대통령의 훈령이 적용되었다. 피고는 총살형이 집행될 것이다. 또 형법 37, 38, 39조에 의거 피고의 모든 재산은 몰수된다"라고 부연해 설명했다. 방청하던 일부 브라지야크 옹호자들은 '이 재판은 수치며 치욕이다'고 외치기도 했다. 그러나 피고자신은 '내가 사형선고를 받은 것은 내 생애의 영광이다'라고 부르짖었다. 브라지야크의 재판은 불과 6시간만에 끝났다.

재판부는 모리악의 서한을 조금도 참작하지 않고 일사천리로 사형을 선고했다.

모리악은 '가혹한 대숙청에 반대하고 관대한 처분을 요구하는 논리'를 르 피가로지에 계속 전개했으나 이제는 사형선고를 받은 브라지야크의 생명이 경각에 달렸다는 사실을 깨달았다.

그는 작가 티에리 모니에와 함께 드골에게 제출할 사면진정서를 작성하기로 결정했다. 그리고 진정서가 완성되자 반나치 저항작가들의 서명을 받기 위해 동분서주했다. 콩바지의 카뮈는 이 때문에 작가 마르셀 에메와 함께 토론으로 밤을 지새우고 있었다. 에메가 드골장군에게 제출할 연판장의 서명을 카뮈에게 받으러 온 것이다.

카뮈는 과연 브라지야크를 살려달라는 진정서에 서명해야 하는지에 대해 깊이 고민했다. 그는 저항운동의 선두에서 치열한 반나치 투쟁을 벌인 저항언론인이며 작가로 프랑스에 정의를 바로 세우기 위한 드골의 숙청에 찬성하고 모리악과 논쟁까지 펴고 있지만, 개인적으로는 사형제도 폐지에 찬성하는 입장에 있었다. 브라지야크의 구명을 위해 카뮈가 문화계 인사로부터 받은 압력은 너무나 강한 것이었다.

그의 친구인 작가 크로드 몰강이 '샤르르 모라스와 브라지야크의 사상적 영향력은 그들이 죽은 다음에도 결코 사라지지 않을 것'이라고 말할 정도로 지독한 국수주의자이며 파시스트들이었다. 그러나 그들이 사상문제로 목숨을 잃는다는 것은 문제가 아닐 수 없었다. 이즈음 작가 장 지오노가 나치협력자로 지목돼 5개월 구금 끝에 풀려났으나 문단으로부터 '인간생명의 장사꾼이며 문학 사기꾼'으로 취급당하고 있었다.

프랑스의 나치협력자 청산

▎여류작가 보브아르가 구명서명 끝까지 거부한 이유

여류작가 시몬 드 보브아르는 이 진정서에 서명을 거부하면서 이유를 이렇게 설명했다. '내가 연대하는 작가 언론인들은 (나치독일의 게슈타포에 의해) 모두 억울하게 죽은 레지스탕스 지식인들이다. 만일 내가 브라지야크에게 유리하게 손을 놀린다면 죽은 사람들이 내 얼굴에 침을 뱉을 것이 확실하며 그래도 나는 할 말이 없다' 보브아르는 끝까지 서명하지 않았다 그러니 카뮈가 서명여부를 두고 고민하는 것은 너무나 당연한 일이었다.

브라지야크에 대한 보브아르의 입장은 분명한 것이었다. 브라지야크의 범죄는 지식인이 저지른 여론상의 범죄라기보다는 밀고와 암살 그리고 대규모학살 등을 자행한 '나치 게슈타포와 직접 협력했다'는 끔찍한 반역범죄이므로 동정의 여지가 전혀 없다는 것이다. 실존철학자이며 작가인 장 폴 사르트르도 서명하지 않았다. 그러나 카뮈는 고민 끝에 마지막 순간 개인자격으로 서명했다. 카뮈는 저항운동시절 나치독일군에 체포돼 탄압 받은 저항작가들에게 동정의 눈길을 조금도 보내지 않았던 브라지야크 등 나치협력 작가 언론인들을 철저히 멸시했다. 그러나 카뮈는 나치협력 작가 언론인의 구출보다는 사형폐지론자의 입장에서 서명한 것이 분명하다. 다만 시몬 드 보브아르가 신문기자 자격으로 브라지야크 재판을 방청하며 취재한

보브아르

것은 유명한 에피소드로 남아있다.

여류작가 보브아르를 놀라게 한 것은 숙청재판 과정의 '코미디'였고, 순간적으로 심각한 상황에 직면한 재판부와 언론인들의 경솔한 태도였다. 아무튼 진정서에는 반 나치저항운동에 빛나는 저명언론인과 작가들을 포함해 모두 59명이 서명했으며, 여기에는 카뮈와 모리악, 폴 바레리, 폴 크로델, 자크 코포, 장 슈룸베르제, 장 루이 바로, 장 콕토, 코레트, 장 포랑, 귀스타브 코엥 등 유명작가, 언론인, 연극인 등 지식인이 다수 포함되었다.

브라지야크는 프렌감옥에서 그를 구출하려는 지식인들의 구명운동 소식을 듣고 감사의 편지를 썼다. '내가 우리들의 조국을 위해 드라마틱한 상황에서 생각할 수 있었던 모든 것들이 여러분에게 충격을 주었다고 하더라도 우리조국을 해치려는 의도에서 나온 행동은 결코 아니었다.

선이든 악이든 간에 조국에 대한 나의 사랑을 포기한 적이 전혀 없다는 사실을 여러분에게 확인해주고 싶다. 아무튼 모든 이견들과 바리케이드를 초월해 프랑스지식인들이 나를 위해 행동을 같이한 사실은 나에겐 최고의 영광이다'

2월 3일 프랑수아 모리악은 브라지야크의 구명을 위한 진정서를 들고 드골을 면담했다. 드골은 아직 그의 재판결과에 대한 최종 결제서류를 받지 못한 상태였다. 진정서는 이렇게 기록돼 있었다. "로베르 브라지야크의 부친 브라지야크 중위는 1914년 11월 13일 조국을 위해 죽었다. 1949년 1월 19일 사형이 선고된 로베르 브라지야크에게 은사를 내려주시기를 임시정부 수반인 드골장군에게 간절히 탄원한다" 드골은 무표정하게 진정서를 읽었다. 그러나 변호인은 얼마 후 법무성으로부터 한 통의 전화를 받았다. '구명진정서의 특별감형조치가 거부됐다'는 통보였다.

프랑스의 나치협력자 청산

▌브라지야크, 드골이 절대 용서하지 않을 것 알았다

변호인은 브라지야크를 면회하고 '모리악이 전화했는데, 비관하더라…'라고 암시적으로 말했다. 브라지야크는 '나는 처음부터 조금도 기대하지 않았다'고 태연히 응수했다. 그는 자기 죄를 잘 알고 있었으며 드골이 지식인의 반역행위를 어떻게 생각하는지도 이미 알고 있었던 것이다. 그는 드골이 결코 자기를 용서하지 않을 것임을 잘 알고 있었다.

브라지야크는 1945년 2월 6일 파리교외 몽포르 성벽에서 총살됐다. 드골은 그에게 작가 베로와 극우석학 샤르르 모라스에게 준 감형의 은전을 베풀지 않았다. 프랑수아 모리악의 아들 크로드 모리악은 드골의 비서로 활약했으나 아버지의 구명운동에 큰 도움을 주지 못했다. 드골은 2년 후 비서 크로드에게 브라지야크를 사형대로 걸어가게 허용한 이유에 관해 '너무나 중요한 사건이기 때문이다. 큰 영광임과 동시에 큰 고통이기도 했다'고 고백했다고 한다.

그러나 드골이 브라지야크를 잘못 알고 감형해주지 않았다는 소문이 얼마 후 파다하게 퍼졌다. 드골이 브라지야크사건의 결제서류를 검토하면서 한 사진을 보고 나치친위대 복장을 한 사람이 광신적 나치협력자 도리오인데도 옆에 섰던 민간복장의 브라지야크로 오인했다는 얘기이다. 이 소문에 관해 드골의 측근이었던 피에르 드 브와데프르는 '임시정부 대통령의 시각으로는 나치협력을 상징하는 지식인들에 대한 처벌은 국가안녕을 지키기 위한 우선적 조치였다'고 설명해 드골의 오판설을 부인했다. 그는 '재판부는 아마도 브라지야크의 죽음을 요구하지는 않았을지도 모른다. 그러나 이를 요구한 것은 국가의 안전이었다'고 밝혔다. 변호인 이소르니도 드골이 사진착오를 했다는 소문이 허위라고 지적하고 '드골은 프랑스의 나치협력 반역자들을 근본적으로 숙청한다는 강력한 의지를 보여주기 위해 브라지야크를 사형대 앞으로 걸어가게 태연히 내버려두었다'고 지적했다.

브라지야크의 총살형이 모리악 등 저항지식인들의 구명운동에도 불구하고 재빨리 집행됐기 때문에 이후 대숙청에는 찬바람이 불기 시작했다. 드골의 숙청의지를 프랑스국민 모두가 이제 제대로 읽을 수 있었기 때문이다.

▌카프란 교수, '21세기 사상의 순교자'로 부활했다고 지적

그런데 카프란 교수는 브라지야크의 처형이 21세기 프랑스에 '사상을 위한 순교자'로 일종의 '신비'로 부활하고 있다고 지적했다. 브라지야크의 재판과 처형은 정치적 사건으로 현대인에게 다시 성찰하는 계기를 마련해 준다는 것이다. 그는 "브라지야크는 유죄인가? 예 유죄이다. 그러면 그는 반드시 총살당했어야 했는가? 아니오. 1945년에 프랑스는 브라지야크와 함께 파시스트의 비전으로부터 벗어나야 했던 것이다.

오늘 순교자 브라지야크의 신비는 극우파의 영양분으로 살찌게 하고 있다. 우리는 만일 브라지야크가 처형되지 않았다면 그의 신비는 오늘 존재하지 않을 것이라고 확신한다. 이것은 지식인의 상징이라는 명분으로 드골이 1945년 2월 6일 모리악과 카뮈 등 레지스탕스 지식인들이 낸 진정서에 거부결정을 내린 값비싼 대가이다"라고 지적했다.

2002년 4월 프랑스 대통령선거 1차 투표에서 극우국민전선 후보 르펜이 좌파후보 리요넬 조스팽을 패배시키고 결선투표에 진출한 사실을 볼 때 카프란의 해석은 맞다. 적어도 드골의 나치협력자 숙

프랑스의 나치협력자 청산

청의 의미는 21세기에 극우세력이 다시 부활함으로써 크게 퇴색한 것만은 부인하기 어렵다. 그러나 나치독일과의 전쟁에서 천신만고 끝에 승리의 대열에 선 드골이 전후 새로운 민주주의 국가를 세우기 위해서는 나치독일이라는 외세에 아부하며 조국을 배반한 세력을 제거하지 않으면 안 되었다는 사실에서 드골의 결정은 정당하며 전혀 하자가 없다는 것이 필자의 생각이다. 이것은 프랑스의 나치협력자들과 비슷한 민족배반자들인 한국의 친일파를 정리하지 못한 한국이 해방이후 어떠했는지를 보면 어렵지 않게 결론이 나온다. 그리고 계속되는 드골의 숙청이야기에서 필자의 판단은 정당성을 갖게 될 것이다.

제2장

1차 대전 영웅 페탱, 최고 이론가 모라스, 악질총리 라발의 심판
– '나치괴뢰 비시정권은 민족반역집단이다'

1. 프랑스 민족주의 이론의 석학 모라스에 종신징역 선고 · 102
2. '방송나팔수' 처형과 저항작가 지탄받은 지드의 숙청 극적 모면 · 109
3. 독일 망명처에서 비시정권 국가원수 페탱의 귀환 · 121
4. 페탱은 과연 나치협력 민족반역자인가 – 페탱재판(1) · 137
5. '비시정권의 활동, 불법이며 무효다' – 페탱재판(2) · 156
6. 조국을 팔아먹으려 광분한 반역 총리의 최후 · 170

프랑스의 나치협력자 청산

1. 프랑스 민족주의 이론의 석학 모라스에 종신징역 선고
― 리용숙청재판소, 파시스트 세력에 결정적 타격가하다

파리에서 브라지야크 재판이 한창 진행 중일 때 프랑스의 중부도시 리옹에서는 프랑스 극우파의 일간지 '악시용 프랑세즈'지 사장 모리스 푸조와 프랑스의 극우 민족주의 석학이며 국수주의자 사르르 모라스에 대한 재판이 열리고 있었다. 모라스는 20세기 전반기 정치이념의 역사에서 차지하는 비중이 너무나 크며 영향력이 막강했으므로 재판결과에 세인의 이목이 집중됐다. 법원서기는 모라스를 이렇게 소개했다. '모라스의 논설과 기사들은 라디오가 날마다 인용 보도했으며, 모든 신문들이 이를 다시 재생산해 외국에도 널리 알려졌다.

모라스가 소속한 신문 악시용 프랑세즈를 사보지 않은 많은 사람들도 다른 신문이나 라디오를 통해 페탱 원수의 사상을 대변하는 모라스의 이념과 철학을 날마다 읽을 수 있었다. 프랑스 사상계에 모라스의 영향은 거의 절대적이었다. 일부사람들은 간사한 그의 논리에 매혹된 나머지 페탱 원수를 맹목적으로 추종하게 되었다. 장님처럼 여론이 그의 허위선전에 속아 넘어감에 따라 페탱과 비시정부는 직접이든 간접이든 간에 나치독일을 이롭게 하는 일련의 조치를 취하게 했던 것이다'

■ 모라스, 간사한 슬기로 조국에 악폐를 끼쳤다

 재판정에서 드골과 영·미 연합군을 공격한 모라스의 글들이 계속 낭독된 것은 두말할 나위가 없다. 이 글들은 모두 피고의 나치협력 반역죄에 유죄를 증명하는 중요한 증거물이었다. 푸조는 '악시용 프랑세즈'의 사장으로 모라스의 글을 모두 실었던 이유와 함께 이 신문이 나치에 적극 협력한 동기에 대해 추궁 당했다. 4일간의 법정공방 끝에 토마검사(임시정부 정치위원)의 논고가 있었다. 그는 모라스의 죄가 나치 점령기간은 물론 그 이전시기에도 중대한 것이라고 지적했다. 피고는 특히 나치독일 점령기간에는 국가반역죄를 범했고 그전에는 신문 캠페인을 통해 프랑스군과 국민의 사기를 떨어뜨려 적국을 이롭게 한 형법 75조를 위반하는 죄를 범했다고 선언했다. 그는 이렇게 논고를 계속했다.

 '모라스의 책임은 가히 총체적이다. 이 늙은이는 정신이 멀쩡하다. 그는 절대적인 국수주의 이론가였다. 그가 강연할 때 어느 청중이 선생의 이론이 너무 앞서 나가 나치독일을 이롭게 한다고 항의하면 〈내가 누군데 그런 말을 하오〉라고 큰 소리로 꾸중을 주었다. 피고는 그의 학문적 천재성과 간사한 슬기로 프랑스에 엄청난 손해와 악폐를 끼쳤다. 피고는 모든 정치이론가와 마찬가지로 〈내 이론이 내 사상을 남용했다〉라고 말할는지도 모르겠다. 그러나 피고가 거의 날마다 쓰고 수많은 사람들이 피고의 글을 읽지만 글의 진정한 내용을 이해하지 못했다. 왜냐하면 피고의 글은 너무 난해했기 때문이다. 바로 여기에 나치독일의 희생자와 반 나치 레지스탕스뿐만 아니라 저항운동의 적으로 숙청재판을 받아 처형당한 사람까지도 모라스가 져야할 중대한 책임이 있는 것이다'

 사실 극우사상가 모라스의 숙청재판은 파리에서 열릴 것으로 모두

프랑스의 나치협력자 청산

가 기대했었다. 그러나 그는 파리에서 멀리 떨어진 중부도시 리옹에서 재판을 받았다. 재판이 시작되기 전 드골이 파견한 리옹지역 파르즈 정치위원은 첫 기자회견에서 '모라스라는 역사적 인물이 파리의 밖에서 재판을 받게 될 것'이라고 선언했다. 그러나 드골은 그가 수도 파리에서 멀리 떨어진 숙청재판소에서 재판을 받을 경우 졸속 재판이 되지 않을까 우려했다. 드골은 법무장관 망통에게 전화를 걸어 '모라스 영감을 이 나라의 한구석에서 재판을 받지 않게 잘 배려해야 한다. 국민이 이해하지 못할 것이기 때문이다'라고 지시했다.

드골은 파리에서 먼 곳에 있는 숙청재판소에서 모라스가 사형선고를 받아 곧 바로 처형될 위험에 대해 걱정하면서 사전에 조치를 취한 것이다. 드골은 최고형에 대한 그의 감형조치가 모라스에게 도달하기 전에 사형을 당할까 보아 걱정한 것이라고 후일 그의 비서 크로드 모

"숙청하자"
'나치협력자 청산'을 촉구하는 파리시민들이 시위하고 있다.

제2장 1차 대전 영웅 페탱, 최고이론가 모라스, 악질총리 라발의 심판

리악은 술회했다. 드골은 나치와 페탱의 모사였고 프랑스 민족주의의 태두라는 두 개의 얼굴을 가진 모라스를 처음부터 죽일 생각이 추호도 없었다. 그래서 공화국정치위원 파르즈가 처음부터 모라스에게 매달려 우선 계엄 군사재판을 면하도록 조치를 취했던 것이다. 그래서 모라스의 재판은 4개월에 걸친 치밀한 수사를 끝내고 1945년 1월 24일에야 리옹숙청재판소에서 개정되었던 것이다.

　드골과 임시정부는 국제사회가 모라스의 재판이 여론이나 정치재판이라는 비판을 할까봐 매우 신경을 썼다. 로랑 검찰총장이 이 석학의 재판에서 나치협력 민족반역죄의 범죄구성 요건을 집중적으로 거론하고 그의 글을 단독으로 실었던 '악시용 프랑세즈'의 이념이나 사상문제를 건드리지 말라고 주심판사와 검사에게 요청할 정도로 신중에 신중을 기했다. 모라스가 조금이라도 나치독일에 반대하는 느낌을 주는 발언을 한다면 정상참작의 여지는 엄청나게 커진다. 그는 프랑스 민족주의의 이론적 기초를 만든 석학이므로 나치독일을 비판할 가능성은 얼마든지 있었다.

▌민주주의자와 사회주의자를 냉혹하게 규탄한 모라스

　그러나 모라스는 나치 점령시절 유태인과 사상적 적대자들인 민주주의자와 사회주의자를 냉혹하게 규탄했기 때문에 그의 개인적 피해자가 너무나 많다는 사실이 문제였다. 진보적 지방신문 '르 프로그레'는 '공격적이고도 진절머리나는 모라스가 드디어 재판정에 서다'라는 제목으로 그의 공판기사를 대서특필할 정도였다. 이 신문은 피고의 귀가 어두웠기 때문에 심문상황을 일일이 통역이 옆에 붙어서 연필로 기록해 주었다고 이색적인 재판풍경을 소개했다. 76세인 모라스는 '작은 키의 털보로 균형을 잃은 몸짓과 신경질적인 표정으로 73세의 동지이

프랑스의 나치협력자 청산

며 보좌관인 푸조사장과 나란히 숙청재판을 받고 있다'고 보도했다.

임시정부 정치위원인 토마검사는 모라스를 가차없이 공격하면서 이렇게 말했다.

'모라스는 프랑스의 석학이며 큰 작가로, 제1차 세계대전시 그의 애국적 태도로 거의 모든 국민의 존경을 받는 인물이 되었다. 그는 이러한 영향력으로 비시정권의 나치협력 정책을 고무할 수 있었고, 더욱이 그의 광신적 인종차별주의가 나치독일의 세계정복 시나리오를 유리하게 도왔으며 연합군과 드골장군에게 적대적 태도를 취함으로써 나치의 목적에 부응하고 봉사했다'

시인 크로델, '모라스는 나치 게슈타포와 내통했다'

검사의 논고는 모라스가 유죄임을 분명히 설명해주고 있었다. 유명한 시인 폴 크로델은 서면증언을 통해 모라스의 나치협력 반역행위를 여지없이 규탄했다. 크로델은 모라스가 반 나치저항운동에 참가한 자신을 비난했는데, 그의 비난에 이어 곧바로 나치 게슈타포의 체포작전이 개시되었다고 증언했다. 크로델의 증언은 모라스가 게슈타포와 내통하고 있었다고 비난한 것이다. 모라스와 크로델이 이념적 적대관계에 있었다는 사실을 감안하더라도 모라스의 민족반역행위는 용서받기 힘든 것이라고 언론들은 논평했다. 그리고 검사는 42년 1월 15일자 '악시용 프랑세즈'에 '프랑스의 패배를 많은 사람이 최악의 위기라고 말하지만, 오히려 민주주의로부터 프랑스를 해방시킨 좋은 결과를 가져왔다'라고 쓴 그의 논설을 인용하고 모라스가 반 나치독일 사상을 지녔다는 주장은 사실과 전혀 다르다고 설명했다.

검사는 논고에서 '모라스가 고령이지만 명석한 정신의 소유자임으로 나치협력 반역행위에 대한 모든 책임을 져야한다. 늙은이가 청소년을 죽였는데 무슨 동정이 필요한가'라고 밝히면서 사형을 구형했다. 변호인은 '검사의 논고가 가증스럽다'고 전제하고 모라스의 고령과 애국심과 용기는 정상참작 요건을 충족시키고도 남는다고 반박했다. 그는 만일 모라스에게 형법 75조와 76조의 국가반역죄와 이적죄를 적용한다면, 진짜 간첩에게는 무슨 죄를 적용할 것인가 라고 반박했다.

그러나 검사는 푸조에게도 스승과 똑 같이 준엄한 심판을 내려야 한다고 논고했다. 그런데 모라스재판에서 '지식인의 책임부분'에 관해 근본적이며 충분한 논의가 없었다는 비판이 일기도 했다. 저항작가이며 언론인인 크로드 몰강은 '모라스는 파시즘과 나치즘의 정신적 아버지'라고 조금도 서슴지 않고 비난했다. 그리고 모라스가 푸조의 '정신적 아버지'이므로 푸조도 중형에 처해야한다고 주장했다. 푸조의 변호인은 '모라스는 그의 스승이다. 푸조는 신문사 사장으로 모라스의 글을 비판하고 거부할 권리가 있었다. 그러나 피고는 그렇게 하지 않았다'고 지적하고 40여 년 사제간의 깊은 정에도 불구하고 이들의 관계를 직업적으로 분리하려는 전술을 구사했다. 다시 말해 모라스는 학자이며, 푸조는 신문사 사장일 뿐이라는 것이다. 그러나 푸조는 '나는 샤르르 모라스의 사상적 동반자라는 사실을 영광으로 생각한다'고 고백해 자기 죄를 솔직히 시인하는 촌극을 빚는 바람에 변호인을 곤혹스럽게 만들었다.

▋ 모라스, 자기 사상 변명 않고 목숨 구걸하지도 않다

모라스는 최후 진술에서 '사람들이 독일과 영국을 너무나 많이 거론하면서도 고통과 재난을 당한 영원하고도 유일한 프랑스를 말하지 않는 사실을 유감스럽게 생각한다'고 밝혔다. 그는 석학답게 자기사상과 행동을 변명하지 않았고 비굴한 자세로 생명을 구걸하지도 않았다. 재판부는 피고가 유죄라고 판결하면서도 정상을 참작해 무기징역형을 선고했다. 그리고 푸조에게는 5년 징역형에 2만 프랑의 벌금형을 내렸다.

프랑스의 나치협력자 청산

　페탱편에 선 방청객들은 '이 재판은 드레퓌스의 보복이다'고 부르짖었다. 그러나 저항운동을 지지하는 방청객들은 '프랑스 만세'를 불렀다. 르피가로지는 모라스를 숙청하는 리용숙청재판소의 까다로운 재판이 프랑스국민들을 드골파와 페탱파 두 쪽으로 완전히 갈라놓지는 못했다고 평가했다.

　광신적 민족주의 석학 모라스를 나치협력 배반자로 무기징역형에 처한 것은 '드레퓌스의 보복'이라고 불평하기보다는 나치즘이라는 한 정치이념의 종말이라고 보는 것이 타당할 것이다. 나치독일에 봉사한 모라스의 사상은 결국 19세기형 산업혁명기의 낡은 사상으로 반 민주적이며 반 평화적 이념체계일 뿐이었다. 결국 모라스의 재판은 2년 후 독일의 뉴른베르그에서 열린 국제나치전범 재판이 나치즘의 멸망을 선고하기 전에 파시즘의 종식을 선언한 점에 중대한 의미가 있는 것이다.

　다만 여기서 지적할 것은 드골이 우려한 사형선고는 내려지지 않았다는 사실이다. 역시 프랑스의 나치협력자숙청에서도 사상적 거물에게는 정상참작이 있다는 연약한 인상을 남긴 것은 부정할 수 없다. 그럼에도 모라스에게 내린 선고는 사형을 면했을 뿐 종신징역형이라는 사실을 기억할 필요가 있다. 그래서 프랑스 최고의 파시즘 이론의 원조가 결정적인 타격을 받아 재기불능의 상처를 입은 것으로 평가된다.

2. '방송나팔수' 처형과 저항작가 지탄받은 지드의 숙청 극적 모면
- '나치의 앵무새' 방송숙청과 '좁은 문'의 문호 지드의 경우

드골이 총지휘하는 나치협력자 숙청의 소용돌이에서 44세의 폴 페르돈네라는 반역자를 주목하는 사람은 그리 많지 않다. 그러나 '슈투트가르트의 배반자'라는 별명을 유럽에서 모르는 사람은 거의 없었다. 나치독일군이 1940년 6월 점령군으로 파리에 입성할 때 프랑스군에게 '무기를 거두어라'고 방송을 통해 호통친 나치독일의 앵무새가 바로 페르돈네였다. 그는 무기를 들고 최후까지 항전하자고 호소해도 시원치 않을 패전의 위기에서 프랑스국민의 사기를 죽이고 나치점령군을 찬양한 쓸게 빠진 방송인의 전형이었다. 그래서 그의 얼굴은 몰라도 그의 목소리를 기억하지 못하는 프랑스인은 없을 정도였다. 그가 파리교외 센재판소에서 나치독일의 '앵무새'로서 준엄한 심판을 받는 것은 역사의 순리라고 프랑스사람들은 말한다.

그의 운명을 결정할 배심판사들은 농민, 금은방주인, 구멍가게 종업원, 교사와 실업자 및 자유직업인 등이었다. 1927년부터 프랑스지방신문의 베를린특파원을 지낸 페르돈네는 그후 프랑스-독일의 우호협력을 위해 앞장섰으나 나치독일의 인종차별정책을 찬성한 적이 없는 평범한 방송인이었다. 그런데 그 후 그가 작성한 기사들이 나치협력을 찬양하는 내용으로 가득 찼으며, 프랑스와 스위스, 벨기에, 룩셈

프랑스의 나치협력자 청산

부르크 등 불어권 나라들을 상대로 나치선전을 적극적으로 담당하게 되었다는 것이다. 그는 나치독일 점령기간에 나치선전 전문방송인 슈투트가르트방송의 프랑스어담당 보도국장으로 나치선전에 광분했던 얼굴이 없는 방송스타였다. 그가 왜 나치의 선전원으로 전락했는지는 잘 알려져 있지 않다.

르두재판장은 '조국 프랑스에 적대시하는 선전을 담당하는 방송에서 프랑스사람이 일한다는 것 자체가 어색하지 않았나'라고 피고를 다그쳤다. 피고는 '재판장님, 저는 강제노동을 한 것입니다. 연합군에게 대포알을 날려보내기 위해 대포공장에 끌려가 강제노동을 한 외국노동자들의 신세와 조금도 다름이 없습니다'라고 변명했다. 그는 강제로 나치선전 나팔수를 했다고 했지만 이를 믿는 방청객은 한 사람도 없었다. 재판장의 신문은 계속됐다.

르두 재판장 : 본 법정은 노동자와 비교한 피고의 말을 유념할 것이다. 피고는 대포알을 보내지 않은 대신 나치선전방송을 쏘아 보내지 않았던가.

피고 : 강요된 일입니다. 내가 선택한 일이 아닙니다. 방송원고는 나치선전성의 상급관리가 선정합니다. 나치선전성은 그들이 선택한 원고를 방송선전국장에게 보내고 방송선전국장이 문제의 원고를 나에게 보냅니다. 나는 원고를 불어로 번역할 뿐입니다. 나는 기계적인 번역 노동자에 지나지 않았습니다.

재판장 : 피고는 라디오에서 직접 방송하지 않았는가.

피고 : 직접 방송한 적이 전혀 없습니다.

재판장 : 가능한 얘기다. 사실상 피고자신이 원고를 읽지 않았다고 말할 수도 있겠다. 그러나 우리는 피고가 여러 앵커들 가운데 한 명으로 생각한다. 피고는 라디오 슈투트가르트에서 일했지만 방

송하지는 않았다고 말하고 있다. 목소리가 연설이나 방송에 적합하지 않았기 때문이란 말이지.

피고 : 제가 라디오에서 직접 말하기가 싫었다는데 진실이 있습니다. 제가 독일에 있으면서 어떻게 슈투트가르트방송의 원고를 고칠 수 있겠습니까. 저는 결코 이 라디오에 협력한 적이 없습니다. 저는 결코 방송한 적도 없습니다. 결과적으로 저는 세상이 말하는 것같이 〈슈투트가르트의 배반자〉가 될 수 없습니다.

재판장 : 피고에게 라디오의 중책을 맡긴 것은 독일이 피고를 깊이 신임했기 때문이다.

피고 : 제 업무에는 어떠한 지식도 필요가 없는 단순 번역 업무였습니다. 이것은 단순한 기계적 번역일 뿐입니다.

▎나치협력 방송인 '슈투트가르트의 배반자' 총살되다

피고는 '슈투트가르트의 배반자'라는 별명에서 벗어나기 위해 발버둥을 쳤다. 드골의 임시정부와 반 나치저항단체들은 그의 범죄가 나치 점령시절 민족배반행위뿐만 아니라 휴전이전 전쟁기간에 프랑스군의 사기를 떨어뜨리기 위해 열을 올린 '불가사의한 슈투트가르트방송'의 목소리의 주인공으로 지목하고 있었다. 나치독일군 점령시절 '얼굴없는 목소리'를 저항운동가들이 '없애버려야 할 배반자'로 낙인찍고 추적했었다. 그래서 임시정부 정치위원 라파엘검사의 논고는 더욱 준엄한 것이었다. '슈투트가르트의 방송팀은 총체적 국가반역행위를 저질렀다. 국가반역자의 구체화된 이름이 바로 페르돈네다. 피고는 〈슈투트가르트의 배반자〉가 틀림없으며 이미 1940년 3월 6일 파리 제3군사법정의 궐석재판에서 적을 이롭게 한 배신행위로 최고형을 선고받았었다.

프랑스의 나치협력자 청산

피고의 진술에 따르면 페르돈네는 슈투트가르트 라디오에서 결코 방송한 적이 없고 그래서 그가 〈슈투트가르트의 배반자〉가 아니라는 사실을 보여주려고 한다. 그러나 나는 피고가 프랑스 최악의 민족배반자이며 군사법정이 라디오 슈투트가르트의 제1 앵커에게 선고한 최고형이 오판이 아니라고 분명히 말할 수 있다. 따라서 본검사는 피고에게 법정 최고형을 구형한다' 추상같은 검사의 구형에 피고의 얼굴은 금방 사색이 되었다. 그는 얼굴이 팔리지 않은 라디오 앵커이기 때문에 '얼굴이 없는 나치협력 민족반역자 페르돈네'가 아니라고 부인했으나 성공할 수 없었다.

변호인 카사노바는 '페르돈네는 속죄양이다. 그가 독일여인과 결혼한 것이 죄라면 죄다'고 외쳤다. '전설적인 그래서 너무나 유명한 〈슈투트가르트의 배반자〉가 누구인지를 재판부조차도 모른다. 그러나 피고가 아니라는 사실을 모두 잘 안다. 그는 결코 논설을 쓰지 않았고, 나치이념을 선전하는 방송업무를 맡은 적도 없다. 그는 단순한 번역노동자에 지나지 않았다. 그는 결코 나치선전에 가담하지 않았다. 다만 상부의 명령에 따른 말단 협력자에 불과했고 민족배반이라고 한다면 최하급에 지나지 않았다' 이것이 변호인의 변론이었다.

사형에 처하는 것이 마땅하다는 검사구형에 대해 변호인은 '충격을 금할 수 없다'고 털어놓고 나치점령시절 파리에서 '라디오 파리'가 범한 나치선전에 견주어 보아도 피고가 독일에서 범한 범죄는 너무나 가벼운 것이라고 주장하기도 했다. 그러나 재판부는 피고에게 사형을 선고했다. 45년 8월 4일 나치독일의 '앵무새' 페르돈네는 총살형을 당했다. 드골이 총지휘하는 나치협력자 색출작업은 이처럼 프랑스사회를 진동시키는 엄청난 숙청재판으로 발전하고 있었다.

일본이 항복한지 2일 후(1945년 8월 17일), 센느법정에 나치점령시절 명성을 날렸던 라디오 앵커 장 에롤이 끌려나왔다. 그는 '파키'

라는 별명으로 널리 알려졌으며 라디오 파리의 뉴스시간을 거의 모두 요리한 '명 앵커'이지만, 독일점령군의 '나팔수'이었다. '영국은 로마제국 군대에 의해 멸망된 카르타고처럼 폐허가 될 것이다'라고 열변을 토하며 방송하는 등 영·미 연합군에게 악담을 마구 퍼붓는 것이 그의 장기였다. 그리고 그는 간사하면서도 화술에 능통한 방송인이었다. 방청석의 시민들은 파키가 나치점령군에게 아양을 떨며 협력한 그의 반역행위에 관해 잘 알지만, 교활한 피고가 재판부와의 '말의 전쟁'에서 오히려 이기지 않을까 걱정할 정도였다.

▎'나치독일 나팔수' 유명한 앵커, '독일 승리를 믿었다' 고백

재판장은 '조금의 과장도 없이 피고는 나치협력 민족반역의 전형이며 바로 프랑스를 배반한 자이다'고 말하자 파키는 '재판장님, 돈 없는 단순 협력자일 뿐입니다'라고 즉각 반박했다. 재판장은 1938년 7월 피고가 라디오 사라고스에서 일할 때 이미 반역자의 길에 접어들어 파리가 나치의 점령상태에 빠진 1940년 가을, 비시정권에 의해 론느-알프스지역 지역선전위원에 임명됐고, 얼마 후 라디오 파리사장인 독일점령군중위 모렌스칠드의 발탁으로 이 방송의 보도국장이 돼 본격적으로 배반의 길을 달렸다고 호통을 쳤다. 재판장의 준엄한 신문은 이렇게 이어졌다.

재판장 : 나치점령시절 수개월간 나치 제3제국의 선전에 봉사한 대가로 매월 3만 프랑의 거금을 받아 챙기지 않았는가.
피고 : 나는 영화배우이며 가수인 모리스 슈발리에가 1942년 11월 8일 우리방송에 잠시 출연해 받은 돈을 두 달간 일해야 받을 수 있었습니다.

프랑스의 나치협력자 청산

재판장 : 나치독일인 상전을 위해 무조건 순종했지 않은가.

피고 : 상전들이 문제가 아니라 독일의 디트마르장군이 공급하는 정보가 문제였습니다. 그는 이것은 쓰고 저 것은 쓰지 말라고는 말하지 않습니다. 장군은 우리가 이러 저러한 이유 때문에 이것을 써야한다고 설명합니다. 나는 이러 저러한 이유로 여기서 일했는데, 일이 결코 나쁘다고는 생각하지 않았습니다. 나는 직업적 군사비평가가 아닙니다. 내 앞에서 군사비평을 하는 기자들은 없습니다. 나는 독일군의 뉴스와 같이 영·미군의 정보도 방송했습니다. 그런데 나는 불행하게도 독일군의 승리를 믿었습니다. 그래서 나는 순간마다 물질적 도덕적 조건에 내 자신을 맞추었을 뿐입니다. 나는 적이 선전하려는 모든 것을 전한 것은 아니었습니다. 나의 나치협력은 단순한 것으로부터 시작됐습니다. 프랑스사람에게 1940년 나갈 길을 제시한 '위대한 군인'(히틀러)이 있었습니다. 나는 손에 피를 묻힌 적이 없고 주머니에 돈이 없었기 때문에 말하는 직업의 인간이 됐습니다. 내 말은 과격하기도 했으나 신중하기도 했습니다. 나는 책임을 회피할 생각은 추호도 없으며 내가 한 말에 대한 모든 책임을 질 것입니다. 1940년에는 공산당조차 프랑스-독일의 접근을 부르짖지 않았습니까.

재판장 : 정치적 의견은 필요 없다. 피고는 나치점령시절 독일선전만으로 만족하지 않았다. 나치독일군이 패배해 후퇴하는데도 독일까지 따라가 라디오 파리를 통해 선전방송을 계속했다. 다행스럽게도 우리는 녹음증거를 확보해 놓고 있다. 1944년 12월 이렇게 매듭짓는 피고의 유명한 라디오해설을 여기서 인용한다.〈드골과 그의 동지들은 르크레르장군과 그의 용병들에게 알자스지역에서 행한 살인행위에 대한 대가를 요구할 것인가.〉

브와스리검사에게는 피고가 '민족반역자의 최악의 전형'으로 보였다. 파키는 적의 노리개였고 또 '나팔수'이기 때문에 최고형을 받는 것이 마땅한 일이며 또 반역자에게 본보기를 보여주기 위해서도 '사형이 당연하다'는 것이 검사 논고의 요지였다. 검사는 '파키는 그가 쏟아낸 말들과 동시에 그의 말을 들어야 했던 '라디오 파리'의 청취자에 대해서도 큰 책임이 있다'고 지적하고 정치범죄나 여론재판이 아니라 순수한 국가반역죄가 피고가 범한 범죄라고 설명했다.

변호인 페리치는 '우리는 피고를 용서함으로써 승리할 수 있다. 나는 감히 33세의 이 사나이를 죽이지 말자고 요구한다. 조국에 봉사하겠다는 확고한 신념을 지녔음에도 피고는 큰 죄가 되는 과오를 범했다'라고 호소하는 길밖에 다른 방법이 없었다. 손에 피를 묻히지 않았고 주머니에 돈이 없었으며 방송에서 증오를 외치지 않았다는 피고의 변명은 재판부와 방청인들을 조금도 설득할 수 없었다. 그는 숙청재판에서 국민이 알고 있는 민족배반 행위를 위장하는데 완전히 실패했다.

그러나 변호인은 파키의 목숨을 구하기 위해 총력을 기울였다. 그는 전쟁 중 비시정권의 선전도구인 라디오 비시의 해설위원장 앙리오가 저항단체요원들에 의해 암살당한 사실을 상기시키고 전쟁이 끝난 후 이념적 이유 때문에 유명방송인을 숙청하는 것보다 암살이 오히려 더 '정당한' 일이 된다고 주장하기까지

심판 모면한 앙드레 지드

프랑스의 나치협력자 청산

했다. 배심판사들이 검찰의 논고형량에 찬반투표를 진행하는 사이 파키는 살기 위해 '프랑스 만세'를 불러 애국심을 보이려고 안간힘을 썼다. 그러나 재판부는 사형선고를 내렸고, 이틀만에 파키는 파리 남쪽 교외 샤티옹 처형장에서 총살됐다.

▎지드, 소련비판으로 비난받았으나 나치찬양 안 해 위기모면

저명한 문예비평가이며 작가인 폴 모랑은 비시정권의 루마니아 및 스위스대사를 역임한 외교관 신분이었다. 그는 나치독일로부터 파리가 해방됐을 때 스위스에 있었기 때문에 숙청을 모면했다. 그러나 나치점령시절 갈리마르출판사의 문예잡지 NRF(신 프랑스잡지)의 편집장을 역임했던 파시스트작가 드리으 라 로셸은 저항작가들로부터 해외도피를 권고 받았음에도 이를 거절하고 체포직전 자기가 자신을 '숙청'하는 '자살의 길'을 선택했다. 문호 앙드레 지드도 숙청의 도마에 올려질 뻔했다. 그만큼 지식인 작가 예술인에 대한 숙청은 철저한 면이 있었고 숙청선풍이 불고 있었다. 숙청과정에서 브라지야크와 베로의 경우에서 극명하게 나타났듯 나치협력자의 생사를 판가름하는 유일한 '염라대왕'은 드골이었다. 런던과 알제에서 드골이 구상한 민족정기가 살아있고 애국시민들이 주도하는 '새 민주주의 프랑스'의 건설은 프랑스의 대숙청이 잘 진행되지 않으면 사실상 불가능한 일이었다.

앙드레 지드는 무엇보다도 저항운동에 참여하지 않은 점에 대해 레지스탕스와 프랑스국민의 의심을 받았다. 파리해방 후 국민여론은 '좁은 문' '전원교향곡'의 작가 지드가 어디에 있는가 라며 제일 먼저 행방을 궁금하게 여겼다. 그는 프랑스가 나치독일에 점령된 후 남부 프랑스 자유지역으로 먼저 도피했다가 알제리에 건너가 있었다. 그는 알제에서 해방을 맞았다. 나치독일점령시절 파시스트로 광적인 나치즘 찬양자 드리으 라 로셀이 편집장을 맡은 갈리마르출판사의 NRF에 두 차례(40년 12월과 41년 2월) 일기를 기고했다. NRF를 나치협력자 드리으 라 로셀이 장악하자 저항운동에 참여한 지식인과 작가들이 거의 모두 기고를 거부했는데 유독 지드만이 기고했기 때문에 비판의 소리가 높았다. 그런데 다행스럽게도 지드는 41년 4월부터 이 잡지와 관계를 사실상 단절했다. 그래서 한때 고개를 들었던 앙드레 지드에 대한 숙청소문은 슬그머니 잠적했다.

'공산주의자들'이라는 장편소설로 유명한 작가 루이 아라공 등 프랑스공산당소속 지식인작가들이 지드의 숙청설을 퍼뜨린 것이라고 하지만 확인된 사실은 아니다. 지드는 2차대전전 두 차례 소련을 방문한 후 유명한 '소련기행문'을 발표했다. 특히 두 번째 여행 후 발표된 '소련에서의 귀환'은 스탈린의 공산주의체제를 혹독하게 비판했고, 이 때문에 지드와 프랑스 공산당간의 동반자관계도 끝장이 났다.

■ 시인 아라공, '지드를 절대로 용서할 수 없다' 공언

아라공은 레지스탕스작가들의 문학신문 '레 레트르 프랑세즈'의 '소련에서의 귀환'에 대한 서평에서 '지드를 절대로 용서할 수 없다'고 선언했었다. 다시 말해 아라공이 지드가 저항운동에 가담하지 않았다고 해서 한때 그의 행적을 검증하기 위해 숙청구실을 만들어 퍼뜨린 것이라고 한다. 그럼에도 지드는 숙청의 칼날을 잘 피했다. 소련을 비판했음에도 파시즘이나 나치즘을 찬양하는 글을 쓰지 않았기 때문이다.

나치점령시절 파리에서 큰 영향력을 발휘한 일간지 '새시대' 사장장 뤼세르는 '나치협력 언론인의 살아있는 상징'으로 지목됐다. 특히 그는 파리에서 활동한 모든 나치협력 언론인과 작가들의 대부로 불

프랑스의 나치협력자 청산

렸다. 그가 파리숙청재판소에 끌려나왔다. 렝동검사는 나치협력 반역자들의 대부를 혹독하게 규탄했다.

'붓대로 조국을 배반한 지식인들이 나치협력이라는 범죄에 빠지게 된 이유는 파시즘이라는 이념에 세뇌되었기 때문이다. 그런데 뤼세르는 단순히 이념뿐만 아니라 부정부패와 매관매직 때문에 민족반역자가 됐다. 본인은 1년 전 작가이며 논쟁가이기도 했던 베로에게 사형을 요구한 논고를 상기하고 싶다. 그때 나는 베로의 민족반역죄에 대해 준엄한 논고를 함으로서 나치점령기간에 독일과 비시에 의해 입에 재갈이 물렸고 치욕감으로 살았던 프랑스인과 모든 자유인의 분노를 대변했다. 오늘 나는 피고에게 똑같은 분노를 느끼며 여기에다 구역질을 추가한다'라고 질타했다.

뤼세르가 이념적 나치협력자이기 보다는 부패분자로 지탄받은 이유는 프랑스주재 독일대사 오토 아베츠의 동지라고 떠들고 다니고 거들먹거리며 위세를 과시했기 때문이다. 그러나 변호인 포리오는 프랑스가 나치에게 패배하기 전 노동계급의 미래를 걱정하는 좌파인사가 바로 피고였다고 추켜세우며 '독일과 프랑스를 화합시키려고 노력한 것이 거꾸로 배반자로 오인된 것'이라고 변호했다.

그런데 나치 점령이전의 경력을 내세워 관용을 요구하는 그의 변론은 설득력을 조금도 발휘할 수 없었다. 재판부는 피고에게 사형과 전 재산몰수 및 국적박탈형을 동시에 선고했다.

나치협력 언론인에 대한 준엄한 심판은 1946년 말까지 계속됐다. 1946년 11월에는 나치즘이론의 정치선전지 '내가 도처에 있다'의 필진이 모두 숙청의 심판대에 올랐다. 이들은 파리해방시 모두 독일로 도주했다가 연합군의 진격에 따라 독일에서 체포돼 돌아온 것이다. 편집국장 브라지야크는 이미 1년여 전에 자수했지만 사형이 집행되었다. 때문에 이 신문 논설진인 뤼시엥 르바테 등 유명 언론인에 대한 재판결과가 큰 관심을 모았다. 이 신문의 나치협력 칼럼니스트 아렝 로브로는 스페인으로 도주했는데, 그는 이미 궐석재판에서 사형을 선고받은 상태였다. 프랑스임시정부가 스페인에 범인인도를 요청했으나 범인인도협정체결이 안돼 그의 신변을 인수할 수 없었다. 결국 로브로의 심판은 불가능했다.

특히 르바테에 대한 선고형량이 비상한 관심을 모았다. 왜냐하면 그는 비시정권의 지도층까지 깜짝 놀라게 할 정도로 히틀러 찬양일색인 '잔해들'이란 책의 저자였기 때문이다. 피고는 이 책에서 '나는 비시정부보다 나치독일정부를 더 좋아한다. 왜냐하면 비시정부가 독일만큼 인종차별정책을 쓰지 않으며 반민주적 조치도 내리지 않기 때문이다'고 쓴 나치광신자였다. 더욱이 그는 '내가 도처에 있다' 신문에 발표한 '마르세유의 유태인'이란 칼럼에서 유태인을 모두 체포하라고 주장한 후 나치의 표적이 된 사람이외에 유태인 43명이 더 많이 체포되는 사건을 야기했다.

그는 한 초등학교 교장을 드골파라고 밀고하면서 비시정부의 교육장관에게 즉각 파면시키지 않으면 신문 칼럼에서 공격하겠다고 협박하기도 했다. 그는 용서받을 수 없는 '야만적 파시스트'였고 나치의 인종차별정책을 프랑스에서 실천하라고 아우성친 인간 도살자였다.

▍드골, '야만적 파시스트' 르바테의 구명운동에도 사면거부

재판부는 당연히 르바테에게 사형을 선고했다. 그런데 그의 부인과 일부 지식인들이 구명운동을 벌였다. 월간지 '크라푸이요' 편집국장 갈티에-브와시에르가 드골에게 보낼 진정서를 작성했는데, 많은 저항작가들이 여기에 서명했다. 작가 조르주 베르나노스와 르바테의 공격을 받아 나치 게슈타포에게 체포됐던 앙리 장송 및 자유

프랑스의 나치협력자 청산

프랑스의 홍보전문가 부르뎅과 오베르레까지도 서명을 했다. 브라지야크의 구명을 위해 개인적으로 서명했던 카뮈도 거부하거나 주저하지 않고 서명했다. 여기에 서명한 유명인사는 라트르장군(나치독일군이 남 프랑스 자유지역 점령시 지휘관직을 거부해 체포된 반나치군부지도자)과 모리악, 폴 크로델과 장 포랑 등도 서명대열에 가담했다. 이 진정서를 받아본 드골은 그의 감형에 서명하지 않았다.

드골은 그에게 사형을 집행할 이유가 있다고 판단한 것이다. 그러나 드골의 후임인 사회당소속 뱅상 오리올대통령이 1947년 4월 그를 종신강제 노동형으로 감형했다. 그래서 드골은 유난히 가혹한 징벌을 언론인과 작가 등 지식인들에게 가한 것으로 평가된다. 다른 직종의 나치협력자들이 감형의 은전을 자주 받는데 반해 형평성에 문제를 제기하는 비판여론이 없지 않았다. 런던망명시절, 동지였던 부르뎅으로부터 이러한 비판여론을 지적해 보낸 서한을 받은 후에도 드골은 감형은사 난에 결제하는데 너무나 신중한 태도를 보였다. 아마도 드골에게는 아무리 재능이 뛰어난 언론인 작가일지라도 나치협력 민족배반자에게는 은전이 필요 없다고 판단한 것임에 틀림없다. 드골은 회고록에서 언론인과 지식인들을 감형의 대상에서 배제한 이유에 대해 '그들이 도덕과 윤리의 상징적 존재'이기 때문이라고 회고했다.

3. 독일 망명처에서 비시정권 국가원수 페탱의 귀환
― 드골의 군선배 스위스 망명주선 거부하고 귀국한 이유는

　드골이 나치독일의 점령에서 해방된 수도 파리의 샹제리제 대로를 개선장군으로 행진하고 있을 때 중부도시 비시에서는 나치 괴뢰정권 비시정부의 피난준비가 한창이었다. 나치 독일군이 파리에서 쫓겨나간 1944년 8월 15일부터 비시정부는 사실상 완전 붕괴된 상태였다. 비시정권의 국가원수인 페탱은 독일의 강요에 의해 철수하는 독일군을 따라 동쪽으로 피난해야만 했다. 이해 9월 비시정부의 잔당들은 히틀러의 강요에 따라 먼저 프랑스의 알자스지방 벨포르에 집합했다가 라인강을 건너 독일영토로 도주했다. 이들이 일단 정착한 곳은 독일 서남부에 있는 슈투트가르트 주변 소도시 시그마린겐이었다. 페탱과 라발총리 등 비시정권지도부는 여기서 나치독일의 괴뢰를 표방하는 '망명정부'의 둥지를 틀었다.
　4년여 전 프랑스에서 긴급히 피신해 런던에서 망명정부를 수립한 드골은 2차 세계대전의 전승영웅으로 파리에 입성해 프랑스임시정부를 세워 대통령이 되었는데, 이것과는 좋은 대조를 이루는 나치협력정권의 비참한 풍경이 패색이 완연한 독일에서 벌어지고 있었던 것이다. 시그마린겐에는 비시정권의 각료들과 프랑스에서 도망친 나치협력 '민족반역자'들이 속속 몰려들고 있었다. 라발총리와 다르낭, 도

프랑스의 나치협력자 청산

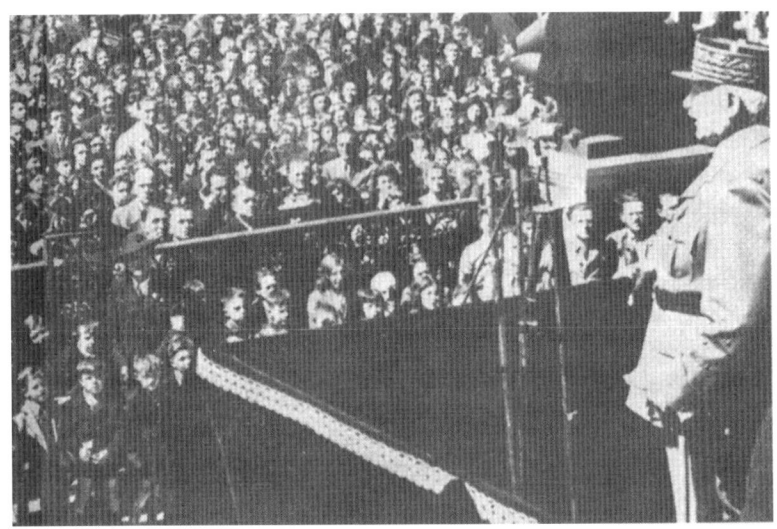

1944년 4월 노르망디 상륙작전 직전, 페탱은 파리시청에서 연설했다.

리오, 데아, 브리농 등 나치협력 민족반역 수괴급들과 파시스트작가 세린느 등이 페탱의 주변에 진을 쳤다.

여기에는 나치점령시절 파리에서 독일점령군에게 아첨하며 충성했던 민병대 그리고 언론인, 비시지도부 가족을 포함한 나치협력세력이 한곳에 모였기 때문에 페탱주변에는 '망명정부'를 세울만한 협력자들의 인적자원이 충분했다. 그러나 페탱은 히틀러의 망명정부를 수립하라는 강력한 요구를 물리치고 독일 속의 '프랑스 위성국'인 망명정부 창설을 단호하게 거부했다.

▮ 드골훈령, 최고재판소 창설 페탱 등 비시정권 심판채비

페탱은 1944년 9월 8일부터 45년 4월 21일까지 7개월간 시그마린겐의 성에 머물었다. 파리에서는 민족반역자들에 대한 대숙청이 개시돼 속속 재판이 열리고 나치협력 언론인들이 사형대에서 죽어가고 있었다. 드골의 임시정부는 이 기간에 페탱의 역사적 재판을 주도면밀하게 준비하고 있었다. 이미 44년 9월 12일에 페탱과 그의 각료들에게 임시정부의 체포명령이 떨어져 있었다.

얼마 후 파리의 신문들은 '비시의 배반자들'을 재판하기 위한 최고재판소가 설치된다는 소식을 알려주었다. 드골의 임시정부가 비시정권을 재판하기 위해 특별법정인 최고재판소를 설치한 이유는 나치독일 점령시절 모든 판·검사들이 페탱 원수에게 충성맹세를 했기 때문에 그를 재판할 판사가 거의 없었기 때문이었다. 전쟁 전의 상·하원도 페탱이 강제로 소집한 1940년 7월 10일 특별합동회의에서 비시정부출범을 표결에서 찬성했기 때문에 그 후 해산된 상태였다. 군사법정은 재판의 공정성과 합법성에 하자가 있다고 판단했기 때문에 드골은 최고재판소를 새로 설치해 나치독일의 괴뢰정권인 비시정부를 준엄하게 응징하라는 훈령을 발표했던 것이다.

최고재판소 재판부는 대법원 판사와 4명의 원로 판사 및 제1차 세계대전 후 유명한 스파이 마타하리와 거물 언론인들을 단두대로 걸어가게 만들어 처형하게 한 모르네검사 등 5명으로 구성됐다. 이들은 모두 페탱에게 충성맹세를 거부했거나 반 나치저항운동에 가담한 용감한 재야법조인들이었다.

'역사상 최고최대의 재판'으로 세계의 이목을 집중시킨 페탱과 비시지도부의 재판에 대해 파리에서는 의견이 분분했다. 임시정부 첫 법무장관 망통은 결석재판을 하더라도 페탱에 대한 조기재판을 주장했고, 일부 과격한 저항단체들은 '인민재판'을 요구했다. 그러나 임시정부는 최고재판소를 페탱과 그 도당을 처단하는 특별기구로 설정해 지체없이 발족시켰다. 최고재판소야 말로 비시정권을 심판하는 드골의 강력한 사법적 도구였다.

프랑스의 나치협력자 청산

드골은 '전쟁회고록'에서 "비시정권의 활동책임을 져야할 최고지도자들과 고관대작들은 새로운 재판부에 모두 세워야 할 필요가 있었다. 일반 재판부나 전쟁위원회 그리고 정의의 법정도 이들을 다룰 수는 없었다. 장관, 현 지사, 장군들, 그리고 차관급 사람들은 정치행동에 대해 재판을 받아야 하는 것이다. 이것은 내 자신이 직접 성찰해 1944년 11월 18일 최고재판소 설치를 규정한 훈령을 작성해 발표했다"라고 설명했다.

드골은 최고재판소의 설치목적을 "적과 내통해 국가의 안전을 위태롭게 한 최고위 공직자를 심판하기 위한 것"이라고 분명히 규정했다. 드골은 최고재판소 설치가 법적 조건을 생각하면 '예외적'이라고 인정했다. 그러나 그는 "프랑스 국내의 질서와 국제사회의 지위가 외부의 적과 내통한 이적행위, 영미연합국들과의 단절, 나치독일에 굴종을 한 고위 공직자들의 책임을 추궁해 심판하지 않으면 안 되었다"라고 사실상 숙청의 불가피성을 설명했다.

1944년~45년의 단계에서 많은 프랑스국민들이 페탱을 존경한 것은 사실이다. '페탱 원수가 과연 프랑스국가를 배반한 민족반역자인가, 라발전총리와 비시정권의 각료들이 과연 배반자인가'라는 물음이 프랑스 도처에서 제기되고 있는 실정이었다. 만일 민족반역자라면 그들은 형법 제75조를 적용해야하며, 이 법이 적용된다면 모두가 사형으로 다스려질 것은 분명했다.

이미 파리에서는 브라지야크 등 언론인들이 이 조항의 적용을 받아 총살형이 집행된 만큼 형법75조에 대한 대공포가 나치협력 용의자들에게 휘몰아치고 있었다. 독일패전이 점차 확실해지면서 1차 대전의 영웅 페탱의 초상화가 관청과 일부 가정에서 철거되고 있으나 프랑스여론에서 아직은 페탱주의가 결코 죽었다고는 말할 수 없는 상황이었다.

▮ 페탱에 만만치 않은 인기, 시민 다수 '반역자인가' 자문

페탱에게 국가반역자라는 낙인이 찍힌다면 수많은 프랑스사람이 정신적으로 상처를 입을 가능성이 많았다. 파리해방 불과 4개월 전. 1944년 4월 파리시민 30여만 명이 페탱의 파리방문을 환영했었다. 그는 나치독일과 휴전협정을 체결함으로써 프랑스를 구했다는 여론이 어느 정도 설득력을 지니고, 그의 모습이 '1차 세계대전의 영웅'과 애국자로서 프랑스인의 뇌리에 그대로 남아있었다. 그리고 영·미 연합군과 선전포고를 하지 않는 슬기로운 대응으로 프랑스를 나치와 동맹군이 돼 영미연합군과 전쟁하는 것을 피하게 함으로써 프랑스국가를 보전했다는 평가도 사라지지 않고 있었다.

그래서 프랑스 우파는 페탱과 드골의 화해와 협력을 은근히 기대하는 분위기마저 형성되고 있었다. 국민여론 가운데에는 드골과 페탱 간 화해와 협력을 선호하는 흐름도 있었다. 그러나 이러한 우파끼리 화해분위기는 여론으로 표면화될 수 없었다. 반나치 저항단체들과 국내 레지스탕스의 주도적 역할을 한 공산당의 존재 때문이었다. 사실 비시정권은 알제시절부터 드골의 자유프랑스 임시정부와 은밀히 대화를 갖기 위해 노력했다.

프레드 쿠페르망의 연구서 '비시재판'을 보면 비시정권은 제2차 세계대전 종전 후 페탱-드골 화해협력의 시나리오를 구체적으로 그렸다고 증언한다. '드골은 페탱의 자연스러운 제자'라는 군부의 위계질서에서 출발한 시나리오는 1943년 드골이 알제에서 페탱을 기다리게 만들었다고 기술했다. 그러나 페탱은 프랑스를 떠나 알제에 나타나지 않았다.

페탱이 여러 차례 히틀러와 회담하면서 프랑스남부의 자유지역을 계속 유지하려고 노력했다면, 드골은 해외에서 프랑스군을 재건하고

프랑스의 나치협력자 청산

영국과 아프리카에 군수공장을 세워 전투기와 탱크, 대포를 생산해 무장시키며 연합군의 일원으로 반 나치전선에 참전하는 역할을 잘 수행했던 것이다. 페탱은 해외에서 드골의 레지스탕스와 연합군과의 동맹을 사실상 인정하고 적으로 보지 않았다는 이야기이다. 그래서 파리가 해방되면 페탱과 드골이 협력해 국민연합 거국정부를 출범시킨다는 것이 이 시나리오의 핵심 줄거리였다.

▌ 드골-페탱 합작공작, 공산당 압력으로 실패하다

그러나 히틀러는 나치독일군대를 프랑스에서 후퇴시키면서 페탱을 독일로 납치해 시그마린겐의 성에 인질로 잡아놓고 친 나치망명정부의 수립을 강요했던 것이다. 그가 히틀러의 망명정권 수립요구를 거절한 것은 드골과의 합작의사를 암시하는 것으로 해석될 수 있는 의미가 큰 대목이다. 그런데 저항단체들과 반 나치저항운동세력이 연합군이 입성하기 전에 파리를 해방시키는 등 전쟁상황이 급변하고 저항운동과 파리해방에 큰 기여를 한 공산당의 압력이 만만치 않았다.

결국 이러한 급변한 정세가 드골에게 페탱을 민족반역자로 숙청재판에 회부하는 선택을 하게 만들었다는 것이 쿠페르망교수의 해석이다. 비시정권의 온건우파와 알제의 드골 망명정부의 우파의 합작 시나리오는 끝내 실현되지 않았고 그래서 페탱은 나치협력자로 낙인이 찍혀 역사적 심판을 받게 되는 것이다.

또 페탱파는 민족반역자 대숙청이라는 최대의 위기에 직면해 드골과 '빅딜'을 구상했다. 상호휴전을 선언하고 비시정부의 좋은 법과 제도를 유지시키며 비시와 드골의 임시정부 군대를 통합하고 시민법을 국민대화해의 방향에서 수정하며 대독일 전쟁을 공동으로 수행하는 것과 드골이 준비한 나치협력자숙청을 교환하려고 기도했다는 것이다. 페탱-드골 화해파는 숙청과정에서 실시된 1945년 총선거에서 '프랑스 화해당'을 창당해 선거에 참가했으나 의석확보에 실패했다.

드골은 페탱이 독일을 떠나 스위스로 갔다는 정보를 입수하고 그를 일단 체포하라고 명령했다. 비시정권 잔당인 일부 프랑스우파의 시나리오와 환상은 여기서 무참히 깨어졌다. 드골은 숙청재판을 통해 비시정권의 불법적 실체를 밝혀내며 페탱이 국가반역죄를 범했는지의 여부를 끝까지 규명해 유죄가 드러나면 엄정하게 응징하겠다고 선언했다. 드골은 페탱 지지파와 무시하기 어려운 일부여론에도 불구하고 '페탱의 계승자'가 되는 불명예를 단호히 거부했다. 그리고 사회당과 공산당을 애국자로 평가해 '좌파의 동반자'가 된 것이다.

그러나 드골의 회고록을 보면 군 대선배로써 페탱에 대한 체포를 지시한 것으로 기술돼 있다. 드골은 '전쟁회고록'에서 페탱문제에 관해 이렇게 설명했다. "독일에 진격한 프랑스군 지휘관 드 라트르장군이 시그마린겐에 접근하면서 '페탱과 비시의 장관들을 발견하면 어떻게 할까요'라고 하명을 요구해 왔다. 나는 모두 체포하라고 지시했다. 그러나 나는 페탱 원수에 관해서는 만나기를 원하지 않는다" 드골은 페탱의 프랑스 귀국을 바라지 않았던 것 같다. 그는 '페탱을 만나고 싶지 않다'라고 기술했다. 다시 설명하겠지만 페탱이 프랑스에 돌아오면 숙청재판에 회부해야 하는 곤혹스러운 상황을 바라지 않았던 심정을 내비쳤다.

드골은 페탱 원수의 숙청재판을 결정한 순간에 제2차 세계대전시 모스크바로 도주한 모리스 토레즈 공산당수를 사면해 파리에 귀환하는 것을 허가했다. 페탱과 비시정권 지도층에 대한 체포명령과는 대조를 이루는 드골의 조치였다. 드골은 페탱 등 나치협력자들과 같이

프랑스의 나치협력자 청산

새 프랑스를 건설해 통치할 수 없다고 최종적으로 판단한 것이다. 공산당이 끼여 있지만 반나치 저항그룹과 자기가 만들어 정치세력화한 자유프랑스를 파리해방 후 새 프랑스 건설의 주체세력으로 삼아 통치하기로 결정한 것이 확실하다.

그리고 드골은 페탱의 비시정권을 이미 불법범죄 집단으로 분명히 대통령 훈령으로 규정했다. 페탱은 나치독일과 휴전협정을 체결함으로서 히틀러에게 사실상 항복했을 뿐만 아니라 프랑스국민을 나치독일의 노예상태로 전락시켰기 때문이라는 것이다. 드골은 '페탱의 비시정권은 불법정부다, 왜냐하면 페탱이 민족의 전체이익을 배반했기 때문이다'라고 선언했고, 이러한 드골의 규정은 페탱을 숙청재판에 회부하는 법적 근거로 작용하게 된다.

그런데 페탱은 독일의 시그마린겐에 머물고 있던 7개월간 히틀러에게 프랑스에 돌아가기 위한 설득을 하느라 총력을 기울였다. 그는 히틀러에게 1944년 9월 프랑스로 귀국하겠다는 내용의 첫 서한을 보냈다.

'귀하는 본인이 국가원수의 명예를 옹호하고 나를 추종했던 모든 사람들을 내가 직접 보호하기로 한 결정을 이해해 줄 것으로 확신합니다. 이것은 마지막이며 유일한 내 목표입니다. 어느 누구도 나의 결정을 포기시킬 수 없을 것입니다. 내 나이가 되면 한 가지 일만이 걱정되는데 그것은 자기의무를 다할 것인가 하는 것입니다. 본인은 내 의무를 완수하기를 원하는 것입니다'

▮ 귀국하는 89세의 페탱, 프랑스 국민지지 계속 믿어

귀국하기 전 89세의 생일을 맞은 페탱은 프랑스에 돌아가면 국민이 모두 단결해 과거처럼 자신을 지지할 것이라는 생각을 버리지 않고 있었다. 그는 파리해방 4개월 후에도 프랑스국민의 인기를 그대로 믿고 있는 것이 분명했다. 1940년 6월 파리북쪽 콩피에뉴숲속 몽트와르의 열차 안에서 히틀러를 만나 휴전협정에 서명한 이유를 그는 이렇게 설명했다.

'이 정책은 내가 개인적으로 내린 결단이다. 모든 장관들은 내 앞에서 책임을 질뿐이다. 역사가 심판하는 것은 바로 내 자신이다.' 페탱은 사실상 패전을 수용하는 휴전협정에 합의한 책임이 유일하게 자신에게만 있다고 밝힌 것이다. 그로부터 4년 후 페탱은 드골이 설치한 최고재판소라는 심판대위에서 그리고 역사 앞에서 책임을 추궁당하게 된다.

1945년 4월 5일 그는 다시 히틀러에게 편지를 보내 '파리에서 재판이 개시되기 전에 반드시 귀국해야 한다'고 강력히 요구했다. 이때 히틀러는 베를린의 지하벙커에서 '소련군의 베를린 침공'에 대해 최후의 방어전을 준비하고 있었다. 히틀러에게는 최후의 베를린공방전 준비 때문에 시그마린겐의 페탱과 프랑스협력자에게 신경을 쓸 틈이 조금도 없었다.

시그마린겐의 나치협력 비시정권 세력은 드 라트르장군의 프랑스군이 수일 후 진격해 들어온다는 소식에 망연자실하고 있었다. 나치협력 프랑스인의 운명이 경각에 달리게 되었기 때문이다. 비시정권의 지도층이 먼저 도망하기 시작했다. 데아와 다르낭은 이탈리아를 향해 도주했고, 작가 세린느는 덴마크로 도망쳤으며 영·미·불 연합군의 패배를 기원한 글을 썼던 샤토브리앙은 독일의 가르미히 주변의 마을에서 숨을 곳을 찾았다.

라발총리는 리히텐슈타인과 스위스에 망명을 요청했으나 받아들여지지 않자 당황하고 있었다. 페탱만이 조용히 드 라트르장군의 진격을 기다리고 있었다. 1945년 4월 20일 프랑스군은 시그마린겐에서

프랑스의 나치협력자 청산

50㎞ 떨어진 지점에 도착해 있었다. 페탱은 바로 이날 히틀러의 회신을 받았다.

히틀러는 편지에서 페탱과 그의 추종자들에게 동부 독일로 이동하라고 요구했다. 히틀러는 티롤지방에 나치 최후의 거점을 만들어 마지막 결전을 준비할 것을 희망한다는 말과 함께 페탱일파를 그곳으로 이동시키려고 한 것이다. 이튿날 페탱은 시그마린겐을 출발해 콩스탕스 호수에서 20㎞ 지점에 있는 반겐으로 이동했다. 페탱은 스위스로 가는 길을 선택했는데, 이 길은 히틀러가 요구한 동부로 가는 길과 일치했다. 라발 등 도망칠 곳을 잃은 비시정권의 지도층도 모두 그를 따랐다.

페탱은 길에서 수많은 나치독일 패잔병과 전쟁포로를 만났지만 그를 아는 척하는 병사는 거의 없었다. 그러나 라발은 간신히 목숨을 건져서 귀국하는 프랑스 노동자들로부터 큰 봉변을 당했다. 페탱은 발드부르그에서 한 독일관리의 마중을 받으며 성안으로 들어갔다. 탕슈타인이라는 이름의 독일외교관이 그를 찾아와 패망한 비시정권의 국가원수에게 미군의 진격이 임박했다고 말하고 즉시 이곳을 떠날 것을 요구했다.

그러나 페탱은 움직이지 않았다. 독일외교관은 히틀러가 현재 전쟁명령을 내리고는 있으나 형식적일 뿐이며 그의 권위도 베를린의 벙커 안에 한정돼 있다며 괴링과 히틀러 등 나치지도부 모두가 조국을 배반했다고 설명했다. 그리고 페탱에게 스위스로 안내하겠다고 자청했다. 페탱의 승낙을 받은 독일외교관은 일행의 스위스 입국을 요청했다. 스위스정부의 회신이 이 성에 도착한 것은 4월 23일 오후 7시였다. 라발에게는 망명과 스위스역내 통과도 모두 거부한다는 것이며 페탱에게는 프랑스국경에 가기 위한 역내통과만을 허기한다는 것이 스위스정부의 통보였다.

▌ 드골의 망명 권유 뿌리친 페탱, 스위스 국경서 구속되다

비시정부에 주재했던 전 스위스대사 스투키는 페탱을 영접하면서 '원수가 스위스에 남기를 희망한다면 거절당하지 않을 것'이라고 페탱에게 말했다. 이것은 스위스가 그의 망명요청이 있으면 받아들인다는 스위스정부의 의사표시였다.

그러나 페탱은 스위스망명을 거부하고 귀국을 재촉했다. 페탱은 스위스통과만 요청했고, 4월 26일 스위스를 역내를 통과해 프랑스국경 마을인 베리에르 수 주누에 도착했다. 그를 맞은 것은 드골의 임시정부 정치위원 메레이와 쾨니그장군이었다. 페탱은 현장에서 구속됐다. 이에 앞서 드 라트르장군은 페탱이 시그마린겐을 떠날 것을 생각하지 않고 드골에게 하명을 요청했다. 시그마린겐점령 후 비시정권 고위공직자들과 나치협력자들을 일망타진하라는 지시를 드 라트르장군이 기대했다고 한다.

그러나 드골은 페탱에게 특별조치를 하라는 지시를 내렸고, '본인은 그를(페탱) 만나게 되는 것을 원하지 않는다'는 첨언이 있었다. 이것은 페탱이 프랑스에 돌아오지 말라는 드골의 메시지였다. 이 메시지는 페탱의 제3국 망명을 종용하라는 드골의 뜻을 담고 있었다. 이것은 드골이 페탱을 결석재판에 회부하려는 의도와 일치되는 표현이며 앞에서 본 드골의 회고록 기술과도 일치한다. 그러나 페탱은 히틀러의 회신에 따라 한발 앞서 시그마린겐을 떠나 스위스로 이동해 귀국길에 오름으로써 그의 운명은 갈리게 된 것이다.

페탱은 스위스망명보다는 재판의 시련을 선택했으며, 드골은 페탱의 궐석재판에 대한 희망을 접어야 했다. 드골은 파리주재 스위스대사 칼 뷔르크할드에게 스위스정부가 페탱을 위해 외교적 흥정을 해주기를 희망했다는 것이다. 내용인즉 프랑스임시정부가 페탱

프랑스의 나치협력자 청산

의 신변인도를 요청하면 스위스가 거절해달라는 내용이었다. 스위스는 드골과의 외교흥정에 동의했으나 페탱은 스위스망명을 거부하고 프랑스귀환을 굽히지 않았다는 얘기다. 아무튼 드골이 군의 옛 선배이며 1차대전의 영웅이나 2차 세계대전에서 히틀러와 타협해 민족배반자로 전락하게 된 페탱을 구출하기 위해 남몰래 애썼다는 것은 명백한 사실이다.

그러나 드골은 '전쟁회고록'에서는 사실기록만 하고 있다. "페탱은 1945년 4월 23일 스위스에 도착했다. 페탱은 독일에서 스위스입국허가를 받았고 스위스 관리의 영접을 받았다. 스위스대사 뷔르크할드가 나에게 페탱의 스위스 도착을 알려주었다. 나는 그에게 프랑스정부는 페탱의 신병인도를 조금도 서두르지 않겠다고 말했다. 그러나 몇 시간 후 스위스대사는 다시 나를 만나러 와 〈원수가 프랑스 귀국을 강력히 요청했습니다. 우리 정부는 거절할 수 없었습니다. 필립 페탱은 그래서 프랑스국경으로 인도될 것입니다〉라고 말했다. 주사위는 던져진 것이다. 늙은 페탱 원수는 그가 심판을 받아 선고될 것을 의심할 수 없을 것이다. 그의 귀국결정은 용감한 것이었다"

드골이 '주사위는 던져졌다'거나 귀국이 용감한 결정이라는 평가에서 군 선배로써의 페탱에 대한 존경심과 간절한 배려가 스며있음을 부인하기 어렵다. 드골의 임시정부는 페탱의 귀국을 즉각 언론에 발표했다. 페탱은 귀국하면서 그에게 적대적인 조국의 분위기에 충격을 받은 듯 했다. 그를 호송하는 헌병들도 그에게 경례하지 않았고, 쾨니그장군에게 악수하기 위해 손을 내밀었으나 거절당하는 수모를 당했다.

지형언론으로 유명한 '프랑 티뢰르'지는 '공화국검사(정치위원)와 쾨니그장군이 프랑스 최대의 민족반역자 페탱의 신병을 스위스로부터 인수했다. 페탱은 자동차에서 내려 쾨니그장군에게 다가가며 손을 내밀었으나 장군이 악수를 거절했다…'라고 보도했다. 페탱은 기차를 타고 파리교외 몽루주감옥에 이송됐다. 그는 측근 브레오제독과 데베네장군 및 부인과 쾨니그장군 및 수명의 판·검사 및 경찰관의 호송을 받았다. 파리로 돌아오는 도중 퐁탈리에 역에는 2천여 명의 시위대가 '늙은 반역자를 즉각 총살하라, 페탱을 사형대로'라고 외치고 있었다. 그리고 돌팔매가 수없이 그가 탄 객차에 날아왔다.

페탱은 파리교외 몽루주에 도착하자마자 구속 수감됐다. 반 나치 저항언론들은 페탱을 데려온 열차가 그를 특별 대우했고 그의 감방이 호화롭다며 드골의 임시정부를 비난했다.

'부드러운 구속집행이었다. 두개의 바에 하나의 화장실과 그의 부인도 같이 있었다'라고 '프랑 티뢰르'가 꼬집었고, 공산당기관지 뤼마니테는 '독일 부헨발트에서 귀환하는 사람들과 전쟁포로들은 짐승을 싣는 객차에 실려 왔는데, 페탱의 파리귀환객차는 1등 칸이었다'고 비난했다. 그리고 이 신문은 '페탱에게 부족한 것이 있을까 보아 2백명의 노동자들이 몽루주 감방을 사전에 청소하고 준비했다'고 보도했다.

프랑스 언론들은 임시정부가 페탱을 체포해 오는데 특별히 대접했다고 일제히 비난했다.

그러나 페탱은 하루아침에 국가원수에서 나치협력 민족반역 죄인으로 전락한 것은 틀림없었다. 1945년 3월 최고재판소는 페탱과 비시정부의 각료 및 고위공직자들을 심판할 준비를 완전히 갖추었다. 비시정권의 일부 고위공직자들이 독일 등에 계속 피신하고 있어 체포되지 않고 있었다. 최고재판소는 페탱에 앞서 체포된 나치협력 장군들을 심판했다.

프랑스의 나치협력자 청산

■ 최고재판소, 페탱 심판 전 비시의 장군부터 응징

최고재판소는 이미 구속된 비시의 지도층을 차례차례 재판에 회부했다. 최초로 최고재판소에 회부된 나치협력자는 비시정권의 튀니지 주둔군사령관 에스테바 제독이었다. 재판은 파리의 시테섬 안에 있는 대법원의 한 법정에서 열렸으며, 드골은 최고재판소의 첫 재판이 상원자리가 아닌 대법원에서 열린 점에 대해 '보다 엄숙한 분위기를 준다'고 호평했다. 피고에 대한 검사의 논고는 '1942년 11월 8일 미군이 북아프리카에 상륙했다는 뉴스가 프랑스인의 마음에 큰 희망을 주는 것임에도 페탱은 지역주둔 프랑스군에게 연합군과 대항해 전투하라고 지시했다. 피고는 그때 독일군과 협력해 연합군의 상륙작전을 저지하려고 했다'라고 추상같이 질타했다.

64세인 에스테바 피고는 특히 독일군의 보강을 위해 군을 모집하고 독일군의 요새건설을 위해 노동자까지 모집해 공급했다는 검사의 준열한 심문을 받았다.

피고는 검사의 논고를 전면 부인했다. 그는 페탱 원수에게 충성한 사실을 인정하면서도 나치독일군에 대한 지원을 최소한으로 감소시키려고 애썼고, 특히 미국의 북아프리카 상륙작전 준비팀인 로버트 머피 등 미군군사요원들의 튀니지활동을 비밀리에 허가해 주었다고 주장했다. 그는 독일군을 항상 증오했다고 털어놓고 나치독일과 협력한 배반자로 낙인찍는 것은 너무나 억울하다고 호소했다. '그렇다면 피고는 왜 군과 노동자들을 독일군에게 보내면서 그 후 연합군을 지원하지 않았는가'는 추궁에 그는 비시정부에 보낸 보고서들이 드골장군의 자유프랑스 깃발을 올리기 위한 위장술이었다고 변명했다.

모르네검사는 지하저항운동 시절에 지하재판을 실시한 애국검찰의 핵심으로 유명하지만 부득이한 경우를 제외하고는 사형구형을 자제하는 검사라는 평을 받았다.

그럼에도 그는 '오늘 여기서 페탱과 라발의 재판이 이미 시작됐다'고 말하고 피고에게 최고형인 사형을 구형했다. 변호인은 에스테바피고의 재판을 페탱에게 직접 연관시키는 것은 부당하며 피고를 페탱의 공범자로 몰아 재판하기 위해서는 페탱부터 먼저 재판해야 한다'고 주장하며 비시지도부 재판 후로 재판연기를 주장했다.

그러나 검사는 '만일 민족반역자 에스테바에게 사형선고를 내리지 않으면 페탱을 배반자로 심판할 수 없을 것'이라고 반박했다. 재판부는 피고가 저항운동가를 석방하고 미군을 도왔다는 정상을 참작해 종신징역형을 선고했다. 드골은 '에스테바는 비시정권의 공범이었다가 후에는 희생자가 된 군인이다. 그는 비시정권에게 맹목적으로 복종했다'고 평가하면서 종신징역형에 서명했다.

최고재판소에 두 번째로 끌려나온 나치협력자는 비시정부의 레바논과 시리아주재 최고사령관 당쯔장군이었다. 63세인 그도 에스테바와 비슷한 범죄를 저지른 혐의를 받았다. 그는 시리아의 비행장을 나치독일군이 사용하도록 허가해주어 독일 공수부대를 쉽게 이동하게 길을 열어줌으로써 영국군과 자유프랑스군이 중동에서 불리한 전투를 하게 만들었다는 비난을 받았다.

당쯔피고는 '시리아에서 귀국 후 처음으로 자유롭게 말한다'고 전제, '독일군의 요구를 억제하는 것이 나의 기본정책이었다'라고 반박했다. 검사는 '피고의 이중 플레이가 언제나 독일군에게 유리하게 작용했다'고 지적하고 '영국을 프랑스의 적으로 취급하는 연설내용으로 보아 피고는 나치즘의 확신범임에 틀림없다'고 논고했다. 당쯔는 사형선고를 받았고 전 재산몰수와 군적박탈이 동시에 병과되었다.

드골은 그를 무기징역형으로 감형해 주었으나 얼마 후 그는 파리

프랑스의 나치협력자 청산

교외 프렌감옥에서 옥사했다. 비시정권의 중동지역 사령관 2명의 재판을 거치면서 페탱부터 먼저 재판해야 한다는 여론이 들끓었다. 그런데 사실상 드골은 페탱을 궐석재판에 회부할 것을 내심으로 희망했다. 앞에서도 언급했지만, 드골은 독일영토에서 나치독일군과 싸우는 드 라트르 장군에게 독일의 시그마린겐을 점령하면서 비시의 전 각료와 고위직을 모두 체포하라고 지시했으나 가능하면 페탱만은 특별취급을 하도록 하는 암시를 주었다.

드골은 페탱이 제 발로 귀국하는 것을 원하지 않았다. 아무튼 페탱이 스위스를 경유했으나 제 발로 프랑스에 귀환했고 최고재판소의 숙청전주곡으로 군부의 사령관 2명을 재판했다. 곧 이어질 페탱과 라발의 재판은 국제적으로 큰 파문을 일으킬만한 큰 사건으로 기록될 것이다. 파리는 폭풍전야의 고요가 지배하고 있었다.

4. 페탱은 과연 나치협력 민족반역자인가―페탱재판(1)
― '나는 프랑스를 보전했고 국내서 해방을 준비했다!'(페탱의 선언)

페탱은 1945년 4월 30일 최고재판소로부터 변호사를 선임하라는 요청을 받았다. 그의 재판이 임박했다는 신호였다. 그러나 어떤 변호사도 '페탱변호의 영광'을 차지하려고 하지 않았다. 그래서 페탱은 변호인을 대동하지 않고 재판부의 심문에 답변하는데 동의했다. 그러나 재판부는 사형선고가 집행된 언론인 브라지야크의 변호인 자크 이소르니를 페탱의 첫 신문에 배석하도록 주선했다. 변호인은 '페탱에게는 변호사가 없었다. 연속적으로 들이닥친 사건들 때문에 충격을 받아 그는 평소의 페탱이 아니었다. 잦은 기억상실 증세에서 그는 정신착란에 빠진 것처럼 보였다. 그의 두뇌는 연표를 혼동했다….'라고 페탱재판의 첫 인상을 기록하고 있다.

페탱은 사실상 불가능한 것처럼 보이는 법정투쟁을 펼치지 않으면 안 되는 극한상황에 처해 있었다. 먼저 몽루주감옥에서 페탱은 부샤르동 판사의 신문을 받았다. 판사는 프랑스사람이면 누구나 그러하듯 1차대전시 페탱과 한편이었고 그래서 피고와는 서로가 잘 아는 사이였다. 그런데 2차 세계대전이 거의 끝나가고 있는 시기에 판사가 페탱을 국가반역죄 혐의로 재판하기 위해 심문하는 정반대의 입장에 서게 된 것이다. 판사는 페탱의 과거경력을 심문할 필요

프랑스의 나치협력자 청산

최고재판소에 출두 재판받는 페탱
군복을 입었으나 훈장이 안 보여…

를 조금도 느끼지 않았다. 다만 그는 경력에서 페탱이 전쟁 전부터 반역의 증거와 흔적이 있는지를 찾았을 뿐이다. 그리고 나치독일 점령기간에 많은 나치협력 범죄 증거를 수집해 재판을 준비했다. 5월 17일 이소르니 변호사는 페탱의 변호인 선임을 수락했다.

페탱의 역사적 재판은 1945년 7월 23일 개정됐다. 이날 프랑스뿐만 아니라 유럽의 거의 모든 신문과 라디오들은 이 재판을 톱뉴스로 다루었다. 파리는 고요를 깨고 얼마 전까지 국가원수였던 페탱의 재판을 둘러싼 무수한 말들을 쏟아내며 떠들썩했다. 프랑 티뢰르지는 '그 사나이는 건강하다. 페탱부인이 언제나처럼 그의 곁에 있었다. (페탱)원수는 두 명의 신부, 두 명의 의사, 그리고 한 명의 요리사가 붙어 시중까지 들고 있다'라고 보도했다. 재판소에는 6백여 명의 경찰이 경비를 맡았다. 취재기자들은 '페탱이 아직도 프랑스인의 인기를 나치 점령시절과 똑같이 독차지하는가'라고 중얼거린다고 보도했다. 방청석에는 친드골파와 친비시정권파 사람들이 입추의 여지가 없을 정도로 가득 차 있었다. 많은 시민들이 자리가 없어 법원주변의 카페 (한국의 커피숍)에서 재판과정의 소식을 기다렸다.

페탱재판을 둘러싸고 소강상태에 빠졌던 카뮈와 모리악의 논쟁이 다시 불붙었다. 카뮈는 여전히 정의를 외쳤고, 모리악은 계속 관용을 부르짖었다. 모리악은 르피가로에 '우리들의 일부가 이 늙은이의 공모자일는지도 모른다는 생각에서 조금도 물러서지 말자'고 호소했다. 카뮈는 콩바의 논설에서 '(페탱의) 나이와 자만심의 술책에 현혹되는 프랑스사람은 결코 없을 것'이라고 엄정한 재판을 장담하고 있었다.

나치 점령시대에 공군장교였던 작가 쥘 르와는 페탱재판의 일기모음집인 '대 침몰'이라는 책에서 이렇게 기록했다.

'우리는 무덤 앞에 있는 것처럼 침묵했다. 우리들 중 대다수가 페탱의 지배하에서 봉사했다. 우리는 영·미 연합군과 (드골의) 자유프랑스에 참여하기까지 페탱에 의해 패배로부터 구출되는 경험을 했다. 우리는 영국으로 망명하지 않은 것을 범죄로 생각하지 않는다. 우리들 가운데 어떤 사람들은 드골과 페탱이 합작하고 있다고 생각하기도 했다. 1945년에 이러한 모든 기대가 무너졌다. 드골과 페탱은 합작하지 않았고, 그래서 우리는 어떤 깊은 함정에 빠진 기분이었다.'

▍드골파 작가 르와, '영국에 망명 안한 것은 범죄가 아니다'

페탱 밑에서 드골에게로 건너가 자유프랑스에 헌신했던 쥘 르와까지도 페탱을 적으로 삼지 않았다면 나치독일 점령시절 프랑스에

프랑스의 나치협력자 청산

살았던 많은 프랑스 국민들은 페탱에게 적대감이 거의 없었던 것은 분명한 사실이었다. 그러나 국내 저항운동을 주도해 프랑스를 해방시키는데 큰 역할을 담당한 프랑스공산당의 입장은 크게 달랐다. 페탱재판 개정 이튿날 공산당기관지 뤼마니테는 '늙은 민족반역자를 가혹하게 처단함으로써 프랑스에 정의를 회복시켜야 한다'고 주장했다.

파리해방 후 창간된 르몽드지는 최고재판소의 합법성을 인정하지 않고 재판부의 신문에 계속 묵비권을 행사하는 페탱에게 분노를 터뜨렸다. 이 신문은 이렇게 썼다.

'페탱은 그가 해방의 길을 열었다고 주장한다. 해방을 완성한 반나치저항운동 출신 판사들이 그를 재판할 자격이 없다는 것이다. 그러나 페탱파는 나치에 의해 총살되고 나치독일의 강제수용소에 유배된 수많은 순교자들을 생각하지 않았다. 페탱은 비시정권의 희생자들을 보지 못했다. 페탱파야 말로 비시정권에 희생된 자들의 행동을 깊이 성찰해야만 한다'

프랑스 수아르지의 위촉을 받아 페탱 재판정을 스케치한 작가 조세프 케셀은 군복차림으로 3명의 변호인을 대동하고 입정하는 페탱의 모습을 보고 이렇게 썼다. '나에게 일종의 추상적인 고통이 엄습해왔다. 이 늙은이가 무게를 더했던 영광이라든가, 운명 또는 위대함의 상징인 조국에 이르는 추상적 고통 말이다'라고. 페탱의 옷소매에는 육군원수를 표시하는 7개의 별이 빛나고 있었다. 페탱이 재판부 앞에 기립해 서자 사진기자들의 플래시가 요란하게 터졌다. 몽지보 재판장은 엄숙한 표정으로 이렇게 말문을 열었다.

'오늘 이 재판정에 서있는 피고는 오랫동안 가장 다양한 국민감정을 촉발시킨 장본인이다. 여러분들이 잘 기억하듯 그는 징열직 찬미, 즉 국민적 사랑과 한편에는 이에 반해서 극단적 증오와 적대감을 동시에 유발시켰다. 여기서 우리가 한 피고를 재판한다면 후일 어느 날 역사가 이 재판부를 심판할 것이고 또 재판의 진행에 따라 이 재판의 분위기도 평가된다는 사실을 상기할 필요가 있다.'

그리고 재판장은 심리에 들어간다고 선언했다. 쥘 르와의 '대 침몰'은 첫날 페탱의 재판광경을 이렇게 기록했다.

『'피고는 기립하시오'라고 재판장이 명령했다. (페탱)원수는 몸을 일으켜 세웠다. 그의 얼굴은 갑자기 혈색을 잃고 창백해졌다. 피고에게 떨어지는 전등불빛에 양쪽 어깨 위의 군장들이 번쩍번쩍 빛을 발했다. 피고는 자신의 궁전에서 쫓겨나 버린 리어왕의 운명과 같았다. '피고의 이름, 연령과 직위는?'이라고 재판장이 물었다. 페탱은 침을 삼키려고 애썼다. 그의 입술이 메말라 있었기 때문이다. 신문기자들의 펜이 여기서 갑자기 멈추었다. 이때 '페탱 필립, 프랑스의 육군원수'라는 그의 대답이 법정을 뒤흔들었다. 그리고 피고는 다시 앉았다. 첫 발언권은 파이엥변호인에게 주어졌다. 변호인은 이 재판부에 관할권이 없다는 주장을 먼저 제기했다. '1875년 제정되어 지금도 유효한 우리헌법은 국가원수의 국가반역사건을 하원이 고발하고 상원이 재판하는 것으로 규정하고 있다'고 변호인이 주장했다. 다시 말해 헌법에는 재판관할권이 상원에 있다는 얘기이다. 변호인은 '페탱 원수는 반 나치저항운동가나 비시정권 출범시 의회에서 페탱에게 반대표를 던진 국회의원들 및 그에게 충성서약을 거부한 판사들에 의해서 공정한 재판을 받을 수 없다'고 주장했다. 그리고 프랑스국민의 이름으로 '위장된 재판'을 포기하라고 요구했다. 첫 싸움에서 재판부가 곤혹스러운 표정으로 40여 분간 휴정한 후 변호인의 공격에 반격했다.』

그러나 재판부와 변호인의 관할권싸움은 싱겁게 끝났다. 드골장군의 훈령으로 최고재판소는 재판관할권을 갖는다고 재판부는 못을 박

프랑스의 나치협력자 청산

았다. 임시정부 드골대통령의 훈령은 바로 법이며 제도라는 말이었다. '페탱은 선출된 대통령이 아니었다. 그러므로 최고재판소는 분명히 관할권을 확보하며 특히 1944년 11월 13일 (드골장군의) 훈령이 본 재판의 정당성을 부여하며 따라서 전적으로 합법성을 보유한다'고 밝히고 변호인의 요구를 일축했다.

드골의 훈령은 전쟁상태에서 상·하원이 사실상 존재하지 않았기 때문에 나치협력자 숙청을 위해 최고재판소, 각 지방숙청재판소 및 시민법정을 설치한다고 명기하고 있다. 그리고 법원서기가 검사의 기소장을 낭독했다. 이때 페탱이 느닷없이 기립했다. 그리고 프랑스국민에게 보내는 성명서를 낭독했다. 페탱의 성명서는 다음과 같다.

페탱의 성명서, '휴전협정은 프랑스를 구출했다….'

'1940년 7월 10일 프랑스 국민은 나에게 모든 권한을 위임해 주었다. 때문에 오늘 최고재판소는 프랑스 국민의 의사를 대변하지 못한다. 프랑스 국민만이 국가원수이며 육군원수인 나에게 말할 권리가 있다. 그래서 나는 이 재판정에서 어떤 질문에도 답하지 않을 것이다. 나는 변호인들에게 재판부의 신문과 나를 더럽히려는 고발에 대신해 답변할 의무를 부여했다. 나는 전 생애를 조국 프랑스를 위해 봉사하는데 바쳤다. 오늘 나는 90세의 고령에 감옥에 던져지고 말았다.

1918년(1차) 세계대전에서 내가 (독일과의 전쟁에서) 프랑스군을 승리로 이끈 것을 모두가 기억할 것이다. 그 후 나는 휴식을 바랐으나 프랑스 국민의 부름을 받고 계속 봉사해 왔다. 나는 내 나이와 피곤함에도 불구하고 국민의 부름에 응했던 것이다. 프랑스역사상 가장 비극적인 날, 이것이 오늘날 그 비극을 나에게 돌려준 것이냐. 나는 비극을 요구하지도, 원하지도 않았다. 그래서 나는 내가 만들지도 않은 재앙의 책임자가 되고 말았다. 그런데 비극의 진정한 책임자들은 국민의 분노를 피하기 위해 모두 나의 뒤에 숨어있는 것이다.

내가 나치독일과의 휴전을 요구했을 때 모든 군사지도자들이 찬성했고, 국민은 나를 필요한 행동으로, 나라의 구원자로 대접해 주었다. (나치독일과의) 휴전협정은 분명히 프랑스를 구출했다. 이것은 연합국의 승리에 공헌했고, 지중해의 자유통행을 보장했다. 프랑스는 나에게 합법적으로 전권을 위임했다. 그리고 바티칸부터 소련에 이르는 전세계의 모든 국가들이 이 정부를 공식 승인했다. 나는 권력을 프랑스국민을 보호하기 위한 지렛대로 사용했다. 그래서 나는 나치 점령 시절에도 국가원수의 직분을 버리지 않았던 것이다.

나는 날마다 칼이 목에 들어오는 상황에서 적의 요구에 반대해서 끝까지 투쟁했다. 역사는 정치적 적들이 비난할 것만 생각할 때, 나는 프랑스국민에게 비극을 피하게 해준 모든 노력을 말해 줄 것이다. 나는 적의 요구들에 직면해 조국의 존재라는 근본적인 본질을 지켜냈다. 나는 4년 간 나의 행동을 통해서 프랑스국가를 유지했던 것이다. 나는 프랑스국민에게 삶과 빵을 보장해 주었고, 전쟁포로에게 국가의 지원을 보장해 주었다. 드골장군이 국경 밖에서 투쟁하고 있을 때 나는 프랑스를 고통스럽게 보존함으로써 해방의 길을 준비했다.

우리 국토를 침략해 들어온 적만이 우리의 자유를 침해했고 우리의 재도약 의지를 꺾으며 (우리를) 반대했다. 엄청난 난관에도 불구하고 나만이 프랑스 가정의 명예를 보존했고, 계급투쟁을 억제하기 위해 공장과 땅에서 일하는 노동조건을 보장했다. 이제 해방된 프랑스는 다시 건설될 것이다. 그러나 내가 이룩한 프랑스를 보존한 기초에서만 건설이 가능할 것이다. 일부국민의 증오심에도 불구하고 이러

> 프랑스의 나치협력자 청산

한 본보기는 조국의 영속성을 인정하게 만든다.

나는 프랑스국민의 단결과 화해만을 생각했다. 독일인들이 본인을 (독일 시그마린겐에) 납치한 것은 내가 그들과 투쟁하며 그들의 노력을 파괴하기 때문이라는 사실을 분명히 증언해 주고 있다. 내가 권력을 잃은 다음에도 수백만 프랑스국민이 나에게 신뢰를 보내고 충성심을 갖는다고 말하며 또 글을 쓰고 있다는 사실을 나는 잘 알고 있다. 나를 규탄하는 것은 수백만 국민들이 희망과 신념을 갖고 여러분을 규탄하게 만드는 것과 다름이 없다.

▌ 페탱, '비시를 벌하려면 나 하나로 족하다'

여러분은 이제 프랑스의 상황을 더욱 악화시키고 프랑스국민을 분열시키려 한다. 그러나 내 삶은 이미 프랑스에 봉헌된 것이다. 내 생명은 아무 것도 아니다. 만일 여러분이 본인을 벌하려 한다면 나 하나로 족할 것이다. 어떤 프랑스인도 합법적 국가원수의 명령에 복종했다고 해서 사람을 구금하고 응징할 수 없을 것이다. 나는 세계를 향해 말한다. 여러분들은 정의를 말한다고 믿고 한 무고한 인간을 벌주려고 한다. 프랑스의 육군원수는 누구에게도 은전을 요구할 수 없다. 여러분의 판결에 대해 하느님과 후세 사람들만이 대답할 것이다. 이제 나의 의식과 기억만으로 모든 것은 충분하다.'

페탱의 대 국민 메시지는 드골이 국경 밖에서 싸웠다면 그는 나라 안에서 싸웠고, 국민이 그에게 전권을 위임했기 때문에 비시정권은 합법적이며 나치독일과 투쟁했기 때문에 페탱 자신도 프랑스해방을 나라 안에서 준비했다는 주장이다. 소련과 영국 및 미국을 포함한 세계의 모든 나라들이 비시정권을 승인해 외교관계를 유지함으로써 이러한 사실을 확인시켜주었고, 따라서 페탱은 민족반역자가 아니라

'프랑스의 구원자'라는 주장이다. 그의 선언은 침묵 속에서 잔잔한 반향을 불러 일으켰지만 공개적으로 떠들 수 없는 성질의 것이었다. 나치협력자의 낙인을 면하기 위해서는 입을 다물 수밖에 없었던 것이 그때 프랑스의 현실이었다. 90세의 피고인이 법정에서 사랑과

'페탱을 사형대로' 티켓들고 시위하는 파리시민들

화해를 부르짖었으나 나치점령시절 그가 뿌린 증오의 감정은 뿌리가 너무나 깊어 화해는 현실적으로 불가능했다. 페탱은 이 증오의 씨를 거두고 있는 셈이다. 재판장의 신중한 재판운용에도 불구하고 재판 분위기는 너무나 무거웠다. 변호인은 재판의 불공정성을 날카롭게 공격했다. 그러나 재판장은 변호인의 반대논리를 차단하고 증인들을 채택함으로써 재판을 본 궤도에 진입시켰다.

방청석은 재빨리 증인들을 모두 알아보았다. 폴 레이노와 알베르 르브렁등 전직대통령과 총리들, 크레망소 전대통령의 아들 미셸 크레망소, 잔네이 전상원의장, 2차 대전 직전 히틀러와 평화담판을 했던

프랑스의 나치협력자 청산

달라디에 전총리 등이 증인으로 출정했다. 프랑스의 거물정치인들이 페탱재판의 증인이 되어 총출동한 셈이다.

달라디에는 영국의 챔벌린 전총리와 같이 독일의 뮌헨에서 히틀러와 평화회담을 열어 체코슬로바키아를 독일에 넘겨주고 유럽의 평화를 구했다고 장담했으나 히틀러의 사기극에 결정적으로 당한 정치지도자였다. 달라디에와 챔벌린이 '평화를 가져왔다'고 부르짖고 히틀러와 나란히 서명한 이른바 평화합의문을 군중들에게 흔들어 보이면서 평화를 살렸다고 부르짖었으나 히틀러는 얼마 후 체코를 집어삼키고 다시 폴란드를 전격적으로 침공함으로써 2차 세계대전을 발발시켰던 것이다. 증인들은 1940년 6월 나치독일 기계화사단의 전격적 침공에 프랑스가 패배할 당시 프랑스의 최고 지도층이었다. 이들 가운데 아무도 페탱만큼 늙은 정치인은 없어 페탱이 최고령이었다.

▌재판증인으로 레이노 전 대통령 등 지도층 총출동

기자석에는 세계의 파리주재 특파원들과 프랑스 언론계에서 주간지 카나르 앙쉐네의 베나르, 스 스와르지의 테오 런던, 프랑스 스와르의 조세프 케셀, 프랑 티뢰르의 쟈콥, 콩바지의 알슐러, 로로르지의 보니쳐, 주간지 레 레트르 프랑세즈의 크로드 몰강 등이 진치고 있었다. 이들의 페탱재판 보도는 유럽인들이 날마다 거의 모두 읽어야 할 만큼 인기 높은 현대사의 중요한 기록이었다. 프랑스국민들이 페탱의 재판기록을 읽기 위해 신문판매대 앞에 길게 줄서기를 할 정도로 신문은 잘 팔렸다.

첫 번째 증인은 폴 레이노 전대통령이었다. 그는 '40년 6월에 나치독일군과 휴전을 원하지 않았고 다수 프랑스국민과 마찬가지로 페탱을 잘못 보았다'고 증언하고 이렇게 외쳤다. '나의 유일한 희망은 정의를 바로 세움으로써 페탱 원수에 의해 길을 잃은 많은 프랑스국민들에게 앞길을 밝혀주어야 한다는 것이다. 왜냐하면 여기에 한 피고인이 있으며, 동시에 한 희생자가 있으니 그는 다름 아닌 프랑스 국민자신이기 때문이다…' 재판부는 '증인이 왜 그의 정부에 페탱을 입각시켰으며 국가의 최고직위를 스스로 사임하면서 페탱을 그의 계승자로 지명했는가'라고 신문했다. 방청석은 레이노가 일순 무엇이라고 답변할 것인가라는 궁금증 탓인지 아연 긴장했다.

증인은 이렇게 증언했다. '1940년 5월(프랑스가 패배했을 때) 페탱 원수를 국가의 대표로 지명하는 데는 엄청난 상상력이 필요했다. 이 사건에 대해서 우리는 모두 죄를 범하고 있다'라고. 페탱의 변호인들은 레이노의 증언을 계속 듣지 않고 여기서 가로막았다. 증인이 자기 책임으로부터 도피하고 있다고 판단했기 때문이다. 변호인 파이엥은 레이노가 페탱의 보호를 받기 위해 남몰래 노력한 사실을 상기시키며 지금에 와서 딴 소리한다고 비난했다. 증인은 '(페탱과) 같이 일한 기억을 갖고 있지만 이러한 추억은 나를 추잡하게 만드는 모략이다'라고 응수했다.

두 번째 증인은 달라디에 전총리였다. 레이노의 옛 라이벌인 달라디에는 '40년 6월에 독일과의 휴전을 받아들일 수밖에 다른 길이 없었다'라고 페탱에게 유리한 증언을 했다. 그는 '우리는 휴전이외에 아무 것도 할 수 없었다'고 나치독일에 패전한 당시 프랑스의 비참한 상황을 설명했다. 그는 1943년 영미 연합군이 북부 아프리카 프랑스령에 상륙한 직후 나치독일군이 자유지역인 남부 프랑스를 점령하게 허용한 '페탱의 죄'에 관해서는 '프랑스군에게 독일군의 침입에 저항하라고 지시했어야 마땅했다'라고 답변했다. 변호인들은 그의 증언에서 페탱에게 유리한 틈새를 발견했다. 히틀러와의 휴전 불가피론은 페탱에게 매우 중요한 증언이었다. 전쟁 전에 페탱이 나치독일과 어

프랑스의 나치협력자 청산

떤 음모를 꾸몄는지 알지 못하며, 휴전 후에 페탱이 나치와 어떤 일을 했는지도 모른다고 달라디에는 증언했던 것이다.

변호인은 그의 증언에서 '페탱은 조국을 배반한 것이 아니다'라는 한마디를 얻어내기 위해 총력을 기울였으나 헛수고였다. 그러나 '휴전을 수용할 수밖에 다른 길이 없었다'는 그의 증언은 페탱에게 결정적으로 유리한 것이었다. 특히 달라디에는 1939년 독·소 불가침 비밀조약 체결 후 프랑스공산당을 불법화시킨 장본인이었다. 공산당은 히틀러의 소련침공 후 가장 치열한 반 나치저항운동을 전개했으나 1939~1941년간 독·소 불가침조약 발효기간에는 페탱의 동반자였던 것이다. 세 번째 증인 쟌네이의 증언도 '라발 전총리의 운명적 영향'을 강조해 재판은 피고에게 유리하게 전개되는 것 같았다. 특히 나치협력 반역자들에게….

▌달라디에 유리한 증언, 브룸은 불리한 증언하다

'염라대왕'이라는 별명이 붙은 모르네검사도 1940년 히틀러와의 휴전을 비난할 수 없는 분위기가 거물증인들의 증언을 통해 조성되고 있음을 직감했다. 그런데 1936년 좌파연립정부 인민전선 내각수반이었던 사회당지도자 레옹 브룸이 나치독일의 강제수용소로부터 귀환해 7월 27일에 증언대에 섰다. 이때부터 재판 분위기가 크게 바뀌었다. 브룸은 1940년 5월 프랑스가 패전할 당시의 진실을 가장 극명하게 그리고 객관적으로 증언할 수 있는 몇 안 되는 정치지도자였다. 유명한 사회주의자인 그는 이렇게 증언했다.

'1940년 6월 전쟁의 패배라는 일격을 받아 멍한 상태에 있는 나라가 있었다. 이 나라는 엄청난 폭격에 신경이 크게 날카로워져 있었고, 물질적 대응능력을 내 개인의 판단으로는 찾을 수 없는 상태였다. 부동의 자세로 땅에 엎드린 국민이 그때 절망의 늪에 빠져들고 있었다. 이 나라에서 이렇게 말하는 사람이 있었다. 〈아니야, 아니야, 우리가 제의하는, 그래서 상황이 악화하는 휴전이란 것은 불명예스러운 조약이 아니다. 그것은 조국의 이익에 합치되는 합의이다〉라고. 나치독일과의 휴전협정을 이해할 수 없었고 이 때문에 시련을 당한 프랑스국민은 그의(페탱이) 말이 과거 (1차 세계대전에서) 승리했던 전쟁영웅의 이름으로, 영광과 승리와 군의 명예의 이름으로 말하기 때문에 그를 믿었던 것이다. 그런데 이 같은 거대하고 잔인한 도덕적 신뢰의 배신, 이것이 국가반역이 아니고 과연 무엇이란 말인가.'

변호인들에게는 브룸의 증언이 재판 분위기를 거의 완전히 바꿔버릴 만큼 불리한 것이지만 그들도 이해할만한 내용이었다. 그러나 페탱에게는 다른 어떤 증인보다 가장 위험한 증언이었다.

르낭여인은 북아프리카에서 자식을 잃은 어머니 1만여 명을 대표해 증언대에 섰다.

'나에게는 25세인 해군장교로 근무하던 아들이 있었다. 그는 휴전 후 자유프랑스에 합류하기 위해 행동하려고 했다. 그런데 상관이 금지하는 명령을 내렸다. 내 아들은 상관의 명령에 복종할 수밖에 다른 길이 없었다. 1942년 아들은 영·미 연합군의 상륙작전에 저항하다가 죽었다. 나는 수치스럽다. 내 아들이 비시정권의 명령에 복종했다가 독일을 위해 싸우다가 죽은 것으로 치부되기 때문이다. 나는 반 나치저항운동에 참가해 애국적으로 투쟁한 나머지 두 아들을 갖고 있다. 이들은 모두 자유프랑스를 위해 목숨을 바쳤다. 나는 프랑스가 아들들을 데려간 것을 자랑스럽게 생각한다. 결론적으로 나는 독일을 위해 봉사한 비시정부의 국가원수가 좋은 프랑스사람이라고 생각하지 않는다.'

다음에는 보에너목사가 증언했다. 그는 휴전 후 페탱에 의해 전국

프랑스의 나치협력자 청산

개신교협회 회장으로 임명됐으나 페탱의 인종차별정책 등에 정면으로 저항한 용기 있는 목사였다. 그는 '페탱이 주장한 이른바「국민혁명」이 예상한대로 진행되지 않았다. 비시정권의 정신적 가치관 회복 운동도 종교적 의식으로 돌변했다'고 증언했다. 나치독일의 부헨발트 수용소에서 구사일생으로 돌아온 반 나치저항운동가 마르셀 폴은 '비시정권의 경찰에 대한 증언'을 이렇게 했다. '저항운동가들에게 가한 제일 강한 타격은 피고의 명령에 복종한 비시정권의 경찰로부터 왔다. 일반적으로 나치독일의 게슈타포가 직접 프랑스인의 지원을 받을 수 없었다. 게슈타포는 우리들 저항운동가의 체포를 가능케 하는 정보를 직접 수집할 수도 없었다. 비시정권의 경찰들이 상부명령에 의해 게슈타포를 위해 행동했다. 그들은 저항운동가를 집요하게 추격할 뿐 아니라 효과적으로 체포작전을 수행했다. 왜냐하면 비시의 경찰은 국민에게 마치 그들이 프랑스편인 것처럼 속여 정보를 입수해 나치 게슈타포에게 갖다 바쳤기 때문이다.'

변호인들은 이 같은 비시정권으로부터 학대받고 희생된 시민과 저항운동가의 증언에 대해서는 반대신문을 할 엄두도 내지 못했다. 그들은 페탱의 영향을 크게 받는 장군들의 증언을 기다렸다. 웨이강장군의 증언은 폴 레이노의 증언을 신랄하게 비판했는데, 변호인들의 예측이 적중한 셈이다.

웨이강은 레이노의 증언을 물고 늘어졌다. '당신은 휴전을 수용해 놓고 오늘날 그 책임을 벗으려고 발버둥친다'라고 레이노를 비난한 것이다. 즉각 레이노가 항변했다. '웨이강, 당신이 휴전을 수용하라고 나에게 강제하지 않았던가'라는 레이노의 반격에 웨이강은 '아무도 그 같은 명예로운 발언권을 나에게 부여하지 않았다'고 응수했다. 웨이강의 증언은 계속된다. '레이노가 패전위기에 직면한 순간, 페탱 원수와 나를 소환했다. 다행스럽게도 세 사람이 모두 여기서 잘 만났다. 그는 1940년 7월 10일 상·하원 합동회의에서 투표(페탱에게 전권을 주기 위한 투표)도 하지 않으려고 했다. 그런데 지금에 와서 책임을 회피하고 우리를 반역자로 몰다니 말이 되는가'라고 레이노를 규탄했다.

에링장군은 '페탱 원수는 외형적으로는 독일에 협력하는 것처럼 보였다. 그러나 그는 독일인을 너무나 싫어했기 때문에 실제로는 거의 협력하지 않았다'라고 유리하게 증언했다. 조르주와 보티에 및 세리니장군 등 3명의 장성증인들은 페탱의 용기와 1차 세계대전시 베르덩 전투에서 승리한 전쟁영웅을 찬양해 페탱에 대한 충성심에 추호의 변함이 없음을 과시했다. 장군들의 증언은 군의 명예를 수호하려는 목적이 진실규명보다 우선하는 것처럼 보였다.

변호인들은 나치독일점령시절 비시주재 미국대사 리하이장군의 증언을 얻어내려고 노력했다. 리하이는 서한을 보냈으며 법정에서 낭독됐다. '귀하는 우리의 요청에 따라 (독일, 이탈리아, 일본) 추축국에게는 불리하고 영·미 연합국에게 유리한 행동을 취했다. 나는 귀하의 근본목적이 프랑스국민의 안녕과 질서를 보호하는데 있다는 사실을 확신했다. 나치즘에 대해 공개적으로 반대하는 것이 내 견해로는 프랑스를 위해 더욱 유리한 것이라고 엄숙히 말하고자 한다.'

▌'페탱재판은 스캔들', 미국대사 케퍼리의 보고서

미국정부는 페탱과 비시정부를 둘러싼 프랑스내부의 논쟁에 개입할 의사가 추호도 없었다. 그러나 비시주재 미대사의 서면증언은 페탱의 '나라 안에서 국가를 보전해 해방을 준비했다'는 논리를 완전히 뒷받침하는 내용이었다. 후에 공개된 미국무성 기밀문서에서 재판이 한창이던 7월 30일 프랑스주재 미국대사 케퍼리는 페탱재판에 대해

프랑스의 나치협력자 청산

다음과 같이 워싱턴에 보고했다. '페탱재판은 스캔들이다. 기소장에 의한 대부분의 내용은 미국법원에서는 조금도 수용될 수 없는 것들이다. 페탱이 공화정체제에 반대했다는 증거는 어디에도 찾을 수 없다. 휴전협정은 국가반역이 아니다. (상·하원이) 페탱 원수에게 권력을 이양한 것은 완전히 합법적이었다. 프랑스는 공공기관의 옷을 모두 세탁하느라고 큰 고통을 치르고 있다'라고. 미국의 페탱재판에 대한 부정적 시각을 분명히 드러낸 대목이다.

전쟁기간에 드골과 루스벨트대통령간의 불화는 널리 알려진 사실이었다. 트루먼대통령 시절에 와서도 드골은 '미국지도층의 증오의 대상'에서 완전히 벗어나지 못한 것 같았다. 미국은 이때까지도 드골의 임시정부를 공식 승인하지 않고 있었다.

1945년 8월 1일 오후 파리북쪽 부르제공항에 군용기 한 대가 착륙했다. 오스트리아 인스부르크에서 비시정권 라발 전총리를 체포해 연행해 온 프랑스 군용기였다. 라발은 페탱이 스위스경유 프랑스에 귀국했을 때 군사독재자 프랑코의 스페인으로 도주해 망명을 신청했다. 프랑코는 망명을 허락하지 않고 그를 잡아 오스트리아의 미군점령지역으로 추방했다. 미군은 오스트리아의 프랑스점령 지역에 그를 호송해 프랑스 점령군당국에 인계했다. 라발부부를 공항에서 맞은 것은 검사가 채워주는 수갑이었다. 라발은 국가반역혐의로 즉각 프렌감옥에 구속 수감됐다. 그는 8월 3일 페탱의 증인으로 나타나 방청인을 놀라게 했다.

로로르지는 '비시정권의 광신적 나치독일 협력총리'로 프랑스가 몸서리치는 라발이 '나는 페탱 원수의 악질적 천재라고 나를 부르는 사람을 절대로 용서하지 않을 것'이라고 흥분했다고 보도했다. 라발은 증언대에서 어깨를 들먹거리며 '여러분 앞에서 이 소설을 흥미롭고 재미있게 만들기 위해 새 소설을 쓸 수 없다'고 호언했다는 것이다. 그는 최고재판소의 비시수뇌에 대한 숙청재판을 '소설'로 표현했다.

라발의 등장은 기적적으로 침묵으로 일관하던 페탱의 입을 열게 만들었다. 그는 '1942년 6월 22일 페탱이 그가 라디오 연설한 내용을 보고하자 기뻐했다'고 밝혔기 때문이다. 그는 라디오연설에서 '나는 독일의 승리를 소망한다. 왜냐하면 독일이 승리하지 않으면 멀지 않은 장래에 유럽에 공산주의자들이 도처에 뿌리를 내릴 것이기 때문이다'라고 말했다고 증언대에서 털어놓았던 것이다.

▮ 공산당 기관지, '페탱을 사형시켜라' 사설게재 파문

페탱은 라발에게 항의하며 그의 증언을 부인하기 위해 말문을 열었던 것이다. 페탱은 라발이 거짓말을 하고 있다고 말하고 증언취소를 요구했다. 그러나 라발은 증언을 취소하지 않았다. 1945년 8월 3일자 공산당 기관지 뤼마니테는 '페탱을 사형시켜라'라는 제목의 사설을 실었는데, 그 파장은 너무나 큰 것이었다. 이 신문은 논설에서 '이것은 살아있는 증오요, 자유와 독립, 공화정을 모두가 사랑하게 만드는 대단히 효과적인 증오다. 우리는 페탱의 사형을 요구한다. 정의와 도덕과 조국이 그의 사형을 요구하는 것이다. 프랑스의 젊은 세대가 앞으로 잘 살기 위해서는 이 음흉한 늙은이를 사형에 처해야한다. 프랑스가 살기 위해 페탱을 사형시켜야 한다'라고 주장했다. 라발의 이미지가 페탱과 겹쳐지면서 언론의 사형주장에 여론이 민감하게 반응하자 변호인들은 당황하며 불안에 떨었다.

최후의 증인들 중에는 프랑스의 광신적 파시스트들인 브리농과 다르낭 등이 들어있었다. 브리농은 독일의 시그마린겐에 피난했던 시절 히틀러의 국가원수 취임요구를 페탱이 거절한 후 독일에 망명정부를

프랑스의 나치협력자 청산

세워 수상이 된 자이다. 그는 치욕적인 '독일 속 프랑스괴뢰'의 수반을 자청할 정도로 나치즘에 미쳐 있었다. 다르낭은 악명을 떨친 비시정권의 민병대 총수였다. 브리농은 페탱이 1940년 패전 때부터 프랑스국민을 언제나 보호하려고 했다는 사실을 잘 알고 있었다고 증언하고 그 자신도 그렇게 했다고 주장했다. 다르낭은 증언대에 서지도 못하고 퇴장 당했다.

페탱의 비서실장 트라쿠는 '페탱 원수의 진정한 독일관'을 설명해 관심을 모았다. '어느 날 독일군이 노르망디의 작전상황에 관해 지도를 펼쳐놓고 원수에게 브리핑했다. 그런데 파리 한 마리가 지도 위에 날아와 앉았다. 원수는 손가락으로 파리를 잡아 눌러 죽이면서 중얼거렸다. 〈이 독일놈들, 내가 너를 잘 죽였지〉라고. 나는 이 장면을 혼자 목격했는데, 확실히 원수는 반 독일적이었다. 그때 독일군의 브리핑 실은 갑자기 싸늘하게 식었다.' 그의 증언은 페탱에게 유리한 증언으로 그에게 반 독일정서가 깊었다는 사실을 설명해 주었다. 페탱은 나치가 좋아서가 아니라 패전에 의해 불가피하게 비시정부를 이끌었다는 얘기다. 재판부는 천주교교회에 증언을 요청했으나 추기경들은 출두하지 않았다. 쉬아르추기경은 페탱에게 유리한 증언을 할 것으로 기대됐으나 끝까지 침묵으로 일관했다. 유일하게 릴르성당의 리에나르 주교가 서한증언을 보내와 변호인이 낭독했다. '페탱 원수가 조국을 배반했다는 말은 너무나 거리가 먼 이야기이고, 오히려 조국에 봉사했다는 것을 나는 확신한다. 한 지도자가 너무나 비극적인 상황에서 국가를 통치했을 때 그의 행동과 정서를 잘 이해해야 한다. 수년 동안 운명적 분열 끝에 드디어 국민간 대 화해를 할 때가 오지 않았는가? 서로가 서로를 살육하는 프랑스를 이 이상 더 보지 않기 위해 국민 각자가 개인적이며 당파적 정열을 자제해야 한다. 조국해방의 영웅 드골 장군을 중심으로 모두가 손에 손을 맞잡고 나라를 다시 일으켜 세우기 위해 함께 일하자.' 이것으로 재판부의 증언청취는 완전히 종결됐다.

1945년 8월 11일 레 레트르 프랑세즈지는 크로드 몰간의 붓으로 페탱재판에 대한 논평을 다음과 같이 실었다.

'이 재판은 진행이 아주 잘못된 재판이다. 다수 증인들이 꼭두각시처럼 줏대 없이 증언했다. 무거운 표정을 한 전 총리들과 음모냄새를 풍기며 공범처럼 보이는 군장성들과 반성할 줄 모르는 나치독일 협력자들이 역겹게도 휴전협정과 항복을 혼동했다. 고발당하고, 고통받으며 투쟁하고 죽어간 프랑스국민을 대변하는 우리가 페탱을 고발한 범죄는 바로 반인도적 범죄이다'

페탱의 재판에서 증언들을 통해 나타난 일반적 경향은 페탱의 이중 플레이가 대체로 인정받는 분위기를 나타냈다. 페탱의 선언대로 드골이 국경 밖에서 나치독일로부터 해방투쟁을 벌였다면, 그는 안에서 해방을 준비한 것일까? 이제 검사의 논고에 세인의 관심이 집중됐다. 이 물음에 대답할 수 있는 권리는 드골의 임시정부가 갖고 있었고 그래서 검사의 논고내용이 최초의 답을 낼 것으로 기대되는 것이다.

프랑스의 나치협력자 청산

5. '비시정권의 활동, 불법이며 무효다' — 페탱재판 (2)
— 최고재판소, 페탱에게 사형선고 내리다

모르네검사의 논고는 '비시정권의 역사'에 대한 서릿발 같은 탄핵이라고 할만 했다. 그의 준엄한 목소리가 법원청사 전체에 울려 퍼졌다. 검사는 '페탱피고는 자기 개인의 이익이나 원한 때문에 나치독일에게 조국을 팔아 넘긴 평범한 배반자는 아니다. 왜냐하면 그의 죄는 이 보다 엄청나게 더 큰 것이기 때문이다'라고 말문을 열었다. 검사가 발견한 제일 중요한 페탱의 범죄는 '프랑스의 명예를 실추시킨 것'이며 '프랑스는 결코 이를 용서하지 않을 것'이라는 검사의 단정이었다. 국가위상을 '패전의 지위로 전락시킨' 죄가 더욱 크다는 검사의 지적이다. 특히 비시정권이 나치독일의 법제와 편견 그리고 인종에 대한 증오를 그대로 채택해 적용함으로써 세계로부터 수없이 모욕을 당했으며, 적에게 위장된 지원을 감행함으로써 연합군의 전쟁수행을 어렵게 만들었다는 것이다. 검사는 연대기적으로 페탱의 범죄를 열거해 나갔고, 피고가 보통 배반자가 아닌 보다 큰 프랑스의 명예를 실추시킨 민족반역자임을 증명하려고 노력했다.

검사에 따르면 페탱은 나이가 들면서 권위주의적 성격이 형성돼 1934년부터 프랑스에 새로운 정치체제를 도입하려고 노력했다는 것이다. 1940년 6월 나치독일에게 프랑스가 패배하는 중대한 사태가

드골의 과거사 정리방식과 친일파 청산

최고재판소 재판받는 페탱 원수
뒤에서 이소르니 변호인이 변호에 열변을 토하고 있다

일어나자 그는 침략자 나치독일과 화해하기로 결정했는데, 이것은 국수주의 총수 샤르르 모라스가 꿈꾼 극우민족주의의 실현을 위한 호기라고 판단했기 때문이다. 피고의 꿈은 모라스의 민족주의이론이 기초가 된 것으로 소수 엘리트가 장악한 정부, 정당과 선거가 없는 전체주의적 정치제도 및 귀족과 같은 소수 명사들의 지지를 기반으로 하는 '위장된 공화정'에서 군주와 같은 국가원수가 되는 것이다. 그는 진정한 공화정주의를 싫어했지만, 1940년 7월 10일 좌·우파 정치인들을 모두 비시에 소집해 만장일치로 전권을 얻어내기 위해 온갖 술

5. '비시정권의 활동, 불법이며 무효다' – 페탱재판(2)

프랑스의 나치협력자 청산

수를 획책했다는 것이다.

'프랑스는 처음에는 피고를 믿었지만, 얼마 후 그의 정책을 인정하지 않았다'고 검사는 지적하면서 페탱의 범죄를 파헤쳐 나갔다. '프랑스는 몽토아르에서 무엇이 결정됐는지를 몰랐고, 나치독일 점령시절 파리의 위상을 알지 못했으며 리비아전투에서 나치독일 등 추축국에게 병참을 지원한 내막을 전혀 몰랐다. 프랑스국민은 비시정권이 조직 동원한 시위에 무기력하게 아무 것도 모르고 참가할 뿐이었다. 프랑스는 결코 페탱주의자가 될 수 없었다. 페탱주의는 나치독일이라는 적의 가치관을 자기 것으로 채택함으로써 연합군을 전복하려는 극단주의의 도그마이기 때문이다.'

▎휴전조인은 프랑스 명예 실추시킨 민족반역 행위이다(검사의 논고)

몽토아르는 파리북쪽 90여km 지점에 있는 콩피에뉴 숲 이름으로 여기에 1차 세계대전시 프랑스가 독일로부터 항복조인을 받은 열차가 보존돼 있다. 이 열차는 오늘 유명한 프랑스의 관광지가 되었다. 히틀러와 페탱이 1940년 휴전조약을 체결한 곳이 바로 이 열차 안이었고, 히틀러는 독일이 당한 1차 세계대전 패전의 굴욕을 씻어 버리기 위해 프랑스의 항복조인 장소로 이 열차를 지정했다는 것이다. 검사는 휴전조인이라는 굴욕적 항복을 지적했지만 사실은 몽토아르의 비극적 역사를 상기시킨 것이다. 페탱이 히틀러 앞에서 휴전조약에 서명한 것은 항복의 굴욕을 감수한 것으로 '프랑스의 명예를 실추시킨' 민족반역행위로 검사가 해석한 것이다. 검사는 페탱이 주장한 '프랑스국경 안에서 해방을 준비했다'는 논리를 뒤엎고 오히려 민족반역행위를 저질렀다고 준엄하게 추궁한 것이다.

검사는 웨이강장군의 보고서가(40년 11월 10일자) 절대다수의 프랑스국민이 나치독일을 적으로 간주하고 있었고 영국에 대해 적으로 여기거나 나쁘다는 생각을 전혀 하지 않았다고 밝힌 대목을 인용하고 비시정권의 모든 친 나치정책이 국민의 승인을 받지 못한 것이라고 단정했다. 또한 1941년 7월 30일자 보고서는 '국민의 맹목적이며 불가사의한 드골장군에 대한 신뢰를 시정할 수 있는 것은 정부의 도덕적 지지뿐'이라고 드골주의의 확산을 비시정부가 인정한 점을 거론하면서 '나의 호소에 대한 국민여론의 반응이 약하다는 사실을 숨길 이유가 없다'고 스스로 평가한 페탱자신의 연설을 인용해 비시정권의 정통성을 문제삼았다. '국민의 지지없이 페탱은 무엇을 했는가. 반 나치저항운동을 테러로 규정하고 비시정권 민병대 총수 다르낭에게 새로운 질서를 강제로 세울 것을 강요함으로써 미치광이 히틀러의 나치독일의 질서와 급속히 접근했다'고 지적했다. 그리고 '(프랑스의) 군주가 나치독재자로 변신한 것이다'라고 페탱의 비시정권시절 위상을 문제로 삼았다. 검사는 드디어 페탱의 국가반역 행위를 하나하나 고발해 나갔다.

'전쟁패배의 인정은 민족배반행위, 알자스로렌의 순교자의 탑 앞에서 침묵한 것도 배반행위, 몽토아르에서 휴전협정에 서명한 것도 배반행위, 인종차별법 제정도 배반행위, 나치독일에게 폴 레이노와 망델 등 프랑스 고위정치지도자를 인계한 사실도 배반행위, 시리아와 러시아전선에서 나치에 협력한 것도 배반행위, 라발을 총리로 임명하고 나치주의자 데아와 다르낭을 정부에 입각시킨 것도 배반행위다.'

검사는 추상같이 논고를 계속해 이어갔다. '프랑스에서 15만 여명의 프랑스인 인질이 나치에 의해 총살당했고, 75만 여명의 프랑스노동자들이 독일군수공장에서 강제노동을 하기 위해 강제 동원돼 갔으며 11만여 명의 프랑스인이 정치적 이유로 나치집단수용소에 유배됐고, 12만여 명은 인종차별정책에 의해 나치 강제수용소에 이송됐다. 피고는 이들 가운데 몇 명이 조국에 살아 돌아왔는지 아는가? 단 1

프랑스의 나치협력자 청산

천5백여 명만이 돌아올 수 있었다. 본 검사는 이러한 프랑스의 상황이 역사상 최악의 상태라고 말하지 않을 수 없다' 3시간에 걸친 모르네검사의 논고를 여기서 모두 열거할 필요는 없을 것이다. 검사는 보기에 기진맥진한 듯 보였으나 아직 구형할 힘은 충분히 남아있었다. '본 검사는 페탱피고가 범한 범죄에 대해 최고재판소의 재판부에 사형을 선고할 것을 요구한다'

예상한 일이지만 막상 사형구형이 떨어지자 방청석에서 술렁거림이 일어났다. 반 나치저항운동가와 동시에 페탱파 사람들이 다수 자리 잡은 방청석은 곧 조용해졌다. 변론이 시작되었기 때문이다. 곧이어 변호인의 변론에 세인의 시선이 모아졌다. 1번 타자로 페탱의 생명을 구하기 위한 변론에 나선 변호인은 파이엥이었다. 먼저 그는 단조로운 목소리로 변론문을 읽었다. 검사가 사형을 구형한 논리에서 약간 빈 틈새를 비집고 들어가 형법 75조와 87조의 국가반역죄를 적용한 허점을 공격하는 것처럼 보였다.

▎변호인, "페탱의 목숨, 원한다면 가져가시오!"

그는 먼저 12명의 국회의원과 12명의 시민(모두 저항운동가담자)으로 구성된 배심판사들에게 이 재판에 무거운 책임이 있다는 것을 강조하는 전술을 구사했다. '페탱의 목숨, 여러분들이 원한다면 가져가시오, 우리는 당신들에게 그의 생명을 줄 것이다. 이 재판은 재심이나 항소가 전혀 불가능하다. 감형이나 특사를 얻기 위해 어떠한 절차도 밟을 수 없다. 만일 여러분들이 한번 사형을 선고한다면 사형은 바로 집행되는 것이다'라고 변호인은 최고재판소의 절차가 단심이라는 사실을 배심판사들에게 주지시켰다.

그리고 그는 검사의 논고를 반박하기 시작했다. 변호인은 페탱피고를 나치협력 민족반역자로 규정하는데 사용한 모든 증거와 증언들에 대해 반박하거나 부정했다. 피고가 전쟁기간동안 외국여행의 기회가 많았음에도 프랑스를 떠나지 않은 이유는 그의 애국심이 그렇게 명령했기 때문이라고 주장했다. 변호인은 페탱 원수가 통치한 남부프랑스의 48개현이 자유지역으로 남게 되었기 때문에(나치독일과 휴전협정결과 르와르강 이북은 독일이 직접 점령 지배하고 이남은 비시정권이 통치함) 나치독일군의 군화에 짓밟히는 것을 모면하게 되었으며 바로 이 자유지역에서 반 나치저항운동이 조직되고 사회의 중간간부가 양성될 수 있었으며, 수많은 재산과 돈이 히틀러의 발톱으로부터 도피할 수 있었다고 지적했다.

2번 타자 변호인 르메르는 검사가 축조한 페탱을 죽이기 위한 민족반역자의 논리를 허물어 버리겠다고 나섰다. 그는 페탱이 '극우비밀단체 두목이며, 모라스의 극우민족주의의 추종자이고 비시정권이 음모가 낳은 소산이라는 지적은 드골의 임시정부가 필요에 따라 조작한 모략이다. 검사는 임시정부뿐만 아니라 모든 정부의 정열적 봉사자이며, 결정적 문서를 만들어내는 충실한 봉사자이기도 하다'고 변호인이 검사의 심문을 공격했다. 그는 한때 드골을 중심으로 거론됐던 페탱의 결석재판을 거론했다.

변호인은 페탱에 대한 결석재판이 실현됐다면 '비시정권의 진실을 밝혀주는 결정적 문서들이 재판에 사용됐을 것이며 그렇지 않더라도 변호인들이 궐석재판에 대해 연구할 작업이 많았을 것'이라고 지적하고 검사의 논고가 '경솔하고 허위로 가득 찬 사기극'이라고 공격했다. 변호인들의 변론은 조직적으로 검사의 민족반역논리를 허무는데 목적이 있었다.

마지막 타자인 젊은 변호인 이소르니는 페탱의 국내정책을 거론해 방청석을 잠에서 깨어나게 만들었다. 프랑 티뢰르지의 자콥기자는

프랑스의 나치협력자 청산

'후일 우리가 페탱의 재판을 이야기할 때 변호인 이소르니의 이름으로 이 사건의 역사성을 말할 수 있을 것 같다'고 평가할 정도로 그의 변론은 큰 주목을 받았다. '최고재판소의 여러분들, 우리는 여러 날 전부터 수많은 말들을 들어왔습니다. 휴전, 몽토아르, 시리아, 의회 등. 그리고 나는 때때로 다른 말들에 대한 반향이 나에게 다가오는 느낌을 받았습니다. 그 말들은 프랑스의 자원파견부대, 인종차별법, 반 나치 레지스탕스에 대항하는 투쟁 등입니다'라고 먼저 문제를 제기하고 지금까지 재판에서 진정한 문제의 제기가 없었다는 점을 젊은 변호인은 상기시켰다. 변호인은 페탱을 죄인으로 몰아세우는 말들이 검사가 누누이 들추어낸 휴전협정 등이라면 비시정권의 내막을 상기하는 말은 나치독일에 협력하는 자원부대 등이라고 주장한 것이다.

▍'페탱은 프랑스 국민을 보호하는 것만을 생각했다'

변호인은 나치독일 점령기간에 자신이 페탱주의자가 아니었고 해방된 후 변호인으로 페탱을 연구하면서 나치점령시절의 '국가원수의 정책을 깊이 이해하게 됐다'라고 페탱과의 관계를 먼저 설명했다. 그는 페탱의 정책을 분명히 분석해 밝히는데서 변론을 출발시켰다. 변호인은 '페탱이 프랑스국민을 보호하는 것만을 생각했다'는 것이 페탱정책의 핵심이라는 논리를 그는 폈다. 페탱은 조국을 위해 자기희생을 하는데 있어서 (나치독일과 협력이라는) 도덕적 양보를 무릅쓰면서 프랑스국민을 보호하려고 노력했다는 것이다.

그런데 반 나치저항운동은 명예를 보존하기 위해 즉각적인 희생을 피하지 않았다고 지적했다. 그는 여기서 프랑스의 두 개의 드라마와 국가이익을 위한 두 가지 개념을 들추어내었다. 하나는 페탱이 선택한 것으로 나치와 협력함으로써 자기의 명예와 도덕성을 희생시켜 프랑스를 구하려 했고, 또 하나는 드골과 반 나치저항단체가 선택한 길로써 명예와 명분을 지키기 위해 자기희생을 감수하는 것이라는 해석이다.

그는 두 개의 프랑스적 드라마가 충돌하는 무대가 바로 페탱재판이라고 주장하고 있는 것이다. 아무튼 변호인은 '페탱 원수의 과오를 부인하지 않는다'고 말하면서도 '페탱이야 말로 프랑스국민의 진정한 보호자'임을 증명하려고 했다. '페탱 원수는 나치독일에 대해 집요하고도 끈질긴 적이었고, 프랑스인의 불굴의 보호자였다. 독일은 2백만 명의 프랑스 노동자를 요구했으나 64만1천명의 지원자만 얻을 수 있었다. 특히 독일은 이들 노동자를 받는 대가로 11만여 명의 프랑스군 전쟁포로를 석방해야만 했다. 이것은 페탱의 대독일정책의 승리를 의미한다'라고 밝히면서 페탱의 '국민사랑이 없었다면 절대로 불가능한 승리'라고 지적했다.

이것은 검사가 페탱을 배반자로 몰기 위해 들추어 낸 수치를 완전히 뒤집은 것으로 페탱이 프랑스국민을 보호하기 위해 노력한 사실을 증명한 셈이다.

변호인은 페탱의 어둡고 부정적인 정책들도 어김없이 지적해 내고 설명했다. '페탱은 유태인에게 특정부문의 활동을 금지시켰다. 그는 유태인을 규제하는 법을 제정했다. 그러나 그는 재향군인에게는 유태인을 위한 예외조항을 만들었고, 자유프랑스 지역에서 유태인에게 노란색 별 표시를 부착하는 것을 금지시켰다. 그리고 1927년 이후 프랑스국적을 받은 외국인들의 국적을 박탈시키는 법 개정안을 거부해 1943년 유태인 대량검거를 사전에 예방시켰다'고 주장했다.

이소르니변호인은 비시정부가 유태인의 이름과 주소를 담은 명부를 작성해 결국 나치집단수용소 유형을 유리하게 했다는 검사의 비난에 대해 '나치독일의 유태인추방을 위한 선전포스터가 도처에 나붙고 경찰이 비밀리에 인구조사를 했지만 프랑스의 법 집행자인 경찰

프랑스의 나치협력자 청산

은 오히려 보호자의 이미지를 갖고 봉사했으며 이것은 폴란드의 경우와는 정반대였다'고 강조했다. 그는 레지스탕스출신 배심판사들을 향해 그들의 '영웅적 반 나치투쟁'을 찬양했다. 그런데 '왜 1차 세계대전의 영웅 페탱이 반 나치저항운동에 적대적이라고 당신들이 말하는가'라고 힐문했다.

긴장한 끝에 침묵하는 배심원들을 향해 그는 계속 이렇게 말했다. '나는 당신들의 마음이 무엇이라고 외치는지를 잘 안다. 여러분은 당신들을 속인 경찰과 당신들이 투쟁한 비시정권의 민병대부터 먼저 떠올린다. 여러분은 보복을 부르짖지 않는다. 나는 가혹하게 고통을 당한 여러분을 잘 안다. 그런데 지금 누가 감히 보복을 외치는가.'

비시정권의 경찰은 나치독일의 압력과 강제에 견디다 못해 일한 것이며 이러한 프랑스 경찰의 비협조를 보완하기 위해 민병대가 라발총리의 지시로 결성됐었다. 페탱이 뒤늦게 민병대 창설을 추인한 것은 사실이다. 변호인은 배심원들을 주시하면서 '나는 최고재판소에서 솟아나는 외침에 귀를 기울인다. 그러면 「우리측의 죽음은」이라는 외침 말이다. 우리는 이 주검을 위해 함께 울어야한다'고 말하고 결론으로 접근해 간다.

'여러분들은 주검을 말하고 박해받은 피해자들의 증언들을 얘기한다. 나는 살아남은 사람들, 즉 석방된 사람들과 생명을 보호받은 사람들을 말한다. 이렇게 살아남은 사람들은 페탱 원수 쪽에 줄을 선다. 그러나 페탱에게 반대하는 사람이 이들 주검이라면 우리는 그를 죽음으로 인도하면 될 것이다. 그러나 나는 여러분들이 이 순간 존재하는 곳에 나타나며 판사들도 서약을 하기 위해 나타난다. 국회의원들은 국민이 주권을 위임한 대표성이 끝나려는 순간에 나타난다. 저항운동가 여러분, 여러분도 국민이 아직 재판할 권한을 주지 않는 순간에 나타난다. 그래서 여러분은 프랑스의 육군원수가 여러분의 선고에

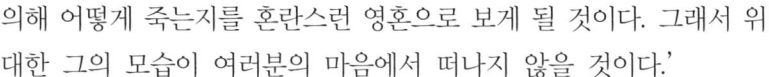

의해 어떻게 죽는지를 혼란스런 영혼으로 보게 될 것이다. 그래서 위대한 그의 모습이 여러분의 마음에서 떠나지 않을 것이다.'

▮ 페탱의 최후 진술, '평생 봉사한 프랑스에게 인사를 드린다'

50명의 증언과 검사의 논고, 그리고 변호인 3명의 변론이 드디어 끝나고 최고재판정은 휴정에 들어갔다. 판사들이 퇴정하기 직전에 피고의 최후진술이 있었다. 페탱은 침묵을 깨뜨리고 프랑스 국민에게 보내는 마지막 메시지를 낭독하는 것으로 최후의 진술을 대신했다. '나는 이 재판과정에서 자의적으로 침묵을 지켰다. 이러한 내 태도에 관한 이유를 나는 이미 국민에게 설명했다. 내가 끝까지 집착한 유일한 생각은 국민과 함께 프랑스 땅에 영원히 남아 사는 것이었다. 프랑스국민을 보호하고 그들의 고통을 덜어주기 위해서. 무슨 일이 일어나도 프랑스국민은 이를 잊지 않을 것이다. 나는 (1차 세계대전에서) 베르덩을 지켰듯 (2차 세계대전에서도) 프랑스를 지켰다고 말하는 것이다.' 페탱은 '나의 의식은 내 자신을 비난하지 않는다'고 피력하면서 '내가 일평생 봉사한 프랑스에 마지막 인사를 드린다'는 말을 끝내고 다시 착석했다. 페탱의 얼굴은 붉게 상기되어 있었다. 이 때 방청석에서 '페탱 원수 만세'라고 한 청년이 외쳤다. 이 순간 재판장이 휴정을 선언했고 판사들은 즉각 퇴장했다.

재판부의 선고형량을 결정하기 위한 토의는 쉽게 결론이 나지 않았다. 국회의원출신 배심판사들은 사형에 원칙적으로 거부감을 갖고 있었다. 그러나 반 나치저항운동가들은 모두 사형에 긍정적인 태도를 보이고 있었다. 배심판사들의 토의는 밤을 새우며 진행됐다.

그만큼 페탱의 형을 확정하는데 합의가 힘들었다는 얘기다. 만일 '베르덩의 영웅'에게 형법 75조와 87조를 적용하면 선고형량은 바로

프랑스의 나치협력자 청산

사형이 된다. 75조는 국가반역죄를, 87조는 외국에 유리한 정보를 제공한 간첩죄로 최고형이외에 다른 형벌이 없기 때문이다. 재판부는 75조와 87조를 적용해 일단 사형을 선고하기로 결정했다. 사형선고에 대한 투표결과는 반대 13표에 찬성 14표였다. 1표 차로 페탱의 사형이 결정된 것이다. 반 나치레지스탕스출신 배심원들은 모두 사형에 찬성표를 던졌다. 국회의원 배심판사 가운데 3명만이 사형에 찬성했으나 나머지는 모두 반대했다. 재판장 1명과 2명의 판사들은 사형반대편에 표를 주었다.

비시의 국가원수에게 사형선고를 내리기는 하지만 사형집행을 즉시 하느냐, 또는 유예하느냐의 여부도 표결로 결정했다. 투표결과는 찬성 17표 대 반대 13표로 상당수의 표차로 사형집행을 유예하자는 쪽이 이겼다. 1945년 8월 15일 일본이 연합국에 항복한 날, 페탱은 국가반역죄와 이적죄로 사형선고를 받았지만 '사형대로 걸어 나가는 비극'은 모면했다는 사실을 알았다. 한 판사가 법무장관에게 페탱에 대한 재판결과를 알렸고, 법무성 범죄국장이 즉각 드골장군에게 판결내용을 보고했다.

▎드골, 페탱의 사형선고를 재빨리 무기징역으로 감형하다

나치협력자 대숙청의 큰 고비가 이 순간 잘 넘어가고 있었다. 드골은 재빨리 형을 무기징역으로 감형했다. 페탱은 방데지방 서쪽에 있는 '릴 드 여'(프랑스 서쪽에 있는 섬)에서 생을 마감하게 된다. 그는 1945년 11월 14일 이 섬에 있는 감옥에 이송되었다. 무기징역수 페탱은 5년 8개월간의 여기서 감옥생활을 한 후 1951년 7월 23일 이 섬에서 생을 마감했다.

1차 세계대전의 영웅이며 2차 세계대전에서 '프랑스를 안에서 보호했다'고 스스로 주장한 오늘 무덤은 그가 1차 대전에서 독일에 승리했던 베르덩의 군묘지에 있다. 오랫동안 페탱의 무덤에 프랑스 정치인 누구도 관심을 보이지 않았다. 그런데 사회주의 대통령 프랑수아 미테랑이 90년대 초반 그의 무덤에 장미꽃을 헌화해 큰 파문을 일으켰고 언론의 비난을 샀다. 레지스탕스 출신인 미테랑은 페탱에게 헌화한 것이 페탱의 정치적 복권을 위해서가 아니라 단순히 1차 세계대전의 영웅을 추모하기 위한 것이라고 해명했고, 그 후 대통령의 헌화는 중단되었다.

프랑수아 모리악은 선고공판 이튿날 르피가로지에 '페탱의 재판은 끝나지 않았다'며 이렇게 논평했다. '이 재판은 영원히 폐정될 수 없을 것이다. (페탱을 위한) 변호도 결코 종결되지 않을 것이다. 만일 페탱이 스위스의 호수 가에서 수치스럽게도 망명처를 구했다면, 그의 사건은 이미 종결되어 끝난 것으로 분류돼 있을 것이다.

그러나 그는 프랑스의 정의의 심판대 앞에 출두했다. 페탱사건은 이 때문에 아무 것도 끝난 것이 아니다. 그를 규탄하거나 변호하기 위한 대화와 토론은 이 세기에서 저 세기로 이어가면서 계속될 것이다. 그의 찬미자이든, 반대자이든 간에 우리 모두에게 절반은 배반자이며 나머지 절반이 희생자인 비극적 모습이 앞으로도 계속 남게 될 것이다.' 페탱의 재판결과는 다수의 반 나치저항단체와 프랑스공산당의 요구사항인 사형집행을 피하는데 성공했으나 페탱파의 희망인 무죄와는 거리가 너무나 멀었다. 사형선고에 형의 집행유예라는 형량은 공산당과 드골파간의 타협으로 해석할 수 있고, 드골자신은 무기징역으로 감형함으로써 군부의 대 선배를 적극적으로 배려한 조치를 취한 것으로 볼 수 있다.

모리악의 논평대로 페탱파와 드골파 및 반 나치저항운동파 간의 두 개의 프랑스는 그 후에도 오랫동안 원한의 상처를 치유하지 못한

프랑스의 나치협력자 청산

채 잠복하지만 페탱파는 다시는 정치주류세력으로 프랑스의 정치무대에 부상하지 못하게 된다.

페탱에 대한 프랑스국민의 여론동향은 파리해방 직후 페탱에게 유리하게 흐르는 것 같았다. 그 후 재판이 진전됨에 따라 점차 여론이 악화경향을 뚜렷이 나타냈다. 페탱이 독일에 납치돼 있었던 1944년 9월에 사형찬성여론은 불과 3%에 지나지 않았고, 징역형이 32% 뿐으로 페탱을 응징하라는 여론이 전체의 35%라는 소수에 머물렀다. 어떤 형벌도 주면 안 된다는 반대여론이 64%나 되는 절대다수를 차지했다. 이러한 여론동향은 페탱의 재판이 시작되는 1945년 4월에 반전된다.

이 때 여론조사는 사형 31%, 기타징역형 45%, 형의 면제 24%로 나타나 사형이든 징역이든 그를 응징해야 한다는 강경한 여론이 76%라는 압도적 다수로 돌변한다. 재판이 증언청취로 한창이었던 1945년 5월의 여론은 사형 44%, 기타징역형 40%, 형의 면제 16%로 나타났다. 특히 페탱을 사형하라는 여론이 44%로 가장 많았다. 페탱에 대한 판결이 있었던 1945년 8월의 여론은 사형 40.5%, 기타징역형 40.5%, 형의 면제가 19%로 나타나고 있었다. 다시 말해 프랑스 국민 81%가 페탱을 처벌하라고 요구했으나 사형과 기타 징역형이 같은 비율로 나와 페탱의 사형선고에 다소간 부정적 입장을 취했다.

그리고 그를 처벌하면 안 된다는 여론도 19%에 이르러 페탱파 세력도 상당한 여론을 형성하고 있었다. 이 여론조사는 프랑스여론조사연구소「IFOP」가 페탱 원수에게 형벌을 가해야 하는가? 라는 질문과 형을 가해야 한다면 무슨 형을? 이라는 질문에 답한 것이다. 결국 페탱에게 최고재판소가 사형선고를 내렸다가 집행을 유예하고 드골이 최종 무기징역형으로 감형한 사실은 프랑스여론의 추이를 제대로 반영한 것으로 풀이되는 것이다.

▌드골, 페탱재판 종결로 과거청산의 중대고비 넘기다

 드골은 페탱에 대한 역사상 최대의 재판이 종결됨으로써 나치협력자 청산이라는 역사의 중대한 고비를 잘 넘겼다. 일본의 히로시마와 나가사키에 인류역사상 처음으로 원자폭탄이 투하되고 곧 이어 2차 세계대전은 연합국의 승리로 끝났다. 프랑스의 전후처리에서 최대의 난관인 페탱 원수에 대한 재판이 이렇게 종결됨으로써 아무도 드골의 나치협력자 숙청을 반대할 수 없었다. 프랑스국민은 페탱에 대한 인적 청산을 통해 안정과 평화를 갈망했다.

 그러나 드골 임시정부는 나치의 잔재청산에 아직 많은 일이 남아 있다고 판단했다. 우선 비시정권시절 '최대의 악질'이며 악명 높은 파시스트 라발 전총리의 재판이 시급했다. 그때 파리주재 미국대사관은 페탱재판 후 프랑스의 동향을 국무성에 이렇게 보고했다.

 '이제 페탱을 말하는 프랑스사람은 거의 없다. 왜냐하면 히로시마에 투하된 원자폭탄이 프랑스의 여론을 사로잡았기 때문이다. 우리는 (페탱재판을) 새로운 또 하나의 드레퓌스 사건이라고 말했다. 그런데 이제 이에 대해 더 말할 여지가 없어진 것이다. 페탱에게 (드골이 부여한) 은전이 재빨리 망각으로 사라졌다. 페탱 원수가 총살당한다면 순교자가 되지만, 감형된 원수는 불쌍하게도 감봉당한 장교로 전락되는 것이다. 반 나치저항단체들도 조용해졌고, 페탱파는 그들의 영웅이 살아있다는 점을 다행스러워 한다. 나머지 프랑스인들도 이제 프랑스의 안정을 희망한다'

프랑스의 나치협력자 청산

6. 조국을 팔아먹으려 광분한 반역 총리의 최후
― 드골, 파시스트 총리 라발을 사망자 취급하다

　최악의 파시스트로 유명한 비시정권 라발총리는 구속된 후 프렌감옥에서 특별대우를 받고 있는 것으로 보도되고 있었다. '그는 위궤양에 걸렸음에도 하루에 담배를 5갑씩이나 피우고 있다'는 것이다. 그의 딸이 1945년 8월 4일 면회해 아버지로부터 최고의 변호사를 찾으라는 명령을 받았다. 그는 담당 판사와의 대화를 거부하고 있으며 독일과 스페인에서 준비한 자신의 변론자료들을 모두 압수당했기 때문에 계속 불평을 털어놓고 있었다. 8월 18일 그는 페탱에 대한 드골장군의 무기징역 감형소식을 들었다.
　그는 페탱 원수를 친 나치정책으로 밀어붙인 과격 파시스트 총리로 알려지고 있음에도 그에게 페탱에 대한 은전뉴스는 나쁜 소식이 아니었다. 비시정권에 대한 페탱의 해석을―프랑스 안에서 나치독일로부터 해방을 준비한 것이라는―어느 정도 재판부가 수용한 것으로 해석했기 때문이다. 그는 국가원수는 살아남고, 총리가 그 대신 비싼 대가를 지불하기 위해 죽임을 당한다는 최악의 상황을 예상할 수도 있었다. 말하자면 비시의 국가원수를 살려 주었으니 총리는 죽인다는 속죄양이 될 수 있다는 것이 라발의 불안이었다.
　그러나 한편으로는 국가원수가 살았는데 그 밑에 있는 총리를 설마 죽이겠느냐는 일말의 희망도 없지 않았다. 그래서 그는 페탱재판에서 드러난 자신의 범죄들의 일부를 시급히 지워버릴 필요가 있었다. 다만 라발은 페탱의 변호인 이소르니의 탁월한 변론이 '비시정권이 나치로부터 프랑스를 보호하려고 했다'는 이미지를 여론에 상당히 심어 놓은 사실이 그에게도 유리하게 작용할 것으로 기대했다.

프랑스광부들의 파업이 드골과 모리스 토레즈 공산당수의 공동호소가 주효해 잘 끝나고 빵 배급제를 폐지하는 등 해방된 프랑스에 새 희망이 빛을 발하기 시작하는 분위기에서 라발재판은 시작되었다. 재판부는 페탱재판과 똑 같이 구성되었고, 여전히 모르네검사가 조국에 대한 라발의 배반행위를 규탄할 만반의 준비를 갖추고 있었다. 1945년 10월 5일 개정된 라발재판은 변호인들이 출석하지 않아 피고 혼

파시스트 총리의 발광
"내가 너희들을 모두 임명했다. 그럼에도 너희가 나를 재판하다니…"

6. 조국을 팔아먹으려 광분한 반역 총리의 최후   171

프랑스의 나치협력자 청산

자만의 재판이라는 인상을 주었다.

재판장이 낭독한 변호인들의 서한은 프랑스임시정부가 재판을 선거 전에 종결시키기 위해 너무 서두르기 때문에 충분한 자료수집과 기록검토를 하지 못해 출석할 수 없다는 불참이유를 설명했다. 변호인들은 라발재판을 신속히 끝냄으로써 나치협력자 대숙청작업이 잘 진행되는 것을 국민에게 과시하려는 것 같다고 임시정부의 의도를 좋지 않게 해석했다. 검사는 변호인의 이러한 불만에 대해 '이 사건은 자료조사나 기록검토가 필요 없는 사안이다. 피고에 대한 범죄기록이 1940년 6월 이후 백일하에 드러나 있으며 그의 라디오연설자체가 중요한 범죄증거'라고 지적했다. 그후 변호인단이 출석했으나 방청석에서 재판과정을 주시할 뿐 직접 변론에 나서지 않았다. 재판부와 검사가 피고 라발의 답변권을 제한하려는 경향을 보이자 방청석에서 참관중인 일군의 변호사들이 항의의 표시로 일제히 퇴장하는 사태가 일어났다. 그럼에도 재판은 진행되었다.

재판부는 라발 피고야말로 비시정부를 히틀러에게 팔아먹기 위해 광분한 민족반역자라고 판단하고 있었다. 그런데 피고는 감방이 너무나 좁다고 불평하면서 재판부에게 항의와 불평의 목소리를 더욱 높이는 것이었다. '음흉한 피고, 재판이 너무 온건해서 탈이다'라는 방청인 일부의 비난이 재판정을 울리자 라발은 '내가 바로 진짜 애국자'라고 오히려 떠벌리는 해프닝이 벌어졌다. 배심판사로 선정된 한 국회의원은 '긴 하루의 재판을 마치고 지친 몸으로 돌아가는 피고가 감방이 너무 좁다고 불평하는데, 모든 진정한 애국자들은 라발정부 아래에서 그보다 더 좁은 감방에서 견딜 수 없는 고통을 감내했다'며 피고의 불평을 비난했다. '저 사람에게 총 12발을 쏘아 버려야 할 민족배반자'라는 고함이 방청석에서 터져 나와 재판정을 진동시키기도 했다.

라발의 도발적 태도는 재판정 분위기를 너무나 긴장시켰다. 그는 자신을 변명하는데 너무나 열중한 나머지 분노를 폭발하는가 하면 재판부에 도전하는 자세를 취하기도 했다. 라발은 '지금 당장 나에게 사형을 선고하라. 차라리 이것이 낫다'고 외치기도 했다. 라발의 발광적인 외침과 도발적 자세로 결국 퇴장명령을 받았다.

▌재판부, 라발의 반역증거는 연설, 훈령 등 넘쳐흐른다

재판정에 출석을 거부한 변호인들은 재판부에게 '지겹지만 큰 재판'을 다시 준비한 다음 개정하자는 제의를 했다. 그러나 검사는 '증거는 이미 넘쳐흐른다. 그것은 그의 라디오 연설 원고들과 그가 서명한 모든 훈령과 규제 및 그의 행동자체가 바로 증거가 아니고 무엇인가'라고 밝히고 변호인의 요구를 일축했다. 검사는 '우리가 겪은 현대사가 모든 것을 이야기해 주고 있으며 우리 모두가 희생자라고 설명하시오'라고 변호인들을 설득했다. 재판 3일째 라발은 재판장의 심문에 항의하면서 묵비권을 행사했다. 그래서 재판이 피고가 없이 진행되는 괴현상을 빚었다.

변호인도 없고, 피고와 피고측 증인도 없는 재판이 된 것이다. 변호인의 설명에 의하면 '법 정의를 배반'한 재판풍경을 연출한 것이다. 우파지 르피가로부터 좌파지 뤼마니테에 이르기까지 모든 신문들이 무질서하고 난장판인 재판과정을 비난했고, '라발이 흰색 넥타이를 버젓이 매고 고개를 쳐들고 재판정을 퇴장해 버렸다'고 대서특필했다.

라발재판이 스캔들로 되어 여론이 들끓는 순간 라발은 법무장관에게 사신을 보냈다. 그는 '나는 어떠한 도발도 하지 않았는데 몇 명의 판사들이 본인을 〈개자식〉으로 취급하는가 하면 〈2주일 후 너의 아

프랑스의 나치협력자 청산

가리를 닥치게 해 주마〉라고 고함치는 등 모욕을 가했다. 본인은 이 같은 스캔들이 계속되도록 귀하가 내버려두지 않으리라고 생각한다. 최고재판소의 재판정에서 변호가 불가능한 상태로 나를 몰아넣는 것은 내 발언을 방해하기로 결정한 재판부의 예정된 음모였다. 그래서 여론이 모르는 중요한 사실을 듣기 싫다는 것인가. 사람들이 내가 어느 누구를 공격할까 보아 두려운가. 그래서 진실이 밝혀지는 것을 두려워하는가'라고 편지에 썼다.

법무장관은 라발의 편지를 받고 변호인에게 이렇게 요구했다. '내가 피고에게 재판정에 출정하라고 권한다고 가서 말해 주시오. 만일 피고없이 재판이 계속된다면 그 결과는 확실히 사형선고일 것이오.' 최고재판소의 선고는 그 자체가 최종심이었다. 형이 한 번 선고되는 것으로 끝장이다. 그러나 라발은 재판에 출정해 할 말을 다하라는 법무장관의 권고를 따르지 않았다.

재판장과 검사는 피고의 출정이 없어도 재판을 계속 진행하기로 결정했다. 재판정에는 검사측 증인들의 행렬만이 라발이 국가반역자라는 수많은 증거들을 쏟아내고 있었다. 변호인들은 이를 모두 알고 있었고, 라발은 분개하면서 또 다시 배심판사에 정당 대표들과 저항단체의 대표 및 노동조합 대표를 포함시키는 특별조치를 취해달라는, 다시 말해 배심판사들의 교체를 요구하는 서한을 법무장관에게 보냈다. 그러나 재판부는 이 순간(10월 9일) 이미 재판을 종결하고 있었다.

▍모리악, 사형선고를 받은 파시스트 총리 구명나서

모르네검사는 라발피고에게 사형을 구형했고, 재판부는 구형대로 최고형을 선고했다. 재판장의 판결문은 10분 후 라발과 그의 변호인들에게 전달됐다. 변호인들은 그 동안 스위스에서 찾아온 '극비문서들'을 정리해 법무성에 제시하면서 장관면담을 신청했다. 변호인들은 드골장군의 특별면담도 청구했다. 그러나 라발은 '나는 공정한 재판을 바랐을 뿐이다. 여기서 내가 사형선고를 받는다면 나를 총살할 수 있다'라고 털어놓아 체념한 태도를 보였다. 변호인들은 전쟁 전인 1936년 최초의 좌파연합정부인 인민전선내각의 사회주의총리 브룸을 찾아 구명을 요청했으나 '내가 그를 도울 수는 없다'며 모리악에게 가보라고 발뺌했다.

모리악은 라발의 구명운동을 수락하고 먼저 법무장관에게 편지를 써보냈다.

'피에르 라발의 딸과 변호인들이 본인을 찾아와 그의 사형선고를 파기하는 것이 당신 손에 달렸다고 말하며 라발의 구명을 호소하기에 이 글을 씁니다. 라발의 사형집행을 막는 사유를 귀하에게 말해야 할 사람은 내가 아니라 판사들입니다. 만일 본인이 그 자리에 있다면 조금도 주저하지 않고 사형을 막았을 것입니다. 이 재판은 외국에 대해서도 진정한 재판의 존엄성과 투명성을 갖고 판결이 내려져야 했습니다.'

그러나 법무장관은 모리악의 사신을 받고도 답신을 보내지 않았다. 변호인들은 라발에 대한 새 사실이 있다고 주장하며 드골 면담을 끈질기게 요구하며 교섭했다. 드골은 변호인을 접견하고 그들의 요구를 청취했다. 새 사실 또는 새 증거란 라발이 수도 파리가 해방된 날인 1944년 8월 드골을 파리에서 환영하기 위해 준비 중 나치독일의 히틀러에 의해 독일에 납치됐다는 내용이었다. 드골장군은 변호인들의 얘기를 '정중히' 듣는 척 했으나 '라발재판을 다시 열게 해 달라'는 요구를 거부했다.

드골은 사전에 준비를 한 듯 명료하게 대답했다. 아무도 최고재판소의 선고를 파기할 수 없으며 이것은 사실상 법무장관의 업무소관

프랑스의 나치협력자 청산

인데 특히 감형은 사실상 그의 권한 밖이라고 말했다. 드골은 추호도 라발에게 유리한 조치를 취할 생각이 없었다. 변호인은 '드골이 마치 라발이 이미 죽은 사람인 것처럼 말했다'고 후에 회고했다. 10월 13일 라발은 사형선고에 조금도 놀라는 기색이 아니었지만 '부역죄'가 병과된 사실에 분개하고 있었다.

그는 국민과 변호인에게 보내는 메시지를 집필했으며 이틀 후 새벽(10월 15일)에는 자신의 총살형이 집행된다는 사실을 잘 알고 있었다. 그러나 그는 페탱에 관해서는 한 마디도 언급하지 않았다. 사형을 구형한 검사가 사형수의 감방에 찾아가 잠을 깨우고 '용기를 잃지 마시오.'라는 말을 함으로써 사형집행 시간을 알려주는 것이 관례였다. 검사는 그의 감방에 들어가지 않고 밖에서 라발이 벽을 향해 잠자는 듯한 모습을 보았다. 검사가 말을 하려는 순간 이상한 느낌이 들었다.

변호인이 감방에 들어가고 검사가 '사형수에게 최후의 말'을 시작하자 그는 갑자기 몸을 돌리며 입에 한 줌의 독약을 털어 넣었다. 그는 사형대의 총살을 피하기 위해 청산가리를 입에 털어 넣은 것이다. 그의 위를 세척하는데 2시간이 걸렸는데, 깨어난 그는 이렇게 설명했다. '나는 약을 1944년 초부터 갖고 다녔다. 변호인, 경호원, 가족 중 누구도 이 사실을 알지 못했다'라고.

독일의 뉘른베르그 국제전범재판에서 사형선고를 받은 나치독일의 괴링 공군사령관은 자살에 성공했으나 라발은 실패했다. 파리경시총감은 이날 오전 10시 이 자살사건을 드골에게 보고하기 위해 프렌감옥을 떠나 파리로 향했다. 경시총감의 보고를 받은 드골은 '라발은 이미 우리를 떠난 사람이다. 사형대의 집행관이 그의 의무를 다하기 바란다'라고 싸늘하게 말할 뿐이었다. 라발은 나치독일의 점령군이 프랑스의 반 나치저항운동가를 처형했던 프렌감옥 뒤쪽 사형대로 걸어갔다. 감옥에서조차 사형대로 끌려가는 그의 모습을 보고 '살인자, 살인자'라고 외치는 소리가 진동했다. 급조된 사형대 앞에 도착한 그는 자기 몸을 사형대에 묶는 것을 거부했다.

그리고 검사에게 시선을 주며 최후의 말을 남겼다. '먼저 판사들에게 말한다. 그들은 역사상 최대의 범죄를 범한 자들이다. 나는 조국을 너무 사랑한 죄로 죽는다.' 변호인들이 그에게 마지막 포옹을 하고 물러나자 라발은 다시 그들을 불러 '나는 당신들을 보면서 최후의 순간을 보낸다'고 말했다. 총살할 병사들에게는 '나는 비겁하게 죽기 싫다. 나의 심장을 쏘아라. 당신들은 역사상 최대 범죄의 공범들이다.'

그는 최후의 순간까지 적반하장으로 독설을 내뱉었다. 이 순간 총성이 울리고 라발의 생명은 동시에 끊어졌다. 1945년 10월 15일 낮 12시30분이었다.

▋ 비시 최고지도자 2명 재판 끝났으나 숙청은 계속되었다

페탱과 라발, 비시정권 4년을 함께 지배했던 두 명의 나치협력 최고지도자는 드골의 나치협력자 숙청정책에 의해 모두 가혹한 형벌을 받았다. 그러나 페탱과 라발 재판과정에 대해 비판의 소리가 적지 않게 나온 것도 사실이다. 반 나치저항단체를 대표하는 저항운동 전국위원회(CNR)조차도 '페탱과 라발의 재판이 엉망으로 진행됐다'고 비난할 정도였다. 드골은 아마도 이러한 비난을 수용하지 않았을 것이다. 드골에게는 그들이 나치독일에 나라를 팔아먹은 매국노이며 민족반역자일 뿐이기 때문이다.

드골은 나중에 그의 전쟁회고록에서 '페탱의 재판이 그의 정치활동으로 너무 치우쳐 진행된 것은 유감'이라고 말하고 '모든 악의 뿌

프랑스의 나치협력자 청산

리인 몽트아르의 휴전협정과 비시정권의 핵심적 범죄인 인종차별에 관한 법제정과 민병대 창설 등 죄악에 대해서는 소홀하게 다루었다' 라고 평가했다. 라발의 처형에 대해 드골은 완전히 묵살하는 태도를 취했다. 그러나 페탱의 재판이 상당히 질서 있게 진행된 것은 부정할 수 없지만 라발의 재판은 엉성하고도 성급히 얼버무려 비판의 화살을 피하기 어렵게 된 것이다.

그런데 나치협력자 대숙청은 최고지도층의 응징만으로 끝나는 것이 아니다. 드골은 나치협력자의 수괴뿐만 아니라 지위고하를 막론하고 모두 숙청해야 한다는 원칙을 세웠다. 그래서 페탱과 라발 재판 전후에도 최고재판소는 비시정부의 고관대작들을 계속 준엄하게 심판하고 있었다.

제3장

드골의 숙청, 전국으로 확산
- 언론개혁, 관료, 경제, 가요, 영화, 학계 개혁

1. 드골, 새 프랑스의 암적 존재 비시정권 지도부 숙청 · 180
2. 드골, 행정기구 초기장악으로 미군정 실시 좌절시키다 · 192
3. 드골, 판·검사, 군부, 교육계 숙청하다 · 200
4. 드골, 경제계 숙청하다 · 211
5. 드골, 나치협력 언론사와 언론인들 개혁하다 · 224
6. 나치협력 언론사 해체, 재산몰수한 드골훈령 · 236
7. 드골, 나치협력 지식인, 작가, 출판인 모두 심판 · 245
8. 샤샤, 슈발리에, 피아프, 크루조 무혐의, 25명 경고 · 261
9. 프랑스 최고 석학집단, 아카데미 프랑세즈의 숙청 · 274
10. 리옹숙청재판소. 나치독일 밀정과 민병대 응징 · 288

프랑스의 나치협력자 청산

1. 드골, 새 프랑스의 암적 존재 비시정권 지도부 숙청
– '새 민주사회 건설 위해 나치협력자 숙청은 시대적 과제였다'(드골회고록)

1944년 11월 18일 드골이 발표한 훈령은 최고재판소 설치를 규정하고 있다. 훈령은 '프랑스 국내질서와 국제적 위상을 제고하기 위해서는 프랑스임시정부가 나치협력자숙청에 대해 즉시 행동을 취해야 한다'고 밝혔다.

이 단계에서 드골의 정책목표는 나치협력 민족반역자를 신속히 숙청해야만 프랑스의 위상도 올라가고 국내질서도 잡을 수 있다는 사실에 초점을 맞추고 있었다.

대내적으로 나치협력자를 숙청해 새 민주사회를 건설하는 것이 긴급한 과제였고 대외적으로는 프랑스가 2차 세계대전의 전승국으로 인정받아 강대국의 지위를 다시 확보하는 것이 드골의 궁극적 목적이었다. 반 나치저항운동세력이 새 프랑스 건설의 주체세력이 되기 위해서는 나치협력자 세력의 철저한 소탕이 전제되지 않으면 안 된다.

▎최고재판부, 판사 3명의 재판부와 24명의 배심재판부로 구성

최고재판소는 비시정부의 국가원수인 페탱과 총리 라발 및 전체각료와 고위공직자들 및 이들의 공범자들을 재판하는 특별재판소로 드골이 직접 설치했다. 2차 세계대전 전, 프랑스 제3공화국에서도 최고재판소는 존재했다. 이 재판소는 국가원수 등의 재판을 관할했으나 재판자체는 상원이 담당했다. 프랑스가 단계적으로 나치로부터 해방되는 시기에, 특히 비시정권시절에 상원뿐만 아니라 하원도 존재하지 않았기 때문에 드골의 훈령은 임시정부가 최고재판소를 설치하고 3명의 판사로 구성되는 재판부와 24명으로 구성되는 배심재판부를 두기로 했으며, 배심판사의 절반을 하원의원으로, 나머지 절반은 반 나치저항운동가를 임명했다. 재판부에는 비시정부와 가깝거나 동정적 인사는 완전히 배제됐다. 드골은 최고재판소의 관할권을 비시정권의 '공범자들'까지 재판할 수 있도록 넓혀 사실상 거의 모든 나치협력자들을 심판할 수 있도록 조치했다.

비시정부의 민병대를 창설한 다르낭은 라발보다 한발 앞서 최고재판소에서 재판을 받았다. 민병대 총수 다르낭은 나치친위대에 부속하는 프랑스인 부대의 창설을 주도했으며 그래서 히틀러에게 충성한 프랑스인 제1호라는 별명을 얻었다. 검사는 '피고는 한번도 후회함이 없이 4년간 민족반역행위만 일삼았다. 그의 손에는 프랑스의 선량한 시민의 피가 벌겋게 묻어있기 때문에 정상참작을 할 만한 조그만 틈조차 없다'고 밝히고 사형을 구형했다.

▌사학자 라뒤리 중형 관례깨고 최초 무죄석방 기록

변호인은 피고가 1차 세계대전시 샹파뉴 지역의 전투에서 전공을 세운 사실을 내세워 이것이 그가 프랑스를 사랑한 산 증거라고 주장하며 정상참작을 요구할 뿐이었다. 다르낭은 선고공판 후 즉각 처형됐다. 최고재판소는 언론인 마르셀 데아와 아카데미 프랑세즈의 학자 아벨 보나르에 대해서는 독일에 도망가 체포되지 않았기 때문에 결

프랑스의 나치협력자 청산

석재판을 했다. 이 들은 모두 비시정부의 각료를 지냈다. 유명한 사학자 로아 라뒤리는 비시의 농림차관을 지냈으나 1942년 이후 반 나치저항운동에 가담했기 때문에 1945년 12월 최고재판소에서 무죄선고를 받았다. 그는 최고재판소에 기소되면 사형 아니면 무기 또는 중형이라는 관례를 깨고 무죄 석방된 첫 기록을 세웠다.

1945년 10월 21일 총선 후 제헌의회가 구성되고 여기서 프랑스임시정부 첫 대통령으로 드골이 선출되었다. 드골은 대통령취임 후 첫 조치로 최고재판소의 배심판사 구성을 개편했는데, 첫 재판소장으로 루이 노게르의원(사회당)을 임명했다. 그는 1940년 7월 페탱에게 전권을 위임하기 위한 찬반투표에서 용감하게 반대표를 던진 좌파 정치인이었다. 새 진용을 갖춘 최고재판소가 처음으로 다룬 피고는 비시각료 자크 슈발리에였다. 그에게는 20년 강제노동형에 공민권박탈과 전재산 몰수형이 선고되었다.

다음에는 전 체신성 지브라차관이 재판정에 섰지만 반 나치레지스탕스에 깊은 애정을 갖고 지원했고 미군이 북아프리카에 상륙한 후 차관직을 자진 사임한 사실이 밝혀져 10년간 공민권 박탈형만이 선고되었다. 페탱의 첫 내각 각료였던 장 이바르네게이는 역시 저항운동에 대한 긍정적 자세가 입증돼 공민권 박탈형만 받고 즉시 석방됐다.

비시정권의 외교정책을 짚어보게 한다는 점에서 큰 관심을 모은 나치협력자는 비시의 외무장관을 역임한 에티엔 프랑뎅이었다. 그는 페탱과 영·미 연합국 사이의 중개역할을 수행한 고위 외교관으로 유명했다. 변호인의 증인으로 영국 처칠수상의 아들 랜돌프 처칠이 선정돼 큰 화제를 불러일으키기도 했다. 검사는 비시정권의 각료들은 일단 모두 공민권박탈에 해당하는 죄를 범한 것으로 판단해야 한다며 피고에게 그 이상의 체형을 요구하지는 않았다. 변호인은 맹목적인 법 적용이라고 반격을 가했으나 재판부는 피고에게 공민권박탈 5년형을 선고했다.

그 후 최고재판소의 재판이 개정됐을 때 느닷없이 공산당출신 부재판장과 배심판사 전원이 출정하지 않았다. 프랑뎅 재판결과에 대해 프랑스공산당의 불만이 폭발해 항의하기 위해 결석한 것이다. 파리해방 후 처음으로 반 나치저항세력이 나치협력자에 대한 가벼운 처벌 때문에 분열될 징조를 나타낸 것이다.

▎드골파와 온건좌파 대공산당이 관용 둘러싸고 갈등

이것은 공산당이 온건우파와 드골파 및 온건좌파(사회당 등)와 숙청에 대한 노선을 달리하는 계기가 되었다. 공산당은 최고재판소의 비시각료들에 대한 온건한 처벌문제를 의회의 의제로 올렸다. 그리고 최고재판소가 '비시의 국가배신행위자와 적과 협력한 중요한 범죄자들에 대해 정당한 형벌을 벗게 해준다'고 비난했다. 그러나 의회는 공산당의 요구와 불평을 조금도 수용하지 않았다.

최고재판소의 나치협력자 숙청작업은 공산당의 일시적 보이코트에도 불구하고 중단없이 집행되고 있었다. 아브리알 해군성 차관이 강제노동형 5년을 선고받았다. 앙드레 마르키제독은 역시 해군차관을 지낸 페탱의 측근으로 독일점령군 당국에 대한 비시정권의 협상대표를 역임했다. 그에게는 무기강제노동형, 종신공민권박탈, 전 재산 몰수라는 중형이 선고됐다. 남부프랑스 투롱의 해군기지사령관 드 라 보르드제독은 독일군과의 합동작전을 주저함 없이 찬성한 군내 나치협력자로 지탄받아 사형선고를 받았다. 그에게 공민권박탈과 전 재산 몰수형도 병과되었다. 그러나 그는 드골에 의해 무기징역형으로 감형됐다.

프랑스의 나치협력자 청산

파리해방 후 2년이 지났음에도 비시정권 지도층의 숙청은 완전히 종결되지 않았다. 몇몇 악질 반역자들은 도피행각을 계속하고 있었다. 1947년의 첫 재판은 프랑스국민이 '최고의 악질 나치협력자'로 지목한 페르낭 드 브리농부터 시작했다. 그는 북부프랑스가 나치독일군에 점령당한 시절 비시정권의 파리주재대사로(파리는 나치독일점령군의 통치를 받았기 때문에 비시정권이 대사를 파견) '직접 프랑스를 나치에 팔아먹은' 나치협력자이며 민족반역자의 상징적 인물이었다. 검사는 그에게 가차없이 사형을 구형했고, 재판부는 '완전무결한 배반자'라고 밝히고 서슴지 않고 최고형을 선고했다. 그리고 곧 총살되었다.

프랑스가 나치독일로부터 해방된 날이 조금씩 멀어지면서 최고재판소의 나치협력자에 대한 처벌도 점차 관대해지는 경향을 보였다. 비시정권의 보두엥 외무장관이 강제노동형 5년을 선고받자 드골조차도 너무 관대하다는 평가를 내렸다. 비시정권 안에서 나치 제3제국의 심복처럼 행세했던 브노아 메생은 사형선고를 받았다가 종신징역형으로 감형됐다. 비시정권 유태인문제위원 발라는 배심판사들 가운데 크리겔판사의 자격을 문제삼아 시비를 걸었다. 그는 '크리겔이 프랑스국적을 취득한지 20년도 안되며 그가 프랑스의 공군장교를 재판하는 것은 부당하다'고 항의했다. 재판부는 피고의 항의를 무시하고 비시정권의 최고홍보책임자로 라디오 연설 등을 통해 독일을 찬양하면서 연합군의 패배를 기원하고 반 유태인활동을 하면서 나치와 협력한 증거를 인정해 유죄선고를 내렸다. 그러나 피고는 1차대전시 왼쪽 다리를 잃은 상이군인이었다. 그는 정상참작을 인정받아 10년 징역형에 종신공민권 박탈형이 선고되었다. 그의 후임 유태인담당위원 다르키에 드 펠프아는 재빨리 스페인으로 도주해 이름을 바꾸고 숨어 버렸다.

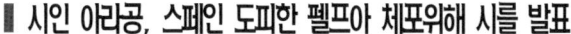

▌시인 아라공, 스페인 도피한 펠프아 체포위해 시를 발표

저명한 저항운동 시인 아라공이 그를 체포하기 위해 '드 펠프아는 어디에 있나'라는 시까지 발표했다. 재판부는 이 시를 인용하면서 궐석재판에서 그에게 사형을 선고했다. 그는 스페인에서 1980년 사망한 것으로 전해지고 있다. (프랑스신문들은 그의 사망을 1983년에 확인했다) 드 펠프아는 숙청의 칼날을 피하는데 성공한 비시의 보기 드문 각료가 되었다.

비시의 각료직과 보르도시장을 지낸 마르케는 나치협력 증거가 명백히 잡힌 경우이지만 재판을 오랫동안 받지 못한 채 2년 동안이나 감옥에 구금돼 있었다. 그는 이 사실이 정상참작되어 석방된 보기 드문 경우다. 재판장이 마르케에게 가석방조치를 취하려고 하자 18명의 배심판사들이 비시정권에 참여했다는 사실만으로 공민권박탈 10년형을 선고하려고 했다.

그런데 피고는 1944년 8월 보르도에서 체포돼 이 지역에서 5개월 구금된 후 1945년 1월 파리의 프렌감옥에 이감됐었다. 그는 1946년 12월 최고재판소의 조사를 받게 되었고 재판은 1947년 7월로 예정됐었다. 그러나 재판부의 인사개편으로 47년 12월로 재판이 다시 연기됐다가 48년 1월로 또 다시 연기됐다. 그리고 그는 48년 1월 29일 41개월간의 구금 끝에 석방된 것이다.

마르케사건을 계기로 최고재판소의 폐지론이 일어났다. 르몽드지가 이 사실을 1면 톱기사로 다루고 재판소의 태만과 직무유기를 격렬히 비판했다. 그러나 최고재판소는 배심원수를 24명에서 12명으로 축소하는 선에서 재판부를 정비한 후 계속 존속시키기로 결정했다. 1948년 5월 24일부터 최고재판소의 재판은 속개되었다.

파리해방 후 3년간 나치협력 반역자숙청은 이미 보았듯 페탱과 라

프랑스의 나치협력자 청산

발 등 거물들과 고위 관료들을 거의 모두 심판해 나치협력혐의가 애매하거나 경미한 자들과 도피중인 자들만 남게 되었다. 이것은 중형선고 대상자가 없어지고 경범죄로 다스릴만한 경미한 나치협력자만이 아직 재판을 기다리고 있다는 얘기가 된다. 1948년 1월에 최고재판소의 예심위원회가 웨이강장군에 대한 기소를 중지하고 석방한 일이 있었다. 예심위원회의 유일한 공산당위원 빌라르가 '웨이강이 40년 6월 페탱에게 휴전을 자문해준 사실 하나만으로도 유죄'라고 주장하며 예심위원직을 사임했다.

도피중인 브레오와 브리두장군은 궐석재판을 받았다. 브레오는 징역 10년형에 종신공민권 박탈형을 선고받았으나 브리두는 사형선고를 받았다. 브리두는 나치독일에 프랑스의 군사지원을 주도했으며, 비시정권 지도부와 같이 독일의 시그마린겐으로 도주했고 여기서 나치가 요구한 프랑스망명정부 수립에 호응한 급진 나치분자였다. 비시정부 공보차관 마리옹은 나치와 비시정권의 선전담당 부총수 격이었으나 정상이 참작된 특별한 경우다. 그는 최고재판소가 군대와 조국의 도덕파괴 행위에 대해 유죄를 인정했으나 반 나치저항운동에 관해 어떠한 비판이나 욕설을 하지 않은 사실이 정상참작을 받게 해주었다. 그는 징역 10년에 종신 공민권 박탈형을 선고받았다.

비시정권 내무장관을 역임했으나 라발총리와 충돌해 해임된 후 북아프리카에서 체포됐던 페이루통은 무죄 석방됐다. 그는 드골이 알제에서 1차로 숙청대상자 명단에 올려 제일 먼저 나치협력 반역자로 처단하려 했던 비시의 나치협력관료이다. 그 때 미국과 영국의 압력을 받아 드골이 프랑스 해방 후로 재판을 연기한 것인데, 재판부는 '비시정권에 내무장관으로 봉사한 사실만으로도 유죄'라고 밝혔다. 그러나 1943년 11월 알제에서 체포된 후 5년간 구금상태에 있었고, 라발의 친 독일정책에 반대한 사실 등이 참작되어 1948년

12월 석방된 것이다. 그가 만일 알제에서 숙청재판을 받았다면 생명을 구하기가 어려웠을 것이다. 결국 영국과 미국이 그를 살려준 셈이다.

▌비시 경찰총수 부스케, 공민권 박탈로 석방됐으나 암살당해

비시정권의 경찰총수였던 르네 부스케도 의외로 공민권박탈 5년형만 받고 징역형을 면제받아 석방된 특수한 경우다. 검사는 논고에서 피고가 지하저항운동단체의 지하 라디오기지를 독일군이 찾아내는데 도움을 주고 경찰의 내부 탄압기구에서 큰 역할을 담당한 것은 유죄이지만 '광범위한 정상참작 요건에 합당하다'며 공민권 박탈 5년형만을 구형했다. 재판부는 그를 구형대로 선고해 바로 석방했는데, 부스케는 경찰총수로 재임하면서 반 나치저항운동의 비밀협력자로 활동한 것으로 알려졌다. 그러나 그는 46년이 지난 1991년 3월 반인도적 범죄 혐의로 다시 기소돼 재판도중 1993년 6월 8일 암살되었다.

부스케는 암살 당하기 전 미테랑 전대통령과 만나 친분을 나눈 사실이 밝혀져 프랑스정계에 큰 파문을 일으켰다. 작가 피에르 페앙이 1994년 9월 발행한 미테랑의 전기 '프랑스의 청년시절'에서 이 사실을 폭로했는데, 미테랑은 부스케와 만나 식사한 사실을 인정하면서 '그의 반인도적 범죄에 관해 알지 못했다'고 해명했다. 미테랑은 2차 세계대전 전 젊은이로 한때 민족주의 청년클럽에 가담해 부스케를 알게 되었다고 한다. 그러나 그는 나치점령시절 저항운동가로 활약했고 사회주의자로 전후 정치무대에 등장해 파리해방 후 드골 임시정부에서 법무장관 등을 역임했다. 미테랑의 부스케 스캔들은 그래서 재빨리 진화됐다.

프랑스의 나치협력자 청산

최고재판소는 1950년대 중반까지 존속했다. 비시정권 고위공직자 중 결석재판에서 형을 선고받은 자들을 처리하기 위해 계속 존속시킬 필요가 있었기 때문이다. 그러나 1950년대에 들어와 체포된 나치협력자들은 운이 좋은 편이다. 파리해방 일에서 시간이 지나감에 따라 재판부의 관용이 선심처럼 베풀어졌기 때문이다. 알제에서 첫 번째로 숙청되었던 퓌슈가 1944년에 사형선고를 받아 총살을 당한 정도의 민족반역범죄자들이 가벼운 형을 받거나 석방되는 사례가 비일비재했기 때문이다.

▌1950년대 최고재판소, 나치협력자들에 대량 면죄부 발부

최고재판소의 민족반역자에 대한 가벼운 형의 선고는 전쟁종식 10년이 지났고 드골이 프랑스정부를 이미 1946년에 떠나 사실상 은퇴하는 등의 프랑스 국내정세가 영향을 미친 것으로 해석된다. 라발의 측근으로 최고악질 나치협력자로 지목된 르네 본느프아의 재판이 이를 증명한다. 그는 1946년 7월 이미 결석재판에서 사형선고를 받아 도피 중에 1955년 1월 체포됐다. 변호인은 그가 해외로 도주한 적이 없다고 밝히고 '프랑스가 나치로부터 해방된 직후에는 사법부가 공정성을 보이지 않았기 때문에 도피했다'고 도망쳐 숨은 사유를 설명했다. 그는 가짜증명서로 개인교수를 하며 프랑스국내에서 어렵게 도피생활을 했다는 것이다.

그리고 변호인은 피고의 가석방을 요청했다. 최고재판소의 새 재판장은 반 나치저항운동의 지도자이며 사회당소속 의원인 에뒤아르 드프레였다. 그가 별 이의가 없이 변호인의 요구를 받아들일 만큼 숙청재판이 관대해졌다. 3월에 열린 재판에서 변호인은 '피고는 지방지의 성실한 신문기자였는데 라발이 발탁해 선전요원이 된'것이라며 관대한 처분을 요구했다. 검사는 형식적인 징역형을 구형했을 뿐이고 재판부가 징역형을 면제하고 공민권박탈 5년형만 선고했다.

악질적 나치협력자에 대한 이 같은 관대한 조치는 드골의 임시정부시절에는 꿈에도 상상하기 어려운 일이었다. 비시정권의 로샤 외무차관이 재판정에 섰다. 그는 독일의 시그마린겐까지 도피한 열성적 나치찬양 외교관이지만 '강제로 끌려 간 것'이라면서 적극적으로 변명했다. 그도 이미 1946년 결석재판에서 사형선고를 받은 처지였다. 검사가 '강제로 끌려갔다면 독일 패전 후 즉시 귀국해야 하지 않았느냐'라고 추궁했다. 피고는 '그 이유를 설명하기 힘들다. 상상하기 바란다'는 애매한 답변을 했다. 그런데 반 나치저항운동의 지도자였고 임시정부와 제4공화국의 외무장관인 비도가 그를 위해 유리한 증언을 했다. 로샤는 10년 전의 사형선고를 면제받고 공민권박탈 5년형만 선고되어 곧 석방됐다.

파리해방후 사형과 무기 등 중형을 결석재판에서 선고받은 나치협력자들이 속속 석방되는 관대한 처분을 받고 있었다. 1946년에 종신 강제노동형에 처해졌던 오팡제독은 징역 5년에 집행유예로 풀려났고, 1948년에 징역 10년형을 받은 브레오제독은 무죄 석방됐다. 47년에 사형선고를 받은 비시정권의 총무처장 자크 게라르는 1958년에 체포되었으나 재판에서 공민권박탈 5년형을 받고 석방됐다.

1956년 노게장군의 재판도 큰 주목을 받은 경우다. 그는 1942년 모로코주둔 프랑스군 사령관으로 미군의 북아프리카 상륙작전에 군사적으로 저항해 나치독일군을 지원한 죄로 결석재판에서 강제노동형 20년을 선고받았다. 그는 도피한 이유에 관해 전시중이나 해방직후에는 최고재판소에 재판 관할권이 없다고 생각했기 때문이라고 진술했다. 재판장은 '그때의 최고재판소는 나치협력 민족반역자 재판의 완전한 관할권을 보유하고 있었다'고 밝혔다. 검사는 결석재판에서 이미 형을 선고받은 피고가 다시 재판을 받아 유죄가 인정될 때라도 결석재판 선고의 시효가 5년이므로 이미 시효가 지나 적용되지 않는다고 유권해석을 내렸다. 그래서 그에게 단순한 도덕적 죄만을 묻는 구형을 했다. 재판부는 구형대로 공민권 박탈형만을 선고해 곧장 피고를 석방했다. 이처럼 파리해방 직후 결석재판에서 사형 무기 등 최고형을 받은 나치협력자들이 체포돼 프랑스 제4공화국에서 재판을 받았으나 모두 석방된 것은 특기할만하다. 나치협력자의 목이 재판시기에 따라 붙기도, 떨어지기도 한 것이다.

▌1960년 문닫은 최고재판소, 사형선고 18명 중 집행은 3명뿐

최고재판소는 1960년 비시정권 각료 아벨 보나르의 재판을 마지막으로 나치협력 민족반역자와 비시정권에 대한 심판의 임무를 완전히 끝냈다. 모두 1백8건의 나치협력 민족반역사건을 다루어 18명에게 사형을 선고했고, 25명에게 강제노동형 또는 징역형을 내렸으며 14명에게 공민권 박탈형을 선고했다. 1명만이 무죄석방조치를 받았는데, 그가 바로 알제에서 체포돼 현지재판을 모면하고 파리해방 후 재판을 받은 페이루통이다.

사형선고를 받은 18명 중 사형이 집행된 나치협력자는 라발, 다르낭 및 드 브리농 등 3명뿐이었다. 최후의 재판을 받은 보나르는 아카데미 프랑세즈의 석학으로 비시정권에 교육상으로 입각해 친 나치교육을 장려하고 페탱 원수를 찬양하는 교육정책을 밀어붙인 '악질 나치협력자'로 지목된 자였다. 그는 프랑스해방 후 스페인으로 도주해 결석재판에서 사형을 선고받았다. 그는 1960년 재판에서는 징역 10

년형으로 감형의 은전을 받았는데 스페인에서 귀국하지 않고 마드리드에서 망명자로 여생을 마쳤다.

최고재판소는 1945년부터 1960년까지 15년간 비시정권의 나치협력 지도자와 고관대작들을 처단해 치욕적인 과거를 청산하는데 성공했다는 평가를 받았다. 그러나 고위공직자에 대한 응징은 대체로 언론인에 비해 정상참작과 관용조치가 많았다는 것이 지배적 평가이다. 그럼에도 건드리기조차 어려운 전쟁영웅이며 육군원수 페탱 등 비시정권의 지도부를 최고재판소라는 특별사법기구를 창설해 대대적으로 숙청한 것은 드골의 확고부동한 숙청의지가 없었다면 불가능한 일이었다.

프랑스의 나치협력자 청산

2. 드골, 행정기구 초기장악으로 미군정 실시 좌절시키다
― 경찰과 지방공직자도 숙청에서 제외되지 않았다

드골장군은 1944년 6월 연합군이 노르망디에 성공적으로 상륙한 후 해방된 프랑스에 돌아가 정치적 권위를 어떻게 세우느냐의 문제를 갖고 고심했다. 프랑스 본토의 반 나치저항단체들이 해외에 망명한 드골의 권위에 도전할 가능성이 없지 않았고, 미국이 시민폭동 등에 따른 무질서와 나치점령지역을 구실로 영·미 연합국 군사정부의 설치를 준비하고 있어 자칫 잘못하다가는 프랑스가 미국의 군정 밑에 들어갈 위험마저 농후했다.

알제시대부터 드골은 이러한 우발적 사태에 대비해 민족해방프랑스협의회(CFLN)를 해방 후 국가의 관리를 담당할 임시정부의 전신으로 창설했고 미국의 군정지배의 위험을 피하는 작업을 게을리 하지 않았다. 드골은 비시정권을 승인해 수교관계를 맺고 있는 미국 등 연합국들이 드골의 망명정부인 CFLN을 공식 승인해 주기를 희망했으나 미국은 승인할 기색을 전혀 보이지 않았다. 드골은 해방 후에도 비시정권이 연합국의 승인을 계속 받는 최악의 시나리오를 상정하고 CFLN과 반 나치저항단체의 투쟁을 통해 '프랑스가 프랑스를 해방했다'는 '기정사실화 정책'을 과감히 씀으로써 프랑스의 장래에 가장 위험한 위기를 돌파해 나갔다.

드골의 과거사 정리방식과 친일파 청산

노르망디 상륙작전 성공 후 드골이 연합군 승리 위한 연설하다

　미·영·불 연합군의 프랑스 노르망디 상륙 후 드골은 연합군이 프랑스 내부로 진격할 때마다 한 발 앞서 측근인 CFLN의 요원을 공화국정치위원으로 임명해 급파해 비시정권의 장악아래 있는 지방행정기관을 먼저 접수했다. 프랑스북부의 여러 현과 시청들은 연합군의 진격해 점령하기 전에 드골의 요원들이나 지역 저항단체들이 이미 접수를 끝낸 경우가 허다했다. 드골은 지방행정기관을 접수하기 위해 파견한 CFLN요원에게 지방민들이 나치협력자들을 보복응징하기 위한 인민재판이나 각종 시위를 하는 것을 엄격히 금지하도록 지시했다.
　연합군이 수도 파리에 진격해 들어가기 전에 반 나치레지스탕스가 일제히 봉기해 나치독일 주둔군 사령관 폰 콜티츠장군의 항복을 미리 받아냄으로써 사실상 파리를 해방시키자 드골은 즉각 파리에 입성해 샹제리제 대로를 1백만 파리시민과 함께 위험을 무릅쓰고 행진

2. 드골, 행정기구 초기장악으로 미군정 실시 좌절시키다　　193

프랑스의 나치협력자 청산

했다. 드골의 샹제리제 행진은 나치독일군과 레지스탕스가 교전으로 총성이 요란하게 들리는 상황에서 이루어져 드골의 '기정사실화 정책'의 절정을 이루었다. 이 순간 미국을 비롯한 연합국은 프랑스에 대한 군정실시 계획을 완전히 포기했다고 미국의 프랑스 숙청연구가 피터 노비크는 '프랑스의 숙청'에서 기술하고 있다.

드골의 '프랑스해방 기정사실화 정책'이 미국의 프랑스에 대한 군정을 포기시킨 것은 확실하다. 그러나 프랑스가 파리의 경우에서 보듯 연합군이 진격해 들어오기 전에 남부 프랑스지역의 대부분과 북부의 다수지역이 반 나치저항운동세력의 전투에 의해 나치로부터 해방됐기 때문에 연합국이 군정실시 기회를 포착하지 못한 이유도 없지 않다. 프랑스 지방행정을 장악한 대부분의 반 나치저항세력은 무장한 공산당세력이 주류를 이루고 있었고, 이들이 인민재판을 열어 보복적 숙청을 할 가능성이 컸다. 일부지방에는 나치협력자에 대한 인민재판과 즉결처분이 일어난 '야만적 숙청'의 사례도 적지 않게 보도되고 있었다.

그래서 해외에서 금의환향한 드골파와 국내 레지스탕스 간에 힘겨루기가 필연적이라는 불길한 예측이 나오기도 했다. 그러나 드골파와 저항단체가운데 우파와 공산당세력간의 충돌이나 힘겨루기 같은 불행한 일은 일어나지 않았다. 드골은 자기 세력과 사회·공산당 인사들이 참여한 거국내각으로 임시정부를 구성해 갈등을 돌파했다. 드골이 지방에 파견한 임시정부 정치위원이나 대표들은 공산당세력과 협동해 어렵지 않게 지역 폭력사태와 무질서, 그리고 야만적 즉결심판 등을 사전에 예방하고 치안을 유지하는데 성공했던 것이다.

그러나 드골파와 레지스탕스 간에 나치협력 공직자들의 응징에 관해서는 이견이 표출되고 있었다. 국내에서 투쟁한 반 나치저항단체들은 합법적 범주 속에서 숙청을 한다는 드골의 원칙에 찬성하면서도 일부 나치협력 악질공직자들에게는 신속하고도 가혹한 숙청이 불가피하다고 주장했다. 파리의 인간박물관 관장이며 지하저항 언론인으로 활약한 폴 리베는 이렇게 말했다. '프랑스를 해방시키는 연합군이 상륙할 때 프랑스국민은 먼저 국토를 해방하기 시작할 것이다. 파리는 재판소가 설치되는 것을 기다리지 않고 민족배반자들을 숙청해 몰아낼 것이다. 인민의 분노는 언제나 두려운 것이다. 나는 인민이 정의를 훼손하지 않기를 기원한다. 그러나 새 정부가 도착할 때는 이미 기정사실화된 현실을 마주하게 될 것이다. 비시정권의 수괴들, 데아, 도리오, 라발, 그리고 페탱 원수까지도 숙청당하게 될 것이다. 왜냐하면 프랑스는 혁명이 문제가 아니라 숙청이 당면 과제이기 때문이다.'

프랑스군당국 조차도 '소수 개인들의-알려진 민족반역자-처형은 설사 재판이 없더라도 경찰의 숙청작전으로 생각해야 하지만, 각 지역 당국이 즉결처분과 인민재판을 극단적으로 제한하고 나치협력 범죄인들을 정식재판에 회부하도록 강제해야 한다'라고 각급 부대에 시달할 정도로 험악한 상태였다.

▌드골, '숙청은 사법부의 권위 아래 드높게 완수해야'

드골은 이러한 나치협력 용의자에 대한 '불가피한 처단허용'조차도 용납할 수 없었다. 드골은 정의란 국가의 이름으로만 법을 세워 집행할 수 있는 것으로 판단했다. 드골은 '대숙청은 사법을 담당하는 사람의 권위와 책임아래에서 보다 드높게 완수돼야 하는 것'이라고 밝혔고, '숙청작업은 국가의 작업'이라고 계속 강조했다. 드골이 나치협력자 숙청에 관해 국가의 업무임을 강조하는 이유는 프랑스에 법질서를 유지할 수 있는 정통성을 확보한 사법기구를 조속히 설치하는 일이 급했기 때문이다. 이미 널리 알려져 있듯 루스벨트

프랑스의 나치협력자 청산

미국 대통령은 비시정부 이후의 대안정부가 드골의 CFLN이라고는 추호도 생각하지 않고 있었다. 드골의 깊은 고민은 바로 이 점에 있었다.

루스벨트가 비시정권과 드골파간의 타협과 화해를 희망한다고 해서 라발이 파리해방 후 드골과 파리에서 회담한다는 황당한 계획까지도 비시정권 측이 세웠는데, 드골에게는 어림도 없는 수작이었다. 앞에서 보았듯 라발재판에서 변호인들이 드골을 파리에서 맞이하기 위해 비시정권이 환영을 준비한 사실을 기밀로 다루며 변론의 근거로 제시한 것은 이를 두고 한 말이다. 미국은 페탱파와 레지스탕스간의 시민전쟁 발발우려를 명분으로 프랑스에 미군의 군정실시라는 압력을 계속 가하고 있었다. 그러나 드골은 어떤 경우에도 비시정권과의 타협이나 미군정의 수용은 전혀 용납할 수 없는 일이었다. 결국 루스벨트는 아이젠아워장군에게 CFLN과 대화하고 상대하는 모든 권한을 부여했다. 그런데 이때도 미국이 군정실시 계획을 완전히 포기한 것은 아니었다.

드골에게는 그래서 파리에 프랑스 임시정부 수립이라는 기정사실화 작업이 초미의 과제가 된 것이다. 드골은 해방된 프랑스의 지방에 대해 반 나치저항단체의 무장세력과 통합하면서 차례로 장악해 나갔고 지역해방위원회의 역할을 제한하면서 그의 대표인 '공화국 정치위원'을 파견해 현 지사의 업무를 담당하도록 조치했다. 드골이 아무리 급하다고 해도 비시와 나치독일에 충성한 민족반역자들의 온상인 공직관료사회를 그대로 수용해 새 프랑스 건설의 주역으로 삼는다는 것은 어림도 없는 일이었다. 이 문제를 해결하기 위해 드골은 현 지사 직속으로 '공화국 경찰위원'이라는 새 자리를 만들어 지역마다 파견했다.

CFLN의 특별위원회가 이들을 임명했는데, 신분구성은 저항운동에 참가한 교사, 노조원, 엔지니어, 전 국회의원, 전 판·검사, 그리고 전 경찰간부들이었다. 경찰위원은 비시정권과 협력한 공직자들의 파면과 나치협력 공직자들의 체포권을 갖고 있었다. 이들은 필요하다고 판단되는 경우, 나치협력자를 재판하기 위한 특별재판소 설치권도 갖고 있었다. 드골은 이러한 모든 조치들이 질서정연하게 집행돼야 한다는 조건을 달아 경찰위원에게 전권을 부여했다.

만일 이러한 작업들이 무질서를 야기한다면 미국의 군정실시 계획에 빌미를 주고 CFLN의 위상을 실추시킬 위험이 있었다. 그리고 드골의 임시정부 수립계획이 수포로 돌아갈 위험마저 없지 않았다. 드골은 공화국 정치위원들을 임명해 모두 현지에 파견하고 CFLN을 모태로 1944년 6월 3일 '프랑스공화국 임시정부'를 출범시켰다. 프랑스에서 나치독일군과 전투하는 영·미의 군당국은 드골의 임시정부에 반감을 표시하지는 않았다. 다시 말해서 2차 세계대전 후 드골이 프랑스의 권력을 잡는데 거부감을 보이지 않은 것이다.

1944년 7월 초순에야 루스벨트는 드골의 임시정부를 인정했는데, 드골의 '기정사실화 정책'이 열매를 맺은 순간이었다. 그러나 루스벨트는 드골의 임시정부와 민간업무에 관한 합의를 했음에도 그로부터 4개월이나 지난 10월에 가서야 드골의 임시정부를 공식적으로 승인했다. 프랑스임시정부가 마련한 프랑스를 쇄신하기 위한 프로그램은 행정부에 대한 대숙청을 예고하고 있었다. 경찰에게 치안유지를 맡기기 위해서는 경찰내부의 나치협력자를 먼저 숙청해야 한다는 것이 드골의 생각이었다. 나치협력자에 대한 재판을 판·검사들에게 맡기기 위해서는 먼저 비시정권에 충성한 판검사들을 제거해야 한다는 것이다. 드골은 이미 알제시절부터 반역자 선별기준과 체포에서 재판까지 모든 절차 등에 대한 마스터플랜을 완벽하게 마련해 두고 있었다.

프랑스의 나치협력자 청산

▌드골, 경시총감에게 '나치협력자 숙청이 어떻게 진행되나' 첫 질문

파리가 해방되던 날, 드골이 파리경시총감에게 보낸 첫 질문은 '귀하의 관할지역에서 나치협력자에 대한 숙청이 어떻게 진행되고 있는가?'라는 것이었다. '예정대로 나치협력자 숙청위원회를 조직중입니다'라는 경시총감의 답변에 드골은 조속히 조직을 끝내고 수주 안에 경찰내부의 숙청을 마무리 지을 필요가 있다고 강조했다. 모든 정당과 반 나치저항단체나 그룹은 공직자 숙청에 대한 속도를 걱정했다고 하며, 드골이 제시한 일정보다는 다소 늦었으나 공직자 숙청이 다른 부문보다 상대적으로 빨리 끝날 수 있었다.

드골은 '프랑스공화국이 합법적으로 존재를 중단한 적이 전혀 없었으며, 비시정부의 모든 활동은 불법이며 무효다'라고 선언했다. 드골의 비시정권에 대한 불법과 무효선언은 드골의 망명정부 CFLN과 자유프랑스만이 합법적이며 유효하다는 깊은 뜻을 담고 있었다. 비시정권에 대한 드골의 '불법이며 무효'라는 정의는 '상관의 명령과 지시에 복종했더라도 공직자는 처벌되어야 한다'는 의미도 내포하고 있었다. 그러나 실무문제에 대해서는 비시의 법제를 대체로 인정했다. 드골은 비시정권 4년간 모든 제도와 관행을 일시에 완전히 소멸시키는 것은 국가와 사회에 대 혼란을 야기한다는 사실을 인정했다. 드골의 임시정부가 선택적으로 채택할 것과 청산할 것을 간추렸는데, 최대의 악법인 인종차별법 등을 즉각 폐지했으나 나머지 민생관련 법들은 상당히 많이 존속시켰다.

프랑스가 나치독일에 패전한 직후 비시정권이 출범하면서 공직사회의 상층부를 페탱에 대한 충성분자로 물갈이했기 때문에 프랑스 해방시 고위공직자의 거의 모두가 '비시에 충성하고 나치독일에 협력한' 민족반역자들이었다. 그래서 공직자숙청은 국가기관에서 나치협력 공직자를 제거해 비워야만 참신한 애국적 민주세력으로 충원할 수 있다고 드골은 판단했다.

1944년 6월 27일 드골이 발표한 훈령은 공직자숙청에 관한 절차와 기구구성을 장관개인의 훈령에 위임하고 장관은 나치협력 혐의가 있는 공직자를 일단 해임시키고 최후의 결정을 기다리는 동안 그의 봉급을 반으로 감봉하는 권한을 갖는다고 규정했다. 드골은 각 부 장관에게 관료숙청에 대한 재량권을 부여한 것이다.

비시정권이 임명한 각 현의 지사를 대체한 드골의 공화국 정치위원들은 지방자치단체의 공직자들을 신속히 숙청했다. 드골은 공직자숙청을 위한 훈령에서 공화국정치위원들과 현 지사들을 임명했다. 이것은 비시정권이 임명한 현 지사를 모두 자동적으로 파면하는 조치였다. 이 훈령은 새 현 지사가 이 지역의 고위공직자들을 해임 또는 파면할 권한을 갖는다고 규정해 지방행정 쇄신을 위한 지방공무원 숙청을 집행하도록 배려했다.

지방공직자의 숙청은 초기에는 나치협력 공직자들을 철저히 소탕하는 방식으로는 집행되지 않았다. 드골이 현 지사와 정치위원에게 전권을 위임하면서 지방공직자 숙청에서 어느 정도 관용이 필요하다는 지시를 내렸기 때문이다. 임시정부는 중앙정부의 공직자숙청을 종결하는 예상 일자를 1945년 2월 15일로 정했다. 이 가운데 경찰의 숙청은 대단히 중요한 당면과제였다. 안보상 이유로 경찰 중에 조금이라도 신뢰할 수 없는 경찰관들은 철저히 제거할 필요가 있었다.

프랑스의 나치협력자 청산

3. 드골, 판·검사, 군부, 교육계 숙청하다
— '민족배반 경찰과 판검사로 나치협력자 심판할 수 없다'

경찰은 행정기관 중에서 가장 노출된 직종이다. 치안을 담당해 법질서를 유지하기 때문이다. 만일 나치협력으로 이름난 경찰관이 숙청당하지 않고 계속 일하고 있으면 시민과 반 나치저항단체 및 공산당 등 좌파의 신뢰를 얻을 수 없다. 파리의 경찰은 파리경시청이 반 나치저항운동의 첫 봉기거점이 될 정도로 수도해방에 큰 역할을 했다. 특히 파리경찰이 파업을 단행한 것이 시민의 총 봉기에 도화선이 되었다. 이러한 파리경찰의 역할은 나치점령 4년간 비시정권과 나치의 앞잡이로 저항운동을 탄압했던 이미지를 시민의 마음에서 지우는데 크게 기여한 것임에 틀림없다.

▌파리해방 2주일간 경찰 5천여 명 체포, 5명이 총살되다

그럼에도 파리해방 후 2주일간 고위 간부를 포함한 파리경찰 7백여 명이 체포됐다. 드골은 제일먼저 경찰숙청을 단행했다. 1944년 말 임시정부는 전국에서 경찰관 5천여 명을 파면 또는 체포했다고 발표했다. 1943년 알제시절부터 드골의 자유프랑스는 본토해방 후 체포할 경찰관과 파면시킬 경찰관명단을 작성했고, 해방 후 계획대로 집행한 것이다. 경시총감은 두말할 나위 없고 경찰서장 및 형사부장급까지 거의 전면적 물갈이를 했고 이들 중 악질 나치협력자로 지목된 경찰관 5명에게는 총살형이 집행됐다. 대단히 가혹한 경찰숙청이었다.

사법부 숙청 총책은 반 나치저항운동 대부격인 모리스 로랑이었다. 그는 숙청의 두 가지 방향을 제시했다.

첫째 지검장급 고위 검찰간부들은 저항운동에 적극적으로 참가한 증거를 제시하지 못하면 물러나야 하며 둘째 일반검사들은 나치협력에 설득 당하지 않은 경우에 한해 제 자리를 보전시켜 준다는 것이다. 지검장급 고위간부는 지역의 지방검찰청장들과 고등검찰청소속 검사들이고 조사대상자 수는 3천여 명에 달했다. 조사결과 혐의가 불투명한 자는 파면대신에 장기휴가나 퇴직시켜 사법부에서 추방했다. 나치에 협력하지 않았지만 비시정권의 지시를 따른 검사는 좌천시켰다.

사법부숙청 담당자들은 나치점령시절 대부분의 판·검사들이 비시정권의 법제를 위반했다고 처벌한 페탱파 판·검사와 비시의 법 집행을 가능한 한 기피하고 태업한 드골파 검사들을 정면으로 대결하게 만들었다. 드골파 판검사들은 비시정권이 제기한 법 절차를 사보타지 하거나 사건처리를 늦추어 괴뢰 비시정부를 골탕 먹였다고 설명했다. 그러나 이들도 체포된 혐의자들 가운데 유태인만은 석방할 수 없었다고 변명했다. 왜냐하면 석방즉시 나치독일 비밀경찰의 밥이 되기 때문이다. 로랑 검찰총수 자신도 나치점령시절 이러한 일을 직접 경험했다. 그래서 판사, 검사 및 변호사의 숙청은 드골의 훈령에 따라 신중히 처리하지 않으면 안 되었다. 1945년 5월 24일 망통법무장관은 제헌의회에 사법부 숙청보고서를 제출했다. 그는 사법부숙청이 공화국 정치위원들, 지방검찰청 및 지역해방위원회와 법원총국이 제공한 정보들에 의해 쉽게 완수될 수 있었다고 지적했다.

보고서에 따르면 나치협력 혐의를 받은 4백3명의 용의자와 3백63

프랑스의 나치협력자 청산

건의 민족반역 혐의사건을 수사했는데 이것은 전체 판사의 17%에 이르는 수치라고 한다. 먼저 2백37명에게는 정직조치를 취했다. 고등법원에서 판사 61명중 11명이 조사를 받은 결과 6명이 파면됐다. 현직 법원장과 검사장 48명중 34명이 숙청위원회에 회부돼 조사를 받았다. 이중 판사 15명과 검사 15명이 처벌당했다. 파리고법과 센느지법의 판사 32명이 조사를 받아 9명이 파면되고 13명이 징계처분을 받았다.

지방고법과 지법의 경우 판사 64명이 파면되고 65명이 퇴직조치를 당했다. 법무부는 모든 국장급 고위직을 면직시키거나 조기 은퇴시켰다. 법무성 숙청위원회 노르만변호사는 나치협력 혐의를 받은 판검사 사건을 열어보면 내용이 비어있는 경우가 많았으며, 이는 법무성 안의 나치협력자들이 서류를 없애버려 증거를 인멸했기 때문이라고 판·검사 숙청의 어려움을 피력했다.

▌1943년 자유프랑스 지지대사 없어 외무성은 페탱파 소굴

드골은 나치협력 외교관에 대한 숙청을 알제시절에 이미 착수했었다. 1943년에 드골의 자유프랑스에 가담한 대사들은 단 한 명도 없었다. 외무성은 완전히 페탱파의 소굴이었다. CFLN의 외교담당 정치위원 마시그리는 미군의 북아프리카 상륙작전이 성공한 전후에 모로코와 튀니지 대사관에 남아있던 일부 외교관들이 자유프랑스에 가담한 정도라고 말했다. 페탱에게 충성한 외교관들은 본토로 모두 돌아갔다는 것이다. 그는 북아프리카에 연합군이 상륙한 1942년 11월 8일 이후에도 계속 비시정권에 충성한 대사들은 드골의 임시정부를 대표할 자격이 없다고 규정했다.

드골은 파리가 해방되기 전에 이미 많은 나라들에 외교담당 대표를 임명해 파견했다. 이 때 첫 조치로 비시정권이 임명한 대사 11명, 공사 16명, 참사관과 총영사 14명, 서기관, 영사, 부영사 25명을 파면시켰다. 파리해방 직후 드골은 저항운동전국협의회 의장 비도를 CFLN의 외무장관에 임명했고, 즉시 외무성 숙청위원회를 부내에 설치시켰다. 이에 앞서 드골의 측근인 외교담당 마씨그리위원은 비시정권의 대사들, 페르낭 드 브리농(독일점령지역 비시정권대표), 주이탈리아대사 베라르, 주미대사 앙리 아이, 주스위스대사 폴 모랑을 파면했다.

비도외무장관은 외무성 고위직을 차례로 소환해 비시정권시절의 활동에 대한 소명을 들었다. 1944년 말까지 외무성 숙청위원회는 고위 외교관 83명에게 파면 등 중징계를 내렸다. 이중 대사 11명과 공사 23명은 형사 소추될 것이라고 발표됐다. 이듬해인 1945년 1월 23일 드골은 각 부처에 신속한 행정부 관료숙청을 촉구했다. 외무장관은 드골의 지시가 내린 후 15일 만에 독일에 피신한 외교관과 극동아시아 근무 외교관을 제외한 모든 외교관 숙청을 끝냈다고 발표했다. 외무성 숙청위원회는 5백6건을 조사해 대사 75%, 공사 40%와 참사관 25%를 각각 처벌했다고 밝혔다. 그리고 비도장관은 형사 소추해야 할 고위 외교관 13명의 명단을 법무성에 넘겼다.

이들 가운데 로샤 등 3명은 최고재판소에 회부되어 실형을 선고받았다. 프랑스의 유명한 작가이며 문예비평가 폴 모랑은 스위스대사로 비시정권에 복무했다. 그는 프랑스가 나치독일로부터 해방되자 귀국하지 않고 스위스에 주저앉았다. 임시정부는 모랑대사를 즉각 파면시켰다. 그런데 모랑은 임시정부의 조치에 불복하고 살기 위한 투쟁을 벌여 자신의 파면을 사건화 했다.

그는 먼저 프랑스헌법위원회에 호소문을 보냈다. 외무성숙청위원회로부터 소환장을 받은 적이 없으며, 비시정권시절의 행동에 대해 소명을 요구받지도 않았다고 호소문에 썼다. 그는 자신에 대한 징계가 궐석상태에서 결정된 것은 부당하다고 주장하며 스위스의 거주지 주소

프랑스의 나치협력자 청산

를 외무성이 잘 알고 있었다고 지적했다. 비시정권은 그에게 영화 시나리오를 검증해 달라는 가벼운 업무를 맡긴 후 곧 루마니아대사에 임명했고 다시 스위스로 임지를 옮겨 주었던 것이다. 1953년 헌법위원회는 그에 대한 파면을 취소시켰다. 그의 주소지가 알려져 있었으며 그럼에도 자신을 변호할 기회를 갖지 못했다는 것이 취소이유였다. 그는 복직한 후 5년간 봉급을 소급해 영수하고 곧 바로 정년퇴직해 프랑스에서 조용히 여생을 보냈다. 이 경우는 임시정부의 성급한 파면조치가 오히려 나치협력자에게 반격의 빌미를 준 사례로 지적된다.

▌비시정권 인정한 외국대사 신임장까지도 거부파문

특히 드골은 비시정부를 승인한 나라들이 비시에 파견한 외국 외교관들까지 숙청하려고 기도했다. 나치독일 점령시절, 비시에 대사를 파견했던 나라들이 파리해방 후 임시정부에 대사를 파견했을 때 드골은 경우에 따라 신임장을 거부해 큰 파문을 일으켰던 것이다. 외무성 총무국장 브뤼게르는 임시정부가 국제적 의전을 위반하는 것에 놀라 외무장관에게 시정을 요구했으나 장관 역시 드골과 같은 입장이었다. 임시정부 수뇌들은 비시정권을 공식 승인해 비시에 파견된 외국대사들을 용납할 수 없었던 것이다.

프랑스 수도 파리가 나치독일 점령에서 해방되었음에도 일부 외국 외교관들은 여전히 비시에 남아 있었다. 이들은 외무성 관료의 안내를 받아 1944년 9월 파리에 올라 왔다. 그러나 외무장관 비도는 이들의 접견을 철저히 거부했다. 외무장관의 이 같은 태도는 비시에 주재했던 외국 외교관이 프랑스에 계속 남아 있는 것이 바람직하지 않다는 것을 암시해 주고 있었다. 이 중에는 비시정권시절 최고령인 로마교황청대사 바레리도 있었다. 외무장관은 로마교황청이 임시정부에 보다 유능한 인물로 대사를 교체해줄 것을 희망했다. 프랑스는 1월 1일 국가원수가 전통적으로 프랑스주재 외국대표들을 그의 관저나 집무실로 초청해 신년의 하례를 받는 외교전통을 갖고 있었다.

1945년 설날에는 외국 대사들 가운데 최고령인 문제의 교황청대사가 전체대사를 대표해 인사하게 되었다. 비도장관은 드골이 바레리를 기피인물로 생각하는 것을 알고 사전에 로마교황청에 대사교체를 희망했던 것이다. 그러나 로마교황청은 대사교체에 응하지 않았다. 이 때문에 비도는 신년 하례식에서 바레리가 드골에게 외국사절의 대표로 인사하는 것을 방치할 수밖에 없었다. 바레리는 1944년 설날에는 비시주재 외교단을 대표해 페탱의 장수를 빌었고, 1945년에는 드골에게 신년인사를 한 것이다. 드골은 후에 회고록에서 '불가능한 일'이 일어났고, 바레리대사와 헤어지면서 '개인적으로 최대의 배려를'이라고 전혀 마음에 없는 겉치레 말을 했다고 기록했다.

이 사건 후 로마교황청은 주터키대사 롱칼리를 주프랑스대사로 임명해 말썽 많은 바레리를 교체했다. 드골은 알제시대부터 나치협력자에 대한 선별작업을 거의 완료해 파리해방 후 즉각 숙청에 나섰다. 교육계도 예외가 아니었다. 파리해방 1년 전인 1943년 8월 드골의 훈령은 교육성 숙청위원회의 설치를 규정했고 이 해 말경에는 나치협력자를 색출해 내기 위한 조사위원회도 만들었다. 교육성에 설치된 고위조사협의회가 각 지역 및 하급조사위원회의 작업을 지휘 감독했으며 이 협의회 의장으로 파리법대교수 피에르 프토가 임명됐다.

▍교육부 조사협의회, 교수 교사 6천여 명 나치협력혐의 조사

조사위원들은 대부분 저항운동에 열성적으로 참가한 교수, 각급 학교 교사들과 교장들로 구성됐다. 드골의 망명정부 CFLN이 파리

프랑스의 나치협력자 청산

에 귀환한 후 교육성 고위조사협의회는 무려 6천여 건의 나치협력자 혐의사건을 심사했다. 협의회에 접수된 고발장과 고소장들 가운데 일부는 교수나 교사들을 원한이나 증오 때문에 무고한 경우가 있었다. 그래서 판단착오를 일으키는 사례도 적지 않았다. 한 교사는 살기 위해 친 나치조직에 가입했다거나, 한 탁월한 예술전공 교수가 독일에 강습을 다녀왔다거나, 한 여교사가 나치독일장교들이 자주 드나드는 나이트 크럽에서 놀아났다고 밀고하는가 하면, 어느 교장은 비시정권의 기념식에 참가해 '베르덩의 영웅 페탱 원수 만세'를 불렀다는 등이 중요한 모함내용이다. 조사협의회는 이러한 무고나 모함을 분별해 진짜 나치협력 반역자를 색출해야만 했다.

1945년 6월까지 모두 2천3백62명의 교육자들이 조사 받았다. 이중 3백70명이 견책, 3백59명이 좌천, 1백10명이 계급강등, 69명이 휴직, 90명이 직위해제, 17명이 퇴직, 1백94명이 교사 및 교수직박탈, 18명이 훈장착용금지, 2백72명이 파면(연금지급금지), 59명이 연금지급 조건의 파면, 1백14명에게는 법무성에 수사를 의뢰했다. 이밖에도 교육성의 고위공직자 3백57명이 직위박탈 등의 중징계를 받았다. 교육계는 이러한 초기숙청이 가혹하다면서 불만을 표명했으며 1948년 이후에는 징계의 공정성이 확보돼 부작용이 사라졌다는 것이다.

1953년 이후에 5백여 건의 재심청구가 들어왔는데, 모두 '이유 있다'고 헌법위원회가 판정해 원상회복 조치가 이루어졌다. 도서관숙청위원회는 저명한 우파역사학자 베르나르 페이를 심사했다. 비시정권이 그를 도서관협회 회장으로 임명했기 때문에 해방 후 교육성은 그에 대한 수사를 검찰에 의뢰했다. 법무성은 그를 즉각 드랑시수용소에 구속 수감했다. 검사는 그를 비시의 열성 고위공직자이며 나치독일의 충성스런 협력자라고 규탄했다. 페이는 자신이 반나치독일 정신이 투철하며 반 나치저항운동에 내심으로 찬동해 레지스탕스들에게 보증까지 서 위기를 넘기게 해주었다고 항변했다. 그럼에도 불구하고 숙청위원회는 만장일치로 도서관협회장의 파면을 결정했고, 숙청재판부는 그에게 공민권 박탈형을 선고했다.

드골에게는 또한 군부의 숙청이 초미의 과제였다. 1943년 12월 21일 드골의 훈령은 비시정권과 연관되거나 나치독일에 대해 유리한 입장을 취한 군의 조직이나 단체에 가담한 장교나 하사관은 모두 파면시킨다고 규정했다. 1940년 6월 나치독일에 패전한 프랑스군은 그 후 4개 부류로 분열됐다.

첫째는 프랑스본토에 남아 비시정권에 충성했고, 둘째는 드골의 자유프랑스에 가담했으며, 셋째는 본토에 남았으나 페탱과 드골파 중 어느 편에도 가담하지 않고 중립을 지킨 군인들이었다. 3가지 부류 중 일부가 나치독일점령 후기에 저항운동에 가담했다. 그러나 나머지는 비시정권의 준군사조직이나 민병대에 참여했는데 이들이 넷째 부류다. 자유프랑스군과 프랑스 국내군(FFI-반 나치저항단체의 무장부대)은 끝까지 중립을 지킨 부류를 일차로 진압했다. 해방된 지역에서 자유프랑스군의 상급 장교에게 이들을 출두시켜 심사 후 모두 프랑스군에 편입시켰다. 드골임시정부가 파리에 정착하면서 전쟁성은 두 가지 결정을 발표했다. 첫째는 비시정권이 임명한 보직과 승진을 모두 취소한다는 것이며 단 1944년 6월 노르망디 상륙작전이 성공한 후 FFI나 FFL(레지스탕스의 국내지역군)에 가담한 장교들은 반 나치저항군에 편입되었으므로 이러한 징계에서 제외된다는 내용이다. 두 번째는 드골이 1944년 9월 22일 결재한 훈령으로 군부숙청위원회를 설치한다는 것이다. 군부숙청위원회는 드골의 6월 27일자 훈령에 의해 처벌대상으로 분류된 군부의 나치협력 용의자에 대해 숙청여부를 심사해 보고서를 장관에게 제출해야 한다. 숙청에 대한 최종판정은 장관이 한다는 것으로 군부숙청도 행정부 숙청의 일환으로 집행되었다.

프랑스의 나치협력자 청산

▌드골, '비시의 군수뇌와 고급장교 모두 감옥에 처넣어라'

　전쟁성장관은 숙청위원회의 보고를 기다리지 않고 페탱 원수의 정치특보 브레카르장군, 시그마린겐의 나치괴뢰정권에서 국방차관에 임명된 브리두장군, 페탱의 경호실장 장 프레장군 등 비시의 군수뇌부를 모두 파면시켰다. 다음에 군부의 나치협력 고급장교 머리들이 속속 떨어지기 시작했다. 1944년 10월 드골은 군부숙청에 대해 의견을 내비친 적이 있었다. 일부 장교들은 군부숙청의 범위에 대해 드골장군의 개입을 희망한다고 말했다. 드골은 이 말을 듣고 개인비서에게 '그들을 몽땅 감옥에 처넣어라'고 말했던 것이다. 그후부터 드골의 개인비서는 법관이나 고급장교들이 나치협력 혐의자로 지목된 동료들에 관해 드골에게 그의 태도나 견해를 물어서는 안 된다는 사실을 알게 되었다.

　1차 세계대전시 베르덩 전투에서 용명을 날린 장군이었으나 비시정권에서 자진해 퇴직한 폴 마테장군이 군부 숙청위원회 의장에 임명되면서 군부숙청은 찬바람을 일으키며 가속화됐다. 1944년 11월부터 본격적으로 가동된 군부숙청위원회는 먼저 장군 2백53명의 나치협력 여부를 심사했다. 이미 징역형을 받은 장군들은 자동적으로 파면과 훈장취소 조치를 받았고, 일부 경미한 나치협력 장성들은 연금이 취소되지 않는 파면과 이등병으로 강등 후 강제전역 또는 1942년 당시의 계급으로 강등해 전역시키는 등의 처벌을 받았다. 군부숙청위원회에 회부된 장군들 가운데 40명만이 무혐의 판정을 받아 간신히 군에 복귀할 수 있었다.

　1946년 말까지 모두 1만2백70명의 장교들이 군부숙청위원회에서 조사를 받았다. 조사결과 6천6백30명이 나치협력의 누명을 벗고 군에 복귀했고, 6백50명은 파면 당했으며 2천5백70명이 전역 당했다.

군부숙청위원회의 숙청이 일반적으로 가혹하다는 평가에도 불구하고 반 나치저항운동단체들 가운데 공산당소속 레지스탕스는 군부의 숙청이 너무 미온적이라고 불만을 터뜨렸다. 공산당의원들은 전쟁성이 저항운동세력이 집결한 프랑스국내군인 FFI의 장교에게 급료를 지불하지 않으면서 비시정권에 가담한 군 장교들을 인도차이나에 파견하는 것은 나치협력자들에게 군 복귀를 허용하는 것이나 마찬가지 처사라고 비난했다.

제헌의회는 공산당의 주장에 따라 이 문제를 토의했고, 저항운동에 참가하지 않았거나 1944년 6월 이전에 군의 동원에 불응한 군 장교들이 미·영·불 연합군에게 타격을 입힌 것으로 간주하라고 요구했다. 군 숙청이 이처럼 정치문제로 비화됨에 따라 1946년 전쟁성은 1만1천여 명의 장교를 전역시켰다. 공산당만이 전쟁성과 군부숙청위원회의 미온적인 숙청을 비난한 것은 아니다. 일부 1차 세계대전 참전 군 장성들도 군부숙청위원회 위원장 마테장군이 비시정권의 색깔을 강하게 풍긴다고 비판했다.

군부숙청은 나중에 통계수치까지 맞지 않는다는 비난을 받는가 하면 숙청된 장교들 가운데 일부는 거의 자기변호를 하지 못하거나 소명이 안 된 상황에서 '당했다'는 비난도 일어났다. 그러나 군부숙청은 최고재판소에서 대부분의 비시정권 군 수뇌부가 가혹하게 처벌되었고, 2만여 명의 장교들이 파면 등 징계를 당하거나 퇴역되는 등 군부내의 나치협력세력들이 거의 완벽하게 소탕된 것으로 평가된다.

지방공무원에 대한 숙청은 초기에 드골의 발언으로 관대한 경향이 잠시 나타났으나 파리의 중앙정부 공직자들이 무참하게 숙청당하면서 숙청바람이 불어 닥쳤다. 지방관료 5만여 명이 나치협력혐의로 조사 받았고, 1만1천 건은 지방에 파견된 드골의 정치위원들이 내무성 숙청위원회에 최종처리를 넘겼다. 공직자숙청에 대한 여

프랑스의 나치협력자 청산

론조사결과 프랑스인 14%만이 충분하다고 응답했을 뿐이고 65%가 불충분하다는 의견을, 6%는 너무 가혹하게 숙청했다는 견해를 보였다. 프랑스임시정부의 공식 발표는 1만6천1백13명의 고위급 공직자들이 응징됐으며, 중앙정부 공직자중 숙청된 자는 1만1천3백43명에 달했다는 것이다.

▍공직보호연맹, '관료 12만 명 숙청은 너무나 가혹하다'

언론인 브라지야크와 페탱을 변호해 유명해진 변호사 이소르니는 정부가 발표한 수치를 믿을 수 없다고 밝히고 개인조사결과 15만여 명의 공직자가 숙청되었다고 주장했다. 프랑스공직자보호연맹은 숙청의 가혹성을 비난하면서 희생된 공직자수가 12만 여명에 이른다고 발표했다. 이소르니는 관료와 자유직업사회의 대숙청결과 무려 1백만 여명이 직장에서 추방됐다고 주장했다. 1990년대에 관료사회의 숙청을 연구한 프랑스와 루케는 '프랑스 행정관료의 숙청'(1993년)이라는 연구서에서 '공직자에 대한 숙청은 임박한 정치적 불안이 은폐된 상황에서 집행됐다. 연합군의 군정실시라는 위협을 피하기 위해 합법적 공화정을 조속히 수립해야 했고, 한편으로는 대독일 전쟁을 수행하면서 국가를 재건해야만 했다….이러한 위기의 상황에서 나치협력자에 대한 숙청은 신속해야만 했고 전시적으로 집행될 수밖에 없었다'는 결론을 내렸다. 그럼에도 불구하고 드골은 나치협력 공직자들을 철저히 숙청함으로써 공직사회를 민주적으로 개조하는데 성공한 것으로 판단된다.

4. 드골, 경제계 숙청하다
―"나치독일 위해 봉사하고 이익챙긴 기업 스스로 책임져라!"

　드골장군은 나치독일에 적극적으로 협력하거나 지원한 대기업 사주들도 예외가 없이 엄정하게 숙청하기로 결정했다. 드골은 경제적 명분을 내세워 나치협력 기업인과 기업에 면죄부를 주는 방식의 특혜를 주지 않고 모두 심판해 벌을 줌으로써 나치협력 기업인을 청산하려고 했다. 드골은 나치협력 대기업 소유주의 재산을 몰수했을 뿐만 아니라 그의 기업을 국유화해 민족반역 기업인을 응징하고 그들이 소유한 기업은 국가관리의 손에 넘기는 대단히 가혹한 처벌을 내렸다.
　그래서 기업의 회장이나 사장이 나치협력자로 지목된 기업들은 드골의 추상같은 기업인숙청에 벌벌 떨었다. 그러나 국유화되는 기업들의 주식은 정부가 현 시가대로 보상한다고 밝혀 선량한 주주에게는 손해를 주지 않도록 배려했다. 1944년 12월 프랑스북부 거대 석탄회사가 드골의 훈령에 의해 국유화 될 때는 나치협력 기업에 대한 처벌이라고 말하지 않고 '새 경제정책의 실현을 위한 비상조치'라고 설명했다. 프랑스의 광산주들은 나치점령기간에 비난받을 만한 일을 저지르거나 특히 나치독일에 협력적 자세를 취하지 않았기 때문에 나치협력자 숙청 명분이 사실상 없는 것이나 다름없었다.

| 프랑스의 나치협력자 청산

르노 공장 노동자파업 광경

　드골은 세계대전의 폐허에서 사회개혁과 경제복구를 위한, 특히 프랑스국민의 공동이익을 지키기 위한 긴급조치라고 둘러대었다. 전후 폐허화한 경제를 재건하기 위해서는 전기와 가스 및 석유 등 에너지원을 국가가 소유해 관리하는 것이 불가피하다고 드골은 판단한 것 같다. 드골은 개인의 이익을 희생하더라도 국가와 국민전체의 이익을 먼저 수호해야 한다고 확신했다. 드골의 큰 정치에는 사익을 배척하고 공익을 존중하는 공정성의 정신이 언제나 바탕에 깔려 있었다. 누구도 감히 드골의 대숙청과 국유화 조치 등 경제개혁에 비판의 화살을 날릴 수 없었다. 이것은 바로 드골개혁이 보유한 고도의 공정성 때문이었다.

▎드골 개혁원칙, '자원을 개인보다 국민 전체 행복위해 이용한다'

　드골은 파리해방 2주일 후의 연설에서 '개인이익 보다 국민의 전체 이익을 정책의 최우선 과제로 삼는다'고 천명했다. 그는 이렇게 설명했다.

'우리는 프랑스가 앞으로, 국민의 활동에 대한 원칙을 간추려 말한다면, 모두에게 최대의 자유를 보장해주고 모든 부문에서 기업정신을 고양하면서 개인의 이익은 언제나 전체이익에 양보해야 하고 민족의 공동재산인 위대한 자원을 특정인의 개인 이익이 아니라 국민 모두의 행복을 위해 개발하고 이용해야 한다고 천명한다.'

드골의 기업철학은 그가 우파에 속하는 지도자임에도 대기업 국유화라는 매우 급진적인 사회주의정책을 선택하게 만들었다. 1980년대의 일이지만 사회주의 대통령 미테랑과 우파 총리 시라크가 동거정부를 운용할 때, 우파정부가 민영화정책을 추진하면 미테랑의 반대논리는 언제나 '드골이 국유화한 공공기업을 드골파가(시라크는 드골파 당수였다) 민영화하는 것은 어불성설'이라고 반격하는 유명한 에피소드를 남겼다.

드골의 국유화정책은 프랑스기업과 대기업회장이나 대표이사들이 나치점령시절 나치독일의 경제와 군수물자를 지원하기 위해 자의든 강제든 동원됐기 때문에 경제부문 숙청이라는 유리한 조건을 갖추고 있었다. 드골은 평상시보다 국유화정책을 저항 없이 단행할 수 있었다. 국가자원을 국민전체의 '행복을 위해 개발하고 쓴다'는 드골철학은 앞에서 보듯 1981~95년 사회주의 대통령인 미테랑이 국유화정책을 집행하면서 자주 인용한 말이다. 프랑스우파가 미테랑의 사회주의에 따른 국유화정책을 비판할 때면 그는 '국유화정책의 원조는 미테랑이 아니라 드골 전 대통령이다'라고 응수했던 것이다. 아무튼 드골의 국유화정책은 나치협력 기업 및 기업인 숙청과 맞아 떨어졌기 때문에 순항했다.

그의 기업숙청 의지는 1945년 5월 프랑스의 유명한 항공기회사 '곰 에 론' 엔진회사의 주식을 몰수한데서 극적으로 나타났다. 반 나

프랑스의 나치협력자 청산

치저항운동가로 공산당원이지만 드골에 의해 공군장관으로 임명된 티용은 이 회사에 대한 국유화조치에 대해 이렇게 말했다. '중요한 민간기업에 대해 국가가 내린 권위주의적 결정이 문제가 되는 것이 아니라 이 기업의 임원들에게 애국적 행동과 의식을 촉구하는 것이 문제다'라고. 다시 말해 회사 지도층이 자진해 기업을 국가에 헌납하라는 압력인 셈이다.

이때 항공기 회사 회장과 임원들이 나치협력 민족반역혐의로 파리의 프렌감옥에 구속돼 재판을 기다리고 있었다. 공군장관의 성명이 나간 얼마 후 드골의 임시정부는 모든 항공운수기업들을 모두 국유화해버렸다. 민간항공회사 '에어 프랑스'가 당연히 국유화됐고, '곰에 론' 항공기엔진회사도 국가관리하에 들어갔다. 공군장관은 특히 '에어 프랑스'에 대해 1943년 나치독일에 항공기 다수를 인도한 사실을 지적하며 '배신자 에어 프랑스의 국유화조치는 당연하다'고 설명했다. 드골은 공산당 사람을 정부각료로 임명해 국유화조치라는 까다로운 문제를 해결한 셈이다. '에어 프랑스'는 오늘에 이르기까지 프랑스의 대표적 국영 항공사로 명성을 날리고 있다.

드골의 임시정부는 항공 다음에 지상운수기관의 숙청에 착수했다. 파리지하철은 지도부가 거의 모두 나치협력 혐의로 고발당한 상태였다. 지하철 지도부는 반나치 저항운동가를 비난하고 독일군의 탱크를 수리해 주었을 뿐만 아니라 미·영·프랑스연합군의 진격을 저지하기 위해 노르망디로 이동하는 나치독일군의 수송을 담당했기 때문에 숙청대상의 영순위에 올라 있었다.

드골, '에어 프랑스'와 파리지하철 국유화, 르노를 숙청

파리해방위원회가 파리지하철의 '배반행위'를 고발하자 임시정부의 운수건설성이 즉각 조사에 착수했다. 1945년 1월 내무성은 파리지하철 지도부 인사들을 모두 해임하고 특별 행정관을 파견해 국유

화 준비에 착수했다. 이렇게 하여 2차대전전 사기업으로 이름을 날렸던 파리지하철은 해방 후 파리운수독립회사를 설립해 국영회사로 탈바꿈했다. 오늘 파리시민 뿐만 아니라 연간 수천만 관광객의 발이 되는 파리 지하철을 국가관리하에 둔 것은 바로 드골의 작품이었다. 드골은 프랑스 최대의 자동차회사 르노의 숙청에도 재빨리 손을 댔다. 이 회사에는 루이 르노라는 자동차기술의 개발과 생산의 전설적 인물이 회장으로 있었다. 르노회장은 프랑스국민으로부터 자동차기술 발전의 공로로 영웅대접을 받고 있었다. 회사 이름 르노는 그의 이름을 딴 것이었다.

르노자동차는 기업의 삶 자체가 자동차 기술개발과 자동차 만들기와 판매뿐이었다. 르노회장은 잔소리가 매우 심한 노인으로 수줍음을 잘 타기도 하지만 언제나 기분이 나쁘거나 화난 표정으로 때로는 공격적 태도를 보이는 늙은이라는 평을 받았다. 르노의 평전을 쓴 한 좌파 전기작가는 '르노는 마치 이방인처럼 행세한다'고 기록했다. 나치점령시절 파시스트 작가 드리으 라 로셀이 회장부인 크리스틴 르노에게 '라 퐁텐의 우화에 나오는 개구리와 같다'고 비유했다고 지적했는데, 이것은 부인이 친 나치협력자라는 점을 은근히 암시하는 대목이었다. 크리스틴은 파시스트 작가와 자주 만나 절친한 사이로 소문이 파다했다.

2차 세계대전이 터졌을 때 르노는 자동차공장을 전쟁상태에 바로 적응시키기를 거부했다. 비시정부가 그에게 자동차생산을 증가하라는 지시를 했지만 그는 지시를 제대로 이행하지 않았다. 당시 62세인 르노회장은 전쟁초기 사위 레이드와 같이 자동차 생산에서 나치독일에 이용당하지 않으려고 무척 노력했다는 것이다.

그는 남부 프랑스의 피신처에서 파리에 돌아와 파리교외 센느강의 섬에 자리잡은 비양쿠르의 르노공장을 가동할 생각을 한 것이 탈이

프랑스의 나치협력자 청산

었다. 이때부터 나치독일의 파리점령군이 르노자동차에 많은 요구를 내놓았고, 회장은 초기의 비협조적 태도와는 달리 나치독일과 타협하게 된다. 르노평전은 그의 걱정이 전쟁 후에도 자동차공장과 그의 기능공들을 어떻게 살려 내느냐에 집중됐다고 설명했다.

런던에 망명한 드골의 자유프랑스는 라디오 런던을 통해 1942년 초부터 르노공장의 나치협력행위를 맹렬히 비난했다. 1942년 3월 3일에는 연합군 공군이 비양쿠르 공장을 폭격했다. 이 때 영국 전투기가 뿌린 르노공장 비난 삐라는 르노의 자동차생산이 전쟁전보다 25%나 증가했다고 폭로하고 있었다. 이것은 이 자동차공장이 나치독일을 위해 봉사하고 있음을 공개적으로 규탄한 것으로, 파리해방 후 르노공장의 운명을 예고하고 있었다. 자동차생산의 증가는 나치독일군의 수송수단의 증대를 의미하기 때문이다.

▌르노 회장, 좌우파 언론 모두 나치협력 행위 규탄하자 파신

1944년 8월 20일 르노회장은 평소에 그가 했던 대로 자전거를 타고 비양쿠르의 공장 문을 열기 위해 페달을 밟았다. 이 때 그에게는 아무런 죄의식도 없었다. 그에게 무슨 일이 닥칠는지 그는 전혀 알지 못했다. 레지스탕스가 파리를 해방시킨데 대해 르노는 무감각했다. 그러나 레지스탕스는 르노를 나치협력자로 맹렬히 비난하고 있었다. 프랑스공산당 기관지 뤼마니테는 '민족반역자들과 민족을 배반해 배불린 나치협력자를 철저히 재판하자'는 제목의 논설에서 '르노공장이 1939년 프랑스가 필요로 했던 탱크와 전투기를 생산해 공급하지 않았음에도 그 이듬해 나치독일군이 프랑스를 점령한 후 독일에 이러한 무기들을 대량으로 공급했다'고 규탄했다. 처음에 르노회장은 좌파 언론의 비난과 일부 노동자들의 비난을 못들은 척 무시하고 태연히 공장에 계속 출근했다.

그런데 우파언론을 포함한 거의 모든 언론들도 르노자동차회사의 르노에 대한 규탄대열에 가담했다. 그는 신변의 위험을 느껴 피신했는데, 도피 첫 날 밤을 악질적 나치협력 신문으로 저항단체가 지목한 '국민혁명'지 사장 뤼시엥 콩벨의 집에서 보냈다. 그는 스스로 자기 무덤을 판 것이나 다름이 없는 집에 피신을 한 것이다. 콩벨도 나치협력 반역언론인으로 숙청의 도마에 올려져 지명 수배된 상태였기 때문이다. 1944년 9월 19일 뤼마니테는 '숙청하라'는 제목의 논설에서 르노회장이 아직도 체포되지 않고 있다는 사실을 지적하면서 그의 조속한 체포를 촉구했다. 그리고 '르노가 자발적으로 생산해 나치 독일군에게 갖다 바친 무기에 의해 미·영·불 연합군의 귀중한 생명이 계속 살해되고 있다'고 비난했다.

드골임시정부는 이 보다 앞서(9월 4일) 르노회장을 지명 수배했는데 그는 숨어서 경찰에 자진출두하기를 거부했다. 자유로운 신분으로 검사 앞에 출두하겠다고 그는 고집했고, 결국검찰이 이를 수용하게 되었다. 검찰은 자진출두형식으로 그를 체포했다. 그리고 검찰은 그의 나치협력 혐의에 관해 집중적으로 심문했다.

▎르노, 나치협력 혐의부인했으나 프렌 감옥에 구속수감

그는 '1940년 7월 휴전이후 강제로 나치독일군을 위해 일하지 않으면 안 되었으며 자동차생산을 감소하려고 총력을 기울였다'고 변명했다. 검사는 9월 23일 심문에서 르노자동차 회장을 나치협력 민족반역자로 몰아넣었다. 그는 독일군이나 독일인과 직접 접촉한 일이 전혀 없다고 잡아떼면서 나치협력혐의를 부인했다. 또 그는 '나는 절대로 나치 점령당국자들과 식사조차도 함께 한 적이 없다'고

프랑스의 나치협력자 청산

변명했다.

그러나 이날 르노는 구속영장이 떨어져 프렌감옥에 수감되었다.

교도소에서 르노의 건강진단을 맡은 의사들은 67세의 고령인 그를 감방에 구금하는 것이 부적합하고 정신병원에 이송할 것을 권고했다. 그래서 그는 감옥 내부에 있는 병동에 이감되었다. 그를 다시 검진한 의사들은 그가 1940년부터 정신착란 증세를 보였으며 이 증상이 악화된 상태라고 진단했다. 의사들은 다시 정신병원 이송을 추천했다. 의사들의 두 번째 진단은 그가 수감됐을 때 정신질환이 상당히 심각한 수준임을 설명하고 있었다. 저항작가이며 언론인인 카뮈는 콩바지의 사설에서 '루이 르노의 구속 수감은 프랑스 대기업에 대한 숙청이 개시되는 것을 의미한다'고 논평했다.

카뮈는 르노 뿐만 아니라 수많은 프랑스기업들이 '적을 위해 일한 것이 사실이다'고 지적하고 '한 마디로 요약하면 문제는 기업인과 기업의 책임에 있다는 것이다. 모든 특권을 누리고 살았던 대기업의 총수가 비시정권에 복종한 하급관료들처럼 재판을 받을 수는 없을 것이다. 왜냐하면 대기업 총수는 복종에 너무나 익숙한 사람이기 때문이다. 인간은 그가 누린 특권의 책임을 반드시 지게 만들어야 한다'라고 대기업 총수의 도덕적 책임을 유난히 강조했다. 그리고 '르노가 나치독일에 협력을 하지 않았다고 하더라도 나치독일은 공장을 몰수했을 것'이라고 지적했다. '나치독일을 위해 생산한 기업들은 자신을 스스로 재판하라. 우리는 재판결과를 비준할 뿐이다'라고 카뮈는 민족반역기업인들의 자아비판을 요구했다.

훗날 이야기이지만, 노벨문학상 수상작가 알베르 카뮈가 대기업총수에 대한 확고부동한 반파시즘 철학을 이러한 논설을 통해 썼다는 사실은 매우 놀라운 일이다. '대기업 총수가 민족반역행위를 책임져라'는 그의 요구가 드골에게 나치협력기업 숙청에 큰 영향을 미친 것은 두말할 나위가 없기 때문이다.

드골임시정부는 먼저 르노자동차 공장을 징발했다. 그리고 운수성은 행정관을 비양쿠르공장에 파견해 공장가동의 이상 유무를 확인하고 계속 공장을 가동시켰다. 그리고 주식회사 르노항공과 르노자동차의 임시사장에 운수성행정관을 임명했다. 11월초 임시정부는 르노그룹의 모든 회사 경영권과 자산 등을 공식적으로 몰수했다. 1945년 1월 임시정부 대통령 드골과 경제각료들이 공동으로 서명한 훈령은 르노자동차-항공그룹을 청산하고 모든 재산과 시설을 국가에 이전한다는 내용이었다.

드골은 르노그룹을 나치에 협력한 악질적인 대기업으로 판정해 국유화하면서 오너와 측근들을 나치협력 민족반역자로 구속해버린 것이다.

▍드골훈령, 르노자동차 국유화 명분으로 나치협력 범죄 제시

훈령은 르노와 르노그룹에 대해 준열한 응징을 담고 있었다. 먼저 나치독일에 공장의 유효성과 경제적 중요성을 제공했다고 지적하고 '2차 세계대전 초기에 르노공장의 생산이 프랑스군에게 크게 불충분했으나 패전(프랑스가 나치독일에) 후 독일을 위해서는 효과적으로 작업했다'고 판정했다. 그리고 '대주주 루이 르노의 주식을 모두 몰수하며 나머지 주주들에게는 국가가 보상한다'라고 드골의 훈령은 규정했다. 르노자동차를 임시정부가 몰수한 조치는 순전히 드골 혼자서 내린 결정이었다.

그래서 1980년대 프랑스 우파가 르노의 민영화를 주장하자 미테랑 전대통령은 '르노자동차가 국유화된 것은 순전히 드골장군의 작품인데, 후계자들이 드골의 정책을 뒤집으려고 한다'고 비난했던 것이다.

프랑스의 나치협력자 청산

르노공장은 현재 프랑스 최대의 잘 나가는 국영자동차회사이다. 특히 르노자동차는 오늘날 삼성자동차를 매수해 한국에서도 르노-삼성 브랜드의 유력한 승용차생산공장으로 발전했다.

아무튼 르노는 프렌감옥에 수감도중 '재판정에서 그의 나치협력여부를 진술해야 할 순간에 갑자기 죽었다'는 보도가 나왔다. 그의 가족과 측근들은 르노의 옥사에 관해 '병 때문에 옥사한 것이 아니라 감옥의 병동에서 학대받아 사망했다'고 주장했다. 르노회장 일가의 비극은 재산과 공장을 모두 몰수당했을 뿐만 아니라 자동차 개발에 일생을 바친 기업인 르노의 비참한 죽음 자체에도 있었다. 그는 10월 3일 밤 머리에 타박상을 입고 뇌출혈을 일으켜 사망했다는 것이 가족들의 설명이었다.

르노는 부인에게 '밤이 오는 것이 두렵다. 밤이 너무나 견딜 수 없다'고 자주 말했다는 것이다. 미망인은 장례식전에 르노에 대한 검시를 의뢰했고 그 결과 목 부위의 척추에 균열이 있다는 사실이 밝혀졌다. 그러나 르노가 피살당했다는 소문이 허위라는 사실을 프랑스의 나치협력자 숙청의 내막을 파헤친 허버트 로트만의 저술 '대숙청'이 증언하고 있다.

로트만은 10월 3일 밤 르노에게 무슨 일이 있었는지를 프랑스정부의 비밀문서를 추적함으로써 밝혀냈다. 그날 밤에 '아무런 일도 없었다'는 것이 로트만의 결론이다. 10월 5일 르노는 파리교외 정신병원에 이송됐고 14일에는 변호사가 의사의 보고에 따라 외과병원으로 옮겼다. 17일 받은 진찰에서 그의 건강상태에 대한 위험성이 지적됐다고 기록했다. 그리고 르노는 '생장 드 디으'병원에 이송됐다가 여기서 24일 사망했다. 28일 시체해부결과 '뇌출혈의 합병증 결과'가 사인이라는 것이 확인되었다는 것이다.

▌르노 숙청 계기 나치협력 기업숙청 전국에 확산

르노그룹의 국유화와 오너인 르노회장의 옥사는 나치협력 대기업 숙청을 희망한 저항운동단체와 일반여론에서 긍정적 반응을 얻었다. 카뮈가 '콩바'의 사설을 통해 요구한 나치협력 기업인에 대한 책임추궁과 도덕성 회복에 르노의 처리결과가 어느 정도 부합했기 때문이다. 나치협력 기업들에 대한 숙청은 리옹지역에서 파르주정치위원이 유명한 항공기 엔진제작회사 베르리에를 숙청하고 드골이 르노를 국유화하는 등 강도 높게 진행되었다. 대기업들이 몰려있는 마르세유항 지역에서도 오브락정치위원이 서릿발같은 기업숙청을 단행했다. 오브락위원은 프랑스 최대의 항구에 있는 조선, 중공업, 전기 등 15개 대기업 숙청을 단행했다.

그에게는 나치협력 기업인을 숙청하고 총체적인 산업구조개혁을 단행하면서 동시에 대독일 전쟁수행을(이 때는 아직 전쟁이 끝나지 않았다) 위해 공장을 정상적으로 가동시켜야 하는 어려움이 있었다. 기업주를 숙청할 경우, 기업내부에서 유능한 사람을 골라 대표를 임명하면서 공장의 징발이나 몰수는 가급적 회피했다. 왜냐하면 실업문제를 완화하기 위해 공장을 정상적으로 가동해야 하기 때문이다.

르노자동차의 경쟁사인 시트로앵 자동차는 내부 숙청위원회가 자체조사를 실시한 결과 한 보퉁이의 문서를 지역숙청위원회에 제출했다. 이 공장의 경비원이 '친 독일 반 드골'적인 자동차회사로 고발한 것이다. 지역숙청위원회는 12건을 조사한 결과 9건을 증거불충분으로 무혐의처리하고 경비원을 지방숙청재판소에 회부했다. 시트로앵 회사의 나치협력 혐의는 거의 나타나지 않았다. 또 하나의 자동차회사 '심카'는 하급사원 2명만이 고발당했다. 2명의 기술자가 '오트 비

프랑스의 나치협력자 청산

엔'지방의 성벽에 장식된 벽걸이를 독일 공군장관 괴링에게 헌납하자고 주장했다는 것이다.

▌ 문호 모리악도 '돈의 범죄'에서 '경제범죄 척결' 외치다

이들 기술자들은 국내 예술품을 독일기업에 갖다 바치는 등 나치에게 아첨한 죄로 파면되었다. 프랑스의 대표적인 대기업 '알슈톰'의 경영진도 나치독일에 전쟁 물자를 공급했다고 고발당했다. 노동자들이 지역숙청위원회에 증거를 제시했다. 그런데 노동자들은 경영진의 봉급수준에 불만을 품은 자들이었다. '알슈톰'의 변호인들은 전쟁물자 공급사실을 시인했으나 지연작전을 폈다고 설명하고 이 때문에 공장이 나치독일군의 감시를 받게 되었고 어려운 상황에서 간신히 가동됐다는 실상을 설명했다. 경영진은 나치협력 혐의를 깨끗이 벗을 수 있었다. 드골이 상당히 철저히 조사하고 심판했음에도 기업, 즉 경제부문에 대한 숙청은 정치, 행정, 언론에 비해 상당히 관대한 것으로 평가되었다. 전후 경제회복을 위해 기업활동을 계속 유지해야 했기 때문이다.

프랑스법조계는 기업에 대한 관용이 다른 부문과 형평성의 원칙에 어긋난다는 견해까지 제기했다. 그러나 테이장 법무장관은 모든 사회 경제 시스템을 변혁하기 위해 나치협력자 숙청을 이용하는 것을 단호하게 거부했다. 그는 가톨릭 성당과 좌파가 모두 자본주의를 좋게 보지 않지만, 공장이 나치독일을 위해 작업했다고 해서 기업회장과 사장을 모두 구속해 버린다면 이사, 부장, 기술자들도 구속하지 않을 수 없는데, 이렇게 되면 경제가 마비되는 것이 아니냐고 반문했다. 그는 드골이 그를 법무장관에 임명하자 나치협력자에 대한 드골의 강력한 숙청의지를 읽고 임무수행에 큰 부담을 느꼈다고 후일 회고

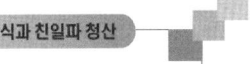

했다.

　그러나 그는 적을 도운 대가로 얻은 엄청난 부당이득에 대해서는 가차없이 재산몰수조치를 해야 하지만 회사사장이 부하와 노동자들을 먹여 살리기 위해 공장을 돌렸다면 구속하기 어렵다고 밝혔다. 법무장관의 이러한 견해는 드골의 르노회장 숙청과는 완전히 배치되는 것이며 반 나치저항단체의 불만을 야기했다. 나치협력을 '과오'로 해석해 관대한 처리와 관용을 요구한 작가 모리악 조차도 '돈의 범죄'에 대한 관용에는 불만을 터뜨렸다. 그는 르피가로의 논설에서(1944년 11월 22일) '돈의 범죄가 숨겨져 고발되지 않고 있다'고 경고하면서 '재무장관이 경제범죄를 추적하는 노력을 배가해야 한다'고 촉구했다. 그럼에도 드골이 직접 르노자동차 회사를 응징하고 많은 대기업이 나치협력 반역죄로 엄정한 추궁을 받은 것은 확실한 일이며, 여기서 전후 프랑스 기업의 새 윤리관이 확립된 사실을 쉽게 알 수 있다.

프랑스의 나치협력자 청산

5. 드골, 나치협력 언론사와 언론인들 개혁하다
―"새 언론은 국가위해 영감을 주는 원동력되어야"(드골 연설)

　파리해방 후 저항운동을 위해 지하에서 비밀리에 창간한 신문과 반 나치저항단체들이 '애국언론'으로 인정한 일간지는 모두 14개 언론사뿐이었다. 수도 파리가 나치독일의 점령에서 해방되자 '애국적' 신문들은 모두 지하에서 지상으로 올라와 언론자유를 만끽했다. 이 가운데 2차 세계대전 전에 발행했던 신문은 르 포퓌레르(민중), 뤼마니테(공산당 기관지), 르 푀프르(인민), 스 스와르(석간), 르피가로 및 로브(새벽) 등 6개지였다. 나치점령기간 지하에서 창간한 반 나치저항 일간신문들은 리베라시옹(해방), 콩바(전투), 데팡스 드 라 프랑스(프랑스 옹호), 프랑스 리브르(자유프랑스), 프랑 티뢰르 및 로로르(여명)와 프롱 나시오날(민족전선), 그리고 파리지엥 리베레 등 8개지였다.

　콩바 등 레지스탕스 신문들은 반 나치레지스탕스가 나치독일 점령군을 항복시키기 위해 총 궐기했을 때, 총탄을 뚫고 파리시민에게 전투뉴스를 알리는데 총력을 기울였다. 저항운동기간에 태어난 새 신문들은 나치독일과 비시정권 선전기관지 역할을 했던 반역 언론들이 모두 야반도주한 후 바로 그 건물을 점령해 그 시설로 신문을 발행했다. 1944년 8월 17일 독일점령군이 파리를 떠나기 8일전 지하저항언론들은 신문사인수 팀을 만들어 행동할 만반의 준비를 갖추었다. 나치협력 언론들의 사옥은 시가전에서 독일점령군이 불리해지면서 모두 도주해 비우게 되었고, 알제의 CFLN 대표 파로디가 지도하는 신문숙청위원회의 지시에 따라 지하에 숨었던 저항언론들이 자연스럽게 이 건물과 시설을 접수하게 된 것이다.

나치협력 신문 파리 스와르의 사옥에는 리베라시옹과 스 스와르가, 프티 파리지엥에는 파리지엥 리베레와 뤼마니테가, 마텡지의 사옥에는 르 포퓌레르와 리베-스와르, 렝트랑시

파리해방 후 신문판매대에 지하 저항 신문들이 지상에 나타나다

장에는 콩바, 프랑 티뢰르 및 데팡스 드 라 프랑스지가 각각 입주해 지상에서 감격적인 신문제작을 하게 되었다. 저항언론으로 점령기간에 지하에서 창간된 신문들은 모두 도주해 버린 나치협력 언론사의 건물과 시설을 점거해 지상에서 신문을 내기 시작했다.

▎총살위협 속 저항언론 신속하게 전투 뉴스 전하다

1944년 8월 19일 새 언론사들은 신문발행 준비가 완료돼 지상에서 신문 제1호를 발행하려고 했으나 언론숙청위원회의 허가를 받자는 일부 언론사들의 권유로 주춤거렸다. 파로디 숙청위 대표는 독일점령군이 계속 위협하고 있고 잘못하면 총격을 받을 위험이 있다는 이유로 신문발행을 불허했다. 저항언론들은 위험을 무릅쓰고 발행하

프랑스의 나치협력자 청산

겠다고 우겼다. 발행허가를 얻기 위한 협상이 어렵게 진행된 후 21일 오후 4시에 발행허가가 떨어졌다.

잉크는 말라 비틀어졌고 정전된 악조건 속에서 윤전기는 간신히 돌아갔다. 그러나 독일점령군은 지하저항신문을 소지한 사람을 현장에서 총살했다. 한 지하언론의 편집자 슈네비에르는 독일점령군에게 잡히자마자 총살되는 비운을 당했다. 그는 레지스탕스의 전면봉기를 파리시민에게 알림으로써 승리를 앞당기기 위해 신문을 발행하다가 파리해방의 첫 언론희생자가 되었다.

알베르 카뮈가 주필인 콩바는 8월 21일 오후 5시경 2쪽짜리 지상발행 신문 제1호 10만 부를 발행했다. 파리의 센느강변, 샹제리제 등 대로변, 오페라좌 주변 등에 신문을 뿌렸는데 1시간30분만에 창간호 10만 부가 완전히 동이 났다. 새 시대 언론을 주도할 저항언론이 지상에서 창간호를 발행해 독일군의 총살위협과 전투가 치열하게 계속되는 상황에서 팔거나 뿌려지는 동안 나치협력언론에 대한 숙청이 준비되고 있었다. CFLN 언론담당 대표가 파리에 도착하기 전 임시 언론숙청위원회 관계자들이 나치협력 언론인들의 체포대상자 명단을 작성했다.

드골이 파리에 긴급 파견한 대표가 독일 게슈타포에게 체포돼 부재중 언론숙청위원회가 이 명단을 언론숙청담당 검사에게 먼저 넘겨주었다. 여기에는 93명의 나치협력 언론인의 이름이 기록돼 있었다. 8월 13일에 지하에서 작성된 명단은 신문사 사장, 편집국장, 경영담당임원 33명, 국영 라디오방송사 언론인 5명, 라디오 파리(독일점령군의 선전방송) 사장과 간부 12명, 라디오 방송국 편집간부와 보도간부 34명 및 출판사 사장 9명 등 모두 93명이었다.

언론숙청위원회 귀뉴베르 사무총장은 '첫 나치협력 반역언론인의 명단은 언론계에서 가장 악명을 떨친 자들만을 기록했으며 조속히 부족한 이름을 추가해 보완한다'고 발표해 언론인 숙청대상자가 앞으로 늘어날 것을 예고했다. 이들 가운데 1차로 26명이 체포됐고 4명은 심문한 결과 '언론인 활동을 금지시키고 가택연금' 조치했다. 이들 언론인 명단에는 죄상에 대한 설명이 붙었는데, '일본 군국주의에 협력' '저명한 도전적 나치협력자' '돈 많고 오만한 친 나치기자' '히틀러를 찬양한 악질협력자' 등이다. 다음에는 예상조치가 적혀 있었는데, 한결같이 '즉각 체포해야 할 나치협력 언론인'이라고 지목하고 있었다.

첫 숙청명단에 등장한 나치협력 언론인들은 체포되면 냉혹한 처벌을 받게 마련으로 파키와 쉬아레즈 및 뤼세르 등 3명은 사형선고를 받자마자 총살당한 사실은 이미 앞에서 기술했다. 언론인숙청은 지하저항언론인과 반 나치저항단체들이 목숨을 걸고 지하에서 신문을 내면서 준비한 언론개혁이 드디어 실현되는 것을 의미한다. 새 언론들은 나치협력 언론인과 언론사에 대한 숙청을 정의에 입각해 엄정히 집행할 것을 사설로 촉구했다.

▌나치협력 언론 폭로 잇달아 상호불신 극에 달하다

나치협력언론인에 대한 폭로가 신문지면을 장식하고 민족반역용의자 이름을 새 언론이 공공연히 거론하며 나치점령시절 친 나치언론사에 근무한 사실만으로도 나치협력 반역행위로 몰아 비판하기도 했다. 그래서 나치독일점령기간에 활동한 언론인들이 엄청난 곤욕을 치르게 되었는데, 이중에는 저항운동에 가담한 언론인들도 없지 않았다. 9월 3일 프랑 티뢰르는 '프로보스트의 체포를 기다린다'는 제목의 논설을 실었다.

체포의 표적이 된 프로보스트는 나치독일의 자금지원과 배후조종

프랑스의 나치협력자 청산

을 받으면서 파리에서 발행된 일간지 파리 스와르에서 활동한 거물 나치협력언론인으로 지목된 것이다. 그러나 그는 연합군이 북아프리카에 상륙한 후 신문발행 지연작전과 태업을 하면서 저항운동에 남모르게 큰 도움을 준 사실이 증명돼 민족반역혐의를 벗었다. 르 포퓌레르지는 1944년 9월 11일자 사설에서 르피가로의 논객 타로형제를 독일의 인종차별정책을 찬성한 나치협력 언론인으로 지목해 공격했다. 타로는 인종차별정책이 큰 논란을 일으키기 전인 1914년 '십자가의 그늘에서'라는 평론집을 출판했는데, 여기서 유태인문제에 관해 관용을 보이지 않은 사실이 있었다. 그 후 25년이 지난 나치점령기간에 유태인문제에 대해 일절 언급하지 않았다는 것이 타로형제의 해명이었다. 그는 숙청을 잘 피했으나 언론인 상호간 불신이 극에 달한 상황을 잘 보여주는 사례가 되었다.

카뮈는 파리해방 후 반 나치저항언론인의 상징으로 떠올라 가장 인기가 높은 언론인이며 작가로 명성을 떨쳤다. 그는 나치로부터 프랑스해방을 가져오는데 결정적 역할을 담당한 저항언론이 제기한 언론인과 언론기관의 숙청문제의 복잡성을 가장 잘 이해했으며, 특히 언론계 내부에 번지는 섹트주의를 가장 경계했다. 그는 '우리는 사실상 전쟁의 한 복판에서 신문제작을 계속하기 위해 나치협력 언론사의 사옥을 점령했다. 이것은 저항언론의 대승리라고 평가할 수 있다. 이러한 관점에서 저항언론인은 서로가 모두를 존중할 줄 아는 의지와 용기를 과시했다. 그러나 이것은 너무나 작은 일에 지나지 않는다는 사실을 환희를 만끽하는 분위기에서 미안하지만 밝혀둔다. 우리는 드디어 그토록 열망했던 심오한 혁명을 수행할 수 있는 수단을 확보했다'고 썼다. 그는 언론이 프랑스를 민주적이며 정의로운 사회를 건설하기 위한 혁명의 도구라고 주장하면서 이렇게 언론의 중요성을 강조했다.

드골의 과거사 정리방식과 친일파 청산

LA RÉFORME DE LA PRESSE

TOUTE réforme morale de la presse serait vaine si elle ne s'accompagnait de mesures politiques propres à garantir aux journaux une indépendance réelle vis-à-vis du capital.

Mais, inversement, la réforme politique n'aurait aucun sens si elle ne s'inspirait d'une profonde mise en question du journalisme par les journalistes eux-mêmes. Ici comme ailleurs, il y a interdépendance de la politique et de la morale.

Cette mise en question, il nous semblait en principe que les journalistes de la nouvelle presse avaient dû l'opérer pendant les années de la clandestinité. Je persiste à croire que cela reste vrai. Mais j'ai dit hier que ce genre de réflexions ne se reflétait pas beaucoup dans la façon dont la presse actuelle est présentée.

Qu'est-ce qu'un journaliste ? C'est un homme qui d'abord est censé avoir des idées. Ce point mérite un examen particulier et sera traité dans un autre article. C'est ensuite un homme qui se charge chaque jour de renseigner le public sur les événements de la veille. En somme, un historien au jour le jour — et son premier souci doit être de vérité. Mais n'importe quel historien sait combien, malgré le recul, les confrontations de documents et les recoupements de témoignages, la vérité est chose fuyante en histoire. A cet état de fait, il ne peut apporter qu'une correction, qui est morale, je veux dire un souci d'objectivité et de prudence.

De quelle urgence ces vertus deviennent-elles alors dans le cas de notre historien au jour le jour, privé de recul et empêché de contrôler toutes ses sources ? Ce qui pour l'historien est une nécessité pratique devient pour lui une loi impérieuse hors de laquelle son métier n'est qu'une mauvaise action.

Peut-on dire qu'aujourd'hui notre presse vit de prudence et ne se soucie que de vérité ? Il est bien certain que non. Elle remet en honneur des méthodes qui sont nées, avant la guerre, de la course aux informations. Toute nouvelle est bonne qui a les apparences d'être la première (voyez par exemple le faux espoir donné aux Parisiens touchant le retour du gaz et de l'électricité).

Albert CAMUS.

LA RÉFORME DE LA PRESSE
Suite de la première page

Comme il est difficile de toujours être le premier en ce qui concerne la grande information, puisque la source actuellement est unique, on se précipite sur le détail que l'on croit pittoresque. Et dans un temps où la guerre déchire l'Europe, où nous n'avons pas assez de nos journées pour énumérer les tâches qui nous attendent, pas assez de toute notre mémoire pour le souvenir des camarades que nous devons encore sauver, tel journal monte en tête de ses colonnes, sous un gros titre, les vaines déclarations d'un amuseur public qui se découvre une vocation d'insurgé après quatre ans de veules compromissions. Cela déjà était méprisable lorsque *Paris-soir* donnait le ton à toute une presse. Mais cela est proprement désespérant quand il s'agit de journaux qui portent maintenant tout l'espoir d'un pays.

On voit ainsi se multiplier des mises en page publicitaires surchargées de titres dont l'importance typographique n'a aucun rapport avec la valeur de l'information qu'ils présentent, dont la rédaction fait appel à l'esprit de facilité ou à la sensiblerie du public ; on crie avec le lecteur, on cherche à lui plaire quand il faudrait seulement l'éclairer. A vrai dire, on donne toutes les preuves qu'on le méprise et, ce faisant, les journalistes se jugent eux-mêmes plus qu'ils ne jugent leur public.

Car l'argument de défense est bien connu. On nous dit : « C'est cela que veut le public ». Non, le public ne veut pas cela. On lui a appris pendant vingt ans à le vouloir, ce qui n'est pas la même chose. Et le public, lui aussi, a réfléchi pendant ces quatre ans : il est prêt à prendre le ton de la vérité puisque'il vient de vivre une terrible époque de vérité. Mais si vingt journaux, tous les jours de l'année, soufflent autour de lui l'air même de la médiocrité et de l'artifice, il respirera cet air et ne pourra plus s'en passer.

Une occasion unique nous est offerte au contraire de créer un esprit public et de l'élever à la hauteur du pays lui-même. Que coûtent pour cela quelques sacrifices d'argent ou de prestige, l'effort quotidien de réflexion et de scrupule qui suffit pour garder sa tenue à un journal ? Je pose seulement la question à nos camarades de la nouvelle presse. Mais quelles que soient leurs réactions, je ne puis croire qu'ils y répondent légèrement.

Albert CAMUS.

'신문의 개혁', 지하 저항신문 콩바지에 카뮈가 언론개혁을 주장한 사설

　'우리는 의사표현의 수단을 확보했기 때문에 국가에 대해 막중한 책임을 지게 된다. 우리는 언론인 각자의 의무를 깊이 생각해야 한다. 언론의 기본정신을 조금씩 재정립해야 하고 주의 깊게 기사를 쓰며 국가에 우리의 심오한 목소리를 들려 줄 필요성이 있다. 새 언론인은 이러한 관점을 상실하면 절대로 안 된다. 만일 이 목소리가 증오보다는 정열을, 말장난이 아니라 객관적 자부심을, 옹졸한 소견보다 인도적 견해를 가득 포함하게 된다면 많은 사람들이 구출될 것이며 우리 언론인들은 국민으로부터 좋은 평가를 받게 될 것이다.'

5. 드골, 나치협력 언론사와 언론인들 개혁하다　229

프랑스의 나치협력자 청산

▌카뮈, '증오보다는 이성을, 보복보다 정의를' 외치다

　카뮈가 언론에 대해 이처럼 엄격한 요구를 한 것은 아마도 해방직후 프랑스의 자유언론에 거는 현실을 무시한 지나친 기대감 때문이다. 나치점령시절 너무나 많은 무고한 시민이 폭력과 고문 및 학살에 희생되었기에 증오가 사회의식을 지배하는 현실에서 카뮈의 이성적 목소리가 증오를 잠재울 수 있을는지는 의심스러운 면이 없지 않기 때문이다. 그러나 카뮈가 새 언론에 증오를 정열로 극복해야 한다고 요구한 것은 시대를 앞지른 탁월한 견해였다.

　카뮈가 파리해방 후 프랑스 언론보도와 논평의 방향을 '증오보다는 이성을, 보복보다는 정의를'이라고 주장하고 있을 때 날마다 발행되는 신문지면은 증오를 불태우는 기사들로 가득 차고 있었다. '10톤의 다이너마이트가 뤽상부르 공원에서 발견돼 폭파해야 한다'거나 '나치독일군의 고문실과 시체처리장이 파리 교외에서 발견되었다'는 등의 과장된 기사들이 난무하고 있었다. 이러한 흥분된 분위기에서 나치협력 언론인숙청은 한층 더 열기를 더해 가고 있었다.

　로로르지는 1944년 10월 22일자 1면 머리기사에서 좌파지 르 포퓌레르에 나치독일군이 프랑스 점령 직후 이 신문이 자진 폐간했는지를 따지는 기사를 실어 언론사간 이전투구의 양상마저 보였다. 이러한 폭로나 보도들은 언론사 간에 원한과 증오를 불러일으킨 계기가 되는 것인데, 카뮈는 먼저 언론의 책임론을 거론하면서 저항언론인과 언론사 간의 증오나 보복 및 섹트주의에 의한 집안싸움을 경고한 것이다.

　드골은 언론숙청초기에 매우 근엄한 자세를 취하면서도 지나친 보복을 경계했다. 그는 파리해방직후 파리의 생 도미니크가의 임시정부 대통령 임시사무실에서 파리언론사 사장과 편집국장들을 접견했다. 언론사 간부들을 드골에게 안내한 사람은 파리언론연맹 귀뉴베르 사무총장이었다. 그는 드골에게 신문 한 부를 바쳤는데, 제목이 '역사적한 페이지, 이 첫 호는 드골장군을 위해 특별히 제작한 것이다. 독일점령기간 프랑스판 발행'이라고 인쇄돼 있었다. 낯간지러운 아양을 떠는 내용이지만 아무도 이상하다고 생각하지 않았다.

▎ 드골, '공화주의 질서'와 '레지스탕스 열정' 원칙 제시

드골은 10일전 나치독일군의 사형위협을 무릅쓰고 지하에서 비밀리에 신문을 제작한 용감한 언론인들을 처음으로 만났다. 그런데 드골은 이날 자유언론에 대해 경고하는 태도와 입장을 피력했다. 그는 언론인들이 국가가 직면한 긴급과제가 무엇인지를 잘 알아야 한다고 말하고 '신문이 국가를 위해 영감을 주는 원동력이 되어야 한다'고 강조했다. 언론인들은 '무슨 영감을?'이라고 내심으로 중얼거렸다. 그러나 '국가에 영감을 주는 언론'의 의무는 중대한 의미를 내포하고 있었다.

이날 밤 드골은 라디오연설을 통해 '영감'의 내용과 나치협력 민족반역언론의 숙청에 대해 그의 견해를 밝혔다. '프랑스국민은 본능적으로, 그리고 이성을 갖고 두 개의 조건을 충족시키기로 결정했다. 그것은 질서와 열정이다. 유일 합법적 권위아래에서 공화정 질서는 바로 국가의 질서이며, 여기에 집중되는(국민의) 열정은 쇄신된 국가라는 건물을 합법적이며 우애롭게 건설하게 할 것이다.'

드골은 새 프랑스 건설에 공화주의 질서와 레지스탕스의 '집중된 열정'이라는 두 개의 원칙을 제시한 것이다. 연설 후 4일 만에 드골이 공보처장으로 임명한 테이장이 게슈타포의 감옥에서 극적으로 탈옥해 파리에 돌아왔다. 그는 파리해방 직전에 트리스탄이라는 가명으로 파리에 잠입해 지하언론과 인터뷰 도중 게슈타포에 의해 체포됐었다. 게슈타포는 저항운동가로서의 중요성을 미리 알고 덮친 것이나

프랑스의 나치협력자 청산

그가 국내 저항운동의 내막을 전혀 모르고 있었기 때문에 다른 레지스탕스들과 같이 탈출에 성공했다.

신임 공보처장은 9월 10일 첫 기자회견을 했다. 반 나치저항운동의 영웅으로 존경받는 그가 '진정한 혁명'을 해내기 위해 1개월의 시간이 필요하다고 말했는데 이는 예상보다 가혹한 언론계숙청을 예고하는 것이었다. 그는 44년 6월 22일 언론숙청에 대한 드골의 훈령을 수정한 새 훈령을 9월 30일 발표했다. 이 훈령은 언론계의 전면적 개혁과 언론사 숙청의 구체적 방식을 담고 있었다. 드골은 이날 두 번째로 고향인 릴르시를 방문해 '돈의 지배를 받는 언론'을 신랄하게 공격했다. 그리고 드골은 언론계에 대한 대숙청을 단행한다고 선언했는데, 이는 공보처장과 반나치 저항단체들의 의사를 드골이 전폭적으로 수용한 것이다.

▎드골의 언론숙청 훈령, 비시 순종언론 모두 발행금지…

새 훈령은 첫째 나치점령군과 비시정권의 지시와 규정에 순종한 언론사는 모두 발행을 금지한다고 선언했다.(6월 22일 훈령은 '잠정적 정간'을 규정) 발행금지조치를 당하는 대상 언론은 나치독일의 파리점령 이후(40년 6월 25일) 창간된 모든 신문과 잡지들, 나치독일의 점령기간에 북부프랑스에서 휴전 후 15일 이후에도 계속 발행한 모든 신문과 잡지들, 그리고 남부 프랑스에서 독일군이 점령한 42년 11월 11일 이후 15일이 넘었는데도 계속 발행된 모든 신문과 잡지들이다. 그러나 문학과 스포츠 등 정치성이 전혀 없는 전문지들은 공보처장이 정한 조건에 맞는 경우에 한해 복간을 허용하기로 했다.

둘째 신문의 소유주나 회장과 사장이 재판을 받아 형이 확정될 때까지 발행을 금지한다고 규정해 나치협력 언론사의 상층부의 재판회부를 예고했다. 만일 소유주와 사장 등 상층부가 모두 무죄석방 선고를 받는 경우에 한해 공보처장이 제시하는 조건을 갖추면 복간이 가능하다.

그러나 실형이 선고되면 그 언론사는 바로 폐간된다. 나치협력 용의점이 없어 상층부가 체포를 면한 신문과 잡지들도 6개월간 조건 없이 발행금지 조치를 받는다.

셋째 나치독일 점령기

파리 오페라좌의 지하신문
카뮈 등 레지스탕스 언론인들, 목숨 걸고 지하반 나치신문 제작하여 배포하다

간 신문을 발행한 언론사는 그 제호를 어떤 경우에도 계속 달 수 없으며, 언론소유주나 회장 및 사장은 발행이 금지된 언론사의 건물과 시설을 사용할 수 없다. 다시 말해 이들은 자기 신문사의 출입조차 금지된 것이다.

또 훈령은 훈령 발표 1개월 안에 발행이 금지된 언론사의 재산과 모든 시설 등이 각급 법원장의 지시에 의해 법원에 압류된다고 규정했다. 압류대상은 부동산뿐만 아니라 신문윤전기를 포함한 시설과 동산까지 모두 포함한다.

그리고 언론사의 모든 재산, 예컨대 극장이나 호텔 및 기타 기업을

프랑스의 나치협력자 청산

소유했을 경우 이것도 모두 압류된다. 나치점령시절 신문과 잡지를 발행한 언론사들의 소유주는 신문 때문에 모든 재산을 잃게 되는 위험에 직면한 것이다.

훈령은 7~11조에서 신문기자들에 대한 숙청규정을 담고 있다. 1945년 4월 1일부터 모든 언론인은 새로운 '프레스 카드'를 갖지 않으면 언론활동을 할 수 없게 만들었다. 언론인심사위원회는 모든 기자들의 나치독일 점령기간 활동과 행동 및 기사 등을 면밀히 조사한 후 카드발급 여부를 결정했는데, '국가반역행위로 형을 선고받거나 부역죄 판정을 받은 기자뿐만 아니라 애국심이 부족하다고 판정되거나 나치와 비시정권에 대해 독립적 행동이 결여된 언론인도 카드를 받을 자격이 없다'고 규정했다.

훈령이 발표되자 '독립심의 결여' 등 추상적 개념에 의해 기자직을 박탈할 정도로 가혹한 숙청기준에 대해 예상과는 달리 항의의 목소리는 들리지 않았다고 로베르 아롱의 '숙청의 역사'는 지적하고 있다. 로브지는 10월 3일자 사설에서 언론계 대숙청을 규정한 이 훈령을 전폭적으로 지지했다.

'자본의 힘에 대항해 투쟁하는 정부의 의지가 이 훈령에 의해 확인됐다. 우리는 문제가 된 신문들은 발행해서는 안 된다고 확신한다'라고 이 신문은 주장했다.

콩바지의 카뮈는 두말할 여지없이 훈령찬성대열에 섰다. 그는 '언론계야말로 숙청이 철저히 집행돼야 하는 중요한 분야이다. 왜냐하면 우리는 나치독일이라는 적에 대항해 총궐기했으며 이를 통해 현실적으로 인적청산을 사실상 달성했기 때문이다. 그리고 오늘날 자유언론은 신문판매만으로 생존하게 된다. 프랑스는 이제 자본에서 해방된 언론을 갖게 되었다. 이러한 언론은 1백년 이래 본적이 없는 역사상 유례가 없는 일이다'라고 썼다.

▌드골 언론개혁, 나치협력 언론사와 '더러운 자본' 언론도 숙청

훈령은 나치점령시절 기회주의적으로 신문을 발행한 모든 언론들에 사형선고를 내린 것이나 마찬가지였다. 그리고 드골이 제시한 언론개혁의 기본방향은 민족을 배반한 나치협력 언론사와 언론인뿐만 아니라 '더러운 자본'의 지배를 받는 언론사와 언론인도 동시에 숙청하는데 있었다. 드골의 언론계 대숙청으로 해방 후 오늘까지 프랑스 언론은 카뮈의 지적과 같이 각계각층 국민의 의사를 공정하게 대변하는 공공성을 확보하게 되었으며 유력지 르몽드와 같은 세계가 존경하는 신문도 언론개혁을 통해서 창출할 수 있었다.

프랑스의 나치협력자 청산

6. 나치협력 언론사 해체, 재산몰수한 드골훈령
― 새 시대 정론중립지 모델 르몽드, 드골주선으로 창간

나치협력 언론의 대대적 숙청을 겨냥한 훈령은 9백여 개 신문과 잡지들에 직접 존폐의 위기를 안겨주었고 6백49개 언론사에 대한 압류조치를 초래했다.

프랑스 최대의 석간신문 르 탕(시대)지는 나치협력 언론에 유례없이 가혹한 언론숙청의 소용돌이에 휘말려 희생되는 불운을 겪는다. 이 신문은 점령기간에 반 애국적 나치협력행위로 비난받은 적이 없었다. 그런데 임시정부의 요청에 의해 리옹숙청재판소는 이 신문의 과거 나치협력여부를 조사대상에 올려 수사에 착수했다.

임시정부의 리옹지역 정치위원은 르 탕지가 애국적 행동과 논설로 나치독일 점령시기에 비싼 대가를 치렀었다고 지적하고 그 사례로 부헨발트 수용소에서 에매기자가 죽었고, 푸렝과 피망타기자는 독일군에 체포돼 곤욕을 당했으며, 루르기자는 나치강제수용소에 유배됐고, 그래서 '르 탕의 태도에 비판할 여지가 전혀 없다'고 법원의 의견제시요청에 호의적으로 확인해 주었다. 그러나 르 탕의 '애국행위'에 대한 호평이 이 신문의 운명을 조금도 바꿀 수 없었다. 다시 말하면 르 탕은 폐간될 운명에 있었고, 자산과 시설 등은 드골이 설계한 새 시대 새 신문 르몽드의 창간 밑거름으로 쓰도록 예정

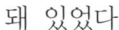

돼 있었다.

▌드골이 르몽드를 창간한 이유를 아롱 교수가 파헤치다

왜 이러한 일이 언론계에서 벌어졌는지에 관해 나치협력자 숙청연구의 최고권위 로베르 아롱은 '대숙청의 역사'에서 르 탕을 접수해 창간한 르몽드지의 기밀서류를 분석함으로써 내막을 자세히 밝혀냈다.

르 탕지는 나치독일군이 파리에 진주한 1940년 6월 19일까지 신문을 발행한 후 남부 프랑스로 피난했다. 이 신문은 먼저 프랑스 서남부 도시 보르도에 갔다가 크레르 몽페랑으로 옮겨 신문을 발행하기 시작했다. 40년 10월 1일 다시 리옹으로 옮겨 지방지 르 프로그레(진보)의 건물에 입주해 신문을 발행했다. 이 신문은 나치독일의 점령군 당국과 비시정권에 대해 저항적 태도로 보도와 논평을 했기 때문에 해방 후에도 폐간되지 않고 발행허가를 받아 계속 신문을 낸 르 피가로와 가톨릭계 라크르와지와 함께 3개 일간지 중의 하나였다. 르 탕은 비시정권 라발총리로부터 '반 애국적이며 반 프랑스적 신문'이라는 비난을 받았으나 자유를 수호한 신문으로 애국적 자세를 잘 견지했다는 평가를 받았다.

르 탕 경영층은 파리해방 후 드골임시정부와 복간허가를 받기 위한 물밑 교섭을 진행했다. 임시정부는 처음에는 복간에 찬성하는 것처럼 보였다. 복간조건은 먼저 현재의 경영층을 전면 개편하라는 것과 다음에는 일부 반 애국적 대주주들을 추방하라는 것이었다. 임시정부로부터 최후통첩을 받은 이 신문은 막판 협상에 들어가 경영층의 절반정도를 교체하겠다고 제의했다. 그러나 먼저 새 사장의 임명 요구와 함께 절반정도 개편제안이 거부당했다.

프랑스의 나치협력자 청산

이때부터 임시정부의 태도는 점차 윤곽을 드러냈고, 제호를 '르 탕 드 파리'로 고치더라도 복간을 허가할 수 없다고 통보했다. 그리고 르 탕은 바로 법원에 의해 압류조치를 당했다. 이렇게 르 탕은 자취를 감추었고 그 자리에 르몽드라는 새 신문사가 들어앉게 된다. 르몽드의 주주는 초대 사장이 되는 위베르 뵈브메리 등이었으며 편집진이 새로 구성되었다.

르 탕의 경영진에게는 임시정부의 조치가 '약탈'로 해석됐으나 임시정부는 르몽드창간이 새 프랑스의 희망을 대변하는 새신문의 출범이라고 설명했다. 르몽드가 르 탕지의 사옥을 점유하는 데는 3개월의 협상을 거쳐야 했으며 르몽드지는 44년 12월에야 입주할 수 있었다.

■ 르몽드 사장, '2차세계대전 전부터 새 신문의 창간을 준비했다'

르몽드사장으로 발탁된 뵈브메리는 드골이 2차대전전 자유주의적 대 신문인 르 탕보다 참신하고 현대적인 새 신문으로 르몽드가 창간되는 것을 희망했다고 설명했다. 공보처장이 드골의 명에 따라 새 신문 사장이 될 인물을 물색했으며 젊은 정치학 교수가 전쟁기간에 친해진 특파원 뵈브메리를 추천했다는 것이다.

뵈브메리는 프라하의 프랑스연구소에서 법학과 경제부장을 역임했고, 1934년부터 4년간 르 탕지의 프라하특파원을 지냈다. 그러나 영국과 프랑스가 체코를 히틀러에게 '팔아먹은' 뮌헨협정에 찬성한 르 탕 본사의 신문제작노선에 반발해 프라하특파원을 사임한 정의로운 언론인이었다.

공보처장은 뵈브메리를 초청해 새 신문사장을 맡아 좋은 신문을 만들어달라고 요청했다. 뵈브메리는 새 신문이 어떠한 사람의 간섭도 받지 않고 정부와 은행, 그리고 어떤 금융인의 간섭도 받지 않는 다는 약속을 받고 사장직을 수락했다. 오늘날 프랑스국민이 고급 지성지로 자랑하는 르몽드지는 이렇게 태어난 것이다. 르 탕을 폐간시키고 르몽드의 출범을 주선한 사람은 다름 아닌 드골이었던 것이다. 그러니까 드골의 언론계 대숙청은 나치협력 언론사들을 폐간시키는 동시에 한편으로 새 언론을 창출하는 새 사회 건설작업이기도 했다.

르피가로는 임시정부의 나치협력 여부에 대한 조사나 사전 허가절차도 없이 복간이 허용된 보기 드문 특권을 누렸다. 이 우파의 대변지는 파리가 해방되던 날 콩바 등 지하저항언론들과 동시에 신문을 발행할 수 있었다. 이 신문도 나치점령시절 리옹으로 피난했고, 여기서 계속 신문을 발행하면서 페탱노선을 표면적으로 지지했을 뿐만 아니라 비시정권의 언론지원금까지도 받아썼다. 42년 12월 주주총회에서 르피가로 경영인은 '만일 페탱 원수가 41년 2월 자유지역에 생존하기 위해 불가피한 자금을 파리언론사에 지원하지 않았다면 본 신문도 총 매출액 신장에도 불구하고 적자를 면할 수 없었을 것이다'라고 보고했다.

나치점령시절 르피가로의 행적은 해방 후 자동폐간대상에 포함돼야 했다. 리옹은 비시정권이 통치한 남부 프랑스의 대도시이기 때문에 파리의 신문사들이 대부분 여기서 신문을 발행하고 있었다. 그럼에도 이 신문은 리옹에서 발행하고도 훈령의 규제를 전혀 받지 않고 파리해방 후에도 브리송사장의 사설까지 게재하면서 계속 발행했던 것이다. 브리송사장은 파리해방 전에(44년 8월 19일) 사실상 임시정부의 복간허가를 받았고, 8월 23일 파리해방 일에는 첫 복간 호를 냈으며, 이해 12월 19일 복간허가를 임시정부로부터 최종 확인받았다는 것이다.

프랑스의 나치협력자 청산

▌드골이 르피가로 특대한 이유, 사장의 애국적 행동 때문

임시정부의 르피가로에 대한 특별대우는 나치점령시절 사장의 애국적 행동 때문이었다. 그는 1943년 가을 반 나치저항시인 루이 아라공의 주선으로 지하저항운동에 참가했으며 특히 저항언론 전국위원회에도 가담해 지하저항언론을 비밀리에 지도했다. 그는 여기서 비시정권에 대해서는 불법이 되는 반 나치저항언론사 사장들과 회의를 하는 등 저항운동에 깊숙이 참여했으나 비시나 나치에 조금도 내색하지 않았다는 것이다. 파리해방 후 루이 아라공이 프랑스공산당원이면서도 르피가로사장을 지원했다고 한다. 로베르 아롱은 '르피가로는 그래서 은밀한 조사과정을 잘 통과했고 비시정권시절 신문을 계속 발행했음에도 파리해방 후 똑같은 제호로 파리에서 복간된 유일한 신문이다'고 설명했다. 반면 나치협력 언론사와 언론인들은 거의 모두가 숙청재판에 회부되고 있었다.

고급 주간지를 자부한 '내가 도처에 있다' 신문은 나치점령시절 나치즘에 반대하는 프랑스인을 노골적으로 비난하면서 발행부수 4만 부를 30만 부까지 끌어올린 나치협력 언론사로 지목됐다. 파이야르 출판사가 창간한 이 주간신문은 원래 유럽과 세계 각국의 기행문을 주로 싣는 기록문학을 위한 잡지였다. 1936년에는 좌파연합정부인 인민전선내각을 지지해 좌파성향을 보이기까지 했다. 그러나 나치 독일의 프랑스점령 후 '천재작가' 브라지야크가 편집국장을 맡으면서 파시스트언론으로 변신해 나치협력 언론의 전위로 나섰던 것이다.

임시정부 훈령에 의해 이 신문은 즉각 폐간되고 재산이 모두 몰수됐다. 파리숙청재판소에 회부된 논설위원 등 필진과 간부진들에 대한 재판에서는 '어떤 관용이나 정상참작의 여지가 조금도 없었다.' 브라지야크의 재판과 사형집행을 앞에서 다루었듯 드골장군을 포함한 임시정부 요인들이 최고 악질 민족반역신문으로 지목했기 때문이다. '나치점령기간 <내가 도처에 있다> 주간신문은 프랑스에서 나치독일의 선전기관지 역할을 담당했다'라고 임시정부 공보처가 규탄했는데, 신문사장 르바테는 독일의 시그마린겐에 도망쳤다가 제3국 망명이 거부되자 귀국해 재판을 받았다.

검사는 그의 반성문을 받았으나 이를 전혀 정상참작하지 않고 사형을 구형했다. 그러나 그는 종신형을 선고받고 그 후 감형의 은전을 입었다. 논설주간 역시 사형이 구형되었으나 종신강제노동형을 선고받았다. 초기에 체포돼 지식인 나치협력자로 저항작가의 구명운동에도 불구하고 사형이 집행된 브라지야크 편집국장운명에 비하면 이들은 운이 좋았던 것이다.

1945년 5월 드골이 서명한 훈령은 언론계숙청을 한층 더 강화하는 내용을 담고 있었다. 이 훈령은 언론의 사주와 언론매체를 모두 형사소추할 것이라고 규정했다.

'나치점령기간 적의 선전에 봉사하기 위해 신문을 발행한 언론사가 처벌을 피한다는 것은 용납할 수 없는 일이다'고 이 훈령은 밝히고 있다. 나치협력 신문의 경영층과 논설진 또는 기자들에게 엄청난 중형이 부과되는 특수상황에서 유독 민족반역행위의 대가로 재산을 불린 신문사의 재산에 대해서만 처벌이 면제되는 것은 부당하다는 것이 훈령의 취지였다.

▌나치협력 언론들 모두 재판에서 해체와 재산몰수형 선고받아

그래서 신문사에 대한 재판이 1945년 말부터 시작되었다. 노르망디의 지방신문 주르날 드 루앙의 2명의 공동대표는 한 명이 종신강

프랑스의 나치협력자 청산

제노동형, 다른 한 명이 징역 5년형을 선고받아 나치독일에 협력한 죄 값을 모두 치른 것으로 생각했다. 그런데 신문사가 재판에 회부된 것이다. 재판부는 신문사 재산의 절반을 몰수하라고 선고했다. 일반적으로 나치협력 언론사들은 법원의 판결에 의해 공식적으로 해체되는 중벌을 받았던 것이다.

훈령이 발표된 후 6개월 간 파리지방법원은 94건의 나치협력 언론사(출판사포함) 사건을 다루었다. 이중 24건이 경제사범 담당재판부에 이첩됐는데, 이들 언론사들은 나치에 아첨한 대가로 부당이득을 취한 혐의가 있었기 때문이다. 나머지 70건이 본 재판부에 직접 기소됐으며 여기에는 독일찬양 언론으로 유명한 '내가 도처에 있다', 르 마텡, 프티 파리지엥, 파리 스와르 등 일간신문이 포함돼 있었다. 이들 언론사들은 재판결과 모두 해체되었고, 지방지 르 프티 니소아지는 르전사장이 사형선고 후 총살당했는데, 신문사도 역시 해체판결을 받았다.

반면 리옹의 르 주르날지는 비시정권과 많은 이념분쟁을 일으켰고, 지하저항운동에도 가담했기 때문에 무죄판결을 받아 신문발행을 계속할 수 있었다. 파리숙청재판소는 1948년 5월 시사주간지 뢰브르에 회사의 해체와 전재산 몰수형을 판결했다. 이 주간지는 지방으로 피난했다가 40년 9월 일찍 독일군 점령하의 파리에 돌아와 친 나치 언론인 마르셀 데아의 나치독일을 찬양하는 논단을 주로 실었다. 이 신문 소유주는 민족반역언론인 데아와 나치독일은 완전히 분리해 처리해야 한다고 항변했으나 재판부는 이를 수용하지 않고 이 신문의 해체판결을 내렸다.

1948년 말 모두 5백38개 언론사들이 재판에 회부되어 이중 1백15개 사가 유죄선고를 받아 모두 폐쇄됐다. 나머지 64개사가 전 재산 몰수, 51개 사는 일부 재산을 몰수당했다. 30개 언론사만이 무죄선고를 받았다. 나머지 3백93개 사는 나치협력 불순언론으로 분류됐으며 이중 35개 사는 재판을 대기하는 상태였다. 무죄를 선고받은 언론사는 복간했으나 재산몰수형을 선고받은 언론사들은 복간을 엄두도 낼 수 없었다.

▌드골개혁의 성공요인은 '새 언론에 새 시대 담당시킨다'

이들은 지하에서 지상으로 올라와 새로운 자유언론을 자부하는 콩바지 등의 공격을 극복해내기 힘들었다. 르몽드지는 '구사주와 경영인들이 얼굴을 위장해 복간하려는 구 제호의 낡은 신문을 보아야 하는가'라는 사설에서 반역언론들의 복간획책을 규탄하고 구시대 나치협력언론의 복간을 금지하라고 촉구했다.

나치협력 언론들의 재현은 국가의 도덕성을 파괴한다고 새 언론들이 지적했는데, 2차 세계대전 이전의 언론들이 나치협력이라는 민족반역범죄를 범하고도 대숙청의 바람에서 가벼운 형을 선고받았다고 해서 복간을 획책하는 것은 용납할 수 없다는 것이다. 이러한 여론의 흐름은 경미한 나치협력 언론의 복간에 제동을 걸었을 뿐만 아니라 재판에 계류중인 언론사들의 재판을 앞당겨 응징하는 계기가 되었다.

프랑스의 유명한 잡지 일뤼스트라시용은 이러한 분위기에서 49년 12월에 재판을 받았다. 파리숙청재판소는 회사의 해산과 복간금지를 판결하면서 재산의 일부를 몰수한다고 선고했다. 그러나 이 잡지는 재심청구가 받아들여져 5년 후인 54년에 복간됐다. 2차 세계대전 후 프랑스의 언론인과 언론사의 대숙청은 나치협력 민족반역 언론을 거의 완전무결하게 청산한 보기 드문 전례를 남겼다. 언론인은 대체로 나치즘 신봉자냐 아니냐 라는 이념적 성향이 숙청기준이 됐지만, 언

프랑스의 나치협력자 청산

론사는 나치와 비시정권에 대한 찬양과 자유프랑스 및 영·미 연합군에 대한 비난여부 등에 따라 회사해체와 재산몰수라는 무거운 사법처리를 당했다.

또한 드골훈령에서 폐간조건에 들어있는 언론사라도 반 나치저항운동에 참가한 언론은 르 피가로의 경우와 같이 새 언론으로 거듭날 수 있는 기회가 주어진 사실은 특기 할만하다. 드골의 언론숙청은 완전한 새 언론에 새 프랑스 건설을 담당시키겠다는 정치지도자의 철학을 기초로 강력히 집행됨으로써 성공할 수 있었다. 독일, 이탈리아의 언론들은 미·영·불 점령군이 군정을 펴는 과정에서 파시스트언론이 숙청한 것이지만 프랑스의 경우는 드골을 정점으로 한 해방의 주역들이 나치협력언론을 대대적으로 숙청하는데 성공한 훌륭한 본보기라고 말해도 무방하다.

7. 드골, 나치협력 지식인, 작가, 출판인 모두 심판
— '지식인과 작가, 사과로는 안되고 반드시 책임물었다'(드골회고록)

　나치점령시절 프랑스의 반 나치저항작가들은 지하비밀단체인 전국 작가위원회(CNE)를 결성해 비시정권의 파시스트 선전을 방해하고 히틀러의 광신적 전쟁을 반대하면서 프랑스에 대한 나치독일의 점령 상태를 종식시키기 위한 투쟁에 총력을 기울였다. 레지스탕스작가들이 지하에서 발행한 CNE 기관지 레 레트르 프랑세즈(프랑스 문학)를 통해 반 나치저항운동을 고무하고 나치협력 지식인들과 나치협력 언론기관들 및 비시정권을 무차별 공격했다. 이러한 지하저항운동은 나치 게슈타포와 비시정권의 민병대에 들키면 가차없이 처형되는 목숨을 건 처절한 투쟁이기도 했다.
　'프랑스 문학'신문의 편집진으로 활동한 작가들은 파리해방 후 프랑스문단에서 주도적 활동을 한 모리악, 레이몽 케노, 장 폴 사르트르, 알베르 카뮈, 베르코르 및 장 포랑 등이었다. 이들은 모두 나치독일 점령이라는 암울했던 시절, 저항문학을 통해 프랑스국민에게 '해방의 희망'을 주었던 레지스탕스 작가들이었다. 장 포랑은 프랑스 지성계의 상징인 유명한 출판사 갈리마르의 문예잡지 라 누벨 르뷔 프랑세즈(NRF)의 편집장을 지낸 인물이다. 고급문학예술지로 명성을 날린 NRF는 나치독일 지배하의 파리에서 포랑편집장을 해

프랑스의 나치협력자 청산

임하고 파시스트를 자처한 작가 드리으 라 로셀을 편집장으로 임명했다.

▌ 출판사들, 언론계 대숙청 뒤안길에서 사업 계속하다

나치독일이 프랑스를 점령하면서 출판계에도 숙청바람이 불어 닥쳤고 많은 문제가 생겼다. 일간지들이 출판계를 친 나치독일파와 친 페탱파로 분류하기도 했고, 나치점령시절에 친 나치출판사에 소속된 유명작가들이 히틀러 찬양발언을 해야만 행세할 수 있는 형편이었다. 파리해방 후 친 나치독일 그리고 친 비시정권 출판사들은 신문과 방송이 숙청의 폭풍으로 많은 나치협력 언론인들이 숙청되고 있음에도 뒤안길에서 살아남아 출판 사업을 계속하고 있었다. 일부 나치협력 출판사들은 살아남기 전술로 반 나치저항작가들의 작품을 서둘러 출판하는 사례도 나타났다.

나치협력 출판사들을 방임하느냐, 그렇지 않으면 어디까지 정리를 하느냐? 라는 문제에 관해 전국저항작가위원회 내부에서 심각한 논의가 일어났다. 과연 대출판사들을 나치독일에 협력했다는 혐의만으로 말살할 수 있는가 라는 물음에 선뜻 대답하는 작가는 거의 없었다. 나치점령기간에 반 나치저항작가들은 지하에서 '비브리오 그라피드 라 프랑스'라는 이름의 위장출판사를 만들어 반 나치저항 작품을 출판했으며, 이 출판사를 통해 '전쟁이 결코 오래가지 않을 것'이라는 경고를 파리의 나치협력 출판사들에 은밀히 발하기도 했다.

1943년 말경 CNE가 비밀회의를 열고 '프랑스출판사들에 보내는 경고장'이라는 제목의 결의안을 채택했다. 여기서 저항작가들은 '적이 출판사 편집실에 침투해 애국작가들의 원고를 사전에 검열하고, 이들을 친 나치언론에 비평형식으로 고발 비난하며 그래서 반 나치

드골의 과거사 정리방식과 친일파 청산

저항 작가와 지식인들을 흥정의 노리개로 전락시킨다'라고 지적했다. 그리고 '이들 민족반역 나치협력 출판사들을 해방 후 즉시 숙청해야 한다'고 결의했다. 1944년 3월 이 결의안을 발표한 레 레트르 프랑세즈는 전국저항운동 협의회가 각 출판사들의 나치협력 행위를 조사하기 위한 특별조사위원회를 설치하라고 요구했다. 저항작가들은 '적과 협력한 출판사들이 여론에 영향을 미칠 수 있는 모든 권리를 박탈해야 하며 이 때문에 희생당한 작가들에게 피해보상을 해야 할 것'이라고 요구했다.

▌레지스탕스 작가 성명, '매국언론과 출판사에 글쓰기 거부'

파리해방을 맞아 지하에서 지상으로 나온 저항작가들이 레 레트르 프랑세즈지를 처음으로 자유롭게 발행하면서 CNE의 성명서를 발표했다. 반 나치저항작가들은 나치점령기간에 나치협력자들의 작품을 실은 어떤 매체-일간지, 주간지, 월간지 등-에도 글쓰기를 거부할 것을 결의한다고 밝혔다. 이 성명서에는 그들이 기피하는 신문과 출판사의 이름을 발표하지 않았다. 그런데 출판계에도 자체숙청위원회가 결성돼 가동되기 시작했다.

출판계 숙청위원회는 교육부가 주관하며 숙청위원 중에는 유명한 반나치 저항소설 '바다의 침묵'을 지하에서 발표했던 벨코르(본명 장 브뤼레)도 포함돼 있었다. 또한 나치점령기간 '파리떼' 등 희곡작품을 발표하고 파리에서 상영까지 했으나 반 나치저항운동에 적극적으로 참여했던 장 폴 사르트르와 역시 저항작가로 '미디 프랑스' 출판사 사장인 세게르도 숙청위원이었다. 그런데 숙청위는 법적으로 권위를 인정받지 못하고 숙청을 위한 활동조차 신통치 않아 1944년 11월 문을 닫았다. 독일점령기간 NRF의 편집장자리를 드리으 라 로셀에게

프랑스의 나치협력자 청산

양보한 장 포랑만이 갈리마르출판사의 새 경영인으로 임명되고 특히 문학잡지 NRF의 폐간상태를 감독하게 되었다.

나치협력 문예지로 지목된 NRF는 자진 폐간의 운명에 직면해 있었다. 드골의 훈령에 따라 나치점령기간에 발행된 모든 신문 잡지들이 제호를 그대로 쓰는 것을 금지 당했기 때문에 NRF라는 제호조차 쓸 수 없었다. 그래서 갈리마르출판사가 내는 모든 단행본에 NRF라는 이름을 삭제하는 등 청산작업으로 그는 분주한 나날을 보내고 있었다. 포랑은 나치독일 점령시절 파리주재 독일대사의 강압으로 갈리마르출판사 편집장 자리에서 밀려나면서 반 나치저항운동에 투신한 유명작가였다.

프랑스출판협동조합은 그라세와 페르낭 소르로 등 굴지의 출판사들을 나치협력 출판사로 지목하고 회원에서 제명조치를 단행했다. 그럼에도 숙청위원이었던 세게르가 소르로사가 계속 출판 활동하는 것에 항의하면서 숙청위의 위원직을 사임했다. 출판계숙청에 대한 이러한 무질서 속에서 베르코르가 주도권을 잡아 숙청을 본격화 하려했다. 그는 소르로출판사가 불명예를 스스로 씻어내기 위한 기회를 부여해 자진해 문 닫기를 기다리겠다고 선언했다.

▌ 출판계 숙청협의회, 출판사의 나치협력 혐의 조사하다

그러나 1945년 1월 베르코르는 일부출판사에 대한 숙청위원회의 폐문을 선언하고 그 이유로 그라세와 다노엘출판사가 "개전의 정"이 없이 계속 사업을 하고 있기 때문이라고 말했다. 이들 대출판사들은 저항운동에서 태어난 출판사인 미뉘(심야) 출판사 등 보다 종이배급을 더 잘 받았기에 일부 작가들이 거래를 끊지 않고 출판을 계속했던 것이다. 베르코르는 드골 임시정부의 출판계에 대한 숙청의 무분별성에 일격을 가한 것이다.

1945년 2월 우여곡절 끝에 출판계숙청 협의회가 출판사의 나치협력행위를 본격적으로 조사하기 위해 출범했다. 이 기구는 출판계의 나치협력혐의를 조사해 그 결과와 함께 숙청위원회의 최종 판단문서를 직업별 숙청위원회에 송치하고 있었다. 출판업계의 원로 오자가 위원장이며 베르코르와 세게르가 위원으로 위촉됐고, 가톨릭계의 원로 언론인 게이도 위원으로 참가했다. 오자위원장은 나치독일과 흥정해 얼마나 많은 돈을 불법적으로 벌었고 부당이득을 취했느냐에 관한 재정문제보다 출판한 단행본이 얼마나 애국적이며 얼마나 나치독일에 협력하고 봉사했는가 등을 기준으로 숙청대상 출판사를 색출하기로 결정했다.

'민족배반 행위를 법적으로 밝혀내는 일은 매우 어려운 작업이다. 그러나 이것은 시멘트나 가죽을 적에게 팔아 단순히 돈을 버는 일보다 장-단기적으로 훨씬 더 심각한 문제를 제기한다'라고 숙청위원회는 지적했다. 출판계에 대한 숙청방향을 드디어 바로 잡은 것이다.

그러나 숙청위원회는 출판금지 등의 중징계까지는 고려하지 않았다. 하지만 다노엘출판사와 같은 나치협력 출판사가 나치독일군 점령시기에 발행했던 나치찬양 주간신문인 그렝고아르를 폐간하지 않고 경영인만 교체해 계속 발행하는 것은 용납할 수 없었다. 그래서 이 출판사가 숙청위의 조사에서 주 표적이 되었다.

다노엘출판사는 나치점령시절 도발적 인종차별주의를 선전하는 파시스트 작가 세린느의 작품들을 주로 출판했고, 유명한 친 나치작가 르바테의 '잔해'를 포함, 다수의 나치찬양 작품을 내놓았었다. 특히 이 출판사의 소유주 로베르 다노엘은 개인보유주식 7백25주 가운데 3백60주를 나치독일 사람에게 매각해 '프랑스의 혼'을 나치에 팔아먹었다는 비난을 받았다. 그런데 그는 1945년 12월 파리의 으슥한 골

프랑스의 나치협력자 청산

목길에서 누구인가에 의해 살해되고 말았다. 아마도 민족반역행위를 응징하려는 애국청년의 행동이었을 것이다. 이 출판사에 대한 조사와 법적소추는 다노엘 암살사건이 진정시켜 주었다.

마르세유출신 젊은 출판인 로베르 라퐁은 적어도 나치협력적 분위기를 물씬 풍기는 3권의 작품을 출판했기 때문에 저항신문의 비난을 받았다. 그는 출판숙청위원회에 문제가 제기된 책 3권은 나치독일의 점령기간에 라퐁출판사가 낸 60권의 단행본 중 극히 일부에 불과하다며 억울함을 호소했다. 라퐁은 '점령기간에 단 한 권의 독일어 책도 번역출판하지 않았고, 나치독일의 선전냄새가 나거나 비시정권을 옹호하는 책을 한 권도 출판하지 않았으며, 독일점령 당국으로부터 1그램의 종이도, 단 1전의 출판 지원금도 받지 않았다'고 해명했다. 숙청위원회는 29세의 젊은 사장 라퐁의 자신만만한 변명을 수용해 무죄판결을 내렸다.

▍카뮈, 사르트르가 구명운동한 갈리마르의 구사일생

사르트르

갈리마르출판사도 앞에서 말했듯 친나치 행각 때문에 숙청의 회오리를 피할 수 없었다. '좁은 문'의 작가 앙드레 지드와 공쿠르상 수상작 '인간조건' 등의 행동문학의 기수 앙드레 말로 및 이방인'과 '저항적 인간' 등의 카뮈 등 유명작가들을 전속으로 갖고 있는 갈리마르에는 역시 파시스트 드리으 라 로셸 같은 작가도 전속으로 있었다. 앞에서도 지적했지만 라 로셸은 점령기간에 독일군의 입김으로 갈리마르의 트레이드마크인 문예지 NRF의 편집인을 역임해 적극적으로 나치협력을 했었다. 출판사는 점령기간에 독일선전당국의 검열을 받아 단행본을 다수 출판했다. 그래서 갈리마르출판사는 나치점령 시절에 반나치 성향의 민주적 작가들과 유태인 작가들을 출판목록에서 삭제해 버렸다.

출판숙청위원회는 갈리마르출판사의 반역행위를 조사했다. 소유주 가스통 갈리마르는 독일 점령당국이 출판사의 압류조치 가능성을 은근히 흘리자 재빨리 나치독일과 막후교섭을 벌여 NRF 편집장으로 유명한 파시스트작가 드리으 라 로셀을 임명하는 등의 무마책을 썼다. 그리고 나치즘 이념서적이나 이를 찬양하는 작품을 출판하지는 않았으나, 나치독일 선전국이 금서목록에서 제외한 작가들 가운데 나치에 협력하지 않은 작가들의 작품을 다수 출판했다고 변명했다. 사주는 반 나치저항운동에 유리하게 작용한 갈리마르의 노력을 증언한 작가들의 서한을 숙청위원회에 제출하면서 출판사를 살리기 위해 총력을 기울였다.

카뮈 등 유명 저항작가들이 이 출판사를 살리기 위해 유리한 증언을 했다. 카뮈는 이미 프랑스 지식인계에서 '반나치 저항운동의 영웅'으로 추앙되고 있으며, 특히 지하저항언론의 상징인 콩바의 주필을 맡아 나치협력자 숙청의 방향을 제시한 언론인이며 작가였다. 그는 '갈리마르출판사 안에 있는 나의 사무실이 저항운동 작가들의 비밀회합장소였다'라고 상기하고 '사주는 이러한 내막을 잘 알지 못하면서도 원칙적으로 이를 이해하고 우리를 감싸주었다'라고 밝혀 갈리마르를 변명해 주었다.

'많은 저항작가들과 같이 나도 점령기간에 이 출판사를 위해 작품을 썼다'고 카뮈는 설명하기도 했다. 앙드레 말로도 갈리마르를 유리하게 증언한 작가였다. 그는 프랑스를 해방시키기 위해 육군대령 계급장을 달고 알자스지방에서 나치독일군과의 전투에 참가하고 있어 파리해방 직후 파리에 없었다. 그리고 갈리마르가 숙청대상으로 논의가 분분할 때는 드골의 공보장관을 맡고 있었다. 그는 '사주 갈리마르는 적어도 갈리마르출판사를 구출하기 위해 최선을 다했다'라고 애매모호하게 증언했으나 서한을 보내준 것 자체가 큰 도움이 됐다. 사르트르는 출판계 숙청위원임에도 매우 유리한 증언을 했다. 그는 '갈리마르출판사를 응징할 어떤 이유도 발견할 수 없다'고 말하고 '사주는 점령상태에서 나치독일에 대한 적대감정을 저항작가들과 나누어 가졌고, 출판사 건물이 저항작가의 비밀모임 장소로 쓰였다'고 설명했다.

특히 사르트르는 갈리마르출판사에 퍼부어지는 모든 불평과 비난이 저항작가들인 루이 아라공, 장 포랑, 알베르 카뮈와 폴 발레리 등 작가 시인에게 상처를 입히고 있다고 설명했다. 사주 갈리마르에게 '나치점령시절 NRF편집인으로 파시스트 드리으 라 로셀을 임명하라고 권유한 것은 말로와 앙드레 지드, 그리고 마르텡 뒤 가르였다'고 비밀을 털어놓았다. 프랑스 최고의 저항작가들의 증언들은 갈리마르가 저항운동에 큰 도움을 준 출판인임을 충분히 증명해 주었다.

갈리마르출판사 문학담당 고문 장 포랑은 갈리마르가 나치점령 기간에 단행본 출판부와 나치 찬양 작가인 드리으 라 로셀이 편집책임자인 NRF를 완전히 분리해 경영했기 때문에 회사 복도에서조차 나치주의자를 한 번도 만날 수 없었다고 증언했다. 포랑의 사무실은 저항작가들의 비밀모임 장소로 사용됐는데, 라 로셀에 의해 한 번도 발각되지 않았다는 것이다. 전국작가 위원회 위원인 초현실주의 시인 폴 엘뤼아르는 '형편없는 잡지 편집인(파시스트인 드리으)이 같은 건물 속에 있다는 엄청난 위험에도 불구하고 나는 건물 속을 통과하는데 조금도 걱정하지 않았다. 나는 용감하고도 효

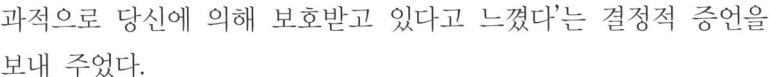

과적으로 당신에 의해 보호받고 있다고 느꼈다'는 결정적 증언을 보내 주었다.

■ 자살한 나치협력 작가 라 로셀, '적 진영 작가의 죽음 바라지 않아'

출판계 숙청위원회는 갈리마르출판사와 그의 소유주 갈리마르에 대한 숙청을 만장일치로 포기하기로 결정했다. 다만 나치독일 점령기간에 발행된 NRF를 제호로 사용하는 것을 드골의 훈령에 따라 금지했다. 드리으 라 로셀은 파시스트였지만 그 역시 지식인이었다. 그는 파리해방 직후 체포되기 직전 자살했으나 친구들을 나치독일의 고문에서 구해주는 인간미를 잃지 않았다고 한다.

라 로셀은 함께 근무한 장 포랑이 게슈타포에게 체포되자 구출해 주었는데, 특히 앙드레 말로, 가스통 갈리마르, 루이 아라공 같은 저항작가들을 우정으로 감싸기 위해 나치독일당국에 그의 영향력을 발휘했다는 것이다. 그는 파리해방 전에 '작가는 반대편 진영에 속해 있더라도 그 작가들의 죽음을 바라지 않는다. 이들 작가들이 지지하는 진영 때문에 이 작가가 죽음의 위험에 직면하더라도 말이다. 그런데 이 작가는 자기 약속 때문에 죽음을 받아들여야 한다. 이것은 작가가 부담해야 하는 최소한의 책임이다' 라는 수필을 발표했다.

그는 생전에 그의 절친했던 친구 앙드레 말로를 만나기를 소망했지만 그의 장례식에 말로는 끝까지 나타나지 않았다. 이때 말로는 프랑스의 동부전선에서 나치독일군과 전투 중이었다. 작가와 지식인에 대한 숙청은 사실상 민주주의의 논리로는 풀기 불가능한 일처럼 보였다. 드골이 나치협력 언론사와 언론인에 대한 숙청을 가장 먼저, 그리고 가장 가혹하게 단행한 사실은 앞에서 자세히 기술했다.

프랑스의 나치협력자 청산

▍드골, 언론자유 침해비판에 '천재와 석학은 책임의 화신'으로 대응

작가의 작품을 증거로 작가를 숙청하는 것은 언론과 학문, 그리고 창작의 자유를 침해하는 것이 아닌가 라는 문제가 제기될 수 있기 때문이다. 광신적 파시스트 중에는 거물들이 많이 포함돼 있어 이들의 작품들은 사실상 프랑스 문화의 중요한 자리를 차지하고 있었다. 그러면 그들이 천재라고 해서, 문화에 큰 발자취를 남겼다고 해서 나치에 봉사한 죄를 사면해 주어도 좋다는 것인가. 드골의 철저하고도 가혹한 숙청에 마주친 저항 언론인들과 작가들의 고민은 그래서 너무나 큰 것이었다. 드골은 이 문제에 대해 '천재와 석학은 〈책임의 화신〉이다'라고 밝히면서 지식인의 책임론으로 숙청을 정당화했다.

드골은 '전쟁회고록'에서 저명한 작가들에 대한 숙청에 관해 이렇게 기술했다. "숙청재판소는 명성을 날린 작가들에게 사형선고를 내렸다. 만일 그들이 직접 나치독일이라는 적을 직접적이고 정열적으로 돕지 않았다면 나는 원칙적으로 은사를 베풀어 사면했다. 사면하지 않은 유일한 경우가 있었는데, 나는 그를 사면할 권한이 없다고 느꼈기 때문이다." "브라지야크 재판"의 저자 카프란은 사면하지 않은 유일한 경우가 앞에서 자세히 서술한 브라지야크에 대한 사형선고를 감형하지 않은 것이라고 해석했다. '예술가가 가장 위대하다고 하는 것은 선에 대해서와 마찬가지로 악에 대해서도 강력한 영향을 미친다고 여겨지기 때문이다. 반대 진영을 선택한 작가들에 대해서 우리는 그들의 자극적 웅변술이 어떠한 범죄와 어떤 벌에 해당되는지를 너무나 잘 보고 있다'라고 드골은 여전히 '전쟁회고록'에서 설명했다. 작가가 된 것을 사과하는 것만으로는 불충분하고 책임에 대한 대가를 반드시 지불해야 한다는 것이 드골의 지식인에 대한 확고한 숙청논리였다. 이러한 드골의 논리에 아무도 이의를 제기할 수 없었다.

그래서 출판계의 숙청은 바로 나치협력 민족반역 작가와 지식인 숙청으로 연결되었다.

나치 점령시절에 반나치 저항작가들은 지하 문학신문 레 레트르 프랑세즈를 통해 나치협력 작가들의 배반행위를 자주 폭로했고 수시로 그들의 명단을 발표했다. 주공격 대상은 드리으 라 로셀, 폴 모랑, 브라지야크 및 앙리 드 몽테르랑 등 나치선전에 앞장서는 작가들이었다. 이중 몽테르랑을 제외한 세 사람은 이미 파리해방 직후 숙청된 상태였다. 라 로셀은 자살했고, 브라지야크는 사형선고를 받아 총살되었다. 모랑은 비시정권의 스위스 대사로 임명돼 스위스에 거주하고 있어 숙청을 모면했다.

모랑도 친 나치지식인들의 반 영·미 연합군 성명서에 서명하라고 강요받았으나 해외파견 핑계를 대 서명을 피했기 때문에 악질 나치협력자 취급에서 비켜날 수 있었다. 1942년 3월 9일 르 프티 파리지엥지는 나치독일 찬양과 비시정권 지지성명서에 약 50명의 작가 지식인들이 서명했다고 보도했다. 여기에는 아벨 보나르, 앙리 베로, 세린느, 폴 샤크, 알퐁스 드 샤토브리앙, 모리스 도네, 필립 앙리오, 알렝 로브로, 조르주 쉬아레즈 및 트리코 등 파시스트들이 포함돼 있었다. 파리해방 직전인 1944년 7월 5일 나치즘과 페탱의 찬양성명에는 이들이 모두 서명에 가담했으나 서명작가의 수는 25명으로 줄어 있었다.

파리주재 독일대사 오토는 사실상 히틀러가 프랑스에 보낸 총독과 같은 위상으로 작가 지식인사회를 나치독일에 유리하게 유도했다. 그는 파리의 출판계와 '단행본 검열에 관한 협정'을 맺었는데, 여기서 유명한 '오토 리스트'가 나왔다. 이 리스트에는 금서작가의 명단이 기록돼 있었는데, 1백38개 출판사가 발행한 8백42명의 작가들과 2천여 권의 단행본들이 금서목록에 포함돼 있었다.

프랑스의 나치협력자 청산

▍프랑스 주재 독일대사의 금서목록이 숙청 면죄부되다

출판이 금지된 금서목록에는 독일 시인 하이네와 프랑스의 우화작가 장 드 라 퐁텐도 들어 있었다. 드골 장군을 필두로 레옹 도테, 프랑시스 카르코, 로랑 돌주레스, 브라디미르 도르메송, 앙리 드 주브넬, 조셉 케셀, 프레보스트, 조르주 뒤아멜, 앙드레 모로아, 루이 질레, 조르주 고요, 앙리 보르도 및 베르디에 추기경과 보드리아르 주교 등의 이름들도 올라 있었다.

이 명단은 파리해방 후 사실상 숙청에 대한 면죄부로 유용하게 활용되었다. 그러나 저항작가들의 지하 비밀기관지 레 레트르 프랑세즈에 기피인물로 거론된 작가들은 나치협력 민족반역자로 지탄되었기 때문에 1차로 숙청대상작가 명단에 오르게 되는 것이다.

저항작가들의 기관지에 이름이 오른 작가 코레트는 나치협력 언론에 작품을 발표한 것만으로 비난의 표적이 됐다. 코레트는 작품에서 전혀 나치에 협력하거나 비시를 찬양하는 듯한 인상조차도 주지 않았다. 그럼에도 저항작가들의 비난을 받게 된 까닭은 '괴벨스의 선전도구인 나치언론에 글을 발표함으로써 들러리를 섰다'는 점에 있었다. 작품내용이 순수해도 나치언론에 글이 발표된 것만으로도 숙청대상이 된다는 얘기다.

1943년 11월 지하의 반 나치저항작가들의 비밀단체 전국작가위원회(CNE)가 나치협력작가에 대한 숙청방법에 관해 드골과 협의했다고 레 레트르 프랑세즈는 보도했다. CNE는 파리해방 직후인 1944년 9월 9일 나치협력 작가들의 실상을 조사하기 위한 특별조사위원회를 결성했다. 위원회 조사위원들은 나치협력 언론에 단 한 줄의 글을 쓰지 않았고 어떤 친 나치행동이나 저술을 하지 않은 저항작가들만으로 구성되었다.

특별조사위원회가 1차로 작성해 CNE에 올린 숙청대상 작가명단에는 브라지야크, 세린느, 샤토브리앙, 샤르돈, 드리으 라 로셀, 장 지오노, 마르셀 쥐앙도, 샤르르 모라스, 앙리 드 몽테르랑, 아르망 프티장 및 앙드레 테리브가 포함됐다. 그 다음에 나온 리스트에는 모두 94명의 작가 지식인이 포함됐다. 1944년 10월에 작성된 명단에는 나치협력작가가 1백58명으로 불어났는데, 여기에는 피에르 브느와와 샤샤 기트리가 추가됐다.

이 명단은 1946년 스톡홀름에서 열린 국제 펜대회에서 찬반 투표를 실시해 찬성 17, 반대 5표(기권 3표)로 나치협력 반역작가의 숙청에 대한 비준을 공식적으로 받아 드골의 작가숙청을 정당화하는데 기여했다. 펜대회의 투표에서 나치독일의 침략을 받아 점령당했던 나라들은 일제히 찬성표를 던졌고, 미국, 아일랜드. 스위스, 인도 및 남아연방이 반대표를, 영국 등이 기권했다는 것이다. 프랑스임시정부는 표현과 창작의 자유문제를 야기하는 작가와 지식인에 대한 숙청을 국제문화 외교무대인 펜대회의 비준을 받았던 것이다.

작가 자크 샤르돈은 전쟁 전 훌륭한 출판인이며 작가라는 호평을 받았으나 나치점령 기간 나치를 찬양하는 글을 신문에 발표하고 프랑스 작가단의 일원으로 독일 여행을 한 혐의를 받아 체포돼 프렌감옥에 수감됐다. 그는 재판정에서 나치게슈타포가 저명한 작가들을 체포하려는 것을 알고 이들을 구하기 위해 독일여행을 결심했다고 변명했다. 그가 구하려고 한 작가는 장 포랑과 루이 아라공 등 저항작가들이라고 말했다. 또 그는 저항시인 막스 자콥을 구하기 위해 노력했다고 진술했다.

샤르돈은 재판부에 저항작가들이 그를 위해 해준 증언들을 공개해 방청석을 놀라게 했다. 포랑은 '그의 과오가 고상하다고 생각한다'고 말했으며, 모리악도 '샤르돈이 과오를 범하긴 했으나 그 동기는 나쁘

프랑스의 나치협력자 청산

지 않았다'고 변명해 주었다. 뒤아멜은 '그의 과오는 범죄가 될 수 없다'고 서면으로 증언했다. 그는 재판정에서 '나는 1940년 7월에 독일의 승리를 확신했었다. 나는 독일의 사회주의자들에게 속았던 것이다. 우리 프랑스가 나치독일군에게 점령당했을 때, 독일의 진정한 의도에 대해 내가 잘 몰랐던 것이다.'라고 솔직하게 고백했다. 샤르돈은 무죄석방되어 나치협력 작가라는 누명을 벗을 수 있었다.

▌ 파시스트 세린느, 덴마크에 도피, 버틴 끝에 징역 1년형 받아

세린느는 당시 중견작가였으나 반 유태인 발언을 도발적으로 내뱉는 파시스트 작가로 숙청명단의 앞줄에 기록돼 있었다. 그는 '나치독일이 유태인을 충분히 제거하지 않는다'라고 불평했으며, 연합군이 노르망디에 상륙해 프랑스를 밀고 들어오자 페탱과 라발 등 비시정권 지도부들과 같이 독일의 시그마린겐으로 도주했다. 프랑스군이 이 도시를 공격하자 그는 다시 덴마크로 도망쳤다. 1945년 4월 파리숙청재판소의 요청으로 파리경시청이 그를 지명수배하고 덴마크 주재 프랑스 대사관이 범인의 체포와 신변의 인도를 덴마크정부에 요구했다.

덴마크는 그를 체포했으나 프랑스에 인도하지 않고 감옥에 수감했다. 세린느는 정치망명을 요구하면서 덴마크 감방에서 1년 이상을 버티면서 살길을 모색했다. 그는 브라지야크와 페탱의 유명한 변호사 이소르니에게 자기심경을 편지에 써 보냈다. '나는 나의 앞길을 잘 안다. 만일 내가 파리에 남아 있었다면, 다노엘 출판사 사장처럼 귀신도 모르게 암살당했거나 브라지야크같이 법정에서 사형선고를 받고 처형됐을 것이다.' 그리고 그는 작가숙청이 경제계 숙청보다 너무나 가혹하다고 불평을 늘어놓았다.

파리해방의 열기를 잊을 만한 1950년 1월 세린느에 대한 결석재판이 뒤늦게 파리에서 개정됐다. 그는 '망명지' 덴마크에서 '거꾸로 뒤집힌 드레퓌스 사건'이라고 자신의 재판을 비난했다. 재판부는 국가반역죄나 외국과 내통한 간첩죄를 적용하지 않고 경범죄를 적용해 징역 1년에 재산의 절반 몰수, 종신공민권 박탈형을 선고했다. 그러나 그는 이듬해 사면복권 조치를 받을 때까지 귀국을 거부하다가 사면된 후 프랑스에 돌아와 작가생활을 계속했다.

프랑스의 저명한 작가 앙리 드 몽테르랑에 대해서는 숙청위원회가 먼저 질문지를 보내 답변을 받았다. 몽테르랑은 답변서에서 독일점령당국이 자기 원고를 사전 검열했고, 나치점령기간 독일정부가 독일을 방문해 달라고 초청했으나 거절했다고 소명했다. 그의 집이 나치게슈타포에 의해 가택수색을 당한 적도 있다고 밝힌 유명작가 몽테르랑은 독일출판사로부터 원고료 4만7천 프랑을 수령한 적은 있으나 전쟁에 희생된 프랑스 어린이를 돕기 위해 스위스 적십자사에 5만 프랑을 헌금했다고 설명했다.

그는 전쟁 전 독일에 대한 그의 태도와 전쟁 중 독일과 비시정권의 관계에 관한 32쪽 짜리 해명서를 숙청위원회에 제출했다. 그는 특히 '6월의 하지'라는 그의 작품이 나치협력을 찬양한 작품의 '전형'이라는 세상의 비난을 못마땅하게 생각했다. 숙청위원회는 1942년 7월 친나치 일간지 '오늘'에 발표한 나치즘 찬양문인 '유럽의 신문명이 낮은 문명의 유럽인들에게 반대하는 영웅적 엘리트의 투쟁' 등 몽테르랑의 번역문들을 나치협력 증거로 확보하고 있었다.

▌나치 전쟁도발 찬양 몽테르랑, 1년 작품발표 금지령

유럽의 '신문명'은 몽테르랑이 히틀러의 국가사회주의를 그 나름대로 해석한 것으로 보였다. 그는 이 글에서 '유럽은 1939년 독일이 용

프랑스의 나치협력자 청산

감히 시도한 도약이 없었다면 모두가 무능으로 죽었을 것이다'라고 나치독일의 전쟁 도발을 찬양했다. 그러나 숙청위원회는 그에게 1년간 작품 발표 금지령을 내렸을 뿐이다. 저항언론들이 숙청위원회에게 몽테르랑의 지위가 무엇인지에 관해 질문하자 위원회는 그의 새 작품들을 발행하는데 어떤 제한도 없다고 답변했다. 그는 그 후 작품활동을 자유롭게 할 수 있는 면죄부를 받았던 것이다.

작가들은 재판소에서 무죄로 석방돼 나오거나 재판을 피한 작가라도 숙청위원회가 따로 조사해 나치협력 작가들에게 작품발표 금지령의 벌을 가했다. 앙드레 테리브는 국가반역혐의로 재판 받은 결과 무죄선고로 석방됐으나 2년간 작품발표 금지령을 받았다. 알퐁스 드 샤토브리앙은 프랑스 청소년들을 독일군의 지원병으로 보내는데 대한 책임을 추궁받았다. 그는 작가이면서 언론인으로 활동했으며 독일에 지원병으로 징발된 프랑스 민간인에게 독일 군복을 입히자는 등의 낯간지러운 아첨을 떤 것으로 유명하다.

숙청위원회는 그가 이미 시민법정에서 5년간 부역죄 선고를 받았고, 언론숙청위원회에서 기자자격을 박탈한 사실을 참작해 그에게 2년간 작품 발표 금지령만을 내렸다. 출판인과 작가 등 지식인 숙청은 '가혹하다'는 불평이 쏟아지기는 했으나 언론인에 비해 매우 관대한 처분을 받았다. 이는 창작의 자유에는 사상의 자유가 필연적이며, 이것이 민주주의의 기본원리 가운데 하나라는 저항 작가들의 공동인식이 작용한 결과로 보인다. 이것이 출판계와 문단숙청의 기본방향을 '과오를 용서하는'쪽으로 전환하게 한 것은 분명하다.

8. 샤샤, 슈발리에, 피아프, 크루조 무혐의, 25명 경고
― '연예계 숙청, 카프카 소설에서나 볼 수 있는 상황'(사르트르)

    무대예술과 영화계에도 예외 없이 숙청바람이 휘몰아쳤다. 영화와 무대예술에 대한 숙청주역들은 역시 반 나치지하저항그룹에서 목숨을 걸고 나치독일과 싸운 예술인들이었다. 1941년 독일이 전쟁에서 승승장구해 영·미 연합군의 승리가 매우 불투명한 상황에서 비시정권과 나치에 반대해 투쟁하기 위한 비합법 지하비밀단체인 예술공연연맹과 영화인안전위원회 및 청년연극위원회가 결성됐다. 무대예술계가 가장 빨리 레지스탕스운동의 채비를 갖추었다.
    예술계저항단체들은 주로 정보수집활동에 열중했다. 영화안전위는 독일영화사를 위해 일하는 나치협력 영화인을 색출해내기 위해 비밀요원들을 독일자본으로 운영하는 컨티넨탈영화사에 침투시켰다. 음악계의 저항단체도 1941년 가을에 결성됐고, 전국음악전선위원회에는 저명한 작곡가 로랑 마뉘엘, 푸렝, 오리크와 지휘자 데솔미에르, 뭉크 등이 참여하고 있었다.
    지휘자 파레이는 유태인출신 연주자들이 그의 교향악단에서 추방된다면 파리에 귀임하지 않겠다고 선언하며 나치독일의 인종차별정책에 정면으로 저항했다.
    파레이는 일찍부터 저항운동에 참가하고 있었다. 그는 1942년 리

프랑스의 나치협력자 청산

옹 연주회에서 청중을 모두 기립시키고 프랑스국가 '라 마르세이에즈'를 연주해 큰 박수를 받았다. 파리 콩세르바트와르의 저명한 음악교수 델벵쿠르는 비시정부가 제의한 고위 공직자 자리를 거부했고, 프랑스음악계에서 나치독일의 영향을 배제하기 위해 노력했다. 특히 그는 제자들의 반 나치 저항운동참가를 적극적으로 유도하면서 콩세르바트와르 사무실을 저항운동의 비밀회의 장소로 제공했다. 그러니까 나치점령시절 도처에서 저항운동이 맹렬히 벌어지고 있었다.

유명한 공연 연극극장 파리의 코미디 프랑세즈는 연극인 저항운동의 총 본산이었다. 비시정권이 임명한 극장장 장 사르망은 연합군이 노르망디 상륙작전에 성공한 직후 쫓겨났다. 그 후 코미디 프랑세즈는 파리해방을 준비하는 저항운동단체의 집결지로 변모했다. 1944년 8월 파리시민과 레지스탕스의 독일점령군에 대한 시민봉기가 일어났을 때 극장은 전투에 부상당한 저항요원들과 시민의 '적십자병원' 역

나치협력 여인의 응징
파리시민들이 '남편을 총살시킨' 나치협력 여인을 응징하고 있다

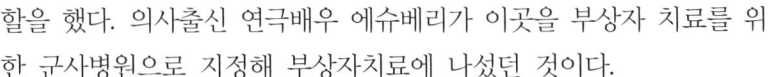

할을 했다. 의사출신 연극배우 에슈베리가 이곳을 부상자 치료를 위한 군사병원으로 지정해 부상자치료에 나섰던 것이다.

▌코미디 프랑세즈, 숙청위원회 구성 나치협력 연극인 숙청

파리해방 후 코미디 프랑세즈는 전투에 직접 참가한 극장행정가 피에르 딕스를 임시 극장장으로 임명했다. 9월 5일 그는 르피가로와 가진 첫 회견에서 '몰리에르의 집인 코미디 프랑세즈에서의 연극공연은 전기수리가 끝나는 대로 재개될 것이다. 연극인에 대한 숙청은 특별위원회에 위임하겠다'고 밝혔다. 이튿날 코미디 프랑세즈는 극장장과 베르토, 장 메이에르, 마드렌 르노 및 마리 벨 등 5명으로 구성된 숙청위원회를 설치해 나치협력자를 색출하는 작업을 개시했다.

1944년 10월 27일 숙청위원회는 1차 숙청결과를 발표했다. 4명의 연극배우에게 1년간 출연금지, 3명은 6개월 출연금지, 나머지 2명에게는 각각 5개월과 3개월 금지조치를 각각 내렸다. 이 극장이 숙청을 개시하면서 영화와 무대예술계 전반에 대한 숙청의 막이 오르게 된다. 전쟁 전 코미디 프랑세즈 극장장을 역임한 부르데가 무대예술계 숙청을 총괄하는 중책을 맡았다. 그는 먼저 예술직업인증명서 발부제도를 창안해 증명서 소지자에 한정해 무대예술에 참가할 수 있는 자격을 부여했다.

직업인증명서는 숙청위원회의 엄격한 심사 끝에 발부여부가 결정되며, 나치협력혐의가 조금만 있어도 발급 받을 수 없었다. 배우조합과 오데옹극장은 조합원과 종업원들에게 다음과 같은 서약서를 받았지만 그래도 안심할 수 없었다. '나치협력 그룹에 속하지 않았고, 친 나치반역활동을 전혀 하지 않았으며, 나치를 선전하는 라디오에 출연하지 않았고, 적에게 유리한 회의에 출석하지도 않았으며, 적을 선전하는 작품에 어떤 역도 맡지 않았다'는 것이 서약서 내용이었다. 서약서에 서명을 받는다 해도 숙청위원회의 판정이 나기 전에는 어느 연극배우도 정상활동이 불가능했다. 왜냐하면 서약서에 서명하는 것이 당사자의 무죄나 무혐의를 증명하는 것이 아니기 때문이다.

　나치점령시절 프랑스의 자체영화산업은 거의 무너졌고 독일자본으로 설립된 컨티넨탈 필름에 의해 프랑스영화산업이 완전히 장악되었다. 컨티넨탈의 영화제작은 나치독일 선전상 괴벨스의 유럽 나치점령지역에 대한 선전계획에 따라 집행되었다. 나치독일의 광신적 선전괴물 괴벨스식 선전영화가 관객의 외면을 받게 되자 그는 프랑스의 예술성과 감성을 선전에 이용하려는 꾀를 냈다. 그래서 그는 '프랑스영화는 계속 제작돼야 하며, 이 영화들은 <정말 파리시민의 감성이 담긴 파리지엥적 작품>이라야 한다'고 강조했다.

　1942년 5월 15일 괴벨스는 '프랑스영화계는 가볍고 공허하고 가능하면 미치광이 같은 영화만을 제작해야 한다'고 지시했다. '나는 프랑스 영화제작자들이 이 지시에 만족할 것이라고 생각한다'고 말할 만큼 프랑스영화의 중요성을 인정했다. 나치선전의 천재라는 괴벨스가 프랑스의 독자적 영화정책을 허용함에 따라 나치점령기간 프랑스영화계는 질적으로 우수한 작품을 생산하는 이상호황을 누린다. 이 시기에 컨티넨탈 영화사만이 30여개의 영화를 만들었고, 프랑스 전체의 영화제작 편수가 1백90편에 달했다. 프랑스의 영화제작자와 감독들은 비록 괴벨스의 선전정책의 일환이기는 하지만 나치점령당국의 간섭을 거의 받지 않고, 그리고 나치에게 협력한다는 죄책감도 없이 영화를 제작할 수 있었다는 것이다.

　나치독일 점령당국은 시나리오 검열을 거의 하지 않았다. 컨티넨

탈이 제작한 영화가운데 최우수작으로 평가된 작품이 앙리 크루조 감독의 '까마귀'라는 사실은 오늘에도 이론이 없다. 이 영화사는 영화내용에 맞게 '한 작은 프랑스 마을'이라는 이름으로 바꾸어 '까마귀'를 상영했다. 드코엥감독의 '집안의 무명인들'도 우수작으로 평가됐다. 이것은 컨티넨탈이 프랑스에 있는 독일영화사이지만 여기서 작품을 만드는 프랑스 감독들이 독립적으로 제작했다는 것을 말해주고 있었다. 이러한 나치점령시절 프랑스영화계의 특수성이 언론이나 문단에 비해 가벼운 처벌을 받게 했다고 로베르 아롱의 '숙청의 역사'는 풀이했다.

▌영화계 5명 견책, 1명 활동금지령 등 숙청을 피하다

아무튼 영화계숙청은 파리해방 직전인 1944년 8월 14일부터 시작된다. 파리와 교외를 포괄하는 지역인 센느현(현재의 릴 드 프랑스)은 영화계의 숙청대상인사명단과 그들에 대한 응징내용을 현의 공보에 실었다. 5명이 견책을 받았고 1명만이 직업활동 금지령을 받은 가벼운 처벌이었다. '안개 자욱한 부두'의 명감독 마르셀 카르네가 '컨티넨탈사의 계약에 서명해 적의 입장을 유리하게 만들었다'는 죄로 견책을 받았다. 그에 대한 견책은 그의 직장과 영화잡지들에 발표되었다. '까마귀'의 명감독 앙리 크루조는 '독일영화사에서 활동한 죄'로, '6명중 최후의 한 사람'을 감독한 조르주 라콩브는 '적을 위해 영화를 상영한 죄'로 각각 견책을 받았다. 드코엥감독은 '적을 위해 영화 2편을 상영해 준 죄'로 직업활동 금지조치를 당했다. 그는 나치선전영화로 평가된 '집안의 무명인들'이 속죄양이 되어 중벌을 받은 셈이다.

프랑스 최고의 영화배우이며 샹송가수였던 모리스 슈발리에에

프랑스의 나치협력자 청산

대한 숙청은 프랑스뿐만 아니라 국제적으로 큰 관심을 모았다. 나치독일이 프랑스 지식인이나 유명 연예인을 유혹하는 수단중의 하나가 독일 방문초청이었다. 나치독일방문의 함정에 빠져 나치즘에 세뇌돼 사형된 지식인들이 한둘이 아님을 이미 앞에서 보았다. 독일 방문초청의 마수에 걸려 나치협력 행위를 했다는 혐의를 슈발리에는 받고 있었다. 그는 파리해방직 후 프랑스 공산당기관지인 스 스와르지와 가진 회견을 통해 일단 양심선언을 했다. 그는 이렇게 말했다.

'내가 적과 타협해 독일을 순회한 것은 사실이다. 그런데 많은 사람들이 본인을 나치에 협력한 민족 배반자처럼 이야기한다. 진실은 너무나 간단하다. 나는 독일을 한번 방문했다. 알텐그라보우에 있는 프랑스군 전쟁포로수용소를 찾아가 노래하기 위해서였다'라고. 그리고 그는 수용소는 그 자신이 1차대전시 포로가 되어 26개월간 수용됐던 바로 그 포로수용소라고 강조했다. 그리고 그는 이렇게 외쳤다.

'어느 프랑스인도 내가 갇혀있었던 수용소에서 우리 동지들을 위문한 사실을 비난할 수 없다. 더욱 나는 포로 10명을 석방시켜 주겠다는 약속을 받고 독일방문에 응했다. 나는 단 한번 프랑스동지를 위해 공연했고, 독일정부가 베를린에 나를 위한 축제 등 많은 행사를 준비했으나 모두 거절하고 귀국했다. 그런데 파리와 지방의 모든 신문들이 슈발리에가 적과 합작해 나치독일의 손아귀 아래에서 놀아났다고 보도했다. 이러한 언론보도는 완전한 허위다. 나는 1942년부터 무대와 완전 결별했고, 1943년에는 칸에 내려가 칭병을 하고 은둔해 있었다. 내가 파리에 거의 오지 않았기 때문에 독일점령군이 오히려 나를 의심했다.'

슈발리에가 나치저항언론의 선봉에 섰던 스 스와르지와 회견한 것은 효과가 대단히 컸다. 왜냐하면 국내 레지스탕스를 주도한 공산당계 신문이 그에게 변명할 기회를 큰 지면을 할애해 제공한 것이 벌써 좋은 영향을 미칠 수 있었다. 그러나 사회당계 신문인 르 포퓌레르지는 슈발리에를 페탱파로 해석해 의심하고 있었다. 그래서 슈발리에가 나치협력 사실이 있는 것으로 추정하고 있었다. 슈발리에에 대한 소문은 여러 가지로 유포되고 있었는데, 최악의 것은 지방에서 파리에 귀환하다가 분노한 파리시민의 돌팔매에 맞아죽었다는 루머였다. 그가 기자회견을 자청해 멀쩡하게 살아있는 모습을 보고 파리시민들이 모두 놀랐다.

▌모리스 슈발리에, 피아프 등 가수들 모두 혐의 벗다

그는 '독일사람이 나를 갖고 최악의 노름을 했다. 그들은 내가 나치독일을 위해 노래하고 춤추었다고 떠들고 다녔다. 그들의 말은 모두 거짓이다'라고 큰 소리로 해명했다. 경찰은 즉각 슈발리에를 소환해 심문했으나 얼마 후 무혐의로 석방됐다. 슈발리에는 미·영·불 연합군이 병사들을 위문하기 위한 공연을 요청했는데, 숙청위원회가 공연이 시작되기 전에 그를 조사하지 않으면 안됐다. 숙청위원회는 그가 독일여행을 했고 독일선전방송 '라디오 파리'에 출연한 사실을 문제로 삼았다. 슈발리에는 스 스와르와 회견한 내용을 그대로 설명하며 무고함을 주장했다. 숙청위원회는 슈발리에를 결국 무혐의 처리했고, 그는 영·미·불 연합군을 위한 위문공연무대에 나설 수 있었다.

숙청위원회는 세계적 여가수 에디트 피아프에게도 독일공연을 문제로 삼아 조사했다. 피아프는 프랑스 포로와 독일 군수공장에 징발되어 강제노동을 하는 프랑스 노동자들을 위해 독일에 찾아가 노래

프랑스의 나치협력자 청산

를 불렀을 뿐이라고 주장했다. 피아프는 독일로부터 받은 공연요금을 모두 포로들에게 주었다고 밝히며, 특히 프랑스 포로들의 수용소탈출을 결정적으로 도왔다고 말했다. 피아프는 프랑스포로의 수용소 탈출에 필요한 가짜여권을 파리에서 비밀리에 만들어 갖다 주었다고 밝힌 것이다.

그녀는 1차 방문시 포로들의 사진을 찍고 명단을 갖고 파리에 돌아와 이것으로 가짜여권을 만들었다고 설명했다. 그리고 2차 독일방문 때 이중가방에 여권을 숨겨 가지고가 포로들에게 직접 전달했다는 것이다. 피아프가 만든 가짜여권은 모두 1백47개에 달했다. 특히 독일점령군이 그녀에게 '카지노 드 파리'에 1개월간 출연을 금지시켰는데, 이유는 그녀가 나치독일이 금지한 노래를 파리의 카바레에서 불렀기 때문이라고 진술했다. 피아프는 나치독일에 협력하지 않았기 때문에 그 후 오히려 독일공연을 피할 수 있었고, 그녀의 아파트는 유태인친구들의 피난처가 됐다고 진술했다.

피아프에 대한 나치협력혐의는 시민의 고발에 근거를 둔 것이지만 이 여가수가 제시한 애국적 증거 앞에서 숙청위원회가 모두 무고임을 인정하지 않을 수 없었다. 숙청위원회는 피아프에게 만장일치로 무죄임을 선언하면서 그녀의 애국행위에 오히려 감사했다.

숙청위원회가 유명가수 티노 로씨의 나치협력 혐의를 조사한 것은 1945년 12월이었다. 로씨 파리해방직후 경찰에 체포돼 상당기간 프렌감옥에 수감되었다가 풀려 나왔다.

그는 나치독일 점령군을 지원하는 군부대의 축제에서 노래를 부르는 등 나치점령군을 유리하게 하는 활동을 했다고 고발당했다. 고발장내용은 사실이었다. 로씨는 그가 소속한 극장이 축제주최자에게 그의 이름을 주었으며, 독일군복을 입은 대원들이 강제로 데리고 갔기 때문에 어쩔 수 없이 끌려가 노래를 부르지 않을 수 없

었다고 변명했다.

그는 보통 한번 공연에 열두 번 부르는 샹송을 세 번 밖에 부르지 않았다고 변명했다. 그는 독일을 방문해 군수공장의 프랑스노동자들을 위한 위문공연에 참가하라는 독일의 강요를 받고 의사로부터 받은 건강진단서를 제출해 거부했다고 말했다. 변호인들은 그가 1944년 10월 경찰에 체포돼 프렌감옥에 한 달간 수감생활을 한 것만으로도 충분히 벌을 받았다고 주장하며 그에게도 모리스 슈발리에에게 베푼 것과 같은 '관용'을 부여해달라고 호소했다. 숙청위원회는 그에게 1개월 직업활동금지령을 내렸다.

▌샤샤 귀트리, '나치독일 구둣발에 굴종한 그의 석방 안된다'

유명한 배우이며 작가인 샤샤 귀트리에 대해서는 숙청위원회가 체포 전에 나치협력 반역행위를 상당부분 조사했다. 파리해방 직후 체포돼 프렌감옥에 수감된 샤샤는 1944년 10월 15일 경찰심문을 받은 후 '적과 내통한 간첩혐의'로 기소됐다. 그러나 샤샤는 한 달 만에 석방되었다. 샤샤의 석방에 격분한 공산당기관지 뤼마니테는 그의 석방 소식을 이렇게 보도했다. '어제 밤 믿을 수 없는 뉴스가 전달됐다. 침략자 나치독일의 구둣발 밑에 엎드려 굴종하고 저항운동가를 고문한 자들과 같이 만찬을 하며, 나치점령기간에 수백만 황금을 부정 축재한 샤샤, 바로 그 샤샤가 석방되다니…말이 되는가.'

여론이 악화되자 숙청위원회는 재조사를 위해 샤샤에게 질문서를 보냈다. 샤샤는 질문서를 바로 반송했다. 그는 '과오로 나에게 보낸 질문서를 반송한다. 왜냐하면 내 손에 찼던 수갑이 이미 질문서에 대답을 했기 때문이다'라고 설명했다. 언론들은 샤샤에 대한 민족반역 혐의가 무혐의로 종결되는 것처럼 보도했으나 사실은 아직 그에 대

프랑스의 나치협력자 청산

한 조사가 끝난 것은 아니었다. 샤샤가 시민법정에 다시 소환됐기 때문이다. 그러나 여기서도 용하게 부역죄 형벌을 모면했다. 그래서 샤샤는 영화촬영에 나설 수 있었다. 1947년 8월에야 그는 사건이 무죄로 종결됐다는 통보를 받지만, 영화촬영차 리옹에 갔다가 큰 봉변을 당한다. 리옹지역 반나치 저항단체들이 그가 탄 차량을 강제로 정지시키고 모든 촬영팀과 같이 벨쿠르광장에 세워진 반나치 저항운동기념탑에 끌고 가 강제로 추도묵념을 하도록 했던 것이다.

앞에서 언급했지만 영화 '공포의 보수'로 세계에 널리 알려진 현대프랑스영화의 거장 앙리 조르주 크루조감독사건을 조금 더 살펴보면 연예계숙청 내막을 더 잘 파악할 수 있다. 왜냐하면 크루조감독사건만큼 예술계숙청을 둘러싼 갈등이 공공연히 드러난 사건이 드물기 때문이다. 나치점령기간에 크루조감독이 독립적인 영화제작으로 질적으로 우수한 작품을 생산한 사실은 앞에서 지적했다.

1942년 35세의 크루조감독은 '살인자가 21번지에 산다'를 감독해 명성을 얻었고, 그 후 독일계 영화사 컨티넨탈 필름에서 '까마귀'를 만들었는데, 익명의 고발장이 영화예술 숙청위원회에 제출되어 영화계를 진동시켰다. 고발장은 나치독일 선전성이 크루조감독 작품의 프랑스적 성격과 특성을 비난의 도마 위에 올리는데 악용했고, 영화주제가 독일점령기간에 비시정부와 독일점령군의 탄압정책에 유리한 분위기를 만들어 주었다고 비난했다.

저항언론 콩바는 '크루조의 영화가 질적으로 우수하지만 주제설정은 약했다'고 비판하고 프랑스영화 15편의 상영주간에는 그의 영화가 상영되지 않았다고 지적했다. 콩바는 점령기간에 독일영화사가 제작한 영화가 해방 된 프랑스에서 상영되는 것은 용납할 수 없으며 주연급 영화배우들이 민족반역죄로 구속중인 현실에서 더욱이 상영이 금지돼야 한다고 주장했다.

▌명감독 크루조 조사에 사르트르 등 지식인 구명운동

지역숙청위원회가 크루조감독의 나치협력혐의를 조사했다. 이때 철학자 장 폴 사르트르, 시몬 드 보브와르, 미셸 레리 및 미셸 비톨 등 저항 지식인들이 크루조감독의 구명운동을 벌였다. 이들은 숙청위원회에 제출한 진정서에서 크루조감독이 독일계 영화사 컨티넨탈에서 영화를 제작했다고 해서 그를 숙청하려는 것은 부당하다고 지적하고 '그의 작품 <까마귀> 등을 검증한 결과 조금도 반 프랑스적이거나 반 애국적 성격을 발견할 수 없다'고 변호했다. 문학비평가 자크 프레베르는 문제영화의 시나리오가 1937년에 이미 탈고된 것으로 나치협력이란 말도 안 된다고 주장했다. 사르트르는 그가 발행한 '레탕 모데른'(현대)의 모두기사로 크루조감독 숙청문제를 다루고 '이 영화감독의 숙청은 권위주의적 결정'이라고 오히려 드골의 임시정부를 비난했다.

크루조의 구명운동은 임시정부의 숙청에 대한 졸속과 무책임을 공격하는 계기를 만들었다. 사르트르는 이 잡지에서 '책임질 사람이 없는데 누가 누구를 재판할 수 있는가'라고 항변했고, '이러한 대숙청은 피를 흘리게 하는 결정을 내리는 카프카의 소설세계에서나 볼 수 있는 것'이라고 강력히 비난했다. 센숙청재판소는 저항지식인들의 진정서와 여론을 참작하면서도 1945년 8월 다음과 같이 결정했다.

'피고 크루조는 이미 영화계에서 직업활동 금지령을 받았는데, 숙청위원회의 의견을 존중해 그에게 직업활동 금지결정을 2년 더 연장한다.' 이 결정은 '까마귀' 등 크루조의 작품을 나치협력작품으로 규정한 것이며 그후 칸영화제에서 수상한 '공포의 보수' 등 명작영화를 창조한 명감독도 숙청의 바람을 피할 수 없었다는 사실을 잘

프랑스의 나치협력자 청산

설명해 준 경우라 하겠다.

나치점령기간 미술가들의 정치참여는 그렇게 많은 것이 아니었다. 그러나 독일점령군이나 비시정권이 나치독일을 찬양하는 선언문에 서명을 받는 등 나치협력 반민족행위를 강요한 것은 사실이다. 그리고 소수이긴 하나 자발적으로 나치독일에 협력한 미술인도 없지 않았다. 파리해방 직후 전국미술가연맹 회장 파블로 피카소는 경찰이 체포해 나치협력자 숙청재판에 회부해야 할 미술인 명단을 파리경시청과 검찰에게 전달했다. 블랙리스트에는 오통 프리즈, 폴 벨몽도및 폴 랑도프스키 등 유명 미술인 상당수가 포함돼 있었다.

▌피카소 숙청위원장, 화가 23명 경고만으로 숙청 종결

이미 드골의 훈령으로 미술, 조각, 판화숙청위원회가 설치됐다. 숙청위원회는 나치협력 혐의자를 조사해 소환하고 징계와 벌을 가하기 위한 숙청작업에 나서고 있었다. 숙청위원회가 가장 주목한 화가들은 점령기간에 독일여행을 하면서 나치독일에 협력을 한 것으로 보이는 화가와 화상들이었다. 숙청위원회는 이들을 숙청하기 위한 증거를 잡고 있었다. 유태인 부인을 가진 한 미술출판사 사장이 유명화가들을 독일 여행에 동원해 독일점령군의 환심을 사려고 한 사건이 숙청위원회에 일차로 고발되었다.

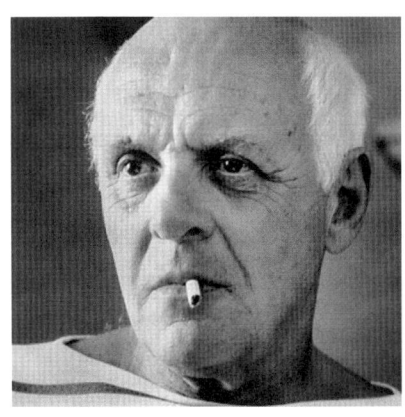

미술계 숙청주역 피카소

그는 숙청위원회에 소환돼 모든 것을 털어놓았다. 유명화가 뒤느와이에 드 스공작이 나치독일을 찬양하는 과오를 범했다고 진술해 또 미술계를 뒤흔들었다. 미술전문출판인은 앙드레 드렝, 모리스 드 브라멩크, 오통 프리즈, 반 동겐 등 세계의 정상급 화가들은 나치를 찬양한 독일화가들의 작품에 대해 가장 큰 멸시를 표시했다고 설명했다. 숙청위는 1946년 6월 미술인 23명을 경고하는 것으로 숙청작업을 마무리했다. 예술계에 대한 숙청은 드골의 직접 관심대상에서 벗어나 있었기 때문에 비교적 관대한 처분이 내려진 것이 특징이었다.

그러나 명예를 중시하는 예술인들이 나치협력행위에 대한 반성을 하는 좋은 계기가 된 것은 사실이다. 드골의 나치협력자 숙청 연구가들이 샤샤 기트리와 세린느 및 앙리 드 몽테르랑 등 유명 배우 작가들이 형벌을 면한 사실을 내세워 드골의 숙청이 실패한 것으로 평가하는 경향도 없지 않다. 그러나 실패가 아니라는 것이 필자의 판단이다. 크루조감독의 경우에서 보듯 예술계 숙청도 나치협력자라는 낙인이 찍힌 것만으로도 예술인에게 치명적인 벌이되며 두고두고 불이익을 받았기 때문이다.

프랑스의 나치협력자 청산

9. 프랑스 최고 석학집단, 아카데미 프랑세즈의 숙청
– '나치협력자는 프랑스어 말할 자격 없는 외국인'

프랑스 제헌의회가 아카데미 프랑세즈 등 최고학문기관에 대한 숙청문제를 토의한 것은 1945년 2월이었다. 첫 질문자로 나선 저항운동의 기수 피미엥타의원은 '학술계에 애국자가 소수라는 사실을 잘 안다. 그러나 프랑스의 학술계에는 최악의 범죄자들, 국가반역자 가운데 가장 해로운 분자들이 득실거리며 이들이 그대로 있는 한, 나라의 도덕과 윤리가 없는 것이나 다름이 없다. 아카데미 프랑세즈에 아직도 형편없는 민족배반자들이 있으며, 그들이 독일의 망명지 시그마린겐에서 프랑스어로 말할 권리가 없을 것'이라고 규탄했다. 그의 발언은 민족반역자는 프랑스 말을 할 자격이 없는 외국인이나 마찬가지라고 규탄한 것이다.

비시정권 국가원수 페탱과 라발총리 등 비시의 고위공직자들과 작가 세린느 등 나치협력 지식인들이 시그마린겐에서 숙청의 칼날을 피하고 있을 때, 해방된 파리에서 제헌의회가 학계와 연구기관의 숙청을 논의하고 있었던 것이다. 아카데미 프랑세즈는 동료회원인 페탱원수가 비시정권의 국가원수가 되면서 나치독일의 프랑스 점령에 대해 '가장 흐리멍덩한 태도를 취한' 최고석학의 어용단체가 됐다는 비난을 받았다. 프랑스가 패전한 직후인 1940년 가을 아카데미는 동료

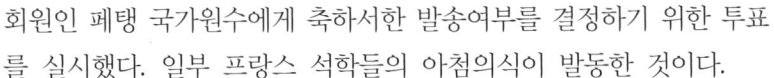

회원인 페탱 국가원수에게 축하서한 발송여부를 결정하기 위한 투표를 실시했다. 일부 프랑스 석학들의 아첨의식이 발동한 것이다.

■ '나치협력자 소굴'로 비난받은 아카데미 폐지론 나돌다

저명한 시인 폴 바레리는 축하서한 반대운동을 벌였다. 그의 행동은 비시정권에 대한 반대로 해석돼 일부여론의 항의를 받았다. '새 정부(비시)에 반항하려는 구실'이라는 비난을 바레리가 받았지만, 투표결과는 찬성 3표 대 반대 8표라는 압도적 표차로 페탱에게 축하서한 발송이 부결되고 말았다. 이러한 '반 비시태도'를 아카데미가 처음부터 보였으나 파리해방 후 아카데미는 가장 반 드골적이며 나치에 협력한 석학들의 집단으로 지목돼 숙청의 도마에 오르게 된 것이다.

먼저 숙청의 표적으로 떠오른 아카데미의 나치협력자는 4명이었다. 페탱 원수 외에도 아벨 보나르가 친 나치성향의 인물로 비시정권의 교육상이었고, 아벨 에르망이 파리의 친 나치 언론에서 반 드골적 반 영미적 논설을 집필한 나치주의자이며, 특히 샤르르 모라스가 극우파 기관지 악시용 프랑세즈의 논객으로 비시의 '이데오로그'였다. 또 프랑스정치학술원에는 페탱이 회원이며, 비시의 법무상인 조세프 바르테레미와 나치협력을 위한 광신적 선전에 열중한 석학 조르주 크로드 등이 진치고 있었다.

제헌의회에서 피미엥타의원이 지적했듯 나치독일의 앞잡이이며 민족배반자의 소굴로 지목된 아카데미는 '문 닫는다'는 소문까지 파다하게 나돌아 회원들을 곤혹스럽게 만들었다. 파리해방 직후(1944년 9월 19일) 일간지 로브(새벽)가 처음으로 '아카데미 폐지론'을 들고 나왔다. '솔직히 말해보자. 우리는 아카데미 프랑세즈의 해체를 요구한다. 그것은 프랑스의 수치를 의미할 뿐이다'라고 신문은 주장했다.

프랑스의 나치협력자 청산

아카데미의 존재이유를 언론이 부정한 것이다.

아카데미 프랑세즈 사무총장 뒤아멜은 1944년 9월 7일 드골장군과 직접 만나 아카데미 프랑세즈 존립문제를 협의했다. 드골의 '전쟁회고록'은 당시 뒤아멜과의 대화와 그의 결정에 관해 자세히 기술하고 있다. '뒤아멜총장'은 '만일 (드골)장군께서 (아카데미에) 들어오시면 모든 일이 쉽게 풀릴 것입니다'라고 말했다. 나는 여러 가지 많은 사정을 감안해 이 전망을 (드골이 회원이 되는 것) 배제하면서 이렇게 답했다. '국가원수는 아카데미의 보호자이다. 그런데 그가 어떻게 거기에 들어갈 수 있겠는가. 드골은 (국가원수이므로) 당신이 잘 알다시피 어떠한 범주의 단체에도 가입해서는 안 되며, 또 어떠한 훈장이나 포상을 받아서도 안 되는 것이다'라고 단호하게 말했다.'

드골은 여기서 아카데미의 보호자이기 때문에 최고학술기관의 존속을 결정한다. 그리고 새로운 기초에서 새 출발해야 한다고 강조한다. 그의 '전쟁회고록'은 '(아카데미 프랑세즈에) 많은 자리가 비어있다. 아카데미가 특별절차를 밟아서 언제인가 새 후보를 회원으로 선출해야 할 것이 아닌가. 왜 훌륭한 작가들을 그 자리에 충원하지 않는가. 그들 가운데는 프랑스의 정신과 자유정신의 챔피언들이 있지 않는가? 그들의 명성과 권위가 아카데미의 위상을 회복시킬 것으로 확신한다'라고 말한 것으로 기록했다. 드골은 여기서 4명의 나치협력 반역자들을 아카데미에서 추방하고 그 자리를 새 인물로 메우라고 지시한 것이다.

드골의 결정이 내려지기 1주일 전, 아카데미 프랑세즈는 반역자로 처단될 것이 확실한 회원인 두 명의 아벨에게 먼저 추방조치를 내렸다. 드골에게 아카데미의 숙청의지를 표시한 것이다. 11명의 회원들은 아벨 보나르와 아벨 에르망의 제명조치를 위한 투표에서 만장일치로 제명하기로 결정했다. 이 소식이 보도되자 프랑스의 여론이 들

페탱에게 '충성맹세'하는 유지들
페탱은 국가원수 자격으로 아카데미 회원이 되었으나 숙청재판 유죄선고로 추방되었다

끓었다. 여론은 아카데미가 아직도 정신을 차리지 못했다고 비판했다. 제명형식이 '회의참석 금지'라는 애매 모호한 것이기 때문에 시민들이 흥분한 것이다.

더욱이 페탱의 추방에 대해서는 말이 없었기 때문이다. 사회당계 신문 르 포퓌레르는 1면에 대문짝만한 특호 활자로 '그러면 페탱은?'이라고 보도해 페탱의 처리가 없다는 사실을 상기시키며 규탄하고 있었다. 사무총장이 '드골장군이 페탱의 경우 아카데미의 침묵을 희망했다'고 설명해 여론이 간신히 가라앉았다. 그런데 르피가로지가 '샤르르 모라스는?'이라고 다시 문제를 제기했다. 프랑수아 모리악은 1930년대 모라스와 아카데미회원 경쟁을 벌였다가 패배했는데, '리옹의 감옥에 갇혀 있는 작가 모라스를 파리의 콩티가(아카데미의 주소)에 더 이상 오지 말라고 기도하는 것이 그리 급한 일인가?'라고 반문했다. 비시정권의 늙은 이데오로그였던 모라스는 해방 후 체포돼 리옹지방법정에서 무기징역형을 선고받고 복역 중이었다. 저항운동의 선봉에 섰던 모리악이 아카데미에서 그의 제명조치가 '급한 일이 아니다'고 논평한 것이다.

▌페탱, 모라스 등 나치협력자들 추방해 숙청 마무리

모리악은 드골에게 아카데미의 존속을 강력히 추천했다. 르피가로의 논설에서 모리악은 '아카데미 프랑세즈를 절대로 해산시키면 안 된다. 학술기관을 쇄신해 존속시켜야 한다. 오늘 많은 빈 의자들이 우리에게 모험을 시도하게 한다'라고 주장했다. 드골이 사무총장과의 대화에서 아카데미의 존속과 개혁을 언급한 것은 모리악의 주장을 대체로 수용한 것이다. 1944년 12월 26일 발표된 드골의 훈령은 부역죄 판정을 받은 범죄자는 '모든 공직, 일반 직업, 공공기관 직원 및 기타단체의 직원 등의 직에서 파면되거나 추방된다'고 규정했다. 이 훈령은 문제의 모라스 추방을 간단히 해결했다. 아카데미가 구태여 투표할 필요 없이 이 훈령을 낭독함으로써 그의 추방을 선언해 모라스를 아카데미에서 퇴출해 버렸던 것이다. 그러나 아카데미 내부에는 그때까지도 적지 않은 페탱파가 남아 있었고, 페탱이 살아있는 동안 추방에 대한 거부감이나 항의가 표출될 가능성이 없지 않았다.

폴 모랑은 나치점령기간 중 비시정권의 대사를 역임한 역할 때문에 후보가 될 수 없었고, 아카데미회원들의 투표에서도 부결될 전망이었다. 그는 10년 후 아카데미에서 압도적 찬성표로 회원이 되지만, 숙청시대에는 용납될 수 없었다. 먼저 모라스는 사형을 간신히 모면해 종신징역형을 선고받아 자동적으로 아카데미로부터 추방이 확인되었다. 그러나 일부 회원들은 법대로 투표하자는 요구를 했다. 1945년 2월 1일 아카데미의 나치협력 회원문제 토의를 위한 전체회의에서 '모라스는 오늘(그의 회원신분이) 모두 청산되며 투표를 할 필요가 없다'라고 사무총장이 밝히고 '아카데미가 모라스에 대한 무기징역선고에 따라 훈령적용을 비준한다'고 선언해 모라스의 추방을 간단히 확인했다.

아카데미 프랑세즈에는 '모라스의 추방'이 어떤 권력에도 독립을 지켜온 아카데미의 전통에 금이 간다는 우려를 표시하는 앙리 보르도같은 회원도 있었다. 그는 루이 14세의 반대에도 라 퐁텐을 회원으로 선출했고, 나폴레옹의 반대에도 자리를 보존한 샤토브리앙과 나폴레옹 3세의 유배명령에도 자리를 지킨 빅토르 위고의 예를 들면서 전통의 중요성을 상기시켰다. 그러나 페탱도 우여곡절은 있었지만 최고재판소에서 사형선고를 받아(드골이 무기징역으로 감형시켜 주었지만) 결국 아카데미에서 추방되었다. 아카데미는 이렇게 나치협력자들을 모두 추방해 나치협력자 숙청을 마무리했다.

1945년 6월 아카데미 콩쿠르는 콩쿠르상을 여류작가 엘자 트리올레의 처녀작 '첫 위반으로 2백 프랑을 물다'에 수여했다. 엘자는 유태계 공산주의 작가로 그의 남편은 공산당소속 시인이며 저항소설가인 루이 아라공이었다. 이들 부부는 모두 유명한 반나치 저항작가였으며, 그래서 레 레트르 프랑세즈가 그녀의 콩쿠르수상을 '잘 선정된 상'이라고 호평했다. 그러나 항간에서는 콩쿠르상을 엘자에게 준 것은 저항작가들에게 잘 보이기 위한 콩쿠르의 고육지책이라고 해석했다. 아카데미 콩쿠르도 자체 숙청을 단행하지 않으면 안 되는 상황에 직면해 저항작가들의 환심을 살 필요가 있었던 것이다. 적어도 나치협력자로 지탄받는 3명의 회원을 제명해야만 할 입장이었다.

프랑스의 나치협력자 청산

그러나 회원의 추방은 10표 중 8표의 찬성표를 얻어야 가능하다. 추방대상은 샤샤 귀트리, 방자맹, 아잘베르 등 3명이었다. 이중 한 명도 제 발로 걸어 나가지 않겠다고 선언하고 있어 콩쿠르는 대단히 난처한 입장이었다. 이들 3명은 파리해방 후 아카데미 콩쿠르의 회의에 계속 얼굴을 내밀지 않고 있었다. 회의 때마다 사무총장이 '회원 3명의 상황은 법정에서 재판 중'이라고 보고할 뿐이었다. 1946년 말 아잘베르가 병사해 1명의 추방은 자연스럽게 해결됐으나 나머지 2명의 숙청은 막연했다. 1947년 10월 샤샤가 나치협력 반역자라는 강력한 공격에도 불구하고 무죄를 받아내 콩쿠르에 남게 되는 이변이 일어났다.

▌아카데미 공쿠르의 일부 회원들, 숙청에 저항하다

샤샤가 방자맹과 공동으로 아카데미 콩쿠르를 공격하는 사건이 일어났다. 나치협력 혐의로 체포되어 프렌감옥에의 수감, 그리고 재판과 숙청위원회의 심문 등을 거친 이들이 '점령기간 4년'이란 책을 출간해 아카데미 콩쿠르를 공격한 것이다. 1947년 12월 이들은 콩쿠르상 수상작 심사를 위한 총회에 참석하지도 않았고, 수상작 선정을 위한 서면투표에도 불참했다. 그런데 이들의 2표만으로 콩쿠르상 수상작이 발표되고 서점에 '콩쿠르수상 작품, 샤샤와 방자맹이 선정'이라는 붉은 띠를 두른 수상작품이 진열된 것이다. 이들이 따로 아카데미 콩쿠르 당국도 모르게 콩쿠르수상작을 선정해 발표해 버린 것이다.

다시 말해 가짜 콩쿠르상을 만든 것이다. 아카데미는 가짜 콩쿠르상 소동에 격분해 총회를 소집해 샤샤와 방자맹을 소환했으나 이들은 출석하지 않았다. 총회는 토의 끝에 이들 2명이 불법을 저질렀다는 결론을 내리고 제명을 위한 투표를 실시했다. 찬성 7표 대 기권 1표로 추방이 이겼으나 8표 찬성이라야 유효하다는 제명규정 때문에 추방은 사실상 불가능했다. 그래서 아카데미는 시민법정에 이들을 제소했다. 1948년 10월 방자맹이 갑자기 사망하고 샤샤가 사직서를 우송해 콩쿠르의 숙청이 법정에 가지 않고 소동은 싱겁게 마무리됐다.

희곡작가연맹과 음악작곡가협회는 회원들의 나치협력여부를 파악하기 위한 질문서를 2천여 회원에게 발송했다. 질문서를 받은 일부 회원들이 거세게 항의했는데, 반나치 지하저항언론 콩바의 창간동인 피에르 시즈와 프랑스 희곡연맹 회장 마르셀 파뇰이 이 질문서에 거부감을 표시한 것이다. '당신이 적의 선전을 설사 지원하지 않았다고 하더라도, 또한 만일 글이나 말로 또는 행동으로 당신이 협력하지 않았다고 해도 당신의 영혼과 의식으로 잘 판단하시오.' 이러한 질문에 대해 '나치즘과 같은 오만함의 표출'한 것이라고 비난했고, '사상의 자유의 개념을 귀중하게 여기는 모든 사람에게 반항심을 불러일으키는 질문서'라는 규탄이 빗발쳤다.

마르셀 파뇰회장 자신도 대답하기 힘든 질문이 있었다는 것이다. 그는 질문에 예스와 노로 답했지만 설명이 필요한 부분이 난감했다고 말했다. 그는 마르세유 스튜디오사장으로 일할 때 자가용을 굴린 적이 있고, 1941년에 그의 시나리오를 기초로 번안된 소설을 나치독일 점령 하의 파리에서 발간한 일이 있었다. 희곡연맹과 작곡가협회는 10월 3일 총회에서 더 합리적인 좋은 방법으로 숙청작업을 한다고 결정했다.

숙청위원장 르콩트는 '조용하지만 약하지 않게, 그리고 외부여론의 영향을 받지 않고 숙청작업할 것이다. 정열적이지만 난폭하면서 잘못된 정보에 근거한 숙청은 자주 정의와 법을 위반할 위험이 있다'고 밝히고 '발언 텍스트, 발표된 글, 행동과 증언을 통해서만 나치협력

프랑스의 나치협력자 청산

반역행위를 판단할 것'이라고 선언해 질문지 파동을 진정시켰다. 그는 숙청 당하는 회원은 직업활동의 금지조치를 받게 될 것이라고 미리 주지시켰다.

프랑스작가협회 숙청위원회는 아장장군을 위원장으로 선임해 활동을 개시했다. 1944년 10월 첫 회의에서 숙청위원장은 숙청이 왜 필요한지를 설명했다. '프랑스뿐만 아니라 전 세계가 프랑스의 숙청에 이목을 집중하고 있다. 프랑스의 고귀한 정신과 반대되는 글을 쓴 지식인과 작가들은 철저히 비판받고 응징돼야 한다'는 것이다. 그는 숙청이 배은망덕이 될 수 있고, 우정을 잊어버려야만 가능한 것이라고 역설했다.

그는 숙청위원회가 비준하기 전에는 숙청위원 개인이 어떤 결정도 내릴 수 없다고 말하고 프랑스가 일치단결해야 한다는 드골의 호소를 마음속에 간직해야 한다고 강조했다. 그가 인용한 드골의 단결론은 민족반역자들을 제외한 나머지 모든 프랑스국민의 단결을 의미했다. 다시 말해 드골은 프랑스인의 단결이 민족반역행위를 자행한 나치협력자들을 숙청하는 힘이 된다고 강조했던 것이다.

숙청위원회가 발표한 첫 블랙리스트는 나치협력 민족반역자의 괴수 급을 모두 나열하고 있었다. 폴 샤크, 조르주 쉬아레즈 및 페르낭 드 브리농은 이미 재판결과 사형이 집행되었고, 축출된 아카데미 프랑세즈의 2명의 아벨과 숙청재판에서 강제노동형 등을 선고받고 복역중인 나치협력 작가들이었다. 그리고 점령시기 신문보도를 분석해 더 많은 나치협력 혐의자들을 찾는 노력을 기울였다. 숙청위원회의 작업내용은 나치협력 작가들에 대한 실형이 선고되기 전에는 발표되지 않았다. 1945년 5월 아장위원장이 총회를 소집해 숙청보고서를 낭독했을 때 몇몇 반역작가들의 이름을 거명하자 항의소동이 일어났다.

▌나치협력자, 실형 면해도 징계되는 드골숙청의 이중장치

그러나 총회는 보고서를 원안대로 비준하고 숙청위원들에게 계속 숙청과업을 이행하도록 격려했다. 5월 30일 숙청위원회 회의에서 나치점령기간 작가협회 회장을 역임한 비뇨 명예회장을 나치협력혐의자로 징계했다. 그는 비시정권에 호의적이었다는 제보를 받고 '숙청위원회가 역사 앞에 침묵을 지킬 수 없다는 취지에서' 조사한 결과 그의 명예회장직을 박탈했다. 숙청위원회의 작업은 대체로 나치협력자들이 재판에서 실형을 받으면 제명이나 추방조치를 내리고 실형선고를 면해도 징계나 정직조치 등의 징벌을 가하는 이중적 숙청이라는 비판여론도 없지 않았다.

이러한 숙청에 대한 이중 장치는 드골의 임시정부가 민족반역자를 철저히 응징하기 위해 설치한 숙청절차였다. 드골은 이러한 숙청의 망을 나치협력 반역자들이 빠져나갈 수 없도록 이중삼중으로 쳐놓고 설사 실형을 피한 나치협력자에게도 다시 나치협력자라는 낙인을 찍음으로써 프랑스사회로부터 격리하는 숙청방식을 실행한 것이다.

음악계숙청위원회는 작품분석을 통해 반역과 애국적 작곡가를 선별한 것은 아니었다. 숙청위원회는 대부분 작곡가나 음악인들의 이름을 갖고 나치독일 점령기간의 활동을 근거로 삼아 나치협력 여부를 판별했으며, 실제로 나치협력 행동을 하지 않았음에도 숙청의 도마에 오른 사례들이 없지 않았다. 76세의 작곡가 프로랑 슈미트는 나치점령시절 가장 열렬한 나치협력 단체의 요청을 물리칠 수 없었기 때문에 단순히 그의 이름을 빌려주었다가 곤욕을 치른 경우였다. 그는 당시 작곡가연맹 음악위원회의 명예회장직을 맡고 있었다. 그는 숙청위원회에 의해 명예회장이라는 거물 나치협력자로 지목됐으며, 조사결과 증거가 드러났다. 그는 1941년 11월 나치 제3제국이 주최한 거대

프랑스의 나치협력자 청산

한 음악행사에 참가하기 위해 오스트리아의 빈을 방문했는데, 이 음악축제는 모차르트사망 1백50주년을 기념하는 행사였다.

또 그는 파리에서 독일대사가 초청한 만찬에 참가했다는 목격자의 증언에 의해 친 나치음악가라는 누명도 썼다. 그래서 슈미트의 작품은 모두 나치협력적이며 반역적이라는 판정을 받아 파리해방 후 방송국이나 음악연주회, 극장과 모든 종류의 축제에서 연주를 금지 당했다. 그는 1946년 1월 1년간 그의 작품연주 금지와 직업활동금지 선고를 숙청위원회로부터 받았는데, 음악계는 그의 작품이 반역적인 성격이 없다고 평가했다는 것이다. 처신을 잘못해 연주목록에서 그의 음악이 삭제된 것이다.

숙청과정에서 거물 스타이거나 인기 유명인사에 대한 면죄부가 발부되는 현상이 드러나자 반 나치저항운동가들로 구성된 시민단체인 생 쥐스트위원회는 드골의 임시정부에 대해 숙청을 거물과 유명인기인 작가와 예술가들로 더욱 확대할 것을 요구했다. 나치의 군화 발에 짓밟힌 4년간 유명작가의 반역행위가 면죄된다면 숙청의 의미는 사라지는 것이라고 이 위원회는 항변했다. 그리고 문단과 예술계에 대한 숙청내막을 자체 조사한 증거를 토대로 모리악, 폴 바레리, 조르주 뒤아멜, 피에르 브리송 및 드 라크르텔을 응징하라고 요구했다. 여기에 거명된 모든 작가와 언론인들이 이른바 저항운동 거물인사라는 점에서 큰 충격을 주었다. 이 위원회가 이들을 겨냥한 이유는 철저한 숙청에 방해가 되는 거물이거나 유명인사가 바로 이들이라고 지목하는데 있는 것 같았다.

생 쥐스트위원회는 모리악이 소설 '라 파리지엥'을 나치점령기간에 파리에서 발행하기 위해 독일점령군의 허가를 받으려고 비굴한 태도를 보였고, 샤샤 귀트리의 성인전인 '잔다르크에서 페탱까지'라는 작품을 자문해준 대가로 1만 프랑의 돈을 받았다는 용의점을 제시했다.

르피가로사장 브리송은 페탱 원수로부터 30만 프랑의 신문지원금을 받기 위해 비시정권의 배반자들과 타협했고, 드 라크르텔은 나치독일의 선전지 '프랑스의 소리'에 정기적으로 기고함으로써 민족을 배반했다면서 상당히 확실한 증거를 제시했다.

대체로 나치협력 작가들은 나치저항운동에 참가한 작가들보다 이름이 널리 알려진 거물급이 많았으나 신진작가들이 대부분 좌파나 드골파의 저항작가들로 이름이 거의 알려지지 않은 경우가 많았다. 이미 위에서 모리악의 '관용론'과 카뮈의 '정의론'을 둘러싼 논쟁을 소개했지만, 대체로 숙청의 방향은 카뮈의 정의론을 따라가는 추세를 보였다.

▌ 세린느 등 나치협력 작가들 작품들 반금조치 내리다

이때 모리악은 거물작가이며 아카데미 프랑세즈회원이었고, 카뮈는 '이방인(에트랑제)'이란 작품을 갓 발표한 신인에 불과했다. 생 쥐스트위원회의 요구가 보도된 직후(1946년 2월) 카뮈는 콩바의 논설에서 '아직 많은 반역작가들이 벌받지 않고 있다'고 지적하면서, 문학협회의 '전국 작가숙청위원회가 도대체 무엇을 하고 있는가'라고 추궁했다. 카뮈는 '취재기자들도 숙청위원회에서 무슨 일을 하는지 모르는 불가사의한 일이 벌어지고 있다'고 지적하고 저항작가들보다 국제사회에 이름이 널리 알려진 나치협력 반역자들이 외국에 작품원고를 밀송해 살아남으려고 발버둥치고 있다고 폭로했다. 파리주재 외국공관의 문정관이나 홍보담당관들이 프랑스를 잘 몰라 혼란이 있다고 지적한 '콩바'는 심지어 '주필이며 작가인 알베르 카뮈를 1922년에 이미 사망한 희곡작가 알프레드 카뮈와 혼동할 정도'라고 외국공관의 무지를 개탄했다.

프랑스의 나치협력자 청산

　저항언론의 이러한 문제제기에 대해서는 반향이 거의 없었다. 그러나 나치협력 작가들의 금서목록이 더욱 강화되는 계기가 되었다. 특히 '콩바'는 금서목록을 만들어 배포하는 총 책임자인 프랑스출판조합 회장이 나치점령시절 독일점령군이 만든 금서목록을 나치협력 민족반역작품들을 금서로 규정한 블랙리스트에 그대로 올려놓았다고 지적하기도 했다.

　다시 말해 독일이 금서로 규정한 목록은 애국적 작품목록으로 독서를 권장해야 하는 애국작품들인데도 나치협력 반역작가의 작품으로 오인해 금서목록에 그대로 넣었다고 규탄한 것이다. '콩바'의 규탄이 나온 후, 유명작가들의 작품들 가운데 유명한 나치협력자인 세린느, 르바테, 드리으 라 로셀 같은 작가들과 다노엘, 그라세 및 멜퀴르 드 프랑스 등 나치협력 출판사들이 낸 작품들은 완전히 판매금지 조치를 당했다. 그런데 숙청된 나치협력 작가들 가운데 일부는 '우리는 침묵의 음모에 희생당했으며 우리만 점령시절에 책을 냈는가'라는 항변을 내놓았다. 그들은 '진정한 저항작가들은 나치독일 점령시절에 작품을 낸 협력자들'이라는 역설을 제기했다. 이들은 나치점령시절 사르트르가 '파리떼' 등 희곡을 출간하고 연극공연까지 했고, 공산당계 저항시인 폴 엘뤼아르가 시집을 출판했으나 이들 작품들이 독일점령군의 허가를 받았음에도 반나치 저항작품으로 평가되는 모순을 상기시킨 것이다.

　그러나 숙청된 나치협력작가들 대부분이 금서목록의 배포에도 불구하고 가명으로 책을 출간했다. 숙청의 회오리바람 속에서도 나치협력 반역작가들이 가명으로 작업을 재개한 것이다. 모라스와 베로 등 사형에서 천신만고로 감형된 작가들의 작품들이 익명으로 출판돼 서점에 나오는 기현상이 나타난 것이다. 특히 실형을 살고 있는 작가들은 X라는 가명으로 수형생활을 작품화해 출판하기도 했다.

문단에는 '감옥에서 모든 문학작품이 태어난다'는 우스갯소리가 나돌 정도로 숙청된 나치협력 작가들의 '감옥문학'이 활기를 띠었다. 문단과 지식인에 대한 숙청이 드골이 겨냥한 주공격대상인 것만은 분명했다. 그러나 나치협력 작가들의 비율은 그렇게 높은 것이 아니었다. 종군작가단 샹렌회장은 전체회원 8백여명 가운데 35명만이 숙청재판에 회부됐으며 이 중 16명이 실형을 선고받아 반역작가비율이 극히 낮은 실정이라고 설명했다. 그는 이 수치가 그렇게 불명예스러운 수치는 아니라고 평가했다. 문학협회는 1천여 회원가운데 60명이 나치협력자로 법의 심판을 받았는데 나치독일에 협력한 작가들이 뜻밖에 적었다는 평가를 내렸다. 반면 나치협력을 거부하거나 저항운동에 참가한 작가들은 너무나 많았다는 얘기다.

프랑스의 나치협력자 청산

10. 리옹숙청재판소, 나치독일 밀정과 민병대 응징
— 드골의 정치위원, 마녀사냥 비난우려 사형수들의 감형 노력

 비시정권의 직접 관할지역인 중부 최대의 도시 리옹은 파리보다 늦은 1944년 9월 3일 해방되었다. 파리를 중심으로 한 북부지역이 재빨리 나치협력자 숙청작업을 벌이고 있는 사이에 드골은 그의 측근인 이브 파르즈를 공화국정치위원으로 임명해 파견했다. 그가 리옹에 도착했을 때는 이미 나치협력자 체포와 색출이 경찰과 프랑스국내군(FFI)에 의해 상당히 진행되고 있었다. 그는 일단 반 나치저항단체의 나치협력자 체포작전을 승인하고 한편으로는 이들의 난폭한 마구잡이식 마녀사냥을 억제하려고 노력했다. 리옹경시청은 9월말까지 2천여 명의 나치협력 혐의자들을 체포했으며 이 가운데 3백여 명만이 무혐의로 풀려났다고 보고했다. 그는 경찰과 FFI 및 지역해방위원회의 대표들로 '나치협력 용의자 선별위원회'를 구성해 체포된 자들의 선별작업에 착수했다.
 용의자 선별위원회는 먼저 1백5건을 심사해 23명을 지방계엄법정에, 24명을 군사법정에 회부하는 한편 나머지 14명은 지방숙청재판소가 개정될 때까지 구속 상태를 유지하기로 결정했다. 또 14명은 행정재판소에 회부했고 30명은 잠정훈방조치를 내렸다. 파르즈위원은 관할지역에 선별위원회를 3개 설치해 저항단체에 의한 즉결처분과

같은 불상사가 일어나지 않도록 예방조치를 취했다. 지방의 나치협력 용의자가 그 만큼 수적으로 많았기 때문에 억울한 사람을 식별하기도 매우 어려운 상황이었다.

▌리옹재판소, 첫 피고 민병대장 사형선고 후 총살되다

1944년 말까지 리옹지역에서 체포된 나치협력 용의자는 모두 2천3백3명에 달했고, 이 중 2백3명이 계엄법정과 군사재판소에, 9백1명은 10월 26일 신설된 지방숙청재판소에 각각 회부되었다. 그러나 용의자들의 숫자는 날마다 증가했다. 이듬해 3월 15일부터 한 달간 체포된 용의자 수는 무려 2천72명에 달했고, 1945년 말에 론지방에서 체포된 나치협력 혐의자는 모두 3천4백81명으로 집계됐다. 리옹경시청에 사무실을 차린 파르즈정치위원은 '계엄법정은 지역이 해방된 날을 시작으로 일정기간에 한정적으로 설치될 수 있다'는 계엄재판소 설치안을 결재하고 계엄재판소장에 드와이양장군을 임명했다. 첫 계엄법정은 9월 10일 개정됐는데, 정치위원도 재판을 방청했다.

첫 피고는 다고스티니로 '인간의 모습이라고는 말할 수가 없을 만큼 폭행을 당한 상처'가 드러나 있는 상태였다. 피고는 이 지역에서 매우 유명한 반 나치저항운동 탄압자이며 악명 높은 지역민병대장이었다. 그는 알프스지방에서 독일군과 합동작전으로 레지스탕스 무장부대와 격전을 벌인 민족반역자였다. 피고가 범죄를 변명하려고 들자 재판장은 '너의 범죄사실이 모두 여기 있다. 폭포 밑에 애국적 프랑스인 70명의 묘가 있다는 사실을 나는 잘 안다'고 말했다. 저항운동 무장부대 요원들의 무덤을 상기시킨 말이었다. 알프스고원의 독일군과의 접전에서 무장저항 단체가 무참하게 패배한 것은 나치협력자들이 지리를 가르쳐 주고 길을 안내하는 등 지원했기 때문이다. 반역행

프랑스의 나치협력자 청산

위를 한 프랑스인은 주로 민병대로 다고스티니 피고가 반역의 상징적 존재로 지복되었다.

피고는 다른 그룹의 저항부대를 섬멸하기 위한 작전에도 참가했다고 자백했다. 그러나 검사가 '애국적인 프랑스사람을 고문했다'고 질타하자 피고는 '나도 프랑스인인데'라며 고문사실을 부인했다. 이 때 지하저항운동출신 배심판사가 '너는 프랑스사람이라고 말할 자격이 없다. 너는 그 때 독일군 군복을 입고 있었다'라고 호통치는 풍경이 이제 프랑스가 나치독일의 점령에서 해방된 사실을 실감하게 했다. 검사는 논고에서 사형을 구형했고, 변호인은 관대한 처분을 호소했다. 그러나 재판부는 피고에게 사형을 선고했다. 이튿날 새벽 그는 바로 총살되었다.

계엄재판소의 첫 재판 결과가 리옹의 지방신문에 대대적으로 보도되자 방청객들이 몰려오기 시작했다. 보통 개정 3시간 전부터 재판정 앞은 방청객들로 장사진을 이루었다. 청년변호사 베르나르는 동료 2명과 함께 억울한 나치협력 용의자들을 변호하기로 결정하고 계엄재판소를 찾아갔다. 이들은 론강의 유일한 다리를 건너가기 위해 임시통행증을 받고 재판소에 들어가 재판장에게 변호인 신고를 했다.

변호인들은 레지스탕스출신 배심판사를 만나 재판경위를 들었다. 배심판사는 '재판이 형식적이다. 왜냐하면 피고들이 누구이든 실형선고가 있고 곧 집행될 뿐이기 때문이다'라고 설명했다. 재판장은 변호인에게 '오늘 5명의 피고들이 재판을 받는다. 오늘밤에는 이들 5명의 목이 모두 떨어질 것이다'라고 장담했다. 변호사들은 이 같은 법정운영에 항의하고 피고들과의 접견을 허용하라고 요구했다. 재판장은 피고 1명당 30분씩 접견을 허가했다. 변호인들은 감방에 들어가면서 군사법정 근처에 이미 5개의 관이 준비돼 있고, 일군의 군대가 배치돼 있는 것을 보고 재판을 하기도 전에 사형대가 준비되는 현장을 목격했다.

변호인들은 나치협력용의자들이 심하게 구타당한 사실을 확인했다. 각 용의자의 재판준비가 2~3쪽 짜리 기소장뿐이고 혐의를 증명할 만한 증거나 증언도 첨부되어 있지 않았다. 베르나르변호인이 담당한 나치협력자는 민병대의 단순한 요원일 뿐이고 상부에서 시키는 대로 집행할 뿐인 졸개에 지나지 않았다.

그러나 지방신문들은 피고들이 '나치독일 점령기간에 정보수집과 저항운동 용의자의 심문을 담당한 민병대원으로 나치게슈타포가 애국자를 고문할 때 가담했던 악질반역자들'이라고 묘사했다. 재판이 개정되자 재판장은 '만일 피고들의 변명을 들으면 민병대가 연락임무 밖에 하지 않은 것 같다'라고 말해 피고의 천편일률적 진술을 조금도 믿지 않는 눈치였다. 또 한사람의 혐의자는 지방노조 간부였다가 비시정권이 만든 시민단체인 전국민중연합의 지부장이고 '순전히 말뿐인 나치협력자'였다.

변호인은 재판에서 1930년대 프랑스 노동계급의 삶을 향상시키는 데 큰 기여를 했고, 나치협력은 명목뿐이었다고 변호하고 관용을 호소했다. 재판부는 민병대의 말단 연락병이라는 피고에게는 정상참작을 할 이유가 없다면서 사형을 선고했고, 늙은 전 조합간부에게는 징역 5년형을 선고했다. 3인의 변호사들은 이 조합간부의 목숨을 건지는데 성공한 것이다. 변호사의 등장으로 숙청재판 분위기는 매우 고조되고 있었다.

▌정치위원, '반역자 숙청에는 피는 흘리기 마련이다'

이날 재판 받은 나치협력 용의자 5명중 3명에게 사형선고가 내려졌다. 이 중 한 명은 젊은 여성으로 민병대와 나치 게슈타포의 사무실을 자주 드나들었다는 것이 나치협력 혐의점으로 의심받았다. 특히

프랑스의 나치협력자 청산

같은 동네의 한 가족을 증거도 없이 저항운동을 한다고 밀고한 혐의도 받고 있었다. 나머지 한 명의 사형수는 민병대원으로 주로 저항운동가들을 심문한 '악질분자'였다고 한다. 재판이 끝난 후 베르나르 변호사집에 일단의 저항단체요원들이 들이닥쳐 변호사에게 '민족반역자들의 변호를 중단하라'고 요구하는 협박사건이 일어났다.

변호사는 협박에 굴하지 않고 변호사조합에 신변보호를 요청하고 변호를 계속했다. 그는 사형선고를 받은 민병대원의 구명운동에 나서 정치위원을 만나 감형을 호소했다. 정치위원은 감형을 거부하면서 '나는 귀하의 고객을 감형할 자격이 없다. 반역자 숙청에 피는 불가피하게 흘리게 된다. 이 말은 내 말이 아니라 바로 드골장군이 한 말이다'라고 설명했다. 드골은 나치협력자 숙청에는 어느 정도 유혈이 불가피하다고 판단하고 있었던 것이다.

리옹의 계엄재판부가 3명에게 사형을 내리자 시민여론은 대체로 만족하는 반응을 보였다. 한 지방신문은 '이미 흥분이 달아오른 방청석은 재판부의 퇴정위협에도 불구하고 흥분이 가라앉지 않았다. 민족반역자들에게 최고형이 내려지자 거의 모두가 만족감을 표시했다'라고 보도했다. 정치위원은 그의 사무실에서 계엄재판부의 선고결과를 검토해 결재해야만 했다. 그는 새벽에 변호인들로부터 사형수들에 대한 감형요구 전화를 자주 받았다.

그는 '매일 밤 재판부가 내리는 선고형량은 정의를 회복하려는 노력이며 잘 무장돼 있는 증거'라고 설명했다. 나치독일점령에서 해방된 프랑스는 여러 곳에서 시체구덩이가 발견되고 있어 비시파와 드골파간에 보복적 살육전이 벌어지고 있다는 소문이 파다하게 번질 때였다. 계엄재판부를 설치함으로써 리옹지역은 고문과 학살이 자행되어 시체구덩이가 만들어지는 최악의 사태를 막을 수 있었다.

1944년 9월 19일 드골의 임시정부는 해방된 프랑스의 전 지역을 장악했다. 드골은 계엄재판소를 폐지하라고 강력히 지시했다. 그러나 정치위원은 계엄재판소의 필요성을 역설했다. 그는 '최악의 범죄자에게 가장 가혹한 징벌을 부과하기 위해서는 계엄재판소가 있어야 한다'면서 임시정부의 폐지결정에 반대했다. 레지스탕스를 체포해 고문하고, 죽이며 그들의 집을 약탈하고 때로는 불까지 지른 비시정권의 민병대나 나치게슈타포의 밀정들에게는 조금도 관용을 베풀 이유가 없다는 것이 정치위원의 판단이었다. 특히 리옹지역은 페탱정권 임시수도 비시를 관할하는 곳으로 게슈타포 본부가 있었고 나치와 민병대의 탄압이 극심한 지역으로 유명했다.

여기서 계엄재판소가 나치협력자들을 처단하는 것은 저항운동을 탄압한 민족반역범죄를 응징하는 임시정부의 강한 의지를 표현하는 것이다. 만일 폐지한다면 즉각 반대여론이 일어날 뿐만 아니라 나치협력자 응징을 위한 인민재판이 구성돼 즉결처형이 횡행하고, 감옥에서 민족반역자들의 납치사건이 속출해 무질서가 극에 달할 위험이 크다고 정치위원이 지적했다. 특히 리옹은 반 나치저항운동의 영웅 장 물렝이 나치게슈타포의 고문으로 비참하게 죽은 곳이다.

▌ 레지스탕스 총책 물렝, 리옹 게슈타포가 고문하다가 죽여

물렝은 드골이 프랑스국내 저항운동 총책임자로 임명한 거물 레지스탕스로 프랑스 해방 후 파리의 팡테옹(위인신전)에 묻힌 '레지스탕스의 상징'이다. 정치위원은 드골의 조속한 법질서 회복에 반대한 것이 아니라 리옹지역의 특수성을 고려해 계엄재판소의 폐지를 연기해 달라고 요청한 것이다.

정치위원의 견해는 드골임시정부가 아직 나치협력자처리를 위한 특별재판부를 설치하지 않은 상황에서 잠정적 조치로 이해되었다. 임

프랑스의 나치협력자 청산

게슈타포에 고문사당한 레지스탕스 영웅 쟝·
물렝 : 드골은 그를 나치점령 본토의 레지스탕스
총책으로 임명

시정부는 먼저 비시정권이 임명해 놓은 재판부를 그대로 비시와 나치협력자 처단의 수단으로 쓸 수는 없었다. 특별재판부의 설치가 지연된 이유는 친 비시정권 판사들에 대한 숙청작업 때문이었다. 정치위원의 주장은 저항언론의 적극적 지지를 받았다. 한 공산당계열 신문은 '계엄군사재판소라는 특별법정은 계속 유지되어야 한다. 우리는 나치협력자들에게 면죄해주는 코미디를 구경하기 싫다. 프랑스와 순교자 및 애국자들은 지금 항간에서 떠도는 합법성이 결여된다고 하더라도 숙청을 중단할 수 없다'라고 주장했다.

리용에서는 그래서 1944년 9월 20일에도 계엄법정이 개정되고 있었다. 이날 재판정에는 프랑스 제3공화국 장관을 역임한 상원의원의 질녀가 피고로 입정해 주목을 받았다. 상원의원은 페탱의 권력장악에 반대투표를 했고, 레지스탕스의 무장활동에 참가한 '애국자'로 칭송되는 정치인이었다. 그의 질녀가 나치협력 반역자로 재판정에 섰으니 시민에게는 놀라운 일이었다.

그의 질녀는 첫 재판에서 사형된 민병대장 다고스티니의 정부였다.

이 여성은 민병대장의 여비서였으나 민병대 요원으로도 활동했다는 것이다. 22세의 미녀인 여성피고는 재판에서 레지스탕스부대의 규모를 불려 보고서를 작성해 민병대를 겁먹게 함으로써 출동을 좌절시킨 적이 있다고 변명했다. 변호인은 그녀가 '나이가 어려 철이 없다'고 변호하며 관대한 처분을 호소했다. 검사는 '그녀가 철이 없다면 저항운동에 온갖 못된 짓을 한 민병대 전체가 철이 없는 것이 된다'고 밝히고 사형을 구형했다. 재판부가 사형선고를 내린 것은 두말 할 나위가 없다.

다음에는 게슈타포의 통역관으로 일한 2명의 청년을 재판했는데, 한 명은 사형을 선고, 한 명은 10년 징역선고가 내려졌다. 개인 원한을 갚기 위해 게슈타포에게 정보를 제공한 부부는 남편이 징역 5년, 부인이 1년형을 각각 선고받았다. 변호인이 사형수들의 감형을 호소했으나 애국적 상원의원의 질녀와 게슈타포의 통역관은 이튿날 새벽에 바로 총살됐다.

9월 10일부터 25일간 리옹의 계엄재판소는 28명에게 사형선고를 내렸는데 이 중 2명만이 종신징역형으로 감형되고 26명은 사형이 집행됐다. 7명에게 강제노동형, 8명에게는 징역형을 각각 선고하고 1명만 무죄 석방했다. 르와르현 지사는 생 테티엔지방 계엄재판소가 무장 민병대요원 8명 모두에게 사형선고를 내렸다는 보고서를 정치위원에게 보냈다.

파르즈정치위원은 현 지사에게 전화해 '판결이 너무 심한 것 아니냐. 어떻게 생각하나?'라고 물었다. 현 지사는 '그렇다. 8명 모두 민병대원이다. 그들이 방금 재판소에서 최고형을 선고받았다. 그러나 민병대 간부나 책임자들에게는 가장 엄격한 태도를 유지해야 할 것이다. 이들 가운데 몇 명은 어린이 같은 단순 말단요원도 있다'라고 의견을 냈다. 그리고 그는 3명을 종신징역으로 감형하자고 제의했다. 정치위원은 2명을 보태어 5명에게 감형의 은전을 내렸다.

프랑스의 나치협력자 청산

▌리옹숙청재판소, 민병대원과 게슈타포의 밀정을 모두 사형집행

계엄재판소는 1944년 10월부터 지역숙청재판소로 대체되었으나 나치협력자 숙청에 대한 준엄한 응징에는 별 차이가 없었다. 리옹숙청재판소 자리는 바로 계엄법정자리에 설치되었다. 계엄재판과 다른 점은 민간재판이라는 것(과도기에는 여전히 군사재판)과 특히 특사와 감형의 권한이 임시정부 대통령인 드골에게 넘어갔다는 사실뿐이다. 계엄재판소 판결의 사면권은 정치위원에게도 있었다. 10월 6일 지방재판소의 첫 피고들은 여전히 민병대원과 나치 게슈타포의 밀정들이었다. 이들은 모두 저항운동가를 고문해 살해한 죄로 사형이 집행되었다. 10월 13일 재판은 재판부가 관용을 보인 날로 언론이 보도했는데, 사형선고가 내려지지 않았으나 '법정은 고요했고, 방청석은 엄숙한 분위기였다'라고 신문이 보도했다. 18일에는 역시 민병대 한 명과 나치 게슈타포 밀정노릇을 한 젊은 미망인이 모두 사형선고를 받아 처형됐다.

리옹지역 숙청재판에서 파르즈 정치위원이 예상치 못한 심각한 사건이 돌발했다.

리옹지방재판소는 비시정권이 임명한 이 지역 현 지사 앙제리와 경시총감 퀴소나크에게 모두 사형을 선고했다. 그런데 이들은 모두 파리고등법원에 항고했으며, 먼저 지사가 사형을 면하고 경시총감도 곧 이어 감형을 받을 것이라는 소문이 떠돈 것이다. 시민들이 흥분해 들고 일어 날듯 한 험악한 분위기였다. 정치위원은 나중에 이 사건의 자초지종을 이렇게 회고하고 있다.

"리옹에 삐라가 뿌려졌다. 이 삐라는 현지사 석방에 유리한 내용을 담고 있었다. 페탱파가 시위하겠다고 선언하자 드골파 시민들이 먼저 시위에 나서려고 했다. 드골파 시위대는 '지사를 사형대로 보내라'는

비시정권 민병대의 야만적 학살
젊은 레지스탕스 요원들이 무참히 총살되었다

구호를 외쳤다. 시위군중이 지사가 수감된 교도소 앞에 운집했다가 곧장 그들의 감방에 난입했다. 정치위원과 경찰간부들이 감옥에 도착했을 때는 현 지사의 얼굴에 이미 유혈이 낭자한 상태였다."

공화국정치위원 파르즈가 시위대와 대화에 나섰으나 리옹지방 숙청재판소가 선고한 대로 사형을 집행하라는 요구만 외칠 뿐이다. 경시총감의 감방 앞에도 군중들이 진치고 '법이 선고한 대로 사형에 처하라'라고 외치고 있었다. 군중들이 감옥에 밀고 들어올 때 저항운동군인 FFI와 충돌해 시민 수명이 부상을 입었다. 시위군중은 설득 끝에 철수했는데, 경시총감은 수일 후 처형됐다. 그러나 시사는 파리에서 새로 재판을 받기 위해 파리교외 프렌감옥으로 이감됐다.

나치협력자들에 대한 사면권을 행사하는 드골은 감형결정에 신경을 많이 썼다. 저항운동가들과 나치독일 점령기간 박해받은 시민들이 임시정부를 비난하지 않을까, 또는 이 사건에서 보듯 군중시위에 휘

프랑스의 나치협력자 청산

말리지 않을까 깊이 우려한 것이다. 미국 연구가 로트만의 '대숙청'에 따르면, '사형에 대한 감형은 국가기밀처럼 다루었다'고 한다. 드골이 리옹의 다른 사형수의 형을 20년 강제노동형으로 감형하는데 대해 내무장관이 정치위원에게 이렇게 편지를 써 보냈다. '모든 사고를 방지하기 위해 필요한 조치를 사전에 취하기 바란다.'

▌1980년대, 물렝 죽인 게슈타포 바르비 재판해 최고형 처벌

리옹경시총감은 서한에 따라 검사에게 감형 등의 특사를 받은 죄인에게 특별히 안전조치를 취해달라고 요구했고, 당사자에게는 특사를 받은 사실을 발설하지 말라는 특별지시를 내렸다는 것이다. 그 후 특사를 받은 나치협력자에 대한 리옹지역의 비밀조치들은 다른 모든 지역에서 공식적으로 적용됐다. 리옹지역의 숙청은 프랑스 해방 직후 한동안 수도 파리와는 달리 계엄군사재판소가 나치협력자들에게 사형선고를 남발한 사실을 여실히 보여주었다. 파리와는 달리 이 지방의 나치협력자에 대한 숙청이 민간숙청재판소 설치에 앞서 군사재판이 담당한 것이 이유다.

리옹은 1980년대 나치점령시절 게슈타포 지부장 크라우스 바르비를 남미에서 체포해 그를 반인도적 재판을 한 곳이다. 저항운동의 영웅 장 물렝을 고문살인한 자가 바로 바르비였기 때문이다. 그 만큼 리옹은 나치협력자에 대한 증오심이 깊고도 강한 지역이었다.

바르비는 재판결과 당시 최고형인 무기징역형이 선고되었다.(미테랑 대통령은 1981년 집권한 직후 사형제도를 폐지했다) 많은 레지스탕스를 체포해 고문하고 살해한 바르비는 독일에 돌아가지 못하고 프랑스의 감옥에서 일생을 마쳤다.

제4장

21세기에도 계속되는 나치협력자 재판
— 새 사회, 새 정치 건설전망으로 나치협력자 청산하다

1. 레지스탕스로 완전 물갈이한 정치개혁 · 300
2. 나치협력자 생사 판가름한 '염라대왕' 드골 · 322
3. '한 프랑스가 다른 프랑스를 숙청한 고통의 역사' · 332
4. 페탱에서 파퐁, 밀로세비치까지 '반인도적 범죄의 세계화' · 345
에필로그 / 친일파 진상규명과 '드골의 나치협력자 청산효과' · 360

프랑스의 나치협력자 청산

1. 레지스탕스로 완전 물갈이한 정치개혁
― 드골의 선택, 친일파 재등장시킨 이승만과 정반대의 길

정계숙청은 드골이 처음부터 최우선 순위에 올려놓았던 핵심표적이었다. 반 나치저항단체들이 정치의 대대적 숙청을 통한 대규모 물갈이를 드골에게 요구하는 것은 너무나 당연한 일이다. 새로운 민주주의 국가를 출범시키기 위한 입법기관에 나치협력반역자가 스며들면 새 프랑스 건설이라는 역사적 과업은 무산될 가능성이 크기 때문이다.

드골임시정부는 2차대전전 제3공화국시절의 구질서에 익숙한 정치인들을 마치 죄인처럼 취급했다. 다시 말해 이들 모두가 숙청대상이라는 것이 드골의 기본시각이었다. 특히 파리가 나치독일군에게 점령당한 얼마 후(1940년 7월) 비시에 소집된 상-하원합동회의에서 이른바 페탱에게 전권을 위임하는 투표에 찬성표를 던진 상하의원들은 제일 먼저 나치협력반역자로 다스렸다.

드골과 레지스탕스단체는 비시정권의 사람이거나 독일에 조금이라도 협력한 정치인들이 해방된 프랑스의 정치무대에 진출할 수 없도록 철저한 숙청을 가하기로 결정했다. 1940년 7월 10일 페탱에게 모든 권력을 위임해준 표결에서 찬성표를 던진 상-하원의원들에게 아무런 일도 없었던 듯 새로 구성될 의회에 얼굴을 내밀 수 없도록 드

골은 단호한 숙청을 단행하기 위한 준비를 해왔다.

▌드골, 1943년부터 나치협력 정치인 숙청준비 완료

드골은 1943년 프랑스임시정부의 전신인 알제의 프랑스민족전선위원회(CFLN)위원장으로 임시제헌의회를 구성해 구 국회의원들에 대한 대대적 숙청을 단행할 것을 결의하게 했었다. 1943년 9월 임시제헌의회는 프랑스 해방 후 새로 구성될 의회는 상-하원을 포함한 모든 구 의회의원들을 엄격하게 제거해버리기로 결정한 것이다. 또 비시정권의 모든 공직자들, 나치에게 유리한 발언을 하거나 글을 쓰고 행동한 자들, 비시정권에서 지방기관의 간부급이상 관료들을 원천적으로 새 프랑스의 정부와 의회에서 제거하기로 결정했다.

페탱파는 1940년 7월의 상·하원 합동회의에서 찬반투표결과 압도적 다수표로 프랑스국민의 권한을 위임받았다는 사실을 널리 선전했다. 이것을 비시정권이 합법성을 확보한 근거로 내세웠다. 이날 합동회의에서 표결에 부친 의제는 '공화국정부의 모든 권력을 페탱 원수에게 부여한다'는 것으로 사실상 의회민주제의 종언을 고하고 공화정을 종식한 것이었다. 페탱은 비시정권이 의회가 없는 독재체제로 나아가 프랑스공화정의 전통을 단절시키고 나치독일과 유사한 전체주의체제를 구축했던 것이다.

당시 투표에서 상-하원의원 가운데 모두 5백69명이 찬성표를 던졌고 80명이 용감하게 반대표를, 17명이 기권했다. 반대표를 던지거나 기권한 의원들은 드골이 주도한 정치인 숙청의 회오리바람을 피하는 좋은 증명서가 되었다. 그리고 찬성표를 던진 의원이라도 그 후 지하저항운동에 참가했다는 사실을 입증해 전국저항단체협의회

(CNR)가 발행하는 확인 증서를 받아 제출하면 심사 후 숙청을 면제 받을 수 있었다. 1944년 4월 22일 드골이 발표한 정치개혁훈령은 수도 파리와 지방에 공화정을 재건하기 위한 의회회복을 규정했다. 이 훈령은 지방의회와 하원구성을 예고하는 것으로 국회의원과 모든 정치인에 대한 숙청을 단행한다는 신호탄이었다.

드골은 구시대 낡은 나치협력 정치인의 의회진출을 철저히 차단해 버리겠다고 다짐했다. 이 훈령은 지방선거가 실시될 때까지 임시정부가 파견하는 정치위원들이 지방행정을 다스린다고 밝히고 있다.

1944년 8월 파리해방 후 CNR과 임시정부는 먼저 임시제헌의회를 구성해 소집했다. 11월 7일 파리에 소집된 임시제헌의회는 알제시대의 임시제헌의회와 인적구성을 크게 달리했다. 본토의 반 나치저항단체가 1백48석을 차지해 압도적 다수를 차지했고, 해외저항운동가 28석, 해외영토의 프랑스대표 12석 및 구 상·하원 의원 60석 등으로 구성됐다. 물론 선거를 통한 선임이 아니라 모두 드골임시정부가 지명한 사람들로 드골이 임명한 것이나 다름이 없었다. 여기서 레지스탕스세력은 파리해방 후 첫 제헌의회의 압도적 다수의석을 차지할 것이라는 전망을 보였다.

▎ 1940년 페탱에 전권위임한 것은 폭력과 협박의 사기극

임시제헌의회가 처리해야 할 긴급의제는 피선거권의 자격기준을 정하는 것이었다. 이미 알제에서 드골의 지시에 따라 정치권에서 제거해야 할 숙청대상 정치인들이 결정됐으나 이를 법제화할 필요성이 생겼고, 특히 페탱파가 합법적이라고 주장하는 1940년 7월 표결에 참가한 의원들의 자격문제를 시급히 무효로 처리해야만 했다. 다시 말해 비시정권이 소집한 의회의 불법을 규정하면서 앞으로 출마할 정치인의 자격기준을 마련하는 것이 시급한 문제였다. 1945년 3월 21일 임시제헌의회는 이 문제를 다루기 위해 소집됐다. 파리에서 개회된 첫 회의에서 좌파출신 질로의원이 '페탱은 프랑스가 역사에서 일찍이 찾을 수 없는 최악의 민족배반자'라고 연설해 큰 박수를 받았다.

1940년 7월 페탱에게 찬성표를 던진 정치인들에 대해 그는 '상황이 너무나 자명한 만큼 그 사람들이 스스로 치욕을 느껴야 하고 의원직을 모욕한 행동을 반성해야 한다'라고 비난했다. 제4공화국의 사회주의 지도자가 되는 뱅상 오리올은 2차 세계대전 이전 제3공화국에서도 각료를 지낸 거물 정치인이었다. 그는 두 번째 발언을 시작하면서 작은 소동을 일으켰다. 그가 '비시의 작은 카지노에서 준비회의에 참석한 사람들은 라발이 한 말을…'라고 서두를 꺼내자 발언이 갑자기 장내소란으로 중단됐다. 자유프랑스의 투사로 드골의 측근인 모리스 슈만의원이 '무엇이라고, 라발씨라고!'라고 고함을 질렀다. 뱅상의원이 '미안하다. 내가 연설준비를 사전에 못해서…'라고 변명하자 로렝의원이 '차라리 하일 히틀러!'라고 말하라고 외쳤다.

뱅상은 '원하는 대로 이름을 부르시오. 나는 이제부터 그렇게 하지 않을 것이오'라고 응수해 간신히 장내를 진정시켰다. 그의 입에서 비시정권의 악질 총리 라발이라는 이름이 나오고 '씨'자를 부치자 전체 의원들이 흥분한 것이다. 그는 연설을 계속했는데, 그의 목적은 그 때까지 세상에 알려지지 않았던 1940년 7월 페탱에게 전권을 위임하기 위해 열렸던 상 하원합동회의의 내막을 폭로하는데 있었다.

그는 그날의 투표가 헌법에 따라 소집된 합동회의에서 실시된 것이나 라발이 주도면밀하게 사전준비를 한 것이며 분위기가 정상이 아닌 위장된 회의라는 사실을 설명했다. 이날의 상-하원합동회의가 일종의 범죄라는 사실을 입증하려고 했다. 그는 이렇게 설명했다. '나는 그날 복도의 분위기가 협박과 위협, 모욕 및 우리들 중에 수명이 당한 폭력이 일부의원에게 행해졌다는 사실만을 상기시키려는 것이 아니다. 나는 그때 반대표를 던지는 의원들이 밤에 자기침대에서 잠들지 못할 것이라는 협박도 말하지 않겠다. 나는 기관총을 든 군대가 들어와 우리에게 압력을 가하기 위해 시위하면서 <만일 여러분들이 합법적 쿠데타를 하지 않는다면 내일 여러분들은 군사쿠데타를 보게 될 것이오>라고 협박한 사실을 말하려는 것도 아니다. 라발이 그때 <내가 민간권력의 특권을 유지하기 위해 여기 있다>고 한 말을 전하려고 하는 것이다.'

그는 특히 '라발의 각본에 놀아난 상 하원의원들의 압도적 다수가 찬성표를 던져 비시정권에 전권을 위임하는 역사적 범죄를 저지른 것'이라고 폭로하며 규탄했다. 그는 그날의 의회가 두 가지의 범죄를 저질렀다고 설명했다.

먼저 '소위 패전책임에 대한 모독과 모욕을 찬양함으로써 국민에게 죄를 범했고', 다음에는 '라발이 기획한 나치독일과의 동맹회복을 승인한 죄를 범했다'는 것이다. 그는 '마치 전쟁책임이 히틀러에게는 없다는 듯이 독일에 선전포고를 하는 것은 경솔하고 중대한 범죄라는 것'이 합동회의의 분위기였다고 설명했다. 다시 말해 그는 그날의 투표가 히틀러의 전쟁범죄에 면죄부를 찍어주고 마치 프랑스와 영미연합국이 전쟁에 책임이 있는 중대한 범죄를 저질렀다고 해석한 일종의 쿠데타임을 증명한 것이다. 그래서 페탱에게 전권을 주기 위해 찬성투표한 의원에게 이제 피선거권 자격이 없다고 벵상은 주장한 것이다.

▌드골훈령, 페탱에 찬성표 던진 자는 피선거권 자동 상실

드골은 1945년 4월 6일 피선거권에 대한 새 기준을 담은 훈령을 발표했다. 이 훈령은 행정부와 숙청위원회의 징계나 징벌을 받은 사람과 나치독일의 점령기간에 부당이득을 누려 벌금형 이상이 부과된 사람은 자동적으로 피선거권을 상실한다고 규정했다. 드골은 4월 25일 '우리가 예정대로 실시할 임시지방선거는 지방공동체에 프랑스를 재건하기 위한 핵심적이며 전통적이고 책임있는 행정서비스를 국민에게 돌려주게 될 것'이라고 라디오연설에서 밝혔다. 그리고 피선거권자격을 심사하는 원로심사위원회가 헌법위원회 부위원장 르네 카셍, 해방질서회의의장 앙드레 비네와 CNR의 막심 마스카르위원 등 3명으로 구성됐다고 발표했다. 원로위원회는 즉각 가동해 상원 3명과 하원 3명의 의원들을 먼저 심사해 모두 피선거권 자격이 있다고 판정했다.

원로심사위원회는 지방선거 후 치르게 될 총선거에서 후보들의 자격을 심사하는 막강한 권한을 행사하게 된다. 후보가 자격을 의심받거나 과거 행적이 불투명해 여론의 비난이 있을 때 원로심사위원회는 즉각 문제후보의 자격을 심사해 결과를 관보에 발표한다. 관보에 발표된 심사결과 판정사례는 수없이 많은데 이 결정이 원칙적으로 최종심이 되었다.

1940년 7월 페탱에게 전권을 위임하는데 찬성한 상 하원의원은 드골의 훈령에 의해 자동적으로 피선거권이 박탈되어 출마할 수 없게 되었다. 다시 말해 찬성투표한 5백69명의 의원들은 사실상 전원 피선거권을 박탈당한 것이다. 정치인에 대한 국민여론은 더 부정적이었다. 이미 지하언론시절에 해방일보는 '우리가 자유를 되찾을 때는 우리의 민주적 의회는 새로운 공화정시대 신문명의 수단이 될

프랑스의 나치협력자 청산

것이다.

그러나 새 국가기관은 젊고 참신하며 깨끗한 인재들로 충원되고 새 가치관을 정립해야 하며, 정계 대숙청을 통해 등장한 새 인물들이 새 정치를 주도해야 할 것이다'라고 밝혀 숙청을 통한 정계의 총체적 변혁을 예고했었다.

콩바도 정계 숙청에 대해 이렇게 주장했다. '과거는 죽었다. 우파 민족주의자들이 프랑스를 배반했다. 우리는 권력을 잡았던 급진주의자들에게, 그리고 1936년에 인민전선에 참가하기를 거부한 공산주의자들에게 〈태만이 범한 죄가 자의적인 범죄만큼 심각한 범죄〉라는 사실을 말해주고 싶다. 사회주의자들은 사회주의를 배반했다. 과거의 인간들이 1940년 7월에 권력을 잡았다. 그들은 적 앞에서 무릎을 꿇고 공화국을 살해하는데 완전히 방관했다.' 사실상 프랑스국민의 여론은 제3공화국의 모든 상-하의원들이 앞으로 각료에 임명되거나 국회의원으로 선출될 수 없도록 매장해야 한다는 원칙에 합의하고 있었다. 과거 의회의원들에게는 '범죄의 정도와 차이가 있을 뿐이지 무혐의나 무죄의 정치인은 한 명도 없다'는 것이 드골파와 반 나치저항 운동단체의 기본시각이었다.

국민여론도 저항운동단체와 비슷한 의견이었다. 해방 후 거의 모든 언론들이 1940년 7월 페탱에게 찬성표를 던진 모든 의원들의 피선거권을 박탈해야 한다고 주장했다. 여론조사결과도 찬성투표 의원 5백69명 전원에게 피선거권을 주면 안 된다는 의견이 70%나 나왔다. '정계에 새 사람이 절대로 필요하다. 이번이 절호의 기회다'라는 것이 국민여론의 큰 흐름이었다. 그러나 우파정당과 급진당은 완전히 고민에 빠져있었다. '찬성표를 던진 의원들의 정당'이 바로 우파와 중도우파 급진당이기 때문에 숙청을 피하기 어렵게 되었기 때문이다. 비시정권에 가담한

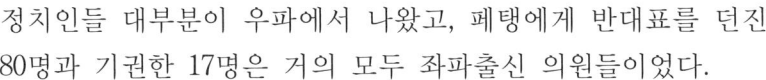

정치인들 대부분이 우파에서 나왔고, 페탱에게 반대표를 던진 80명과 기권한 17명은 거의 모두 좌파출신 의원들이었다.

나치점령시절 반대투표한 대다수가 사회당과 공산당의원으로 반나치저항운동에 참가해 피선거권 자격을 획득할 수 있었다. 반대표를 던진 필립의원은 초기부터 망명정부 자유프랑스에 참가해 드골의 측근으로 활약한 인물로 제헌의회 드골파 대표를 역임했다. 바로 그가 피선거권 박탈기준을 처음으로 마련한 의회의원이었다. 그밖에도 사회당의 벵상 오리올, 장 비용디, 폴 자코비, 페릭스 구엥, 쥘 모쉬 및 프랑수아 탕기 등이 반대표를 던지고 지하에서 저항운동에 가담했었다. 기권의원들도 르 트로케, 망데스 프랑스 및 앙리 케이유 등이 유명한 반 나치 레지스탕스의 투사들이었다.

▌드골파, 비시의 장차관 등에 전면적 피선거권 박탈 채택

필립대표의 제안은 정계에 격렬한 찬반논쟁을 불러 일으켰다. 그가 제안한 기준은 다음과 같다. 1) 1940년 6월 17일 이후 페탱의 비시정부에 기용된 장차관 전원, 2) 비시정권이 임명한 모든 공직자(중앙 및 지방 불문), 3) 페탱에게 전권을 위임하는데 찬성한 상 하원의원 5백69명 전원, 4) 각종 형태의 나치협력자들 전원 등이었다. 이 기준은 원로심사위원회가 묵시적으로 채택함으로써 사실상 정계진출의 자격요건이 되었다.

정계의 논쟁은 찬성표를 던진 우파가 전멸을 당하는 상태이고 급진파도 대다수가 페탱에게 찬성해 군소정당으로 전락할 위기를 맞게 되었다는 점에 있었다. 그러나 우파뿐만 아니라 좌파에도 적지 않은 정치인들이 출마할 수 없게 발이 묶이게 된다. 정치인의 '염라대왕'격인 반 나치저항운동 전국협의회(CNR)는 1차로 2백63명에 대한 피선거권 유효를 발표해 출마자격을 부여했다.

행운의 정치인들은 페탱에게 찬성투표를 한 58명과 비시정권의 고위직 4명 및 지방고위직 2백1명으로, 이들이 출마자격을 획득한 것이다. 이들은 모두 CNR의 심사결과 초기에 길을 잘못 들었다가 얼마 후 반 나치저항운동에 정열적으로 가담한 정치인들이었다.

특히 페탱에 반대표를 던진 80명중 60명이 임시제헌의회 의원으로 선임됐는데, 이들이 찬성표를 던진 동료의원들의 피선거권 회복에 부정적 견해를 표시하고 나섰다. 이 때 반대표를 던진 80명중 5명이 나치강제수용소에서 아직 귀환하지 못하고 있으며, 7명이 저항운동을 하다가 독일군에게 총살당했고, 3명이 드골 임시정부의 각료로 입각해 일하고 있었다. 이러한 상황에서 지방선거가 임박하자 원로심사위원회가 본격적으로 가동돼 심사가 본격화했다.

▎심사위 판결, 제헌의회 선거와 그후 1951년까지 적용

원로심사위원회의 결정은 피선거권에 대한 최종판결과 다름이 없었다. 한번 결정되면 재심의 기회가 없기 때문이다. 선거에 출마하는 후보의 자격을 판정하기 위해 심사위원회는 내무성의 모든 자료들, 공직자들의 모든 선언과 서약서, 반 나치저항단체들과 지역해방위원회의 평가서와 보고서 및 개인 신상자료들을 토대로 서류심사를 하거나 필요시 당사자를 소환해 직접 조사했다. 심사위원회의 후보자격 심사 작업은 1945년 말에 거의 모두 매듭지어졌고, 1946년에는 새 증거가 나온 후보를 판별하는 작업을 한 후 이해 10월에 업무를 종결하고 해산했다. 심사위원회의 판정은 1945년 5월 지방선거뿐만 아니라 이 해 10월 총선거, 그 후 1951년 총선거까지 엄격히 적용됐다. 정계의 전면적 물갈이를 위한 중요작업인 원로심사위원회의 조사활동과 판정결과를 보다 더 잘 이해하기 위해 출두 심의한 사례들을 살펴보기로 한다.

원로심사위원회에 직접 출두한 후보는 리비에르 등 모두 전의원이거나 비시정권 고위관료들이었다. 리비에르는 1940년 6월 17일부터 7월 11일까지 페탱 원수의 비서실에 근무한 자로 그 후 반 나치저항운동에 유리한 행동을 감행했음에도 피선거권을 회복하지 못했다. 그는 저항운동을 적극적으로 지원했고 격추된 연합군 전투기 조종사까지 숨겨주어 도왔지만 이러한 활동을 평가받지 못했다.

그는 두 번째로 출두해 페탱 비서실에 근무할 때에 '저항운동가에 대한 재판결과를 유리하게 수정한'증거를 제시해 저항운동에 대한 협력적 태도가 진심이라는 사실을 증명했다. 이 때 그의 덕을 본 사람은 제4공화국에서 총리를 지내게 되는 피네의원이었다. 리베에르는 피선거권 회복판정을 받았다. 그러나 제3공화국 상-하의원의 경우, 저항운동에 대한 우호적 태도만으로 출마자격을 획득할 수 없었다. 심사위원회는 상·하의원의 경우 '한 의원이 프랑스국민과 반 나치저항운동의 이름으로 행하는 행동은 적에 반대하는 투쟁에 참가하는 정도만으로는 충분하지 않다. 국가는 국민이 선출하는 대표들에게 그 이상의 행동을 기대할 권리를 갖는다'라고 밝히고 있다.

이러한 심사위원회의 기준설정으로 페탱에게 찬성표를 던진 의원들의 피선거권 회복은 낙타가 바늘구멍을 통과하는 것만큼이나 어려운 일이었다. 그러나 한 개인이 반 나치저항운동을 지원하기 위해 자신의 위험을 부담하는 경우, 피선거권을 어렵지 않게 획득했다.

가브리엘의원은 1942년부터 반 나치 레지스탕스를 딸과 함께 지원했는데, 딸이 이 과정에서 나치독일군의 총격을 받아 숨졌다. 그는 출마자격을 획득했다. 앞에서 지적했듯 국회의원의 경우 대부분 '본인이 직접 반 나치저항투쟁에 능동적으로 참가한 증거가 제시돼야'

프랑스의 나치협력자 청산

출마자격을 회복했다.

한 상원의원은 억울하게 '직접 능동적 투쟁참가'라는 기준에 걸려 피선거권을 회복하지 못했다. 그는 비시정권에 적대적 자세를 취했으며 저항운동을 지지했기 때문에 남부 자유지역을 마다하고 나치독일의 점령지역인 북부 루베로 돌아갔다가 독일군의 인질이 되고 말았다. 그는 3개월간의 감옥생활 끝에 풀려났지만, '어떤 저항운동에도 참가하지 않고 또한 반 나치투쟁도 직접 하지 않았다'는 이유로 출마자격을 획득할 수 없었다.

페탱에게 찬성표를 던진 바렝의원은 망명정부 자유프랑스에 직접 가담해 '영웅적 반 나치 투쟁'을 한 것으로 언론의 칭찬을 받았지만 피선거권을 회복하는데 실패했다. 자유프랑스에 참여하기 이전 비시정권에서 '국가의 도덕성을 약화시킨 그의 정치적 역할이 더 크기 때문'이라고 심사위원회는 불합격 판정이유를 설명했다. 자유프랑스에 참여하기 전 비시정권에서 충성한 것이 걸림돌이 된 경우이다.

그러나 연로한 의원들은 정상참작을 받는 경우가 비교적 많았다. 한 70대 하원의원은 '고령에도 불구하고 반 나치투쟁에 참가하고 공개적으로 비시정권에 적대감을 표시하면서 저항운동을 지원했기 때문에' 출마자격을 회복했다.

▌심사위원회, 구시대 정치인 70% 이상 정치무대에서 제거 성공

심사위원회 앞에서는 참회의 눈물도 아무런 소용이 없었다. 카스타네의원은 페탱에게 찬성표를 준 것은 판단착오에 기인한 과오라고 참회하는 글을 광고문으로 언론에 발표했다. 심사위원회는 '정상참작 요건을 오히려 악화시켰다'는 서릿발 같은 비판을 가하며 출마자격을 박탈했다. 나치협력 민족배반죄를 참회하고 이를 공개적으로 밝혔지만 정상참작이 되지 않았다. 이러한 엄격한 정치인 선별작업이 '과거의 정치인들을 매장하는데' 어느 정도의 실효를 거두었을까? 구시대 정치인의 완전한 제거는 불가능하다는 사실을 보여주지만 약 70%의 구 정치인을 제거하는데 성공했다.

적지 않은 '과거의 정치인들'이 살아남은 것은 사실이다. 30%에 가까운 구 정치인들이 피선거권 회복판정을 받았기 때문이다. 원로심사위원회의 집계에 따르면, 4백16명의 상·하원의원 가운데 27%에 해당되는 1백14명이 출마자격을 획득했다. 비시정권 고위공직자 2백33명중 34%인 79명이 피선거권을 회복했다. 모두 6백49명의 출마자격을 심사한 결과 30%인 1백93명에게 출마자격 유효판정을 내린 것이다. 심사위원회의 판정은 각 지방숙청위원회가 내린 판정보다 더 엄격했다. 일부는 지방의 판정에 불복해 원로심사위원회에 왔으나 더 준엄한 심판에 걸려 지방숙청위원회에서 일부 출마자격을 얻은 정치인들이 제거되는 현상까지 나타났다.

지방위원회의 결정은 4백74명의 상·하원의원 가운데 36%인 1백72명과 비시의 고위공직자 4백24명중 66%인 2백80명이 출마자격을 획득해 전체적으로 절반이 넘는 51%가 통과된 것인데, 원로심사위원회의 엄격한 심사 작업으로 살아남은 구 정치인은 33%로 줄어들었다.

일부 보수파의 여론은 이 심사위원회의 심의가 우파를 파괴하기 위한 음모라고 비판했다. 왜냐하면 심사결과 좌파정치인 1백63명이 통과되고 우파는 좌파의 3분의 1밖에 안 되는 52명만이 출마자격을 얻었기 때문이다.

그래서 공정성의 문제가 제기됐으나 반 나치저항운동에 참가한 정치인 대부분이 좌파인 사실을 감안하면 우파정치인이 52명이나 통과된 것은 오히려 심사위원회의 우파선호성향을 반영한다는 반론도 있었다. 사실상 비시정권에서 출세하고 나치독일군에 붙어 치부한 사람

프랑스의 나치협력자 청산

들이 거의 우파인사였다는 사실을 고려할 때 심사위원회가 우파의 붕괴를 우려해 우파 정치인들에게 후한 점수를 매겼다는 평가가 설득력을 얻었다. 특히 좌파정당은 자체숙청을 단행했으나 우파정당에서 스스로 숙청하는 모습은 전혀 볼 수 없었다.

▌사회당, 자체숙청 통해 새로운 중도좌파로 거듭나다

프랑스사회당은 자체숙청을 단행해 다른 어떤 정당이나 기관보다 투명한 정당으로 거듭났다는 평가를 받았다. 해방 후 정당을 숙청해야 한다는 요구가 이미 나치점령 기간에 사회당내부에서 제기되고 있었다. 폴 포르를 우두머리로 하는 '뮌헨의 평화파'와 레옹 브룸을 총수로 하는 대독일 항전파간의 분열이 이미 전쟁 전에 사회당의 단결을 위협했었고, 이것이 나치독일점령에서 해방된 후 현실화되고 있었다.

'뮌헨파'는 거의 만장일치로 페탱에게 찬성표를 던졌고 비시정권 지지로 돌아섰는가 하면, 몇몇 의원들은 나치협력 반역자로 변신하는 자까지도 있었다. 항전파는 이름 그대로 총수 브룸을 필두로 반 나치 저항운동에 정열적으로 투신했다. 트로케 등 사회주의 저항운동가들은 사회당내에 그토록 많은 투항주의자들과 배반자들이 있다는 사실을 알지 못했다고 후에 탄식하기도 했으나 사실은 비시정권이 출범한 첫 해부터 변절자가 속출했다는 것이다.

사회당 비밀집행위원회와 사회주의행동위원회는 1941년 5월 페탱에게 찬성표를 던진 상하의원과 기권한 의원들까지 당에서 추방한다는 지령을 내렸다. 저항운동을 통해서 사회당은 재조직의 진통을 스스로 경험했으며, 아무리 장기적인 충성당원이라고 해도 저항운동을 했다는 증거가 없으면 재 입당시키지 않았던 것이다.

해방 후 사회당은 나치독일 점령기간 지하운동에서 단행한 자체숙청이 결코 가벼운 작업이 아니라는 사실을 국민에게 과시할 수 있었다. 사회당소속 지방연맹마다 구 당원과 새로 입당을 원하는 신참당원에 이르기까지 철저한 행적검증을 통해 완전무결하게 당조직을 정비했다.

1944년 11월 전쟁기간에 개최된 사회당 특별전당대회에서 전쟁 전 상-하원의원들 중 전후 생존자 1백51명 가운데 무려 96명이 나치협력 배반자로 제명되거나 당직정지결정을 받았다. 당대회는 페탱에게 찬성표를 던진 85명의 생존의원 중 74명을 제명하고 이 중 저항운동을 지원했던 9명에게도 정직처분을 내렸으며, 저항운동에 공이 큰 1명만이 복당되고 나머지 1명은 복당 결정을 차기대회까지 연기하기로 결정했다. 페탱투표에 기권한 의원 5명중 4명이 추방되고 1명은 정직처분을 받았다. 당시 비시에 없어 투표에 불참한 사회당 의원 20명중 7명이 당에서 제명되고 1명은 정직처분을 받았다.

사회당의 새 사무총장 다니엘 마이에르는 사회당 자체숙청에 대한 대회보고를 통해 '우리 당이 비열한 동지들을 다수 제명함으로써 조직이 쇄신되고 새 힘을 불어넣고 젊어지고 순수하게 변혁되었다'라고 숙청결과를 보고했다. 사실 사회당만큼 자체숙청을 통해 환골탈태해 새 모습으로 태어난 정당은 없었다. 전쟁 전 사회당소속 의원출신 절반이상이 1945년 총선에서 당선돼 사회당의 자체숙청을 '절반의 성공'으로 정치전문가들은 평가했다.

▎급진당의 자체숙청, 페탱정권 각료와 고위공직자 모두 추방

급진당의 자체숙청은 사회당보다는 더 온건한 것이었다. 1944년 6월 알제에서 열린 급진당전당대회에서 페탱정권에 입각한 5명의 당

프랑스의 나치협력자 청산

원들에게 당의 추방명령을 내렸다. 조르주 본네, 카미유 쇼탕, 알베르 시세리, 뤼시엥 라무뢰, 장 미슬레 등 페탱에게 봉사한 고위공직자들이 제명된 것이다. 급진당대회는 '공화국 및 민족의 적과 타협해 협력하고 비시정권의 직위를 수용한 모든 민족배반자들을 만장일치로 제명한다'고 천명했다.

급진당은 1944년 12월 파리에서 축소 전당대회를 열어 다시 숙청을 단행했다. 여기서는 전쟁전 상 하원의원 34명이 제명되고 2명이 4년 정직처분을 받았다. 제명된 의원 가운데 27명이 페탱에게 찬성표를 던진 의원들이고, 나머지는 그 때 비시에 부재했던 결석의원들이었다. 급진당은 페탱에게 찬성표를 던진 의원 77명중 50명을 전후에도 당원으로 있었지만 이들 모두가 드골의 임시정부에 의해 피선거권을 박탈당한 상태였다. 급진당내 좌파그룹은 다수의 '뮌헨파'(나치독일과 화평을 주장한 의원들)를 당에 복귀시키는 등 숙청의 불충분함을 항의했으나 당 지도부는 숙청의 막을 내린다고 선언했다.

프랑스공산당의 내부숙청은 다른 좌파정당과는 질적으로 다르다는 평가를 받았다. 왜냐하면 공산당의 '이념적 조국'인 소련공산당의 숙청방식을 따랐다는 것이다. 사회당과 급진당의 숙청방식이 아니라는 것이다. 공산당에 '배반자'의 개념규정은 '조국 프랑스를 배반한 자라기보다는 당을 배반한 자'로 규정했다는 얘기다. 무엇보다도 '1939년 8월 이른바 독·소 비밀불가침조약에 반대한 당원이나 의원들이 먼저 배반자가 되는 것'이다. 공산당 내의 '수많은 배신자들'이 파리해방 전후에 처형당한 것으로 알려져 있다.

니코의원은 페탱에게 부표를 던졌음에도 독소조약에 반대해 탈당한 공산주의자였다. 그는 비시정권에 의해 4년간 감옥생활로 고생한 후 해방과 함께 석방의 기쁨을 안았으나 공산당으로부터 배신자라는 혹독한 공격을 당했다. 그는 프랑스공산당이 주도하는 반나치저항단체의 중요 멤버였는데도 공산당은 니코의 반공산당 자세와 행동을 공격하며 레지스탕스 단체에서 제명을 제안하기까지 했다. 그러나 절반정도의 비 공산당계열 회원들이 반대해 숙청을 모면했다.

여기서 반나치 저항운동에 참가한 '애국자'들 가운데 공산당 반대파가 등장하게 되었다. 의회에서 마르셀 카셍의원이 최고령자로 '조국 프랑스를 위해 목숨을 바친 동료의원들의 명복을 비는' 자리에 나치독일에 의해 사망의원을 호명하면서 로제 브네송의원의 이름을 고의로 부르지 않아 소동이 일어났다. 로제의원은 나치독일 강제수용소에서 사망한 공산당소속 의원이지만, 독·소 불가침조약에 반대해 탈당했기 때문에 명단에서 빼버린 것이다.

▌숙청으로 쑥밭이 된 우파정당, 청산대상도 없어져

나머지 우파정당은 자체숙청을 할 필요가 없었다. 드골임시정부주도로 최고재판소와 지방숙청재판소 및 시민법정에서 처단된 나치협력 민족반역자들이 우파에서 이미 다수 쏟아져 나왔기 때문이다. 사실상 우파는 파리해방 후 쑥밭이 된 것이나 다름이 없었다. 드골이 창당한 국민공화운동(MRP)은 우파정당이지만 당원 모두가 망명정부 자유프랑스에서 저항운동 뿐만 아니라 연합군과 함께 대독전선에 참가해 싸운 백전의 용사들이다.

MRP는 숙청을 하고 싶어도 당내 나치협력자가 없어 숙청할 수 없었다. 다시 말해 모두 저항운동가로 구성된 드골의 정당이므로 과거를 물을 당원이 전혀 없는 완전무결한 '반 나치 레지스탕스정당'인 것이다. MRP는 새 정당으로 파리해방 후 출범해 제4공화국시절에

프랑스의 나치협력자 청산

는 야당으로 존속하지만 1958년 드골이 대통령으로 등장한 프랑스 제5공화국에서 집권정당으로 도약하게 된다.

오늘날 프랑스대통령 자크 시라크의 출신정당인 공화국연합은 MRP의 후신으로 드골파로 지칭된다. 이 밖에 기존 우파정당은 이미 드골의 숙청 바람에 대 타격을 입었으므로 자체숙청이란 엄두도 내지 못하는 상황이었다. 드골파를 제외한 우파는 숙청에서 살아남은 자들을 재규합해 재정비하는 경향이 있으나 스스로 자체 쇄신하는 모습은 전혀 나타나지 않았다.

드골임시정부가 주도한 정계대숙청과 좌파정당의 자체숙청으로 프랑스의 정치지도는 완전히 새로운 모습을 갖추게 되었다. 드골이 주도한 정계 숙청작업은 비시정부가 4년간 구축하려 했던 페탱의 '국민혁명'을 앞세운 파시즘 형 독재시스템을 철저히 해체시키고 거의 완전한 인적청산을 단행함으로써 2차대전후 정치지형이 과거와는 다른 새로운 민주주의 공화정의 프랑스를 국제무대에 등장시켰다. 드골이 직접 집행한 나치협력자 대숙청은 당연히 '과거와의 단절'을 수반했다. 파리해방 후 약 2년간 드골은 임시정부 대통령자격으로 발표한 '초헌법적' 대통령훈령으로 숙청을 단행해 프랑스를 완전히 개조했다.

그러나 드골은 훈령을 통한 숙청을 집행하면서도 정상적인 법질서 구축에도 많은 노력을 기울였다. 비시정권의 이른바 나치즘의 아류라고 말할 수 있는 '국민혁명'이라는 국가체제를 당연히 해체해야 하지만, 새롭게 태어날 프랑스가 제3공화국의 과거로 돌아갈 수도 없다는 굳은 신념으로 해방 후 새로운 프랑스를 건설했다. '과거와의 단절'은 드골의 이러한 신념과 철학이 실현된 결과 나타난 불가피한 결과였다. 제3공화국에 많은 향수를 갖는 급진당을 제외하고 모든 좌・우파 정당들이 '완전히 새로운 프랑스 제4공화국'을 건설한다는 드골의 구상에 찬성했다. 1945년 10월 국민투표에서 프랑스국민 96%가 드골이 제안한 새 헌법을 비준함으로써 '새로운 출발'을 기약했고, 제3공화국의 헌법을 과거의 정치사로 묻어 버렸다. 새 프랑스의 건설 사업은 드골이 주도한 정계의 대숙청이 성공했기 때문에 가능한 일이었다. 이를 잘 내다보고 정치의 전면적 판 갈이를 해낸 지도자가 바로 드골이었던 것이다.

1945년 5월 프랑스 지방선거결과는 나치독일이 항복한 후 실시된 하원 총선거의 대변화를 예고해주었다. 온건우파와 급진당은 전쟁 전에 장악했던 지방자치단체의 3분의 1 의석을 상실했고, 사회당은 전쟁전보다 4배나 되는 지방의원 의석을 획득했다. 공산당도 의석수를 3배나 증가시켰다. 지방선거에서 사회-공산당의 압도적 승리는 비시정권을 장악했던 우파세력이 거의 모두 나치협력 민족반역자로 숙청된 해방정국의 정치 판도를 그대로 반영한 것이었다. 제헌의회 총선거 결과 우파의 대패는 더욱 참담한 것이었다.

▎제헌의회 선거, 공산당 26% 사회당 25%로 집권세력 부상

1936년 총선에서 42%의 득표율을 보였던 우파는 45년에는 16%밖에 획득하지 못했다. 사회당은 10%에서 25%를, 공산당도 16%에서 26%를 각각 획득해 대승을 거두었으며, 좌파가 득표율 51%의 절대과반수를 확보해 집권의 토대를 닦았던 것이다. 특히 공산당이 제1당으로 부상했는데, 이는 나치점령시절 국내 저항운동을 주도한 공산당에 대한 국민의 신뢰를 드러낸 것이다. 드골파의 새 우파정당 MRP는 선거에 첫 출전해 24%의 득표를 해 우파의 선두를 장식했다. 2차 세계대전 후 첫 총선거 결과 구성된 프랑스의 제헌의회에서 사회-공산당의 좌파가 다수파로 집권세력으로 등장한 것이다. 해방

프랑스의 나치협력자 청산

전후 사회당과 공산당이 가혹할 정도로 단행한 자체숙청을 통한 당 쇄신에 국민이 표로 보답한 셈이다.

드골은 임시정부를 드골파와 사회-공산당 연립내각으로 구성한 것은 특기할만하다. 드골은 임시정부를 앞세워 나치협력자 대숙청에 성공했는데, 이 시기의 드골파가 우파로 규정하기는 어려운 점이 있다. 프랑스의 정치석학 모리스 뒤베르제교수는 '시민이 없는 민주주의'에서 이렇게 해설했다.

"프랑스의 인민공화파(MRP-드골파)는 20년 동안 급진당이 1세기 동안 경험했던 것보다 더 많은 경험을 했다. 프랑스 해방 때는 좌파(사회당)와 극좌파(공산당)와 연합했고, 새로운 형태의 3당 연립내각에서는 정부에 협력했다. 또한 (드골은) 모리스 토레즈 공산당수와 손을 잡고 프랑스의 사회보장제도를 확립하고 기간산업의 국유화도 크게 실현시켰다"

특히 1944년~1946년 드골의 임시정부시절 드골파에 대해 뒤베르제교수는 '드골파의 많은 투사들은 진정으로 사회개혁을 꿈꾸었다. 많은 드골파 투사들이 실제로 노동당 창설을 바랐던 것이다. 그래서 드골이 사회보장과 국유화를 실현한 것은 단순한 전술만은 아니었다'라고 대단히 높게 평가했다.

아무튼 우파에서 좌파로 의회다수파가 바뀌는 정권교체와 함께 중대한 정치적 변화가 정당마다 나타났다. 이 변화는 좌우파 각 정당 인적 구성의 변화였다. 총선거 전체출마자의 93%가 모두 정치신인들이고 불과 7%만이 2차대전쟁 전 '과거의 낡은 정치인'이었다. 그리고 제헌의회의원의 85%가 과거 정치무대에서 전혀 볼 수 없었던 초선의원들이었다. 특히 의원들의 80%가 나치독일 점령시절 저항운동에 정열적으로 참가했던 레지스탕스 투사출신이었다. 여론조사기관의 집계로는 반나치 저항운동에 참가한 프랑스사람은 전체인구의 2%정도였다고 하는데, '레지스탕스 엘리트'들이 2차 세계대전 후 프랑스의 새 사회를 건설하는 입법기관을 완전히 장악했던 것이다.

이러한 정계판도의 변화는 저항운동출신이 아니면 의원은 두말할 나위가 없고 총리와 각료들에도 선임될 수 없는 새로운 정치풍토를 만들었다. 제4공화국의 총리나 총리후보들이 모두 저항운동가 출신인 비도, 포르, 구엥, 마이어, 망데스 프랑스, 귀 몰레, 미테랑, 프레벵 등이었다. 1958년 드골이 제5공화국을 창건한 후에도 저항운동출신이 아니면 총리나 각료에 발을 디밀기 힘들 정도로 프랑스 정계는 나치협력 정치인들과 과거의 낡은 인물들을 정치무대에서 완전히 추방했다.

▌해방 후 프랑스 정치판도, 친일파 판친 한국과 정반대

5공화국의 초대 드골대통령은 말할 것도 없고, 미셸 드브레와 자크 샤방 델마스총리와 중도우파의 리더 조르주 비도와 자크 수스텔 및 좌파의 크로드 부르데와 앙드레 필립 및 사회당의 프랑수아 미테랑대통령 등 최고 지도층이 모두 반 나치저항운동출신이었던 것이다.

해방 후 프랑스 정치지도는 이승만대통령 정부가 친일세력을 해방된 독립국가의 지배세력으로 재등장하게 허용하고 독립운동세력이 재야로 밀려난 한국의 정치지도와는 전혀 다른 모습이라고 하겠다. 이승만에 의한 친일세력이 해방이후에도 지배세력으로 군림한 한국의 정치풍토는 그 후 아무리 나쁜 일을 하거나 심지어 범죄자라도 정치무대에 재등장하는 것을 당연한 일로 받아드리는 반도덕적인 최악의 관행을 만들었다. 박정희의 1961년 5월 16일 군사쿠데타

프랑스의 나치협력자 청산

에서 정치쇄신을 부르짖었으나 1960년 4월 19일 학생혁명이 전복시킨 이승만의 자유당세력을 재등장시켰다. 그 후 전두환의 5공 군사독재와 노태우의 6공, 그리고 김영삼의 이른바 '문민정부'와 김대중의 '국민의 정부'도 새 인물보다는 과거의 낡은 정치인들을 발탁한 것은 이승만의 나쁜 선택 때문이다. 한국의 구태정치의 뿌리는 드골의 나치협력자 숙청과는 달리 이승만의 친일파청산 실패에 기인된다.

아무튼 나치독일에서 해방된 프랑스 정계는 언론계와 함께 어느 다른 부문보다 가장 혹독한 숙청을 경험했다. 전쟁전의 국회의원들 가운데 전쟁 후에 살아남은 정치인은 10%에도 미달했고, 수백 명이 정치무대에서 영원히 추방됐을 뿐만 아니라 형사소추를 받아 사형, 무기징역, 강제노동형을 선고받은 정치인들도 부지기수였다.

드골은 이처럼 부도덕하고 정통성이 없으며 국민의 의사를 무시한 비시정권이라는 구체제와 철저한 단절을 통해 민주적이며 참신한 새로운 의회와 정치무대를 창출하는데 성공했던 것이다. 새로운 정치무대에 프랑스형 파시스트당인 프랑스인민당이 발을 들여놓을 자리는 단 한 석도 없다. 비시정권의 극우파 도리오당수가 민족반역자로 사형선고 받은 것과 같이 비시정권의 주된 정치세력인 프랑스인민당은 완전히 소멸됐고, 극우파와 동반자로 나치독일에 협력했던 상당수의 우파도 새 정치무대에서 완전히 추방당했다.

그래서 해방 후 프랑스의 정치무대에는 민족반역자나 나치협력자의 그림자도 찾아볼 수 없는, 민족정기와 정통성이 살아 넘치는 참신하고 민주적이며 깨끗한 정치인들로 완전히 교체됐던 것이다. 이것은 해방 후 지배세력에 친일파가 득실거리며 군림했던 한국의 정치와는 너무나 다른 건강하고도 참신하고 도덕적인 프랑스 정치의 모습이었다.

이러한 정치변화를 감독, 연출한 정치지도자가 다름 아닌 드골이었다. 드골은 정계대숙청을 통해 무엇보다도 진정한 정치혁명을 완수했다. 정계숙청을 끝내면서 한마디 부연하면 전후 프랑스 정치무대는 한국정치로 친다면, 항일 독립투사들로 모두 메웠고 친일 민족배반자들은 처벌을 받거나 피선거권을 박탈당해 영원히 추방당하는 모습과 같다. 한국에서는 민족의 여망에도 불구하고 지금까지도 구경조차 할 수 없는 변화가 프랑스에서는 드골이라는 위대한 큰 정치인이 있었기에 이미 50여 년 전에 실현됐다는 것이다. 한국의 해방정국에서 이승만은 드골과 반대의 길을 선택함으로서 21세기에도 자기행동에 책임을 질줄 모르는 기회주의적 파렴치한 정치인들이 여전히 판치는 모습은 안타까운 일이다.

프랑스의 나치협력자 청산

2. 나치협력자 생사 판가름한 '염라대왕' 드골
―"민족반역자 형집행, 타당하다는 사실 확인했다"(드골회고록)

　프랑스의 주간신문 카르푸르는 파리해방 5년 후인 1949년 12월, 나치협력자들의 현주소를 추적해 대숙청의 지도를 그려서 보도했다. 그때까지도 수많은 나치협력 민족반역자들이 감옥에서 계속 복역하고 있다는 사실을 이 신문은 상기시켰다. 그런데 아직도 숙청재판을 기다리며 구속상태에 있는 나치협력자들도 적지 않았다. 파리의 프렌

드골과 반나치저항운동 간부들과 회동

감옥에는 광신적 나치즘 신봉자인 월간지 라펠사장 콩스탕티니가 갇혀 있었다. 파리교외 셀 생 크루감옥에는 석학 크로드와 천주교 뤼페 주교가 실형을 살고 있었다. 서남해안의 섬인 릴 드 레의 감옥은 작가와 지식인들의 감옥으로 이름났는데, 언론인 베로와 크로드 장테 및 역사학자 페이 등이 복역하고 있었다. 페탱도 이 섬에서 종신징역형을 살고 있었다.

크레르보감옥에는 장 드 라보르드제독과 민족주의 석학으로 페탱의 이데올로그인 샤르르 모라스 및 바라가 복역중이고 소뮈르에는 브노아 와 메셍이 각각 수감돼 있었다.

▎나치협력자들의 '옥중기록'으로 '한풀이 문학' 범람

그런데 이들 나치협력자들이 감옥에서 극우파 부활을 겨냥한 폭로문학을 창작해 주로 극우파의 출판사에서 출판되기 시작했다. 프랑스 문단이 당시 '폭로문학'이라고 지칭했지만 사실은 넌픽션이나 기록문학이라는 문학양식을 통해 '숙청된 자의 감옥생활'을 재미있게 묘사한 작품들이 중심을 이루어 나치협력자의 '한풀이 문학'이라 말할 수 있었다.

비시정권의 유태인문제 전문위원이었던 발라는 22개월간 비시정권의 석학이며 이론가인 샤르르 모라스의 옆 감방에서 수형생활을 했다. 이 때문에 그는 모라스의 '숙청감옥'을 기록으로 남기라는 지시에 따라 책을 썼다. 그의 기록문학 '숙청의 감옥'은 파리해방 후 도주했던 나치협력자들이 결석재판에서 사형을 선고받았다가 체포된 후 정식재판에서 징역형이 선고돼 감옥살이를 하는 익명의 '반역자'가 말하는 형식을 취하고 있다.

주인공 생 제르맹은 1년 이상의 실형을 선고받은 나치협력자들과

프랑스의 나치협력자 청산

같이 일단 파리의 교도본부에 보내져 머리를 깎이고 교도관에게 '배신자들!'이라는 욕설과 함께 구둣발로 무릎을 까이는 등의 무참한 학대를 받는다. 그리고 그는 밤에 완전 나체로 잠을 자야만 했는데, 이유는 신체검사에서 안경을 숨겼다가 발각됐기 때문이다. 어떤 죄수들은 작업장에 나가 일하고 또 어떤 이들은 교도소의 운동장을 온종일 돌아야 하는 기압을 받는데, 대부분 교도관의 폭력으로 불구자가 되거나 발에 유혈이 낭자해도 운동장을 계속 돌아야 한다는 것이다.

'숙청의 감옥'은 인간이 마치 '네발짐승처럼 강제노동하고, 교도관들이 침을 뱉어 놓은 수프를 먹어야 하며, 깎아버린 대머리에 열쇠로 타격을 가하거나 배를 발길질 당하기 일쑤'라고 '숙청감옥'을 묘사하고 있다.

숙청감옥에 대한 기록문학은 드골파와 좌파에 대한 항의와 원한을 담은 것이지만, 여론은 조금도 호의를 보이지 않았다. 왜냐하면 나치 게슈타포의 저항운동가에 대한 고문학살과 아우슈비치수용소 등의 유태인대학살 만행이 보다 끔찍한 반문명적 치욕으로 보도되어 널리 알려졌기 때문이다.

나치협력자들은 일부 가석방의 은전을 받아 감옥을 벗어나더라도 사회에서 부역죄라는 형벌이 계속 발목을 잡아 정상 활동이 불가능하다. 피선거권은 말할 것도 없고 투표권도 박탈당했으며, 공직은 물론 언론이나 국영기업체에도 진출이 차단됐고, 상업밖에 아무 일도 할 수 없는 시민권 박탈자 신세이다.

그러나 2차 세계대전 종전이 멀어져 가면서 선고된 형량을 모두 채우는 나치협력자들이 점차 줄어들었다. 강제노동형보다 감옥생활이 수월한 징역형 수감자들은 50년대 초부터 가석방되기 시작했다.

▌21세기, 나치협력자 체포를 게을리 하지 않는 프랑스

1951년에 3천64건의 나치협력 수형자 중 1천1백12건이 감형의 은전을 받았고, 강제노동형 수형자 4백37명이 가석방을 신청했으며, 이중 4백6명이 풀려났다. 유력지 르몽드의 보도에 따르면 1946년 3월 나치협력자 수감자가 2만9천4백1명이었으나 5년 후인 1951년 11월에는 2천9백39명만이 감옥에 남아있다는 것이다. 드골이 창건한 프랑스 제5공화국(1958년)에서 사면령이 있었지만 21세기인 오늘까지도 나치협력자에 대한 체포와 재판은 계속되고 있다. 반 나치저항운동가를 체포해 게슈타포에 넘긴 혐의로 1945년 궐석재판에서 사형선고를 받은 한 민병대원이 20여 년간 도피생활을 하다가 체포되는 경우는 드물지 않은 화제를 모았다.

한 프랑스인 나치게슈타포 요원은 1962년까지 18년간 도피했다가 체포돼 사형선고를 받았으나 드골대통령이(당시) 종신징역형으로 감형했고, 그 후 모범수로 20년형으로 감형돼 1983년에 석방되기도 했다. 이처럼 나치협력자에 대한 숙청은 파리해방 후 '민족반역자를 사형대로 보내라'고 외치는 '대숙청시대'가 시간적으로 멀어지면서 용서와 관용이 베풀어지는 경향을 뚜렷이 보였다. 그러나 한편으로는 프랑스는 나치협력 도망자들을 지속적으로 잡아 재판하는 것을 조금도 게을리 하지 않았다.

나치협력자 숙청에서 사형선고를 받은 자의 목숨을 구할 수 있는 사람은 오직 한사람, 드골뿐이었다. 그는 임시정부 대통령으로 있었던 1944년 8월부터 1946년 1월 20일까지 나치협력 자들에게는 현존하는 '염라대왕'이라고 해도 지나친 말이 아니다. 드골은 회고록에서 자신이 직면한 특별한 상황을 잘 기록하고 있다. '세상에서 민족반역자들이라고 불리는 살인자들, 고문을 당한 자들과 밀고자들의 행렬을

프랑스의 나치협력자 청산

보는 것보다 더 슬픈 일은 없다. 나는 명료한 의식으로 실형을 선고받은 자들의 형이 모두 집행되는 것이 타당하다는 사실을 확인했다'라고.

다시 말해 드골은 나치협력자들이 살인범이고 고문하는 '악마와 같은 존재'이며 또 나치 게슈타포의 밀고자들이므로 형의 집행이 당연한 것으로 판단했다는 얘기다. 그러나 그는 1천3백3건의 사형선고를 감형한 것으로 드골의 숙청연구자 로트만의 '대숙청'은 계산했다. 드골은 여성과 미성년자들을 모두 상관의 명령과 지시에 따른 행동으로 해석해 감형조치를 내렸다. 그는 약자에게는 관대한 처분을 내린 인도주의자이기도 했던 것이다. 모두 7백68건의 사형수들에 대한 감형청원은 드골이 거부했다. 이들 사형수들은 드골이 지목한 반나치저항운동가를 개인적으로, 또는 무의식적으로 고문했거나 또는 죽이는 최악의 범죄를 저질렀고 나치독일이라는 적에게 유리하게 활동한 첩자라고 판단한 것이다.

드골은 매일 밤 파리교외 부로뉴숲이 내려다보이는 임시정부 대통령관저에서 법무성 범죄국장 파탱이 직접 갖고 오는 나치협력자 숙청에 관한 결재서류를 검토했다. 드골의 선택은 두 가지 중 하나였다. 사형을 감형하느냐, 아니면 확인하느냐의 둘 중 한곳에 서명하는 일이다. 이 결재서류는 이미 법무장관의 서명이 끝난 상태이다. 사형선고를 받은 나치협력자의 생과 사가 드골의 서명에 따라 판가름되는 것이다.

결재서류가 많을 때 드골은 범죄국장과 함께 새벽 3~4시까지 토의했다. 비록 민족반역자이지만 사형선고를 확인하는 문제는 신중하지 않을 수 없다. 그가 서류를 검토하며 찾아내려는 것은 '적을 위해 간첩행위를 했느냐, 또는 이롭게 했느냐'를 가려주는 증거이다. 드골은 파시스트 언론인 폴 사크가 독일군에 직접 봉사한 증거를 확인하고 사형결제에 서명했다. 사크는 1945년 1월 사형이 집행됐고, 같은 언론인 베로는 그와는 반대이유로 무기징역으로 감형되었다. 브라지야크도 카뮈 등 레지스탕스들의 탄원에도 불구하고 드골이 사형 난에 서명하자마자 총살형을 당한 경우이다.

▌'머리 좋은 지식인과 군대장교는 동정받을 가치가 없다'

드골은 때때로 법무장관의 감형청원을 받았다. 그는 이 청원을 거의 받아들이지 않았다. 감형을 거부하면서 법무장관에게 '동정을 받을 가치가 전혀 없는 두 가지 배반자들이 있다. 그들은 머리가 우수한 지식인 문인들과 커리어 군대장교들이다'라고 밝혔다. 단 한번 드골이 동정을 표시한 경우가 있었다고 한다. 사형선고를 받은 영국인 남편을 둔 프랑스여인의 경우였다. 드골은 감형을 위한 개입을 하지 않았다. 그녀의 남편은 전쟁기간 이탈리아 방송국에서 일하면서 파시즘을 찬양하고 선전한 혐의로 재판 끝에 사형선고를 받았다. 드골은 이 영국인을 교수형 당하기 직전에 찾아가 명복을 빌어주었다는 것이다. 감형대신 직접 사형수를 찾아 명복을 빈 드골의 모습은 그만큼 무거웠을 것이다.

1949년 '숙청의 감옥'을 출판해 나치협력자의 감옥생활 내막을 세상에 알린 발라는 숙청재판에서 가장 가혹하게 벌 받은 사람들은 문인들과 경찰관 및 비시정권 민병대였다고 기록했다. 그는 숙청재판부에 공산주의자들이 포함되지 않는 경우, 대체로 관용이 베풀어지거나 온건한 선고가 내려졌다고 지적했다. 특히 공산주의자나 순수한 저항운동가가 배심판사에 임명될 경우 경찰관은 형편없이 가혹한 처벌을 받았다고 말하고 '경제적 나치협력자'가 가장 가벼운 벌을 받았다고 했다. '경제사범들은 은밀하게 시민법정으로 돌려졌다'는 주장인데, 나치점령시절 직업에 따라 형량 등에 불공정성이 있다는 불평이다.

프랑스의 나치협력자 청산

　나치협력자들 가운데 자의든 타의든 간에 게슈타포와 정규적으로 관계를 맺은 밀정은 예외 없이 사형선고를 받아 즉각 처형되었다.
　1945년 2월 망통법무장관은 제헌의회에 숙청결과를 보고하면서 '숙청은 일개 정치파당의 보복이 아니다'라고 선언했다. 그는 1945년 2월 1일 현재 민족반역사범 10만여 명을 체포했다고 밝히고 '현재 3만1천6백건을 조사중이며 4만8천6백건을 재판에 1만7천건은 사건이 종결됐다'고 설명했다. 그는 숙청재판에서 5백74명에게 사형 선고를, 이밖에 군사계엄재판소가 1천5백 명에게 사형을 선고했다고 밝혔다.
　파리해방 후 약 5개월간 나치협력자에 대한 숙청결과가 여기에 잘 나타났으며 이 시기에 2천74명이 민·군사재판에서 최고형인 사형선고를 받은 것이다. 법무장관은 보고에서 법무부의 숙청결과, 헌법위원회관료 1백52명 중 36명과 판·검사 2천1백여 명 가운데 2백66명을 파면했다고 말했다. 공산당 소속 지로의원은 '앞으로 숙청을 전쟁과 같은 리듬으로 속도를 내라'고 요구했고, 반면에 기업연맹의 대표는 '숙청이란 이제 하나의 코미디에 불과하므로 즉각 중단하라'고 주장했다. 이 시기에 숙청에 대한 프랑스 여론이 두 개로 갈라지고 있는 것이 이들의 발언에 잘 나타나고 있다.
　나치독일의 패망이 확실해지면서 미·영·불 연합군과 소련 적군이 해방한 나치강제수용소에서 살아남은 레지스탕스들과 유태인들이 귀환하기 시작하고 독일남부의 시그마린겐에 도주해 나치독일의 괴뢰임시정부를 수립했던 비시정권 추종자들이 최후의 도망을 시도하고 있었다. 마지막까지 히틀러의 보호를 받으려고 기도했던 나치협력자들은 독일로 진격해 오는 미·영·불 연합군에 의해 독일에서 체포되거나 라발총리처럼 스페인에 도망갔다가 프랑코가 오스트리아의 미군 점령지구로 추방하는 바람에 미군이 체포해 프랑스군에게 신병을 인도하는 경우까지 생겼다.

■ 나치협력자 계속 처리위해 숙청재판 어렵다

프랑스의 파시스트들은 이탈리아와 오스트리아로 도주했다가 쇠고랑을 차고 프랑스로 돌아오기도 했다. 비시정부 대변인 페르낭 드 브리농은 독일에서 미군에게 체포됐다. 그는 기자회견에서 '나는 수많은 다른 사람들과는 달리 완전히 자의로 미군에게 자수했다. 나는 스페인이나 이탈리아 또는 오스트리아로 도망가지 않았다'라고 큰소리치기도 했다. 프랑스 언론은 해외에서 체포돼 신병이 인도되는 나치협력자들의 소식을 날마다 대대적으로 보도했다. 1945년 10월말 하루 동안 나치협력 용의자 2백22명이 독일에서 체포돼 프랑스에 인도됐는데, 이것은 일일 최고기록이 되었다.

소수 의견이지만 법조계 내부의 법 해석이 드골의 임시정부에 합법성을 부여하지 않고 오히려 비시정권이 합법성을 갖는다고 해석하는 경향이 나타나는 것은 중대한 문제였다. 이러한 극단적 견해는 1940년 7월 소집된 상하원 회의가 페탱에게 전권을 위임하는 표결에서 압도적으로 찬성했다는 사실에 근거를 두었는데, 해방정국과는 전혀 맞지 않는 주장이었다. 특히 변호사들이 숙청에 은근히 반대하는 여론을 조성하는 경향이 많았다. 임시정부가 숙청재판소를 설치하면서 가능한 한 조속히 숙청을 마무리 지으려고 계획 한 것은 이러한 반대여론을 의식했기 때문이다.

드골의 훈령은 숙청재판소의 시한을 1945년 11월말까지로 한때 정했으나 숙청작업이 지연되면서 시한이 연장되었다. 숙청재판소의 폐지문제가 공식적으로 제기된 것은 1949년 2월이었다. 신임 법무장관 르쿠르가 '숙청재판소가 이제 존재할 이유가 없어졌다'고 취임 일성을 발한 것이다. 그는 1949년 7월 드디어 법무부가 숙청재판소 폐지안을 의회에 제출해 찬반 토론이 벌어졌다. 의회는 숙청재판소의

프랑스의 나치협력자 청산

기능을 연말까지 연장시켰으나 시민법정만 폐지결정을 내렸다. 그러나 숙청재판소는 쉽게 문을 닫을 수 없었다. 숙청해야 할 나치협력자들이 계속 체포되고 있었기 때문이다.

1949년 7월 31일 언론들은 리옹의 지방숙청재판소가 문을 닫았다고 보도했다. 그러나 이론적으로만 문을 닫은 것이지 현실적으로는 폐문할 수 없었다. 그때 리옹의 숙청재판소는 나치협력사건 70건을 계속 수사 중이었고, 용의자 27명이 수감돼 재판대기중이며, 9명은 재판계류 중이었다. 리옹과 투르즈, 그리고 수도 파리와 콜마르 등의 숙청재판소가 완전히 문을 닫은 것은 1951년이었다. 숙청재판소는 매월, 6개월, 1년마다 재판결과를 발표했고, 법무성은 전국의 나치협력자 숙청상황을 집계해 발표했다. 그럼에도 숙청에 대한 각종 소문이나 유언비어가 끊임없이 난무했다.

▎'상관명령 추종자와 살기 위해 저지른 나치협력자 감형해 주었다' (드골회고록)

임시정부가 정확한 숙청진전 상황을 국민에게 밝혀주지 않으면 비판의 소리가 더욱 높아질 가능성이 높았다. 법무성은 숙청재판에 항시 6백23명의 판사를 동원했다고 밝혔는데, 이 숫자는 전체 판사의 30%에 달했다. 전국의 숙청재판소는 매월 평균 5천여 건에 달하는 나치협력자사건을 취급해 각종 선고를 내렸다. 1946년 4월 임시정부 법무장관은 그때까지 재판결과를 다음과 같이 발표했다. 모두 10만8천3백38건을 숙청재판소가 취급했는데 이중 3만6천 건을 재판에 회부하지 않고 무혐의 종결했고 4만2천 건을 재판에 넘겼으며, 나머지는 모두 시민법정에 회부했다는 것이다. 각 숙청재판소는 3월 15일 3만9천3백8건의 선고공판을 끝냈고 시민법정은 5만1천9백50건을 재판했으며, 앞으로 1만9천여 건이 재판 대기 중이라고 밝혔다. 그때까지의 재판결과는 3천9백20명에게 사형선고를, 1천5백8명에게 강제노동형을, 그리고 8천5백 명에게 유기징역형을 각각 선고했다는 것이다.

드골의 '전쟁회고록'은 1945년 중반의 숙청, 특히 사형이 선고된 나치협력자들에 관해 이렇게 기술하고 있다. "숙청재판소는 2천71명에게 사형선고를 내렸다. 결석재판에서 내린 사형을 제외한 수치이다. 사형수들에 대한 결제서류는 법무장관의 감형 등 의견을 달아 나에게 전해진다. 나는 법무부 범죄국장 파텡의 자문을 받으며 직접 서류를 검토했다. 그리고 변호인들의 요구를 받아 이들을 접견했다. 나는 살인, 고문, 밀고, 조국에 대한 배반요구 등 (나치협력자들의) 모든 범죄가 내 눈앞에 펼쳐지는 것을 보고 이 세상에서 더 슬픈 일은 없었다. 나는 명철한 의식으로 어떤 경우에는 사형수들이 선고받을만한 죄가 있다고 보고 사형에 결재했다. 그러나 나는 1천3백3명을 감형했다. 여성과 미성년자들 모두를 감형했다. 그리고 상관의 명령에 단순히 추종한 자들과 살기 위해 마지못해 일을 저지른 자들도 감형했다. 나는 7백68명에 대한 감형 탄원서를 거부했다. 이 경우는 개인적이며 자발적 행동이 다른 프랑스사람을 죽이는 원인이 됐거나 적을 직접 도운 자들이었다."

프랑스의 나치협력자 청산

3. '한 프랑스가 다른 프랑스를 숙청한 고통의 역사'
― 60년 동안 계속된 사망숫자 논쟁, 10만에서 1만여 명의 수수께끼

나치협력자 숙청이 개시된 후 1년 6개월만에 숙청결과가 발표되자 프랑스국민은 깜짝 놀랐다. 드골조차도 '한줌밖에 안 되는 비천한 것들'이라고 대수롭지 않게 생각했던 나치협력자는 엄청나게 많았던 것이다. 사실 11만여 명이나 되는 나치협력자의 수치는 예상을 초과한 엄청난 수치였다. 그럼에도 숙청을 못마땅하게 여기는 사람들은 '그 이상의 사람들이 숙청됐다'고 주장해 법무성이 해명하는 소동이 벌어졌다. 숙청 반대자들은 또 비시정권이 1943년에 프랑스에서 페탱의 협력자들이 5만여 명밖에 안 된다는 사실을 불평한 보고서를 제시하고 페탱의 비시정권 협력자가 5만인데 11만이 숙청된 것이 말이 안 된다고 비난했다. 그들은 드골을 프랑스혁명기간 테러정치의 상징적 존재인 로베스피에르와 공공연히 비유했다.

그러나 숙청재판소가 완전히 문을 닫은 후 발표된 최종 수치는 이보다 더 많았다. 법무성의 발표에 따르면 최고재판소, 지방숙청재판소 및 시민법정이 다룬 나치협력사건은 모두 12만4천7백51건에 달했다. 이중 4만5천17건이 공소기각결정, 2만8천4백84명이 재판결과 무죄 석방되었다고 발표되었다. 그리고 6천7백63명에게 사형선고(이중 3천9백10명은 궐석재판)를 내려 현재 7백67명은 사형이 집행됐

고, 2천7백77명에게 종신강제노동형을 선고했다. 1만4백34명에게 유기강제노동형을, 2만4천1백16명에게 유기징역형을, 2천1백73명에게 금고형을 각각 선고했다는 것이다. 시민법정도 4만8천4백84명에게 부역죄 형을 선고했으나 이 중 3천1백84명에 대해서는 정상을 참작해 무죄판결을 내렸다는 것이다.

드골, 1944년 이탈리아 산악지역 전투중인 자유프랑스군을 시찰 격려

그러나 프랑스임시정부의 숙청에 관한 발표내용을 그대로 믿는 사람은 거의 없다. 이 수치만 해도 8·15 해방 후 이승만대통령의 반민특위를 강제해산함으로써 친일파를 한 명도 응징하지 못했을 뿐만 아니라 오히려 그들을 해방 후 지배세력으로 군림하게 한 우리의 경우를 생각할 때, 상상할 수 없을 만큼 엄청난 나치협력자들이 프랑스에서 사망한 사실에 놀라게 된다. 그러나 프랑스뿐만 아니라 국제기구조차도 프랑스에서 숙청된 나치협력자들의 숫자는 보다 많은 것으로 추정하고 있었다. 프랑스의 '공직복귀를 위한 프랑스연맹'은 '나치협력자로 지목돼 인민재판에서 즉결심판을 받아 처

프랑스의 나치협력자 청산

형된 사망자수가 11만2천명에 달한다'고 유엔에 보낸 보고서에서 주장했다.

▍숙청기록 문학, '고귀한 목숨 10만 5천개 억울하게 날아갔다!'

연맹은 1944~45년간 프랑스의 지중해연안에서 5만여 명이 사망했다는 미군보고서를 근거로 계산해 낸 숫자라고 밝히고 임시정부 내무장관 티시에가 1만5천여 명이 사망했다고 말한 사실을 상기시켰다. 내무장관이 밝힌 이 수치는 그 후 드골에 의해 숙청된 나치협력자를 말할 때마다 페탱 지지파가 자주 인용하는 10만 사망설의 근거가 되었다. 숙청감옥의 한 기록문학은 '고귀한 목숨 10만5천 개가 드골파에 의해 억울하게 날아갔다'고 기록할 정도다. 10만5천명이 인민재판 등 즉결심판에 의해 사망했다는 설은 자유프랑스의 정보국장을 지낸 드와브렝이 발설한 수치였다. 미국의 저명한 프랑스의 숙청 연구가 로트만의 '대숙청'에 따르면 '1945년 2월 내무장관이 그가 갖고 있는 정보에 의하면 1944년 6월 연합군이 노르망디에 상륙한 후부터 45년 2월까지 10만5천명이 즉결처분된 것 같다고 말하는 것을 드아브랭이 들었다'는 것이 10만5천명 사망설의 근원이다. 그러니까 내무장관의 발표가 아니라 제3자가 그의 말을 들었다는 얘기이다.

1948년 미테랑 임시정부 재향군인담당장관(전대통령)은 의회보고에서 '여러가지 이유로 사망한 사람이 9만7천여 명'이라고 밝혀 약 8천명이 감소했다. 그러나 이 수치는 10만5천명 사망설이 확실하다는 근거로 자주 인용됐다. 8천여 명 정도의 차이는 즉결처분이나 전투도중 얼마든지 빠질 수도 있는 숫자라는 것이다. '프랑스의 나치협력자 대숙청'을 처음으로 학문적으로 연구한 로베르 아롱은 '숙청의 역사'

에서 총 사망자가 3만~4만 명이라는 수치를 제시했다. 아롱은 숙청 재판소와 시민법정이 약 20만 건의 나치협력자 사건을 취급했으며, 9만5천1백12건을 숙청재판소가 다루었고, 6만7천9백65건을 시민법정이 처리했다고 기록했다.

숙청재판소는 4만5천17건을 재판 전에 사건을 종결해 석방했고, 절반이 넘는 5만5천95건을 직접 재판했다. 집행유예 등으로 석방된 건수는 8천여 건에 불과했다. 7천37명에게 사형선고를(4천3백97명은 궐석재판), 이중 7백91명은 사형이 집행됐다. 2천7백77명에게 종

레지스탕스가 해방한 지방도시에 시장과 같이 행진하는 드골

3. '한 프랑스가 다른 프랑스를 숙청한 고통의 역사'

프랑스의 나치협력자 청산

신강제노동형을, 1만4백34명에게 유기강제노동형을, 2만3천8백16명에게 유기징역형을, 2천1백73명에게 금고형 및 6백92명에 공민권 박탈형이 각각 선고됐다. 시민법정은 6만7천9백65명을 심판해 4만8천4백96명에게 종신부터 유기 부역죄형을 선고했고, 이중 8천9백29명에게 집행유예를 선고했다. 사실상 드골이 총지휘한 나치협력자 숙청은 많은 국민에게 공포심을 불러일으킨 측면이 있었고 침묵하면서도 속으로 분노를 표시하는 시민들도 없지 않았다.

그러면 프랑스 국민가운데 얼마나 숙청의 폭풍에 불안을 느꼈을까? 로베르 아롱의 '숙청의 역사'는 수치로 계산해내는 것이 불가능하지만, 약 50만 명 정도가 숙청될까 보아 불안을 느낀 것으로 추산했다. 1944~1945년에 나치협력 혐의로 체포돼 구속된 사람이 15만 명이며 공직자 등 각 지역, 직장별 숙청위원회에 소환조사를 받은 자들이 10만여 명에 이르며 즉결처분 등 사망자수가 3만~4만여 명에 달한다는 것이 아롱의 연구결과이다. 민족반역자로 의심받거나 처벌받은 프랑스인 50만여 명의 가족들을 생각하면, 2백만~3백만여 명의 프랑스사람들이 직. 간접으로 '숙청의 희생자'가 된다는 것이 그의 결론이다.

▌드골회고록, '즉결처분된 자와 사형집행자 합해 1만8백42명'

그러니까 프랑스총인구의 3~5%가 국가와 사회라는 공동체로부터 나치협력자라는 이유로 추방당하거나 격리된 것이다. 프랑스의 대숙청연구에 10여 년이나 걸렸다고 고백한 아롱은 '역사가는 판정하거나 사회를 도덕적으로 변화시키는 사람은 아니지만, 진실의 길로 가는 첫 단계를 이해시키고 설명해 주어야만 한다. 프랑스가 집행한 숙청은 상대적으로 선인가, 또는 필요악인가? 이 물음은 아마도 수없이 많이 제기되었다. 낭트칙령으로부터 페탱 원수의 재판까지 한 부분의 프랑스가 다른 부분의 프랑스를 숙청한다는 고통스러운 에피소드를 우리는 경험했다. 역사가는 여기서 사라진다. 질문에 대한 대답은 바로 역사에게 있기 때문이다'라고 결론짓고 있다. 그러나 그의 연구가 숙청에 의한 사망자 수치에 관한 논쟁을 완전히 종식시킨 것은 아니다.

프랑스 제4공화국이 출범한 후 좌파정부는 '숙청의 역사'에 대한 진실이 무엇인가에 대해 해답을 얻으려고 노력했다. 좌파정부는 1944~46년 초까지 숙청을 집행한 드골이 은퇴했고 드골파는 야당이 됐기 때문에 진실규명이 어렵지 않은 일로 판단했다. 그러나 너무나 어려운 일이었고 오늘까지도 사망자에 대한 확정수치를 사실상 확인하지 못하고 있는 형편이다. 드골은 전쟁회고록에서 그의 개인정보를 토대로 '프랑스해방에 도달하는 전쟁과정에서 사망한 6천6백75명을 포함해서 즉결처분된 사람 및 사형이 집행된 나치협력자 등 사망자는 모두 1만8백42명'이라고 기록했다. '1만 명이 넘는 사망자 총계만으로 고통스럽기가 한이 없으나 저질러진 범죄 건수와 비교해보면 매우 제한된 사망자 수치'라는 것이 드골의 생각이었다. 드골이 제시한 숫자는 미테랑의 9만7천명이나 아롱이 밝힌 3만~4만여 명에 비하면 턱없이 적은 수치다.

프랑스현대사 연구소가 주관한 2차 세계대전 전사편찬위원회의 연구작업은 정부의 기밀자료를 이용한 장점이 있어 연구결과에 큰 기대를 모았다. 1970년대 중반에 연구를 매듭지은 이 위원회 마르셀 보도위원장은 프랑스 해방 후 첫 수개월간 53개 지방의 즉결처분 사망자를 조사한 결과 5천9명이었다고 밝혔다. 53개 지역을 근거로 전국의 수치를 계산한 결과 8천5백~9천여명의 사망자가 나왔다는 것이다. 그러나 위원회는 계속적인 확인작업을 벌인 결과 드골이 회고록에서 밝힌 1만여 명이 가장 가까운 근사치라는 결론을 내렸다.

8천7백여 명이 즉결처분을 받아 사망했고, 해방직후 계엄군사재판

프랑스의 나치협력자 청산

소가 9백1명을 사형을 집행했다는 것인데, 여기에는 계엄재판소의 사형집행 수치가 빠진 지역이 있다는 것이다. 수도 파리를 포함하는 센느지역 등 5개 지역 사망자 3백 명을 추가해야 된다는 주장이다. 2차 세계대전 전사편찬위원회는 그래서 사망자 9천9백1명이라는 수치를 최종적으로 제시했다.

미국의 숙청연구가 로트만은 '대숙청'에서 '아무튼 신중한 연구자들은 프랑스의 대숙청에서 1만5천명 이상의 수치를 사망자로 보지 않으며, 4만에서 10만5천명까지 주장되는 사망자 수치가 신뢰성이 크지 않는 것으로 판단한다'고 밝혔다. 드골은 나치독일 점령기간 저항운동가 등 프랑스시민이 나치점령군과 게슈타포 및 프랑스의 민병대에 의해 6만여 명이 처형되고 20만여 명이 나치강제수용소에 유배됐다고 회고록에서 주의를 환기시켰다. 그는 프랑스해방 후 나치 강제수용소에서 20만여 명 가운데 5만여 명만이 살아 돌아와 15만여 명이 생명을 잃었다고 밝혔다. 저항단체들은 파리해방 후 숙청에서 사형 등으로 죽은 나치협력 반역자의 수는 나치에 희생된 애국적 시민보다 크게 적은 수치라고 주장했다.

페탱파가 제시하는 사망자 수치가 터무니없이 부풀려졌다는 사실은 널리 알려진 일이다. 수정주의 사가로 불리는 페탱파 사가들은 해방 이후 숙청재판소가 12만8천명에게 중형을 선고했고, 이중 5천여명이 사형선고 후 집행됐으며, 1백만여 명이 부역죄형을 받았다고 폭로하고 있다. 로트만의 '대숙청'은 수정주의자들의 수치가 대중에게 충격을 주기 위해 과장된 것이라고 평가하고 1951년 숙청재판소가 폐지되면서 정부가 의회에 보고한 수치가 제일 신빙성이 있다고 밝혔다.

4공화국 정부보고서는 최고재판소와 지방숙청재판소가 취급한 총 재판건수 5만7천9백54건과 시민법정이 취급한 6만9천7백97건이 모든 역사가들이 인정하는 근사치라고 평가했다. 로트만은 드골이 의회

보고서를 신뢰한다는 입장을 보였다고 설명했다. 1951년 프랑스정부가 의회에 보고한 숙청결과의 내용은 다음과 같다.

'사형선고(피고출석) 2천8백53명, 사형선고(결석재판) 3천9백10명, 사형집행 7백67명, 종신강제노동형 2천7백2명, 유기강제노동형 1만6백37명, 금고형 2천44명, 유기징역형 2만2천8백83명, 공민권 박탈 3천5백78명, 시민법정에서 부역죄 선고 4만6천1백45명(이중 3천1백84명은 형 면제).' 그러나 이 수치에는 실제로 있었던 인민재판이나 즉결처분된 사람에 대한 숫자는 빠져 있는 것처럼 보인다. 드골이 훈령으로 설치한 최고재판소, 지방숙청재판소 및 시민법정에서 다룬 수치만 집계했기 때문이다.

▌2003년 퀴드연감, '2백만 수사, 99만 명 체포, 782명 사형집행'

오늘날 프랑스에서 제일 권위 있는 연감 퀴드(QUID)는(2003년판) 위에 열거한 여러 가지 수치를 모두 소개하면서 정설을 지목하지 않고 있다. 이 연감은 나치협력자에 대한 대숙청에 관련된 프랑스사람이 1백50만~2백만 명에 달했다고 밝히고 '수일 또는 일주일 정도 수감된 사람을 포함하면 체포된 나치협력자 수는 99만여 명에 달했다'고 기록했다. 그리고 '수십만 명이 조기은퇴, 파면, 해임, 직위해제 등 인사상의 처벌을 받았다'고 지적했다. 비시정권 지도층을 재판한 최고재판소는 1백8건을 재판해 18명에 사형선고(이중 사형집행은 다르낭과 라발총리 및 드 브리농 등 3명), 25명에게는 종신 강제노동형과 징역형, 14명에게 공민권박탈형이 선고되었으며 1명만이 무죄 석방됐다고 연감은 밝혔다.

각 지방숙청재판소는 모두 14만 건을 재판해 4만1천명을 무혐의 석방했고, 4만1천건을 시민법정에 이송했으며 5만7천 건을 직접 재

프랑스의 나치협력자 청산

판했다. 재판결과 6천7백63명에게 사형선고(이중 4천3백97명이 결석재판, 7백79명을 사형집행), 2천7백77명에게 종신강제노동형, 1만4백34명에게 유기강제노동형, 2만6천5백29명에게 유기징역형, 3천6백78명에게 공민권박탈형을 각각 선고했다. 무죄 또는 집행유예로 석방된 자는 6천7백24명뿐이었다. 사형이 집행된 유명 나치협력자는 쉬아레즈('오늘'신문사장), 폴 샤크(예비역 해군장교 및 작가), 브라지야크('내가 도처에 있다'신문편집국장), 장 뤼세르(신시대 신문사장), 장 파키(라디오 파리 방송사장), 페르도네(방송인) 등이었다.

시민재판소는 총11만5천건(이중 4만1천건을 각지방재판소에서 회부)을 재판해 9만5천명에게 부역죄를 선고했다. 이중 5만여 명은 강제노동형이나 징역형을 선고받은 나치협력자에게 병과된 징벌이다. 또한 7만 명에게 시민권 박탈형을 선고했는데, 시민권이 박탈된 자는 대부분 나치협력 공직자들이었다. 또한 공직자 12만여 명이 시민재판소에서 행정처분을 받았다. 이들은 각 군 장교 4만2천명, 정부관료 2만8천7백50명, 철도원 7천39명, 전기 가스공사 직원 5천명, 경찰간부 1백70명, 헌법위원회 위원 18명 및 판·검사 3백34명이었다. 이들은 시민권 박탈과 함께 파면과 조기퇴직을 포함한 행정처분을 받아 관료사회에서 추방되었다. 퀴드연감이 밝히고 있는 나치협력 민족반역자에 대한 이 숙청결과 수치가 오늘날 가장 신뢰할 수 있는 것으로 필자는 생각한다.

드골의 숙청 연구서 '프랑스의 숙청'을 출판한 미국학자 피터 노빅스도 비슷한 결론을 내렸다. 그는 '프랑스의 숙청'이 가혹한 것인지, 또는 관대한 것인지를 가리기 위해 나치독일에 점령되었던 다른 나라의 경우와 비교하고 있다. 그는 사형이 집행된 나치협력자는 프랑스가 수적으로 제일 많다고 지적하면서도 강제노동형이나 징역형을 받은 자 등 숙청된 나치협력자는 인구비례로 볼 때 프랑스가 가장 적다고 지적했다.

■ 노르웨이, 인구 10만당 633명 징역형, 프랑스의 6배를 숙청

프랑스에서 3만8천여 명에게 징역형이 집행된 것은(이 수치는 강제노동형, 징역형 및 금고형 등을 모두 합친 것) 인구 10만 명당 평균 94명이 감옥에 간 것을 말한다. 덴마크의 경우, 총 1만4천명이 징역형을 선고받아 인구 10만 명당 평균 3백74명이 나치협력자로 징역을 살았는데 이는 인구 비율로 치면 프랑스보다 4배나 더 높은 수치이다. 네덜란드는 징역총계 4만여 명으로 10만 명당 4백19명이, 벨기에는 5만여 명으로 10만 명당 5백96명이, 노르웨이는 2만 명으로 10만 명당 6백33명이 각각 나치협력자로 징역을 살았다. 프랑스와 인구비율로 보면 노르웨이가 최고 6.6배나 더 많은 수치를 나타내 프랑스의 숙청이 제일 약했다는 평가인 것이다.

다시 말해 나치협력 민족반역자를 가장 철저히 응징한 나라는 노르웨이였다. 로베르 아롱의 연구에 따르면, 노르웨이 경찰은 해방 후 모두 9만2천여 명에 대해 민족반역 혐의를 수사했다고 한다. 이 가운데 절반이 넘는 4만7천5백 명이 최소한 벌금형 이상의 형을 선고받았다는 것이다. 이들 중 다수에게 징역형이 선고됐고, 이중 80%는 3년 미만의 징역형을, 6백여 명이 8년 이상 장기징역형을 선고받았다고 한다. 노르웨이의 나치협력 반역자숙청은 해방된 순간 개인 보복성의 밀고나 처형이 거의 없었고, 또 사형이라는 극형을 선고하는 경우가 드물었기 때문에 프랑스의 숙청처럼 세계의 큰 관심을 모으지 못했다. 그러나 '키스링소령'의 극적인 사형선고와 뒤이은 사형집행은 세상의 이목을 집중시키기에 충분했다.

프랑스의 나치협력자 청산

'키스링'이라는 이름은 나치독일에 충성하는 '정치 아첨꾼'의 대명사로 쓰일 정도로 유명한, 히틀러에게 물불을 가리지 않고 충성한 노르웨이 판 반역자였다. 그는 나치독일이 영국해군을 제압하기 위해 노르웨이에 상륙작전을 펼쳐 무력으로 점령하자 '노르웨이 판 비시정권'을 만들어 수반을 지낸 자이다. 그는 노르웨이가 해방되자 국가반역혐의로 즉각 체포됐다. 1945년 8월 20일 키슬링재판이 오슬로에서 열렸고, 3주일만에 그는 사형선고를 받았다. 노르웨이 최고재판소는 그에게 준엄한 응징을 가한 것이다. 오슬로대학의 스코드빈교수가 노르웨이의 나치협력자 숙청에서 가장 의미심장한 이 재판을 참관하고 이렇게 썼다.

'그는 잘못 알려지고 부당하게 처벌받았다는 확고한 신념을 갖고 죽었다. 그 자신의 눈에는 (자기의 사형집행이) 순교자로 죽은 것으로 비친 듯하다. 재판과정에서 그는 많은 관찰자에게 깊은 인상을 남겼다. 관찰자들은 그가 정치 악을 구현한 악마라는 사실을 인정하기를 기대했다. 그러나 그는 악마대신 새 정치주역에게 비극적 행동을 양보하는 분위기에 싸여서 오히려 정치적 인간상을 보여 주는 것 같았다. 그는 숙청재판소의 법률적 판단보다 더 중요한 과업을 수행한 인간으로서 자기 인생을 이야기했다.'

그리고 스코드빈교수는 숙청재판을 이렇게 평가했다. '조국을 재앙에서 구할 수 있는 유일한 능력, 처음에는 그도 나치독일군에 대항해 싸웠다. 그가 잔학한 행위를 범했을 때 그 자신은 잘 알지 못했고, 최악의 상황을 잘 피했다. 그의 기본적인 목적은 독일에게 모든 권력을 빼앗겨 노르웨이를 독일의 한 주로 전락시키는 것을 막는 일이었다. 그가 나치독일 보호 밑에 괴뢰정부를 이끌었다는 용서받을 수 없는 죄악을 범했다면, 그것은 '노르웨이의 독을 구하기 위한 열망 때문이다'고 피고는 변명했다. …이 재판은 무엇보다도 정치재판이다. 그리고 역사적 사건이다. 나는 모든 난관에도 불구하고 보다 고귀한 것에 봉사하는 것이 정치라고 생각한다' 이 해설은 '국내에서 프랑스국민을 보호했다'는 페탱의 역설적 논리를 노르웨이에서 적용하는 태도로 노르웨이 최대의 나치협력자 재판을 기술하고 있다.

▌2003년 새 연구, '군사재판이 1500명 사형선고'한 새 사실 밝혀

2003년 7월 드골숙청연구의 결정판인 '2차 세계대전 후 프랑스사회의 숙청'도 '숙청, 숫자의 역사' 항목에서 나치협력자 사망수치의 논쟁을 다루고 있다. 프랑스와 루케의 연구논문인 '숙청, 숫자의 역사'는 필자가 앞에서 다룬 여러 가지 설을 모두 제시하고 프랑스 연구자 앙리 루소가 1992년 종합한 결과를 소개해 주목을 끌었다. 루소는 8천 내지 9천여 명의 나치협력자들이 재판절차 없이 즉결처분으로 처형됐다는 결론에 도달했다고 한다. 즉 그는 드골훈령이 숙청기구인 최고재판소, 지방숙청재판소, 시민재판소를 설치하기 전 인민재판이나 군사재판에서 처형된 나치협력자들이 9천여 명에 달했다는 것이다. 특히 군사재판소는 35만여 명을 재판했는데, 1천500여 명에게 사형선고를, 12만5천여 명에게 징역 또는 강제노동형을 선고했다는 것이다. 이 수치를 퀴드연감의 숫자와 합치면 사망 나치협력자는 더 늘어난다.

나치협력자의 사망수치는 앞으로도 계속 연구될 것이다. 그러나 프랑스에서 오랫동안 침묵한 것은 아마도 프랑스사회의 치부를 스스로 들추어냄으로써 역사의 상처를 아프게 할 이유를 발견하지 못했기 때문일 것이다. 아무튼 프랑스의 나치협력자 숙청은 근본적으로 드골의 '역사적 걸작품'으로 평가되지만 반 나치저항단체와 다수국민의 지지 성원이 없었다면 실현은 불가능한 것으로 보인다. 숙청의 도

프랑스의 나치협력자 청산

마에서 온갖 수모를 당한 페탱 원수 쪽에서 보면 노르웨이의 키스링조차도 순교운운 하는 판에 억울하다는 말을 할 수도 있을 것이다. 왜냐하면 페탱이 이미 현실적으로 패전한 나라를 인수했고, 나치독일군의 군화가 수도 파리를 짓밟고 있는 불리한 조건에서 그나마 프랑스의 남부 절반을 자유지역으로 확보한 사실이 그의 변명의 여지를 남겨준다.

비시정권은 나치독일과 휴전협정을 맺어 사실상 항복한 셈이지만 군사동맹을 맺지 않았고 연합군에게도 선전포고를 하지 않는 슬기를 보였다. 이 때문에 미국과 영국 및 소련 등 연합국을 비롯한 많은 나라들이 비시정권을 공식 승인하고 외교관계를 유지했다. 무엇보다도 페탱은 프랑스 패전 직후 비시에 상하원 합동회의를 소집해 표결에서 압도적 다수표로 전권을 위임받는 '헌법절차'를 거친 '합법정부'임을 강변했다. 이러한 비시정권의 성격은 미국의 루스벨트대통령이 페탱을 비호하고 드골의 자유프랑스를 무시하게 한 요인인지도 모른다. 그러나 드골은 비시정권의 합법성을 밑으로부터 허물고 나치독일의 제3제국 하수인으로 그리고 민족을 배반한 범인으로 규정함으로써 준엄한 심판을 내렸다.

여기서 강조하고 싶은 것은 드골이 숙청은 프랑스를 새로운 민주적이며 도덕적 국가로 거듭나게 하려는, 즉 새 사회 건설이라는 전망에서 집행했다는 사실이다. 드골은 나치협력자들을 모두 사회공동체에서 완전히 추방함으로써 민족정기가 다시 확립되고 시민간의 연대가 뿌리내리며 사회정의가 지배하는 새 사회의 건설을 설계했고, 대숙청을 통해 민주프랑스의 초석을 놓은 것이다. 드골이 아니면 이것은 불가능한 일이었다.

드골의 과거사 정리방식과 친일파 청산

4. 페탱에서 파퐁, 밀로세비치까지 '반인도적 범죄의 세계화'
- 친일파 심판 실패한 한국, 진상 철저규명으로 역사청산 가능

　프랑스의 나치협력자 숙청은 2차 세계대전을 유발해 '세계의 악마'로 규정된 독일의 나치즘과 이탈리아의 파시즘 및 일본 군국주의를

1945년 5월 8일 나치 패망
뉴스를 듣고 파리 샹제리제 대로에 쏟아져나온 파리시민들

프랑스의 나치협력자 청산

철저히 심판하는 단서를 열었다. 미국, 영국, 프랑스와 구소련 등 2차 세계대전 전승 4개국들은 나치즘의 발상지 뉘른베르그에 국제전범재판소를 실치해 나치수괴들을 준엄하게 심판했다. 1945년 8월 15일 일본의 항복 후 도쿄재판에서 일본 군국주의 수괴들을 재판해 전쟁책임을 준엄하게 응징했다. 이것은 모두가 다 아는 사실이다. 프랑스에서는 나치협력자에 대한 숙청이 1944년 6월 연합군의 노르망디 상륙작전 성공 후 시작되었고 오늘까지 중단 없이 계속된 것은 특기할 만한 일이다. 웬 일인지 이 사실은 한국 일본에서는 잘 알려지지 않고 있었다.

▎프랑스 전 예산장관 파퐁, 1998년 10년 징역형받아 좋은 보기

60년이 지나간 오늘에도 비시정권의 보르도 경찰서장 모리스 파퐁이 나치협력자의 심판대에 올라 반인도적 범죄 공범으로 10년 징역이라는 중형이 선고된 것이 좋은 보기라 하겠다. 국제적으로는 허리디스크를 치료하기 위해 영국 런던의 병원에 입원했다가 스페인의 가르송판사의 범인인도요청을 받은 칠레의 군사독재자 피노체트의 경우도 같은 맥락에서 볼 수 있다. 피노체트에게 파퐁과 똑 같이 반인도적 범죄라는 국제법이 적용되고 있기 때문이다.

피노체트는 칠레에 돌아가 영국이나 스페인 등 서유럽의 재판을 모면했다. 그러나 유고내전에서 인종청소를 자행한 세르비아공화국 전 대통령 슬로보단 밀로세비치가 네덜란드 헤이그에 있는 유엔의 국제전범재판소에서 현재 반인도적 범죄혐의로 재판받는 것은 '프랑스의 숙청'의 세계화로 평가될 수 있다.

프랑스는 파퐁 뿐만 아니라 이미 1980년대에 리옹의 나치게슈타포총수였던 독일인 크라우스 바르비를 남미에서 체포해와 법정 최고형인 무기징역형을 선고해 응징했고, 1990년대에는 비시정권의 리옹지역 민병대장 폴 투비에를 체포해 역시 최고형인 무기징역을 선고했다. 이들에게 적용한 법률이 모두 반인도적 범죄였다. 바르비와 투비에는 모두 프랑스의 감옥에서 자유의 빛을 보지 못하고 옥사했다.

1946년 나치독일 전범들은 전쟁범죄, 반평화죄 및 반인도적 범죄가 적용돼 대부분 법정 최고형이 선고되었다. 그 후 체포된 나치전범들이나 프랑스의 나치협력자들에게도 특히 반인도적 범죄법이 적용되는 것이다. 바르비와 투비에가 무기징역을 선고받은 것은 1981년 프랑스에 미테랑대통령의 좌파연합정부가 수립돼 사형제도가 폐지됐기 때문이다.

프랑스는 1964년 반인도적 범죄 법을 자국 형법에 편입시켰다. 프랑스의 상·하원 합동회의는 반인도적 범죄에 대한 시효를 만장일치로 폐지함으로써 언제든지 소급 적용해 전범과 나치협력자, 민족반역자들을 '숙청'할 수 있는 법적 장치를 마련했다. '반인도적 범죄는 1946년 2월 13일 유엔결의안으로 채택돼 모든 나라들에 확대 적용될 수 있는 국제법으로 규정되었다. 1945년 8월 8일 뉘른베르그 나치전범재판에 처음 적용된 법으로 시효에 의해 소멸되지 않는 법'으로 확정된 것이다.

드골은 프랑스 제4공화국 시대에는 정계에서 은퇴해 있었으나 5공화국을 수립한지 6년 만인 1964년에 반인도적범죄를 형법에 병합함으로써 나치협력자들을 영구히 형법으로 소추할 수 있는 법적 근거를 만들었다.

그 후 반인도적 범죄법은 서유럽 선진 민주국들이 모두 자국 형법에 편입시켜 일반화되었다. '정치적, 인종차별적 및 종교적 목적으로 시민을 살해, 몰살, 노예화 및 유형에 처하거나 고문하는 등

프랑스의 나치협력자 청산

박해를 가하는 범죄'를 반인도적 범죄로 규정하고 처벌대상으로 삼았다.

▌시효없는 반인도적 범죄법, 나치협력자 심판위한 수단

반인도적 범죄에 의해서 나치전범 수괴들뿐만 아니라 아이히만같은 아우슈비츠수용소의 '악마'나 '리옹의 살인마' 바르비 등 하수인들까지 시효에 걸리지 않고 처벌했던 것이다. 아무튼 나치독일로부터 해방된 후 드골이 단행한 프랑스의 나치협력자 숙청에서 도피한 자들을 그 후에도 계속 심판할 수 있는 법을 국제사회가 마련한 셈이다.

반인도적 범죄법은 '정치적, 인종차별적, 종교적 목적으로 시민을 살해, 몰살, 고문, 노예화 및 유배하는 등 학대하는 행위'를 저지른 사람을 2차 세계대전 종전 후 반세기이상이 지난 오늘에도, 그리고 앞으로도 처벌할 수 있게 만들었다. 드골이 나치독일 점령기간 프랑스 국내 반 나치저항운동의 총수로 임명한 장 물렝을 체포해 고문 살인한 나치게슈타포 리옹지부장 바르비를 남미에서 체포해 1984년 프랑스의 리옹재판소에서 처벌하는데 적용한 것이 바로 이 법이었다.

그러나 가장 극적으로 최근 이 법을 적용한 사건은 비시정권의 리옹지역 민병대장 폴 투비에의 경우다. 그는 프랑스의 속담에 '죄지은 자는 자기침대에서 죽을 수 없느니라'라고 한 말에 어울리는 '악질 나치협력자의 상징'이었다. 그는 필사의 도주에도 불구하고 결국 체포되어 재판 받고 옥사했다.

그는 40여년 도피생활에 성공하는 듯 했으나 1989년 체포되어 70세의 고령임에도 반인도적 범죄의 공범으로 단죄되어 감옥에서 끝내 풀려나지 못했다.

1992년 4월 13일 파리고등법원이 이 법을 그에게 적용할 수 없다고 판정해 한 때 그를 석방함으로써 엄청난 파문을 불러 일으켰다. 그에 대한 법 적용을 둘러싼 찬반여론이 비등했으며, 검찰이 불복해 대법원에 상고했다.

대법원은 1992년 11월 26일 파리고등법원의 판결을 파기하고 베르사유고등법원에 사건을 이송했다.

베르사유고등법원은 그를 다시 '반인도적 범죄의 공범'혐의로 재판했다. 법원은 이 법을 투비에게 바로 적용한 것이 아니라 범죄의 공범으로 그를 심판대에 올린 것이다. 투비에는 1944년 6월 28일 7명의 프랑스인 인질을 처형한 사건의 공범혐의로 1994년 3월 17일부터 재판을 받았다.

재판부는 투비에게 1994년 4월 20일 종신징역형을 선고했다. 이때 그의 나이 79세의 고령이었다. 그럼에도 정상참작은 없었다. 투비에 사건은 프랑스의 나치협력자 숙청이 결코 파리해방 후 60년 전에 한정된 '과거의 문제'가 아니라 오늘의 문제이며 앞으로도 계속되는 인류공통의 과제임을 잘 보여주었다. 결코 '과거의 문제'로 덮을 수 없는 현실과 미래의 과제가 바로 반인도적 범죄인 것이다.

사실 투비에는 거물 반역자나, 페탱의 비시정권 최고위 요직을 거친 유명 정치인이나, 나치협력 언론인이나 작가 또는 비시정권의 고위경찰간부도 아니었다. 그는 말단직이라고 할 수 있는 비시정권의 리옹지역 민병대장에 지나지 않는 평범한 사람이었다. 그가 나치점령시절 리옹과 알프스지방에서 이름이 알려진 것은 민병대장의 활동과 함께 1943년부터 현지 나치게슈타포와 협력해 저항운동가와 유태인들을 체포해 고문하거나 대량학살에 간여하면서 '나치 게슈타포의 개'로 지목되었기 때문이다.

프랑스의 나치협력자 청산

▎반인도적 범죄 응징문제, '결코 과거사로 덮을 수 없다'

그러나 그는 전국적 인물이 아니라 어디까지나 지방의 '게슈타포 하수인'에 지나지 않았다. 프랑스 해방 후 그는 숙청을 피해 잠적했다. 리옹의 지방숙청재판소는 1946년 9월 궐석재판에서 사형을 선고했다.

이듬해 3월 이웃 샹베리의 숙청재판소도 역시 궐석재판에서 그에게 사형을 선고했다. 투비에는 이중으로 사형선고를 받은 나치협력 범인이 되었다. 1968년 파리대학생들의 학생혁명으로 1970년 드골 대통령이 물러나고 퐁피두대통령이 들어선 후 이른바 투비에 스캔들이 폭로돼 하루아침에 유명한 인물이 됐다.

프랑스 언론들은 그가 종교계의 은밀한 막후교섭으로 재판을 피해 면죄부를 받게 되었다고 보도했다. 특히 모종교계의 최고지도자가 대통령에게 개입해 그가 면죄된 것이라고 언론들이 폭로했다. 당시 퐁피두대통령은 1971년 해방 26년이 지나도록 계속 도피중인 나치협력 자들에 대해 프랑스 체류금지와 재산몰수 등의 처벌에 대해 사면해 주는 대통령령에 서명했었다. 사면령의 목적이 나치협력자에게 면죄부를 주기 위한 것이라고 언론이 비난한 것이다.

프랑스 언론들은 이 사건에 대한 정부조치를 계속 물고 늘어졌다. 투비에는 사면령이 발표되자 도피생활을 끝내고 자기 집에 돌아와 보통사람처럼 가정에서 생활했다. 그는 언론과의 인터뷰에서 자신이 비시정권시절 마치 거물 나치협력자인 것 같은 행세를 했다. 언론들은 '투비에가 단순한 말단직 민병대장이나 경찰의 끄나풀이 아니라 나치게슈타포에게 직접 협력한 공격적 나치협력자로 레지스탕스와 유태인들을 임의로 체포해 고문하고 재판없이 살해를 명령한 자'라고 그의 범죄를 폭로하며 규탄했다.

투비에는 언론과의 인터뷰에서 그를 도운 종교인들에 관해 솔직히 털어놓았다. 리옹성당의 게르리에대주교의 비서가 그의 구명을 위해 팔방으로 뛰어다니며 유리한 증언을 수집했으며, 1967년 3월 해방직후 두 번의 결석재판에서 선고된 사형을 사면 받았다. 이번에 다시 재산몰수와 프랑스체류금지라는 형이 사면되어 도피생활을 끝냈다는 설명이다.

1970년 투비에는 저명한 철학자 가브리엘 마르셀을 만나 나치점령시절의 나치협력 범죄행위에 대해 반성했다고 말했다. 특히 그의 범죄를 희석하는 해석을 가해 증언을 한 사람이 바로 철학자 마르셀이었다.

마르셀은 내무와 법무장관이 사면반대의사를 밝혔지만 직접 대통령에게 개입해 사면령에 서명하도록 만들었다는 것이 스캔들의 전말이다.

신문들의 보도는 프랑스여론에 엄청난 충격을 가했으나 숙청재판에 참여한 판검사들은 해방 직후 졸속재판이 많아 증거도 없이 형량을 높게 때리는 경향이 있었다는 반응을 보였다. 그러나 그에게 '리옹의 살인마'라는 별명을 만든 언론보도는 그의 집 앞에서 일부시민의 항의 시위를 하게 만들었다. 특히 나치게슈타포와 민병대의 희생자들이 거의 날마다 투비에의 집 앞에 나타나 '리옹의 살인마를 처단하라'고 외치며 데모했으며, 나치독일의 피해자들은 그를 반인도적 범죄 위반혐의로 검찰에 고발했다.

▎프랑스 진동시킨 투비에 스캔들, 피해자 가족 고발로 심판대에

1979년 7월 그에 대한 재판이 가능하다는 법무성의 유권해석이 나옴에 따라 파리 고등법원이 재판준비를 했다. 투비에는 경찰의

프랑스의 나치협력자 청산

체포를 피하기 위해 다시 지하에 잠적했다. 희생자 가족들이 이때 새로운 고발장을 냈는데, 2차 세계대전 전 프랑스 인권연맹회장 바슈부처가 82세와 80세의 고령인 상태에서 리옹시의 민병대에 의해 암살당했다는 것이다. 1984년 9월 한 지방신문은 투비에가 죽었다고 보도하기도 했다.

신문은 프랑스 알프스지방의 한 동네 공동묘지에 '투비에의 묘'가 발견된 것으로 보도했으나 성당과 동사무소 및 소방서의 조사결과 사망신고를 한 흔적이 전혀 없었다. 다시 말해 투비에 사망소동은 허위무덤으로 그의 죽음을 위장한 것으로 판명되었다. 그리고 1989년에 그가 다시 지상에 나타나 최후의 재판을 받게 된 것이다. 그는 1992년 파리고등법원의 석방판정으로 한때 면죄부를 받는 것처럼 보였다.

그러나 투비에는 '범죄자는 자기침대에서 그의 인생을 마감할 수 없다'고 하는 프랑스 속담과 같이 결국 '반인도적 범죄의 쇠고랑'을 찼다. 그는 70대 노인이 되어 청년시절 저지른 죄악을 심판받았던 것이다. 그는 결국 1994년 3월 20일 베르사유고등법원에서 반인도적 범죄의 공범으로 유죄가 인정돼 법정 최고형인 무기징역형을 선고받았다. 그리고 1997년에 옥사했다. 투비에사건에 대한 에피소드는 그를 숨겨준 가톨릭 성당에 대한 준엄한 자체조사가 진행되는 것으로 확대되었다.

파리10대학의 정치학자 르네 레몽이 조사위원장이 된 투비에사건에 대한 특별조사위원회는 각수도원의 신부들이 그를 숨겨준 사실을 밝혀내 교회를 비판하는 보고서를 발표해 큰 충격을 주었다. 그를 숨겨준 관할지역인 리옹교구의 추기경이 성당의 과오를 솔직히 인정하고 프랑스국민에게 사과하는 일이 벌어졌는데, 이것은 나치협력자들을 포함한 반인도적 범죄자에게 교회가 은신처를 제공해서는 안 된다는 서약으로 해석되었다.

나치협력자들이 드골이 쳐놓은 숙청수사망에서 도피해 자기 명을 다할 때까지 산 경우는 없었다. 투비에의 경우는 프랑스 안에서는 드골이 만든 숙청의 망을 피할 길이 없다는 사실을 증명해주었다. 그리고 당시 군사독재국가인 프랑코의 스페인이나 남미의 경우와는 달리 현대 민주주의 선진국인 프랑스에서는 나치독일 하수인과 민족반역자들이 자유를 향유할 작은 틈조차 없다는 사실을 투비에 사건은 보여주었다.

체포 직후 기자질문에 답하는 파퐁

▌ 파퐁, 드골숙청 피해 승승장구했으나 90세에 중형 선고받아

모리스 파퐁은 투비에가 사망한 후 1990년대 후반에 숙청의 심판대에 오르게 되었다. 그는 비시정권의 보르도경시청 사무국장으로 나치협력용의자로 지목되기는 했으나 좁혀오는 숙청의 칼을 잘 피해 해방 후 오히려 고위관료로 승진가도를 달린 묘한 인물이다. 그는 드골이 제5공화국을 창건할 때(1958년) 파리경시총감을 지냈고, 1974년 지스카르 대통령시절에는 예산장관을 역임해 비시정권시절 나치협력혐의를 완전히 세탁한 것으로 보였다.

그런 그가 결국 90대의 고령이 돼 숙청재판을 받게 되었다. 재판은 1998년에 몇 차례 열려 언론의 비상한 관심을 모았다. 1998년 4월 2일 지롱드 고등법원은 그에게 반인도적 범죄의 공범으로 10년 징역형을 선고했다.

파퐁은 1983년에 이 법을 위반한 혐의로 불구속 기소된 상태였다. 그가 해방직후 드골의 살벌한 숙청재판을 어떻게 모면했는지에 대해서는 수수께끼로 전혀 알려진 바 없다. 일설에는 그가 저항단체 비밀요원이라고 하지만 확실한 근거가 없었다. 그가 결국 10년 징역형이 선고되어 감옥에 간 것은 레지스탕스 설이 근거가 없다는 사실이 들어 난 것이다.

그가 해방직후 보르도지역 저항단체의 추천을 받아 드골이 파견한 공화국정치위원의 신임을 받게 된 것은 확실하다. 왜냐하면 정치위원은 파퐁에 대한 숙청을 마다하고 그를 랑드지방 경찰서 서장으로 승진시켰기 때문이다. 그런데 그는 은퇴한 후인 1983년 1월 보르도법원에 나치협력자로 레지스탕스단체가 반인도적 범죄의 위반자로 고발되었고 법원은 장관을 지낸 그를 불구속기소한 것이다. 그는 프랑스해방 40년이 지난 후 처음으로 형사소추를 받게 되었다. 그는 나치독일 점령당국의 요구에 응해 유태인 체포작전에 관여했다는 것이다.

나치 점령시절 보르도에서 나치독일군에 체포돼 나치강제수용소에 유배된 37명의 가족대표 17명이 1984년 3월 그를 반인도적 범죄자로 정식 고소했고, 보르도법원은 그를 재판에 회부했다. 그런데 재판은 1987년에 뜻밖에도 취소되고 말았다. 그 후 피해자 가족들이 1988년과 1992년에 고발당했으나 오랫동안 재판은 열리지 않았다.

투비에가 죽은 후인 1998년에야 여론에 떠밀려 재판이 본격적으로 시작된 것이다. 희생자 유족들은 유태인들을 나치수용소에 보낸다는 경시청 문서에서 파퐁의 서명이 선명한 증거를 제시하며 유죄라고 부르짖었다. 그는 1998년 3월 재판일이 임박하자 가명으로 스위스에 도망치고 말았다. 파퐁은 스위스에 망명을 요청했으나 스위스정부는 그를 제네바 교외 한 여관에서 체포해 프랑스 경찰에 인도했다. 보르도 법원은 파퐁의 반인도적 범죄 공범으로 유죄선고를 내렸다. 파퐁은 55년 전 나치협력자들이 득실거린 프렌감옥에서 수감되었다.

그러나 파퐁사건은 이것으로 끝나지 않았다. 그가 90세가 된 2001년 1월 일부 프랑스법조계 인사들이 고령을 이유로 석방운동을 벌렸다. 미테랑 대통령정부의 법무장관을 지내 사형제도를 폐지한 인권변호사로 유명한 바뎅테르가 주도한 파퐁석방운동은 파리고등법원이 거부함으로써 실패했다.

그의 석방운동은 끈질기게 이어졌다. 2002년 8월에는 파퐁이 '심장병을 앓아 수인생활을 할 수 없다'는 이유로 병보석을 신청했다. 프랑스의 찬반여론이 들끓었지만 법원은 2002년 9월 18일 92세의 고령인 나치협력자 파퐁을 석방시켰으나 언제 다시 철창행이 될지 모르는 운명이다.

▌피노체트, 서유럽 재판 간신히 모면했으나 여론 심판받아

프랑스의 나치협력자 숙청작업이 최근 세계로 확산되는 현상이 나타나고 있다. 뉘렌베르그 나치전범재판의 연장이라고도 볼 수 있으나 '정치적 목적을 위해 무고한 시민을 대량 학살하거나 고문 살해하는 군사독재자'에 대한 반인도적 범죄법의 적용이 가능한지의 여부가 오늘날 국제사회의 관심사로 떠올랐기 때문이다.

특히 칠레의 독재자 피노체트에 대한 형사소추가 조목대상이었다. 그는 척추 디스크를 수술하기 위해 런던에 왔다가 반인도적 범죄 위반으로 고발당해 발이 묶인 것이다. 스페인의 한 검사가 영국

프랑스의 나치협력자 청산

칠레의 군사독재자 피노체트

정부에 제출한 피노체트 체포요구서에는 그가 '콘도르작전'이라는 민주인사 사냥을 이웃나라인 아르헨티나에까지 벌여 많은 양심적 민주인사들이 비밀경찰에 의해 무자비하게 암살되거나 행방불명됐다고 적시하고 있다. 체포요구서는 그의 반인도적 범죄를 세밀하게 지적하고 '이러한 범죄책임자들은 어떠한 외교적 면책특권이나 난민의 지위 및 정치망명의 혜택을 받을 수 없다'고 분명히 못 박았다.

체포요구서는 피노체트가 상원의원 신분임을 들어 칠레정부가 그에 대한 치외법권적 지위를 주장할 수 있는 길을 사전에 봉쇄하고 있다. 그는 1973년 남미에서 최초로 선거에 의해 합법적으로 출범한 살바도르 아옌데대통령의 사회주의정권을 군사쿠데타로 전복한 후 수천 명의 민주인사들을 집단 및 고문학살하고 군사정권을 수립해 18년간 독재정치를 했던 20세기 후반 '남미의 히틀러'였다.

피노체트는 베를린장벽이 붕괴된 후 냉전이 종식되면서 민주주의의 세계화현상이 일반화되자 권력을 민간인에게 양도하지 않을 수 없었다. 1990년대 초 그는 민주정부에 권력을 이양했으나 그를 비판하거나 막강한 권력으로부터 끌어내릴 수 있는 완전한 자유를 국민에게 돌려주지는 않았다. 그는 군 총사령관으로 군부를 계속 쥐고 있으며 종신 상원의원을 스스로 차지해 자신을 보호하고 있다. 그러나 이미 반인도적 범죄법이 형법에 편입돼 시효가 없는 범죄로 다스리는 서구 선진국에서 피노체트는 완전히 무장해제를 당한 신세가 되었다.

1998년 10월 28일 영국고등법원은 피노체트가 전 국가원수라는 사실을 명분으로 내세워 면책특권을 인정하는 판결을 내렸다. 그러나 영국은 경찰의 감시라는 조건을 달아 석방조치를 내렸을 뿐이다. 영국고등법원의 판결은 국제사회에서 엄청난 반응을 일으켰다. 10월 30일 스페인은 전국법원장회의를 열어 스페인법원이 칠레의 독재자 피노체트를 재판하는 것이 적법하다고 만장일치로 결정했다.

칠레정부는 피노체트로부터 박해를 받은 중도좌파 정부임에도 그의 귀환을 외교적으로 교섭하면서 '피노체트를 산티아고 칠레에서 재판한다'라고 영국과 스페인을 설득했다. 그러나 칠레의 독재자 귀환요구는 받아들여지지 않았다. 영국정부는 대법원격인 상원재판부에 피노체트사건을 넘겼다. 프랑스, 스위스 및 벨기에 정부도 희생자들이 그를 고발함에 따라 영국에 피노체트의 신병인도를 요구했다. 이것은 스페인이 재판에 실패할 경우, 그 다음에 프랑스가 요구하고 다시 스위스가 재판을 요구하는 것을 뜻한다. 영국에서 런던교외의 한 별장에 몸을 의탁해 영국경찰의 '보호'아래 있는(실제로는 가택연금을 당하고 있는) 남미 독재자의 운명은 수많은 서구 나라들의 신변 인도요구 포위망 속에 갇혀있는 것이다.

1998년 12월초 영국상원 재판부는 그에게 면책특권이 없다고 선고했다. 유럽을 중심으로 하는 세계의 인권단체들이 '인권만세'를 불렀고, 영국내무성은 그의 신병을 스페인에 인도하는 절차를 밟기 시작했다.

그러나 상원재판부의 이 판결은 영국 역사상 처음으로 최종심이 될 수 없었다. 5명의 판사 중 1명이 과거 인권단체인 국제사면위원회와 관계를 가졌다는 사실이 밝혀지면서 재판의 공정성에 문제가

프랑스의 나치협력자 청산

제기됐기 때문이다.

상원은 1999년 3월 24일 '피노체트에게 면책특권이 없다'는 판결을 다시 내렸다. 그러나 영국상원이 어떤 판결을 내리든 간에, 또 피노체트가 스페인 법정에서 반 인류범죄자로 단죄되지 않았다. 그러나 그의 운명은 이미 결정된 것이나 다름이 없다. 합헌정부를 쿠데타로 전복시키고 권좌에 오른 다음 구 집권인사들과 정치인들 및 합헌정부를 지지하는 시민들을 집단학살하고 고문살인하며 행방불명되게 만든 피노체트의 이른바 '통치행위'란 것은 바로 '정치적 목적으로 시민을 집단살인, 고문, 박해' 함으로써 저질러지는 반인도적 범죄를 정통으로 위반한 범죄행위이기 때문이다.

그는 결국 서구에서 재판을 피하는데 성공했다. 칠레정부의 칠레법원이 심판한다는 명분으로 인도요청을 함으로써 피노체트는 런던을 벗어나는데 성공한 것이다. 1999년 4월 15일 영국 상원재판부는 피노체트의 신병을 칠레정부에 인도할 것으로 허가함으로써 그는 귀국길에 오를 수 있었다. 그러나 그는 산티아고 칠레에서도 반인도적 범죄의 일단 단죄를 피했다. 그의 단죄는 민주주의의 세계화 과정에서 매우 중요한 의미를 갖는 것이지만 아직 남미에서는 어려운 일인 것 같다.

■ 유고 내전의 반인도적 범죄자들 전범재판소가 심판하다

서유럽에서는 유고슬라비아 내전의 반인도적 범죄자들이 단죄되기 시작했다. 발칸반도의 인종과 종교분쟁에 의한 학살 고문 등 인종청소는 헤이그의 국제전범재판소에서 세르비아와 크로아티아의 범인들을 반인도적 범죄로 단죄하고 있기 때문이다. 또 유고연방 코소보 분쟁을 둘러싼 나토와 세르비아간의 전쟁상태도 결국 인종청소라는 반인도적 범죄에 대한 국제사회의 세르비아에 대한 응징으로 보아야 할 것이다. 밀로세비치 전 세르비아공화국 대통령에 대한 국제전범재판소의 심판은 아마도 유죄로 결정될 것이다. 이미 유고내전에서 인종청소 등 잔악한 행위를 한 사람들이 단죄되었기 때문이다.

'드골의 나치협력자 숙청'을 기술하면서 마지막으로 지적하고 싶은 것은 민족반역자 숙청이라는 「나라 바로 세우기」의 경험이 거의 없는 한국인에게는 그것이 너무나 먼 남의 나라 일로 보인다. 그러나 언젠가 한국에게도 현실로 다가올 가능성이 얼마든지 있다는 점을 간과해서는 안 될 것이다. 드골이 시작한 나치협력자 숙청이 결코 프랑스만의 일이 아니라 이제 반인도적 범죄의 단죄라는 세계적인 흐름을 반영하기 때문이다.

그래서 1945년 8월 15일 해방 후 한국이 심판하지 못한 친일파의 진상을 오늘 다시 규명하려는 노력은 큰 의미를 지니는 것이다. 보스니아 헤르체고비나 등 유고내전이나 코소보전쟁에서 자행된 인종청소나 고문, 학대가 나치독일의 수괴들과 프랑스의 나치협력자들에게 적용된 인류 최악의 범죄, 반인도적 범죄에 해당된다는 사실을 누가 사전에 알았겠는가. 이것은 역시 민주주의의 세계화와 보조를 같이 하는 21세기 반인도적 범죄에 대한 응징의 세계화라 해석해도 무방할 것이다. 다시 강조하지만 반인도적 범죄법의 도입은 남의 일이 아니라 21세기 한국의 시급한 과제라고 말해도 결코 지나친 말이 아니다.

프랑스의 나치협력자 청산

에필로그

친일파 진상규명과 '드골의 나치협력자 청산효과'

'프랑스의 대숙청' 초판이 나오자 언론과 여론의 반응은 대단히 컸다. 거의 모든 신문들이 대서특필했다. 그리고 '왜 우리는 친일파를 청산하지 못했는가'라는 물음과 반성의 물결이 일렁거렸다. 특히 20세기를 종결하고 21세기로 가는 전환기에 친일파문제를 짚고 넘어가자는 국민적 호응이 일어났고 '프랑스의 대숙청'은 한국사회에서 친일파청산에 실패한 우리 현대사를 반추하며 민족정기와 도덕성을 갖추는 것이 중요하다는 사실을 새삼스럽게 깨닫게 하는 일종의 각성제가 되었다. 본문에서 필자는 1945년 8월 15일 이후 한국의 해방정국은 프랑스와는 전혀 다른 길을 걸었다고 이미 지적했다.

다시 말해 이승만 초대 대통령은 '한국판 나치협력자'라고 말할 수 있는 친일파에게 완전히 면죄부를 줌으로써 프랑스의 드골 대통령과 정반대의 길을 걸어갔다. 드골은 나치독일에 협력한 배반자들을 '외세와 내통한 이적 죄'와 '간첩죄'를 적용해 대담하고도 대단히 가혹하게 심판하고 처벌했다. 그리고 반 나치레지스탕스에 참여한 좌우파 정치인과 애국적 시민들만으로 새로운 주체세력을 형성해 2차 세계대전 후 민주적인 프랑스국가를 건설했다. 드골은 주체세력에 이념문제를 크게 우려하지 않았고 좌파든 우파든 레지스탕스에 참여한 세력을 총체적으로 통합함으로써 나치협력자들의 재등장을 차단하는데 성공했다.

▌이승만, 해방 후 새 한국 주체세력으로 친일파 재등장시켜

이승만은 드골과는 반대로 해방 후 새로운 한국건설의 주체세력의 주류로 친일파를 재 등용했다. 친일파는 이승만의 절대권력의 그늘에서 항일 독립운동 세력을 조직적으로 제거했고 탄압도 불사했다. 많은 독립운동인사들은 '공산당으로 낙인찍혀' 일제보다 더 가혹한 탄압을 받거나 감옥에 처넣어졌다. 해방정국에서 이승만의 선택은 그 후 한국의 현대사를 규정했다. 부정부패, 군사독재, 사회혼란, 정경유착, 기회주의적 철새, 황금만능주의의 횡행, 이념적 경직성, 관존민비, 제왕적 대통령 등의 병폐는 바로 친일파를 지배세력으로 재등장시킨 이승만의 과오에 뿌리가 있다고 말해도 과언이 아니다. 한국현대사의 이러한 굴절과 왜곡된 궤적은 앞으로 한국 역사학계가 깊이 천착해 들추어내 비판적으로 성찰함으로써 친일파 잔재극복의 돌파구를 열어야 한다.

우연의 결과이겠지만, '프랑스의 대숙청'이 출판된 후 한국사회는 친일파문제를 해결하기 위한 움직임이 대대적으로 일어났다. 2000년 2월에는 3.1절 기념 광복회주최 '친일파 청산을 위한 대학술토론회'가 세종문화회관에서 열렸다. 이 토론회는 이승만이 친일파의 인적청산에 나선 제헌국회의 반민특위를 무력으로 해산시킴으로써 한국이 역사청산에 실패한 경위가 폭로되었고, 필자가 드골의 나치협력 민족반역자 청산진상을 이승만과 비교하며 자세히 소개하는 등 대성공을 거두었다. 필자는 초만원의 대성황을 이루다 못해 옥외에서 확성기에 귀를 기울이는 청중들을 향해 '한국에 이승만이 아니라 드골이 있었다면 독립운동 투사들인 여러분들이 해방 후 정권을 담당해 도덕적 민주국가를 건설했을 것'이라고 주장했다.

이제 늙고 고생에 찌든 독립운동가들은 '이제야 허리를 펴고 살게

프랑스의 나치협력자 청산

되었다. 이나마 친일파의 등쌀에 고생만 하다가 광복회가 학술회의를 열어 우리의 한을 풀어주었다. 이제 눈을 감을 수 있겠다'라고 털어놓는 말을 듣고 필자는 눈시울이 뜨거웠다. 특히 필자를 놀라게 한 것은 한국에서 '친일파 청산을 위한 학술회의를 개최한 것이 처음'이라는 말이었다. 일제가 패망하고 조국이 해방된지 55년만에 독립운동세력단체인 광복회가 공개적으로 친일파 반민족행위 진상을 밝히고 이를 비판한 회의를 열 수 있었다는 얘기이다. 한국사회는 친일파의 지배세력 군림으로 독립운동세력이 거꾸로 사회에서 분리되는 반도덕적이며 비정통적 반민족적 정신의 지배를 받고 살아왔다고 해도 지나친 말이 아니다.

필자는 그 동안 친일파 청산에 대한 많은 글을 쓰게 되었고 방송 등에 출연해 드골의 나치협력자 심판 진상을 설명했다. 특히 에스비에스 라디오는 "프랑스의 대숙청 깊이 읽기'라는 주제로 필자가 매주 한 번씩 드골의 나치협력자 처리를 해설하는 기회를 마련해주기도 했다. 에스비에스 방송에 감사함을 전한다. 2000년 가을 한겨레신문 문화센터에서의 특강은 감동적이었다. 오후 7시부터 9시까지 2시간 특강이 11시 넘어서야 끝날 수 있었다. 수강자들이 계속 질문에 질문을, 그리고 앞으로 한국사회를 정화하기 위한 제안을 계속 내놓아 자리를 뜰 수 없었다. 여기서 필자는 우리국민의 도덕적 민주국가 건설여망이 얼마나 강열한지 확실히 읽을 수 있었다.

2001년에는 국회에서 '민족정기를 생각하는 국회의원 모임'(회장 김희선의원)이 결성되어 친일파문제를 입법적 차원에서 다루기 시작했다. 매우 뜻 깊은 일이다. 이 모임 창설 때 필자는 지정토론에서 드골의 나치협력자 청산뿐만 아니라 그 후에도 국제사회가 반인도적 범죄법이라는 국제법을 통해 반인륜적 범죄를 저지른 범죄자들을 계속 단죄하고 있음을 알리고 이 법의 한국도입을 주장했다.

▍역사청산이란, 친일기록 후세에 남겨 제2 친일파 막는 것

2002년 9월 11일 드디어 '민족정기를 생각하는 국회의원 모임'은 "친일반민족행위 진상규명 특별법" 제정을 제안하고 공청회를 열었다. 필자는 공청회에서 '친일행위진상규명은 시급한 민족적 과제'라는 제목의 토론문을 발표하면서 오늘에도 계속되는 프랑스의 나치협력자 청산작업을 다시 소개하고 프랑스가 반인도적 범죄법을 자국형법에 도입함으로써 지속적 나치협력자 단죄가 가능하다고 강조했다. 때마침 의문사진상규명위원회는 1970년대 서울법대 최종호교수의 고문사 사실을 밝혀냈으나 살인에 대한 시효가 소멸되었기 때문에 형사소추를 할 수 없는 딜레마에 빠졌다. 최근 법원은 유족에게 배상판결을 내려 최교수의 누명을 벗겨주었다. 재야법조계에서 시효가 없이 처벌할 수 있는 법의 제정을 주장하는 것으로 알려졌다. 바로 '반인도적 범죄 법' 도입이 대안이 될 수 있는 것이다.

광복회가 2002년 3월 '친일반민족행위자 인명록'을 작성해 국회에 보고하고 공개한 것은 마지막 남은 독립운동인사들의 용기와 결단이 없이는 불가능한 일이었다. 필자도 거의 2년 동안 광복회 심의의원으로 친일파 명단 심사에 참여했다. 일제의 민족말살정책에 앞장서고 우리민족을 일본에 동화시키며 심지어는 '일본인 행세'까지 한 민족반역자가 해방 후 '반공주의자의 탈'을 쓰고 계속 고관대작으로, 지배세력으로 군림한 참담한 현대사를 보고 분노하지 않을 수 없었다. 긴 말이 필요 없다. 이제 세월이 흘러 시대도 달라졌다. 오늘 우리는 드골이 했던 것처럼, 그리고 나치군대가 점령했던 벨기에, 덴마크, 노르웨이, 네덜란드와 같이 인적청산의 기회를 잃었고 이미 지나갔다.

그러니 우리는 무엇을 해야 할 것인가. 이제 역사청산을 하는 것으로 문제를 풀어야 한다.

프랑스의 나치협력자 청산

역사청산이란 무엇인가. 친일파의 이름을 친일파 인명록에 올려 그들의 친일행위를 기록해 후세에 남기는 것이 바로 역산청산이다. 그리고 앞으로 제2의 제3의 친일파가 나오지 않도록 제도적 장치를 만드는 일이다. '민족정기를 생각하는 국회의원 모임'의 작업은 그래서 대단히 중요하다. 끝으로 지적할 것은 민간기관인 민족문제연구소가 오래 전부터 '친일파 인명사전'을 작성하는 작업에 열중하고 있다. 멀지 않아 완성될 것으로 기대되는 '친일파 인명사전'이 발간되면, 우리는 역사청산의 중요고비를 넘게 될 것이다.

만시지탄의 감이 없지 않지만 '친일반민족행위 진상규명 특별법 개정안'이 국회에 제출되어 9월 국회통과를 기대하게 되었다. 친일파 진상규명은 정략이나 당파성으로 공정성을 잃으면 안 된다. 드골의 나치협력자 숙청의 역사는 타산지석이 될 것이다. 친일파 진상규명에 졸저는 하나의 반면교사로 기여한다는 과분한 평가를 듣기도 했다. 이것을 '친일파 역사청산'에 대한 '드골 효과'라고 불러도 결코 지나친 말은 아닐 것이다.

지금 친일파 청산문제에 관해 과거사를 왜 들추어내 분열을 조장하느냐는 일부여론의 비난이 있다. 드골이 매우 철저히 나치협력 세력을 응징한 프랑스에서도 이러한 불만은 있다. 나치협력자문제 전문가 앙리 루소는 "망각과 기억, 즉 용서와 정의 요구 사이의 딜레마가 여러 측면에서 제기되고 있다"라고 <'지나가지 않는' 비시정권>이라는 최근 저서에서 질문을 던지고 이렇게 답한다. "그것은 극우파의 향수병 때문이다. 그들은 끊임없이 시민전쟁을 다시 쟁점화하려고 한다. 21세기에 1945년 나치협력자 숙청을 상기하는 연설을 통해 그들은 비시정권의 반동적 가치관을 옹호한다. 다시 말해 민족주의, 인종차별주의, 외국인혐오주의를 확산시키려한다. '망각하자'는 호소나 역사현실에 대한 단순한 거부는 극우파가 재등장시킨 비시정권에 대한 존경의 결과이다. 반동적 극우세력은 나치협력자숙청의 원칙과 절차자체까지도 이념과 당파적 관점에서 격렬히 공격한다."

프랑스극우파의 부상은 무시해도 좋을 만한 현상이 아니다. 독일에서 신나치의 정치세력화가 이루어지고 있는 것과 비슷하다. 그래서 나치즘과 파시즘이 강조하는 인종차별주의와 극단적 민족주의가 정치선동으로 호소력을 발휘하면 사회질서에 혼란을 일으킬 가능성은 얼마든지 있다. 또한 일본군국주의 전범들이 면죄부를 받아 2차 세계대전 후 지배세력을 형성한 일본의 경우 오늘도 일본총리가 국회의원들과 같이 신사참배를 하는 것은 과거청산을 못한 국가의 좋은 보기이다. 루소가 '끊임없이 시민전쟁을 쟁점화하려 한다'는 분석은 그래서 설득력을 갖는다. 프랑스가 바르비, 투비에, 파퐁을 계속 재판하는 것은 나치와 파시즘의 재등장을 막아 민주주의 질서를 유지하기 위한 정치적 결과라는 해석이 그래서 가능하다.

<바르비, 투비에, 파퐁>이란 책에서 장 폴 장교수는 "법리에 관한 논쟁을 넘어서 나치협력자를 계속 재판하는 것은 집단기억의 이름으로 망각에 저항하기 위한 정치공동체의 요구"라는 주장을 내놓았다. 여기서 그는 '이행과정의 정의'라는 논리를 제시한다. 전쟁이나 혁명의 종결시점에 신체제구축을 위해 법적 근거를 총동원해 정의의 가치관을 세워야 한다는 것이다. '이행과정'은 과거와 미래를 동시에 고려하는 조치가 필요하며 사법처리와 시정조치를 통해 과거를 정화시키는 것과 사회공동체의 새로운 다양한 동맹을 창출하는 두가지 방식이 있다는 것이다. 그는 특히 "정치공동체가 어떻게 '범죄적 과거'와 단절하지 않고 민주주의에 기초한 공동의 미래를 대표할 수 있는가. 과거청산이 사회관계를 새롭게 재구성하는 양식이라면 근본목적은 사회가 가동시켜야 할 민주주의의 부활에 있다"

프랑스의 나치협력자 청산

고 지적한다.

그리고 이렇게 결론짓는다. "언제나 나타날 수 있는 전체주의적 과거에 반대하는 자유의 진리는 새 출발하는 국가의 당연한 여망이다. 과거와 미래의 회전축에서 사회정의는 최고의 가치이다. 역사는 모든 현재의 역사가 기억을 되살리는 작업에서 자기를 재구성해야 한다. 바로 여기에 반세기전 나치협력자 재판을 오늘에도 계속하는 이유가 있다" 이 이상 더 과거청산과 정리의 이유를 첨언할 필요는 없겠다. 나치협력자를 철저히 청산한 프랑스가 계속 나치협력자를 재판하는 이유가 분명한 만큼 1945년 8·15 해방 때 친일파청산에 실패한 우리가 오늘 이 문제를 해결해 민주주의체제 이행을 완결하려 하는 것은 너무나 당연하다. 이것은 이 책을 쓴 필자의 동기이며 이유이기도 하다.

부록

부록 1 　해방 후 이승만이 드골처럼 했다면… · 368
부록 2 　친일행위 진상규명은 시급한 민족과제 · 376
부록 3 　반인도적 범죄법 도입의 특효과 · 386
부록 4 　프랑스 극우파, 나치협력자 심판, 친일파 · 398
부록 5 　서울, 파리, 바르샤바 해방 60주년의 명암 · 404

프랑스의 나치협력자 청산

부록·1

해방 후 이승만이 드골처럼 했다면…
― 해방 후 이승만과 드골은 다른 길 걸었다

　나치협력자에 대한 드골의 대숙청은 우리에게 역사의 중요성을 재인식시켜주고 우리가 걸어온 과거에 대한 반성과 함께 미래에 대한 성찰을 하게 만든다. 프랑스와 한국이 역사적으로 같은 길을 걸어오지도 않았고 앞으로도 그렇게 할 필요가 없을는지도 모른다. 서구와 동북아지역이 멀리 떨어진 만큼이나 역사적 배경과 삶의 양식이 다르기 때문이다. 그러나 20세기의 끝자락을 살면서 우리는 시장경제와 민주주의가 지구촌 인류의 공동목표가 된 현실을 본다. 다시 말해 지구촌이 하나로 통합되어 가는 새로운 현상이 나타나고 있다. 이 현상을 모두 세계화라고 부른다. 지나간 1백년간 인류는 모두가 그것이 신자유주의든, 사회민주주의든 제3의 길이든 시장경제라는 한 목표를 향해 달려왔다고 해도 지나친 말이 아니다. 세계화 현상에 직면해 프랑스의 드골을 새삼스럽게 반추하는 이유는 민주주의와 시장경제를 발전시킨 지도자이기 때문이다. 특히 드골은 8·15 해방 후 이승만대통령이 선택한 것과는 다른 길을 선택해 20세기를 거침없이 걸어갔다. 그는 민족반역세력인 나치협력자들을 가차없이 숙청함으로써 해방 후의 프랑스의 모습을 그 이전과 완전히 다른 새롭고 도덕적이며 정통성을 확보한 나라로 바꾸어 놓았다. 그는 1차 세계대전에서

드골의 과거사 정리방식과 친일파 청산

독일로부터 결정적 승리를 가져오게 한 '베르됭 전투의 영웅' 패탱원수조차도 나치협력자로 사형선고를 내리는 민족반역자에 대한 대숙청을 감행했다. 그러나 이승만은 친일 민족반역자들을 행정경험이 있다는 등의 이유를 내세워 처벌은커녕 모두 면죄부를 주어 오히려 고위직에 등용해 해방 후 새나라 건설과정에서 지배세력으로 군림하게 만들었다. 비슷한 시기에 프랑스국민이 나치독일의 점령시대를 살았다면 한국인은 일본군국주의의 혹독한 식민지시대에서 신음했다. 2차 세계대전 후 양국이 걸어온 지난 55년은 판이하게 달랐다. 프랑스가 자유와 평등 및 박애를 국민에게 보장하는 '행복공화국'을 건설했다면, 한국은 6·25전쟁과 군사정권의 비극의 질곡(桎梏)을 겪어야 했고 오늘에도 냉전에 의한 남북분단 냉전시대와 정치무질서의 늪에서 살고 있다. 한국에서 행복이 국민 모두에게 와 닿는 얘기라고 할 수 없는 현실이다. 이러한 역사의 갈림길에는 민족반역자 숙청문제가 도사리고 있음을 드골의 나치협력자 대숙청에서 본다.

프랑스의 나치협력자에 견주어보면 일본제국주의와 친일반역자들이 선량한 우리민족에 범한 죄는 몇 배나 더 무겁고 악랄하다고 말할 수 있다. 금세기 초 한말 지배세력은 밑으로부터 개혁을 부르짖는 동학농민전쟁을 일본군까지 끌어다가 섬멸했다. 사실상 한말 지배세력은 역사적으로 누려온 부귀영화와 기득권을 계속 누리기 위한 계급이기주의로 인해 나라까지 팔아먹었다고 해도 변명의 여지가 없으며 결코 지나친 말도 아니다. 다시 말해 친일파의 원조는 나라를 일본에 판 한말의 지배세력이었다. 이완용을 비롯한 을사5적이나 송병준을 비롯한 일진회의 일본하수인들이 한민족을 배반하고 매국한 후 일본군국주의 고위관직을 얻어 일본제국의 하수인으로 전락할 것을 자청한 것이다. 이들 일부지배세력은 매국노들은 한국인이 아니라 일본인 행세를 했고, 특히 일본의 주구가 된 한국

프랑스의 나치협력자 청산

인 고등계경찰관들이 우리 독립투사들에게 악질적인 고문을 자행한 것은 잘 알려진 사실이다.

■ 나치협력자보다 친일파가 더 악랄했다

프랑스의 비시정부는 나치독일과 전쟁을 해서 패배한 나라를 휴전협정을 통해 나라의 절반만을 나치에게 넘겨주었다. 그들은 남부 프랑스를 독일에 넘겨주지 않고 끝까지 지키려고 했다. 이 점에서 한국의 친일세력과는 크게 다르다. 그리고 비시정권이나 나치독일의 하수인 노릇을 한 프랑스지식인들이 나라를 감히 팔아먹겠다는 발상을 한 적이 없었다. 이들은 전쟁에서 패배했음에도 나치의 식민지로 전락시키는 민족범죄만은 피하려고 했던 것이다. 그러나 한국의 친일파는 일본과 전쟁한번 해보지 않고 일본군국주의자들에게 나라를 고스란히 갖다 바쳤던 것이다. 한말민중이 의병을 일으켜 저항했으나 이들과 함께 당연히 싸워야 할 지배세력은 거꾸로 일본군과 연합해 가혹하게 진압했다.

드골이 런던에 자유프랑스라는 망명정부를 수립해 국내 반 나치저항단체와 함께 나치독일의 점령에서 벗어나기 위해 조국해방투쟁을 한 것과 같이 한국도 중국 상해에 김구선생이 임시정부를 수립해 조국독립운동을 전개했었다. 드골은 망명정부를 알제로 이동해 나치협력자들을 숙청하기 위한 시나리오를 마련하고 연합군 편에서 전쟁에 참전해 나치독일군과 전투를 벌려 연합국의 지위를 얻기 위해 노력했다. 김구의 임시정부도 중일전쟁의 진전에 따라 중경으로 이동하고 일본에게 선전을 포고했다. 그리고 광복군을 창설해 조국해방을 목표로 전투훈련을 시켰다. 미국은 한국과 마찬가지로 해방된 프랑스에도 2차 세계대전종전 후 미국의 군정을 실시할 계획이었다. 그런데 프랑스의 드골은 미국의 반대와 압력에도 불구하고 임시정부를 알제에서 파리에 즉각 이동시키고 먼저 나치협력자 숙청을 과감히 단행하면서 해방된 지역에 행정력을 먼저 장악함으로써 미군정 수립을 저지했다. 드골의 임시정부를 끝까지 승인하지 않으며 나치협력자 숙청을 반대한 미국은 드골의 임시정부가 프랑스의 국가기관과 치안을 완전 장악해 집권을 기정사실화한 다음에야 프랑스임시정부를 승인하지 않을 수 없었다. 그래서 프랑스는 미국의 군정을 모면했다.

미국은 한반도에서 패망한 일본의 조선총독부와 일본군에게 해방된 한국의 치안유지를 맡겨 친일세력의 재등장 기반을 마련해 주었다. 미국은 한국의 임시정부보다 패망한 일본을 더 믿었던 것 같다. 미군은 여운형선생이 한때 총독부로부터 치안유지권을 이양 받아 건국준비위원회를 구성했음에도 이를 인정하지 않고 일본총독부만을 신뢰했기 때문이다. 강만길의 '고쳐 쓴 한국현대사'는 드골의 자유프랑스가 영미연합군과 같이 독일과 싸워 이겼기 때문에 군정실시를 면한 사실을 상기시키고 '우리임시정부는 그렇지 못했기 때문에 미군정이 실시된 것'으로 해방 후 우리역사를 설명했다.

▌군정실시로 드골과 다른 길 간 한국

프랑스가 미군정을 잘 피하고 한국이 미군정을 피할 수 없었던 역사적 사실에서 그후 양국의 길은 완전히 갈린다. 프랑스에는 나치협력자에 대한 드골과 반 나치저항단체의 대숙청이 필연적으로 전개될 수 있었다. 한국이 친일파 숙청의 첫 번째 기회를 잃은 것은 미군정이 친일세력을 행정경험 등을 이유로 재기용함으로써 민족독립운동세력이 권력으로부터 밀려나게 되었을 때이다. 또한 중경에 있던 임시정부가 바로 해방정국을 장악할 수 없었고 그나마 미군정으로부터

프랑스의 나치협력자 청산

임시정부로 인정받지 못하고 김구선생과 임정요원들이 개인자격으로 나중에 귀국함으로써 해방정국을 주도할 기회를 잃었다. 이것은 드골이 영미연합군보다 한발 앞서 해방된 파리에 입성해 정국을 완전히 장악한 것과는 시간적으로 뿐만 아니라 해방의 주체세력이라는 측면에서도 큰 차이를 보인다. 프랑스는 드골과 프랑스임시정부 및 국내반 나치저항세력이 합동으로 사태를 주도적으로 장악해 미국의 군정 플랜을 완전히 무산시키는데 성공했다.

그러나 한국에서는 여운형의 건국준비위원회가 치안유지권을 한때 총독부로부터 인수해 주도적으로 해방정국장악을 시도했으나 미군의 요구로 치안권을 패망한 일본총독부에게 반납함으로써 정국장악의 호기를 잃는다. 그래서 해방 후 국정운영의 주체세력은 미군정과 친일세력 및 이승만의 일부독립운동세력으로 편성되었으며, 새 독립국 수립에 정통성을 확보한 김구의 임정세력과 여운형의 건준등은 권력에서 소외되는 비운을 맞게되었다.

프랑스는 드골과 반 나치저항운동세력이 단결함으로써 나치협력 민족반역세력을 완전히 숙청할 수 있다. 이것이 새 프랑스건설을 성공시킨 동인이 되었다. 다시 말해 우파인 드골의 임시정부와 사회주의자와 공산주의자 중심인 반 나치저항세력이 단결해 나치협력 세력을 완전히 숙청함으로써 해방 후 드골의 우파와 좌파 세력을 통합하는 민족해방세력을 중심으로 새 프랑스 건설의 주체세력을 형성할 수 있었다.

한국은 소련군이 진주한 동구와 같이 북한에 사회주의정권이 수립된 것을 논외로 한다면, 미군정이 남한의 친일세력을 전면적으로 재등장시킴으로써 친일세력이 이승만과 합작해 정국을 주도하는 기초를 닦았다. 김구의 독립운동세력과 드골의 임시정부 자유프랑스 격인 중경임시정부의 독립운동세력을 무력화시켰다. 해방된 한국의 정치구도는 드골이 페탱 원수 중심의 나치협력세력을 숙청하고 좌파와 단결해 새 프랑스를 건설한 것과는 반대로 이승만이 김구가 주도한 임시정부의 독립운동세력이나 여운형의 중도좌파 및 박헌영의 공산당 세력을 모두 제거하고 친일세력과 합작해 해방 후 정국을 요리해 한국정부를 세웠다. 드골이 나치독일과 투쟁한 저항단체의 사회. 공산당 등 좌파와 연합해 새 프랑스를 건설한 것과는 정반대 노선을 걸었다.

▌한국이 친일파 청산에 실패한 이유

해방정국에 있어서 이러한 역사적 정치적 조건이 한국에서 프랑스의 나치협력세력보다 더 큰 죄를 저지른 것으로 보이는 친일세력을 심판대에 올리지 못한 이유인 것 같다. 여기서 이승만이 반민특위를 강제로 해산시킨 사실을 새삼스럽게 거론할 필요는 없고, 프랑스의 페탱을 이완용과 비교하거나 무기징역형을 받은 프랑스의 극우 석학 샤르르 모라스를 최남선과 이광수등과 비교할 필요도 없겠다. 다만 여기서 강만길의 '한국현대사'가 분명히 이승만 정권의 성격을 지적한 사실을 상기하는 것으로 충분하기 때문이다. '미군정이 조선총독부의 조선인관리를 그대로 눌러 앉혔고 이승만 정권은 이들 군정청 관리를 대부분 그대로 둠으로써 경찰을 비롯한 조선총독부의 행정관료 대부분이 이승만정권의 관료로 눌러 앉았다. 반민특위가 불법적으로 해체된 사실은 이승만 정권의 이러한 성격을 단적으로 들어냈다. …이후 민족해방운동과정과 해방후의 통일민족국가 수립운동과정에서 가장 중요한 문제로 등장했던 친일파 처벌문제는 사실상 흐지부지 되고 말았다'라고. 이 지적은 우리가 깊이 성찰해야 할 우리역사의 결정적 대목이라 말해도 무리가 없다.

프랑스의 나치협력자 청산

프랑스의 나치협력자들은 나치독일에 협력했다는 '민족반역행위' 때문에 총살형을 받아 죽음으로 죄를 씻었는가 하면 무기강제노동형 등으로 살아남은 자도 엄청난 죄 값을 치르지 않으면 안되었다. 그리고 우리 눈으로는 하찮은 나치협력자에게까지도 부역죄를 부과해 프랑스 시민의 권리를 모두 박탈한 드골의 정치적 결단이 오늘의 선진 민주국가 프랑스를 만든 기초가 된 사실이다. 드골의 나치협력자 대숙청은 단순히 민족정기를 바로 세운다는 도덕적 차원의 해석보다는 '반역의 역사'를 다시는 뒤풀이하지 않기 위해서 후세에 중대한 교훈을 남겨준 사실에도 큰 의미를 찾는다. '과거를 망각하는 민족은 자유를 향유할 자격이 없다'는 역사의 교훈을 드골의 나치협력자숙청은 잘 반영하고 있다. 왜냐하면 드골은 선과 악을 분명히 식별해 악을 철저히 응징함으로써 선이 지배하는 국가와 사회를 건설하는데 어느 정도 성공했기 때문이다. 바로 이 점에서 '드골의 나치협력자 대숙청은 큰 의미를 지니며 후세 프랑스뿐만 아니라 유럽인과 세계인까지도 그를 위대한 정치지도자로 추앙하는 이유가 된다.

▍김구, 여운형, 이승만이 합작했다면?

해방 후 한국에서 이승만과 김구선생의 임정세력이 여운형의 건준세력과 함께 해방정국을 주도하는 주체세력이 되었다면 어떻게 되었을까? 이러한 정치구도는 드골의 임시정부가 프랑스 국내저항세력인 좌파세력과 연합한 사실과 유사한 구도가 되었을 것이다. 이 경우에는 아마도 친일세력이 반민특위에 의한 심판을 피하기 힘들었을 것이다. 그러나 과거에 대한 성찰은 필요하다. 그러면 한국이 친일반역자들을 숙청하지 않고 집권세력으로 온존시켜줌으로써 20세기 후반 우리의 현대사는 선과 악, 즉 가치관의 혼란에 빠졌다고 말할 수 있다. 특히 김구와 여운형은 모두 암살 당함으로써 해방이후 한국의 이 정표는 프랑스의 드골이 새운 것과는 반대편에 세워졌다고 해도 과언이 아니다.

　해방 후 정치권의 극심한 분열과 상쟁(相爭), 그리고 민중의식의 미성숙, 자본주의적 기초의 취약성등이 친일파 청산의 계기를 살리지 못했다고 말하면 지나친 말일까. 오늘 군사쿠데타 주역과 추종세력이 활보하며 정치세력화를 말하는 한국정치의 전근대적 풍경의 뿌리는 분명히 친일세력을 응징하지 못한 현대사에 있을 것이다. 칠레의 군사독재자 피노체트를 반인도적 범죄 범으로 심판하려고 하는 서구의 현대적 모습의 뿌리는 프랑스 드골의 대숙청과 뉴른베르그 국제전범재판소가 나치전범을 심판한 역사적 사실과 맥이 닿아 있을 것이다. 이러한 시대적 역사적 차이를 좁혀나가는 것이 21세기 한국의 중대한 과제중의 하나가 될 것이다(1999년 4월, '프랑스의 대숙청' 에필로그, 미발표 원고).

프랑스의 나치협력자 청산

부록·2

친일행위 진상규명은 시급한 민족과제

'민족정기를 세우는 국회의원모임'이 친일반민족행위 진상규명특별법 법안을 성안해 국회에 제출하는 것은 만시지탄의 감이 없지 않지만 반드시 해야 할 민족의 과제이다. 일제로부터 해방된지 57년이 지난 오늘에야 친일반민족행위자에 대한 진상규명을 한다는 것은 반세기 동안 친일파문제 자체를 거론할 수 없는 반민주적 상황에서 우리가 살아왔다는 사실을 말해준다. 그만큼 한국현대사는 민주주의와 정의, 그리고 인권을 기본가치관으로 삼아 발전한 세계사의 주류와 거리가 먼 곳에 있다는 사실을 설명해 준다. 2차 세계대전 패전으로 나치독일의 점령에서 해방된 프랑스는 드골장군이 이미 58년 전인 1944년부터 반민족행위자인 나치협력자들을 대단히 가혹하게 응징했다. 그럼에도 오늘날 끊임없이 과거청산에 대한 성찰과 교육을 조금도 게을리 하지 않는다. 탈을 쓰고 숨거나 청산명단에서 누락된 나치협력자들을 추적 적발해 반인도적 범죄 법을 적용해 지속적으로 처벌하고 있다. 나치 제3제국의 주역이었던 독일조차도 나치전범들을 계속 추적 체포해 처벌하고 있다. 적어도 다시는 20세기의 악몽인 나치즘의 악순환을 되풀이하지 않겠다는 굳은 결의이며 독일인의 민주주의 수호를 위한 민족적 결단으로 해석된다.

▌21세기의 프랑스, 모리스 파퐁 석방논쟁

토론지가 최근 유럽을 순회하면서 파리를 방문했을 때 92세 고령의 나치협력자 모리스 파퐁의 석방문제를 둘러싸고 격렬한 논쟁이 벌어지고 있었다. 파퐁은 프랑스의 나치괴뢰정권이었던 비시정권 고위 경찰관료로 프랑스 서남부지방인 지롱드 경찰총책임자였고 프랑스해방 후 드골의 대숙청을 모면해 경찰간부로 승승장구한 사람이다. 그는 프랑스 우파정부시절 파리경시총감과 예산장관까지 지내 아무도 그가 나치협력자라는 사실을 알지 못했다. 말하자면 그는 프랑스의 거물 나치협력자였음에도 레지스탕스의 탈을 쓰고 우파정권의 지도자행세를 했다. 1983년 언론의 폭로로 비시정권시절 경찰고위간부로 나치독일에 협력한 사실이 드러난 그는 과거를 철저히 은폐하면서 계속 나치협력자임을 부정했다. 언론과 피해자들의 추적조사에서 지롱드지역 경찰서장으로써 유태인 수백명을 나치강제수용소에 체포해 이송하는 서류에 그가 서명한 서류가 발견됨으로써 그의 가면이 적나라하게 벗겨졌다. 그리고 그는 검찰에 체포되었다. 그는 반인도적 범죄 공범죄로 베르사이유 고등법원에서 재판을 받은 결과 1998년 징역 10년형이 선고돼 수감되었다. 그는 체포되기 직전 가짜 이름으로 스위스에 야반도주해 망명을 기도했다. 그러나 스위스경찰이 그를 체포해 프랑스 법원에 신병을 인도해 최후의 나치협력자이며 프랑스의 최고령 죄수로 형무소 수감자가 되었다.

그런데 파퐁이 고령자이며 현대 프랑스의 경찰 고위관료와 각료를 역임했다는 이유로 2001년 연초부터 그의 석방운동이 벌어졌다. 프랑스에서 사형제도를 폐지시킨 유명한 법학자이며 1981년 사회주의 대통령 미테랑 정부의 법무부장관이었던 바당테르가 주역이

프랑스의 나치협력자 청산

된 그의 석방운동은 시라크 대통령의 사면거부로 좌절되었다. 그런데 금년에는 그의 92회 생일인 9월4일을 계기로 다시 석방운동이 벌어지고 있다. 이번에는 의료기관이 '파퐁의 건강상태가 수형생활을 계속하기가 불가능하다'는 의견서를 법원에 제출했는데, 그는 심장과 혈관 장애의 병을 앓고 있다고 한다. 파퐁의 변호사들과 그의 석방론자들은 병보석으로 병원의 진단서를 법원에 제출하고 파퐁의 석방에 대한 법적 요건을 갖추었다고 주장한다. 그들은 객관적 석방조건을 갖추었음으로 이번에는 파퐁을 반드시 석방하라고 압력을 가하고 있다.

그러나 법원과 검찰 및 석방 반대론자들의 의견은 전혀 다르다. 그들은 반인도적 범죄의 공범으로 장기징역형을 선고받은 자를 병보석 등의 명분으로 풀어준다면 '공공질서에 혼란을 가져온다'라고 우려하며 여전히 반대의견을 제시한다. 특히 법원당국은 '파퐁이 사회에 잘 적응한다는 증거를 보이지 않고 있으며 특히 나치협력자로써 과거 자신의 범죄에 대해 반성이나 참회하지 않는다'라고 석방불가이유를 설명했다. 작년 석방운동으로 파퐁에 대한 동정여론이 일어났을 때 시라크 대통령은 '공공질서 혼란'을 이유로 특별사면을 거부했다. 변호인들은 '공공질서의 개념은 법에는 없는 개념이다. 모든 사람은 법 앞에 평등해야 한다'라고 파퐁의 석방을 거듭 촉구했다. 결국 파리고등법원은 9월5일 1차 심리를 했으나 결정하지 못하고 9월18일 재심에서 석방여부를 최종 결정한다는 것이다. 프랑스의 유력지 르몽드는 '결국 파퐁이 석방되는가?'라는 기사에서 '그의 병이 형 집행을 정지시킬 수 있는 경우'라고 보도해 보석가능성을 암시했다. 그런데 만일 파퐁이 석방된다면 법원의 조치에 대한 반대운동이 일어날 것이 확실시된다. 왜냐하면 2차세계대전 후 드골의 대숙청이후 나치협력자에 대한 가석방이나 사면은 거의 없었기 때문이다.

▎프랑스, 1964년 반인도적 범죄법 자국형법에 편입

　프랑스가 2차 세계대전 후 드골장군이 나치협력자들을 민족반역자로 준엄하게 응징한 것은 전후처리의 일환으로 나치협력자들을 처단하지 않으면 새로운 민주주의 국가건설에 혼란을 일으킨다는 생각이 크게 작용했다. 드골은 입법조치가 아니라 프랑스임시정부 대통령의 훈령과 제 3공화국 형법의 이적죄 와 간첩죄를 적용해 나치협력자들을 응징했다. 드골은 임시정부 대통령으로 독일과 전쟁을 수행하면서 나치독일군대로부터 해방된 프랑스지역마다 도망치거나 숨어 애국자로 변신한 나치협력자들을 색출해 응징했다. 전쟁수행이라는 혁명적 상황에서 드골의 나치협력자 숙청은 반민족행위자 처리를 위한 입법을 할 시간과 조건이 갖추어지지 않았기 때문에 형벌에는 구법을 적용했고 재판소와 판검사들은 대통령 훈령에 의해 설치되고 임명해 집행했다. 나치협력자들이 주로 이적죄와 간첩죄의 적용을 받았기 때문에 최고형(사형, 무기 강제노동형과 무기징역형)이 속출했다는 뒷공론과 불평도 있었다. 그러나 드골의 나치협력자 숙청을 아무도 공개적으로 비판하지 못했고 제4공화국 제헌의회에서 만장일치로 비준했다. 이 때문에 프랑스의 전후 질서는 레지스탕스와 드골의 자유프랑스가 주도하는 반나치주의와 정의, 그리고 민주주의와 평화를 기본 가치관으로 삼아 잘 정착되었다. 앞의 파퐁에 대한 석방운동이 실패한 까닭은 드골이 수립한 '민주적이며 레지스탕스정신을 기초로 한 공공질서를 문란'하게 할 국민적 우려에 있다.

　프랑스는 1948년 유엔총회의 결의와 나치 제3제국 전범을 재판해 처단한 뉴렌베르그 국제전범재판소의 원칙과 유엔헌장을 수용해 1964년 12월26일 '반인도적 범죄에는 시효가 없다'고 선언했다. 그리고 반인도적 범죄는 뉴렌베르그 국제전범재판소의 선언을 준거로 삼

프랑스의 나치협력자 청산

아 '모든 시민에 대한 살인, 집단학살, 노예화, 강제유형 그리고 모든 비인간적 행위 및 정치, 종교, 인종적 목적으로 박해를 가하는 행위'라고 규정했다. 1985년에는 '국가가 이념적 헤게모니를 잡기 위해 비인간적인 박해를 가하는 행위'도 반인도적 범죄의 범주에 넣어 개념을 확대했다. 이것은 프랑스의 집권세력이 반공주의나 공산주의의 헤게모니를 잡기 위해 자국민에게 박해를 가하는 행위도 반인도적 범죄로 규정한 것으로 군사독재나 민간독재도 인권을 침해하거나 시민을 탄압하면 적용될 수 있는 법이다. 다시 말해 쿠데타를 일으켜 일반시민을 학대하거나 독재정치를 하면서 자국 국민을 탄압해도 반인도적 범죄로 다스려진다는 것을 뜻한다. 루안다와 구유고연방의 인종청소가 모두 반인도적 범죄에 해당되며 특히 프랑스는 나치협력자들을 공소시효가 폐지된 이 법으로 계속 처단하고 있다.

프랑스는 1983년 리용지역 나치 게슈타포책임자 크라우스 바르비를 남미 볼리비아에서 체포해 리용재판소에서 반인도적 범죄를 적용, 재판했다. 바르비는 종신징역형(1981년 사형폐지로 무기징역이 최고형)을 선고받아 리용 형무소에서 옥사했다. 반인도적 범죄 응징에는 국경이 없기 때문에 프랑스는 독일인 바르비를 남미에서 체포해 응징할 수 있었다. 프랑스는 리용지역 민병대장 폴 투비에를 나치협력자로 1990년에 체포해 최고형으로 다스렸다. 그는 반나치 레지스탕스를 나치 게슈타포에 밀고하는 등 '한국의 일제시절 고등계 형사'처럼 악질반역자로 유명하며 1944년부터 1946년까지 세 번이나 결석재판에서 사형이 선고된 자이다. 그러나 그는 프랑스가 해방되자 종적을 감추었고 놀라운 도피술로 경찰과 나치협력자 추적기관을 따돌리는데 성공했다. 그는 도피생활 중 1971년 퐁피두 대통령의 특별사면을 받아 한 때 세상에 모습을 들어내 약 10년간 거리를 활보하기도 했다. 그러나 언론의 끈질긴 나치협력 사실 폭로로 1981년 체포영장이 발부되자 그는 다시 지하로 잠적했다. 그리고 그는 1989년 니스에서 체포돼 1992년 파리고등법원의 재판을 받았지만 일단 풀려 났다.

그런데 언론이 다시 그의 석방을 격렬히 비난하면서 여론이 비등하자 베르사이유 고등법원에서 투비에를 반인도적 범죄 공범으로 다시 재판했다. 결국 투비에는 종신징역형이 선고돼 1996년 감옥에서 죽었다. 이처럼 프랑스는 오늘에도 시효없이 나치협력자들을 추적 체포해 준엄하게 심판하고 있다. 결코 민족반역자가 양민의 탈을 쓰고 거리를 활보하게 만들지 않는다. 토론자가 파리를 방문했을 때 역사채널에서 투비에의 재판과정을 일일연속극으로 재편성해 방영하고 있었다. 이것은 21세기에도 프랑스가 나치협력자들을 엄하게 다스려 민족정기를 함양하고 있음을 말해준다. 자국시민이지만 민족과 나라를 팔아먹는 배반자에게는 최고형이 언제든지 준비돼 있다는 사실을 주지시키기 위한 교육으로 이해된다. 파퐁의 92세 최고령으로 감옥생활을 하는 것도 프랑스의 나치협력자에 대한 지속적 응징을 설명해준다.

▌나치전범 응징하는 독일 '국가사회주의 범죄조사부'

나치독일의 주역이었던 독일도 나치전범 응징에는 예외가 없다. 2차 세계대전 패배 후 나치 제3제국 수뇌부가 비록 히틀러는 자살했지만 그 나머지 전범들은 뉴렌베르그 국제전범재판소에서 미국 영국 프랑스 소련 등 전승 4강대국의 심판을 받아 준엄하게 응징된 것은 모두가 다 아는 사실이다. 그러나 독일인 스스로가 나치전범을 추적 체포해 지속적으로 심판하고 있는 사실은 잘 알려지지 않았다. 나치 독일을 전승 4강대국들이 분할 점령해 나치전체주의 시스템을 총체적으로 해체하고 민주주의와 시장경제를 이식하고 마샬 계획을 통해

프랑스의 나치협력자 청산

　전후 경제를 복구해주는데 약 10년이 걸렸다. 다시 말해 독일에서 군정이 종식된 것은 1955년이었다. 군정이 나치전범 처리를 독일 재판소에 이관한 것은 1950년이었다. 독일 재판소는 1951년부터 1955년까지 628명의 나치전범을 체포해 심판했다. 비교적 전범자 처단의 수치가 적은 것은 당시 전범체포에 대한 독일여론의 냉담함을 반영한 것으로 보인다.

　1955년 말에 징역 10년형 미만의 형법상 가벼운 전범체포의 공소시효가 만료되었다. 그러나 살인자나 집단학살의 주범이나 공범의 시효는 20년으로 여전히 살아 있었다. 독일여론은 '과거로부터 교훈을 얻어야하지만 나치범죄에 관한 논쟁은 이제 끝장내자'는 쪽으로 돌고 있었다. 그러나 민주적이며 반나치 저항운동에 참여한 정치와 법조계 지도자들은 최악의 나치전범들이 거리를 활보하는 것은 신생독일의 '수치'라고 주장하며 응징을 고집했다. 1955년 미국 영국 프랑스의 군정이 끝나자 나치전범에 대한 처리는 완전히 서독 사법부에 이관되었다. 독일사법기관은 여론에 따라 나치전범에 대한 관용을 현저하게 표시했다. '영국, 프랑스, 미국의 사법기관이 체포하거나 추적대상으로 삼은 고위관료들 가운데 증거가 없는 경우에는 사법처리를 중지하며 재판을 하지 않는다'라고 서독사법부가 천명할 정도였다. 독일의 나치전범에 대한 응징은 끝나는 것 같았다.

　일부 지도층의 응징주장도 나치응징에 부정적인 여론에 묻히는 듯했다. '죽음의 사자'로 불린 많은 나치의 고위장교들과 고위관료들 그리고 나치친위대 요원들이 추적을 피하게 되었고 독일의 대로를 활보하게 되었다. 마치 일본의 A급 전범들이 면죄부를 받아 활개를 친것과 다름없는 현상이 나타났다. 그러나 나치 상급자들의 명령을 집행했을 뿐인 하급장교나 하사관, 그리고 하위직 공무원들이 계속 체포돼 징역을 사는 역현상이 일어났다. 거물은 빠지고 송사리만 처벌되는 경우가 허다했다. 그런데 나치전범을 응징해야만 한다는 쪽으로 여론을 반전시킨 사건이 터졌다. 리투아니아에서 유태인 수백명을 집단수용소에 강제 이송하는 등 최고 악질 나치전범인 피투아니아지역 친위대 총책이 '무죄형'이 선고된 것이다. 그는 무죄선고라는 면죄부를 갖고 귀향해 곧 신생 독일의 경찰서장으로 임명되었다.

한 지방신문이 이 경찰서장의 과거를 조사해 폭로했다. 그러나 그가 범행을 저지른 지역은 독일이 아니라 동구진영에 들어간 리투아니아였다. 독일사법기관의 수사에는 한계가 있을 수밖에 없었다. 그를 경찰서장에서 파면시켜야 한다는 여론이 비등하고 그의 죄상을 조사해 처벌해야 한다는 진정서가 빗발쳤다. 1958년 여론과 언론의 압력을 받은 서독 법무장관은 독일과 독일역외 나치전범을 전담 수사하는 전담수사기관을 창설했다. 바로 이 수사기관이 오늘 독일의 스투트가르트에 있는 나치전범 전문수사를 담당하는 '국가사회주의 전범조사부'(일명 전범조사부)이다.

초대 전범조사부 슐레부장이 리투아니아의 SS 총수를 체포해 처리한 것은 두말 할 나위가 없다. 2대 부장 루케도 나치전범을 지독하게 추적 체포했다. 1964년까지 701명의 전범을 체포해 사법처리 했다. 이 가운데는 나치수용소의 고급장교들과 나치친위대의 악질들이 다수 포함돼 있었다. 이 때부터 나치전범들이 독일의 대로를 활보하는 일은 사라졌다. 살인범이나 공범에 대한 공소시효는 20년이었다. 이 때문에 나치전범에 대한 시효는 1965년에 끝나게 돼 있었다. 나치전범들은 이 때만 피하면 사법치리를 면할 것으로 생각했다. 그러나 서독정부는 시효를 연장하기 위해 뉴렌베르그 재판에서 적용된 반인도적 범죄 법을 도입했다. 이 때 친 나치세력과 반 나치세력간 나치 제3제국에 대한 대대적 성격논쟁이 야기되었으나 결국 민주주의 세력이 승리함으로써 오늘까지도 범죄조사부는

프랑스의 나치협력자 청산

나치전범을 체포해 응징하고 있는 것이다. 일본과 독일의 다른 점이 바로 여기에 있다. 독일은 나치전범들을 스스로 체포해 심판함으로써 선진민주국가의 대열에 올라섰지만 일본은 이를 기피해 다수 전범들이 전후 지배세력으로 재등장했다. 일본 수상이 신사참배를 하거나 교과서 왜곡 등을 자행하는 것은 독일에서는 상상할 수 없는 일이다.

▎친일반민족행위 진상규명은 시급한 과제

한국이 민주적이며 정의로운 도덕적 정통성을 갖는 국가가 되기 위해서는 친일파에 대한 처리는 어떤 형식으로든지 반드시 해야만 한다. 이제 인적 청산은 친일파가 거의 모두 죽었기 때문에 어려워졌지만 역사적 정신적 청산이라도 하지 않으면 안된다. 그래야만 민족정기를 바로 세우고 공공질서를 민주주의와 평화 그리고 정의라는 가치관으로 삼아 세울 수 있다. 오늘까지 나라가 계속 혼란스럽고 확고한 민주적 질서가 수립되지 않는 배경에는 친일파에 대한 청산문제가 도사리고 있는 것으로 보인다. 이제 '민족정기를 세우는 국회의원 모임'의 노력으로 '친일반민족행위 진상규명 특별법'이 마련되면 친일파의 행적을 철저히 추적 조사하게 될 것이다. 이 경우 친일파조사기관으로 독일의 '전범조사부'같은 조사기관을 참조할 수 있을 것이다. '친일파 범죄조사부'라고 해도 좋고 '반민족행위자 조사부'라고 이름을 부쳐도 좋을 것이다. 그리고 이것은 과거보다는 미래를 위한 국가사업이 된다. 또 여기서 강조하고 싶은 것은 이번 기회에 반인도적 범죄에 관한 법을 도입해야 한다는 점이다.

이미 지난 8월26일 서상섭 김원웅 이미경의원등 여야의원 21명이 반인권적 범죄에 공소시효를 배제하자는 법안제정을 위한 건의안을 국회에 제출한 것으로 알고 있다. 수지 김사건이나 허일병사건 그리고 서울법대 최종길교수사건 등 주로 군사독재시대의 반인권적 의혹사건의 혐의자를 시효없이 소추하자는 것이 건의의 목적으로 알고 있다. 그러나 헌법이 규정한 형벌불소급원칙에 어긋난다는 의견이 아직 더 많은 것 같다. 그러나 헌법과 충돌은 특별법으로 일단 극복될 수 있고, 프랑스 등 민주국가들의 선례를 원용하면 출구를 찾을 수 있을 것이다. 참여연대 등 시민단체들도 '반인도적 범죄 등에 관한 특례법'을 지난 5월에 국회에 청원했다. 그러나 아직 국회는 아무런 반응도 보이지 않아 청원서는 잠자고 있다. 특히 같은 목적의 입법활동이 산발적으로 이루어져 여론화에 걸림돌이 된 것 같다.

　국제법으로써의 반인도적 범죄에 관한 법과 각국의 도입사례를 종합적으로 수집 연구해 반인권 범죄자나 반민족행위자에게 면죄부를 주지 않도록 반인도적 범죄 법 도입을 서둘러야 하겠다. 가능하면 정치권 시민단체 학계의 공동전선 구축이 긴요하다는 점을 강조하고 싶다. 토론자는 이미 '민족정기를 세우는 국회의원모임' 창설 기념 세미나에서 '반인도적 범죄 법의 도입을 제안했는데, 이제 논의가 시작되고 있어 무척 반갑고 큰 기대를 갖는다(2002년 9월 11일 국회 친일반민족행위 진상규명특별법 공청회 토론문).

프랑스의 나치협력자 청산

부록·3

반인도적 범죄법 도입의 특효과

    만시지탄의 느낌이 없지 않지만 국회에서 비록 민족의 장래를 성찰하고 정의와 평화 그리고 민족정기를 올바로 세우기 위한 뜻 깊은 의원모임을 결성하는데 대해 박수를 보냅니다. 사실 우리민족만큼 20세기에 비극적 고통을 경험한 경우는 드문 것으로 알고 있습니다. 19세기의 전제군주시대를 벗어나자 말자 일본제국주의의 식민지라는 참담한 노예적 삶을 살아야 했고 1945년 8월15일 광복을 맞았음에도 이념에 의한 분단의 비극을 겪어야 했습니다.

▎21세기에도 한민족통일 과제는 미결사안

    조국의 광복은 중국에서 임시정부의 민족독립운동의 결과로 온 것이 아니라 미국과 소련의 태평양전쟁의 승리가 가져다 준 것으로, 이 때문에 광복 후 자주적 통일국가를 건설하는데 실패한 아픔을 겪게 된 것입니다. 20세기에 풀어야했던 이러한 과제는 21세기를 사는 오늘에도 해결되지 않고 있습니다. 2차 세계대전 패전으로 미 영 불 소 전승 4강대국의 점령을 받았고, 이념적 분단의 질곡을 우리와 같이 경험했음에도 독일은 1989년 11월 9일 베를린장벽 붕괴를 계기로 냉전을 해체하고 게르만 민족의 통일을 이루는데 성공했습니다. 독일은 새로운 21세기를 건설하는 유럽연합(EU)을 주도하는 민주주의 선진국으로 부상하고 있습니다.

우리는 민주주의체제를 뿌리내리고 냉전을 종식시키며 민족통일을 관철한다는 20세기적 과제를 21세기를 맞은 오늘에도 해결하지 못하고 있습니다. 이 과제를 해결하기 위해서는 먼저 자유와 평등이 조화를 이루는 시장경제 시스템을 축조해야 한다는 조건을 충족시켜야 합니다. 분단된 서독이 민주주의를 세우지 못했다면 베를린장벽 붕괴라는 대변동을 일으키지 못했을 것이며 민족통일도 불가능했을 것입니다. 서독이 시장경제를 사회적으로 관리하고 경영해 빈부가 균형을 잡는 독일식 사회적 시장경제 모델을 건설했기에 안정적 민주주의체제 수립에 성공했고, 이것이 동독주민들이 자유 없는 가난의 평등을 거부하고 자유를 부르짖으며 총궐기해 공산정권을 전복시킨 이유입니다. 그리고 동독주민이 '민족은 하나다'라고 외치며 서독에 합류함으로써 329일만에 초고속으로 민족통일을 완성했던 것입니다.

독일이 민주주의 발전에 성공한 것은 20세기 '최대의 악마'로 자타가 공인한 나치즘이라는 전체주의 체제를 완전히 청산했기 때문에 가능했습니다.

히틀러의 나치잔당이 2차 세계대전 패전 후에도 면죄부를 받고 살아남았다면 전후 독일민주주의 건설은 불가능했을 것입니다. 물론 독일의 과거청산은 점령군이 주도적으로 나치즘의 모든 인적 물적 토대를 파괴했음으로 가능한 것이었으나 아데나워와 에르하르트 그리고 브란트 같은 좌우파 정치지도자들이 점령군 못지 않게 나치세력을 청산하지 않았다면 독일민주주의는 위기를 맞아 뿌리내리기 어려웠을 것입니다.

프랑스의 나치협력자 청산

▌독, 나치청산 기폭제, 프랑스라는 반면교사

또 독일은 프랑스라는 반면교사가 있었기에 나치즘 청산의 기폭제로 삼을 수 있었습니다. 프랑스는 1940년부터 1944년 8월까지 나치독일군에 점령당하는 수모를 겪었습니다. 김구선생이 중국에 임시정부를 수립해 독립운동을 했듯 프랑스의 드골장군은 나치독일의 점령을 거부하고 영국 런던에 망명해 망명정부 자유 프랑스를 세워 연합군과 함께 나치독일과 싸웠고 특히 점령상태에 있는 본토에 레지스탕스 운동을 조직해 조국해방운동을 총지휘했습니다. 드골은 히틀러에게 선전포고를 했고 미국과 영국 그리고 소련과 연합해 전쟁에 참가했습니다. 그런데 프랑스본토에는 드골의 군 선배인 1차 세계대전의 영웅 페탱 장군이 국가원수가 돼 비시정부라는 나치괴뢰정권을 수립해 드골의 임시정부와 대립했습니다.

연합군의 2차 대전승리는 페탱의 패배였으며 드골의 승리를 의미했고 드골이 동족이지만 자유와 민주주의를 배반하고 나치라는 전체주의에 협력한 이른바 나치협력자들을 과감하게 청산하는 계기가 됐던 것입니다. 드골은 해외의 망명지에서 조국해방투쟁을 한 우파와 나치점령 하에서 목숨을 바쳐 반나치 투쟁에 나섰던 국내 레지스탕스인 좌파를 통합하면서 나치협력자를 민족공동체로부터 거세하는 대단히 격렬한 청산운동을 펼쳤습니다.

드골은 레지스탕스에 참여한 모든 애국자들을 이념을 가리지 않고 프랑스임시정부에 기용했습니다. 드골은 좌-우파 거국내각을 구성해 먼저 나치협력자를 고립시킨 후 임시정부 훈령에 의해 나치협력자 청산을 시작했던 것입니다. 프랑스의 민족반역자 숙청은 나치독일이 항복하기 11개월 전에 먼저 시작했기 때문에 나치가 패망했을 때는 드골의 숙청작업이 상당히 진전됐으며 특히 경찰 검찰 사법부 언론계를 가장 먼저 청산했습니다. 이는 반민족적 비시정권의 경찰과 사법부로서는 나치협력자를 청산하기 힘들다는 드골의 선견지명에 의한 조치였습니다.

▎드골, 이승만처럼 면죄부 주지 않았다

패전한 독일에서는 과거 프랑스에서 히틀러를 찬양했던 나치의 동조세력이 프랑스형법상 간첩죄나 반역죄로 처단되는 것을 보고 나치청산의 불가피성을 인식한 것으로 보입니다. 프랑스의 민족반역자 처리는 나치에 점령됐다가 해방된 벨기에, 네덜란드, 덴마크, 노르웨이에게도 영향을 주어 프랑스보다 한층 더 가혹한 나치협력자 청산을 단행한 것으로 평가됩니다.

드골이 나치협력자 청산을 하지 않고 우리의 이승만 초대대통령처럼 면죄부를 주었다면 프랑스의 민주적이며 도덕적 국가건설은 불가능했으며 독일의 나치청산과 벨기에 등 나치 피해국가들의 과거청산이 미봉책으로 끝났을 것입니다.

광복 후 이승만이 드골이 했듯이 반민특위를 해체하지 않고 밀어주었다면 한국의 모습은 크게 달라졌을 뿐만 아니라 일본에게 과거청산의 충격을 가할 수 있었을 것입니다. 일본은 태평양전쟁 후 A급 전범들이 대부분 면죄부를 받아 정계를 지배하는 정치구도에 큰 제동작용을 할 수 있었을는지도 모릅니다. 그리고 오늘 고이즈미 일본총리가 강경우파의 깃발을 들고 8월15일 패전기념일에 전범들에게 인사하기 위해 야스쿠니신사 참배를 호언 할 수 없을 것입니다. 그리고 한국과 중국 등 피해국가들을 다시 한번 모욕하고 '제2의 침략행위'로 까지 비판되는 교과서 왜곡을 허용하고 수정요구를 어떻게 거부할 수 있을까요.

프랑스의 나치협력자 청산

　5월20일 독일 전총리 헬무트 슈미트가 일본의 교과서 왜곡파문에 대해 일본을 공개적으로 비판할 수 있는 까닭은 독일이 과거청산을 했을 뿐만 아니라 지금도 하고 있으며 프랑스와 민주주의와 시장경제라는 체제의 동질성을 확보해 동맹관계를 구축한데 있다고 말했습니다.

　슈미트는 5월19일 도쿄에서 열린 시민정치대학 특별강연에서 '독일은 히틀러 치하에서 피로 점철된 침략을 감행했고 일본도 똑 같은 침략국이었다. 그런데 일본에는 침략을 미화하는 교과서가 등장했다'라고 지적한 것으로 아사히신문이 보도했습니다. 이 신문의 보도에 의하면 슈미트는 '모든 인간은 앞으로 침략을 뒤풀이해서는 안되는 공통의 책임을 지고 있다'라고 말하고 '유럽에서는 프랑스가 먼저 손을 내밀었기 때문에 독일이 침략을 반성하는데 쉬운 측면이 있었다'라고 설명했다는 것입니다. 일본은 독일이 프랑스를 반면교사로 삼았듯 독일을 반면교사로 삼아 교과서왜곡을 시정해야 한다고 주장한 것입니다.

　드골의 나치협력자 청산은 이처럼 프랑스만의 일이 아니었고 유럽의 과거청산을 선도했고 이것이 이념을 배제하는 것이 아니라 공산주의자들까지도 민주체제에 포용하는 현대민주주의를 구축하는 토대가 됐던 것입니다. 그러면 드골의 나치협력자 처리는 어떠했는가. 여기서 모두 설명한다는 것은 불가능합니다. 자세히 알고싶은 분들은 필자의 '프랑스의 대숙청-드골의 나치협력 반역자처단 진상'(도서출판 중심)을 참조하시기 바랍니다. 그러나 이 자리에서는 드골의 나치협력자 처리 결과를 간략히 말씀드리고 이곳이 국회인 만큼 정치권의 구체제 청산을 간략히 설명하겠습니다. 오늘에도 서유럽은 과거청산문제를 현재의 문제로 다루며 계속 나치협력자를 청산하고 있을 뿐만 아니라 발칸반도와 아프리카에서의 인종청소

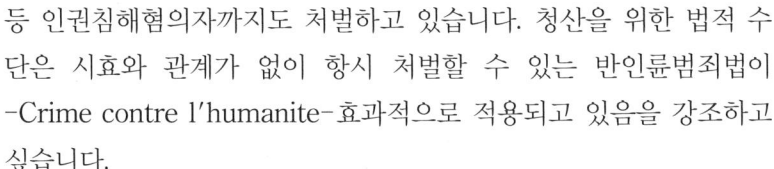

등 인권침해혐의자까지도 처벌하고 있습니다. 청산을 위한 법적 수단은 시효와 관계가 없이 항시 처벌할 수 있는 반인륜범죄법이 -Crime contre l'humanite- 효과적으로 적용되고 있음을 강조하고 싶습니다.

▎드골의 나치협력자 숙청은 덜 가혹했다

프랑스에서 나치협력자 처리작업은 임시정부 대통령 드골의 훈령에 의해 모두 집행되었는데, 이는 1944년 8월의 전쟁단계가 아직 연합군이 독일지역에 진입하기 전으로 전시(戰時)여서 제헌의회 구성을 위한 선거를 실시할 수 없었기 때문입니다. 드골은 입법이 불가능해서 편의상 임시정부 대통령훈령으로 비시정권의 지도부를 처리하기 위해 최고재판소, 일반 나치협력자를 다루기 위한 지반숙청재판소, 경미한 협력자를 취급하기 위한 시민재판소를 설치했습니다. 특히 민족반역자들의 각계각분야 재등장을 원천 차단하기 위해 역시 훈령으로 부역죄 법을 마련해 발표했습니다. 이것은 나치협력으로 형을 선고받은 자들뿐만 아니라 경미한 나치협력자들이 시민재판소에 회부됨으로써 공민권을 박탈하는데 중요 목적이 있었습니다.

사법부는 부역죄 선고를 받은 자들에게 재산을 몰수하거나 국적까지도 박탈하는 권한을 가졌고, 또 정계, 관계, 사법부, 언론계, 국영과 민영기업과 노조의 간부, 교육계와 군부 및 경찰 등의 진출자격을 박탈하는 내용을 담고 있습니다. 물론 선거권과 피선거권도 박탈했습니다. 최고재판소와 지방숙청재판소에서 일단 강제노동형이나 징역형 그리고 금고형을 받은 자는 자동으로 부역죄가 적용됐으며 경범급 협력자들은 시민재판소의 판결에 의해 부역죄를 선고받으면 실질적

프랑스의 나치협력자 청산

으로 사회생활을 할 수 없는 '비국민(非國民) 취급'을 받아 사실상 나치협력자를 국가공동체에서 추방한 것이나 다름없는 가혹한 처리를 했던 것입니다. 1944년부터 1950년까지-드골은 1944년부터 1946년까지 임시정부 대통령직에서 자진 퇴임하면서 숙청에서 손을 뗐으나 그후 제4공화국의 좌파정부가 청산을 집행— 숙청의 회오리바람이 일어 얼마나 많은 민족반역자들이 희생됐는지는 여러 가지 설이 있습니다.

특히 인민재판에서 즉결심판을 받아 사망했거나 보복에 의해 죽은 자들이 10만명 설까지 나와 정확히 사망한 나치협력자의 수치는 밝혀져 있지 않지만 드골은 회고록에서 1만842명이 죽었다고 기록했습니다. 그는 '프랑스가 해방에 도달하는 전쟁과정에서 즉결처분된 6천675명과 사형선고를 받아 처형된 나치협력자 등 총 사망자는 모두 1만842명이다. 1만 명이 상회하는 사망자 총계만으로도 고통스럽기 한이 없으나 나치협력자들이 저지른 범죄건수와 비교해보면 매우 제한된 사망자 수치이다'라고 평가했습니다.

다시 말하면 드골은 나치독일점령군과 나치협력자들이 레지스탕스와 시민에게 가한 학살이나 강제수용소 유형에서 죽은 애국자들의 수에 비하면 처형된 반역자의 수가 적다는 판단을 한 것 같습니다.

프랑스의 권위 있는 연감 퀴드(QUID)가 1996년에 최종 종합한 나치협력자 처리결과는 다음과 같습니다. 나치협력 혐의 조사대상이 200만 명, 체포된 협력자 99만 명, 수십만 명의 공직자와 군부의 장교들이 파면, 해임, 직위해제 조기퇴직 등의 인사 상 처벌을 받았다고 합니다. 최고재판소와 지방숙청재판소에 회부된 14만건 가운데 5만7천건을 재판해 6천781명이 사형선고(이중 4천397명이 궐석재판, 782명이 즉각 처형), 종신강제노동형 2천792명, 유기강제노동형 1만434명, 유기징역형 2만6천529명, 공민권박탈 3천692명이었습니다. 시민재판소는 11만5천건을 재판한 결과 9만5천여 명에게 부역죄 형을 선고했습니다. 미국학자 피터 노빅스의 연구에 의하면 사형이 집행된 나치협력자 수치는 프랑스가 가장 많다고 지적했지만, 징역형으로 숙청된 인구에 대한 비율은 프랑스가 가장 적다고 밝혔습니다.

노빅스는 프랑스는 인구 10만명 당 94명이 교도소에 갔으나 덴마크는 374명, 네덜란드는 419명, 벨기에 596명, 노르웨이 633명이 징역을 살았는데, 10만명 당 인구비율로는 노르웨이의 나치협력자 숙청강도가 가장 높았다고 평가했습니다. 노르웨이는 9만2천여 명에 대해 민족반역자로 수사했는데, 이 가운데 절반이 넘은 4만7천500명이 벌금형 이상 선고를 받았으며 600여명이 8년 이상의 중형을 선고받았다는 것입니다. 나치점령을 경험한 모든 유럽 나라들은 이처럼 나치협력자들을 예외가 없이 청산한 사실을 여기서 알 수 있습니다. 그러니까 민족반역자 청산작업은 프랑스의 '전매특허품'만이 아니며 2차 세계대전 후 유럽에서는 한국등 동북아와는 달리 일반적 현상이었음을 이해하게 됩니다.

▮ 드골은 왜 이승만과 달리 과거청산했나

드골은 왜 이승만과 달리 좌파와 합세해 이념적으로는 보수우익인 나치협력자들을 처리했겠습니까. 드골은 민주적이며 도덕 국가로 거듭나게 함으로써 민족정기가 확립되고 국민간 연대가 뿌리내려 국민통합을 이루고 사회정의가 지배하는 현대적 민주주의 인간공동체를 건설한 것입니다.

드골은 정치개혁을 최우선 과제가운데 하나로 설정해 제헌의회와

프랑스의 나치협력자 청산

지방선거를 실시하기 전인 1945년 봄 피선거권 자격심사위원회를 구성했습니다. 헌법위원회 부위원장 르네 카셍, 해방질서회의의장 앙드레 비네 및 저항단체대표 막심 마스카르 등 3명을 심사위원으로 선정했고 심사기준으로 1) 페탱 비시정권에 기용된 장차관 전원, 2) 비시정권이 임명한 중앙과 지방 공직자 전원, 3) 나치독일 점령 후 페탱에게 전권을 위임하는데 찬성한 상하원 의원 569명 전원 4) 기타 각종 형태의 나치협력자 전부로 정했습니다. 심사위원외의 피선거권 자격 심사결과 구 상하원의원의 27%, 비시정권 고위공직자 중 34%만이 피선거권을 회복했으며 사실상 살아남은 구정치인은 33%로 집계됐는데, 이중 좌파가 163명이었고 우파가 52명입니다. 그런데 피선거권 작업심사는 각 정당마다 자체적으로 병행 실시됐습니다.

정당마다 자체 심사위원회를 설치해 나치협력자들을 걸러내 공천대상에서 제외한 사실이 주목됩니다. 사회당은 151명의 전쟁 후 살아남은 상하의원 가운데 96명을 민족반역자로 판정해 제명하거나 당직을 박탈했고, 페탱에게 찬성표를 던진 85명중 74명을 제명했습니다. 그리고 급진당도 자체숙청을 단행했는데, 우파는 숙청할 수도 없을 만큼 이미 체포돼 숙청재판소에서 형을 선고받았거나 재판대기 중이었기 때문에 심사할 수도 없는 지경이었다고 합니다. 1945년 지방선거결과는 우파는 지방자치단체장의 3분의 1을 상실했고 사회당이 4배를 증가시켰으며 공산당도 3배를 불렸는데, 이는 우파가 주로 비시정권에 가담한 반면 좌파가 레지스탕스에 참가한 사실을 반영한 결과인 것입니다.

곧 이어 실시된 제헌의회선거 결과는 정계의 일대 개혁을 웅변해 주고도 남은 결과를 나타냈습니다. 전쟁 전 마지막 총선인 1936년 선거에서 득표률 42%를 차지한 우파는 16%밖에 얻지 못했고, 사회당이 10%에서 25%로, 공산당도 16%에서 26%로 득표률을 증가시

컸는데, 이는 본토 레지스탕스에 주도적으로 참가해 반 나치투쟁을 벌린 좌파에게 유권자들이 몰표를 던졌기 때문입니다. 드골은 레지스탕스인사를 중심으로 새로운 우파정당(MRP)을 창당해 선거에 임했으나 24%를 득표해 전국 제3당이나 우파에서는 제 1당이 됐습니다.

그래서 프랑스 제4공화국은 도합 51%를 얻은 좌파연합이 집권하게 되며 드골이 자진 하야했고 좌우 임시거국내각은 정권을 좌파에 넘겼습니다. 여기서 지적할 것은 정치판의 인적 변화가 엄청나게 이루어졌다는 사실입니다. 총선거 출마자의 93%가 정치신인들이며 7%만이 구 정치인이고 선출된 제헌의원 가운데 85%가 과거에 전혀 볼 수 없었던 신인들이며 특히 의원들의 80%가 레지스탕스에 적극적으로 가담했던 투사들이었습니다. 해방 후 프랑스정계에서 살아남은 구정치인은 10%에도 미달한 형편이었습니다. 비시정권에 가담했던 모든 정치인들이 형사소추를 받아 사형 무기강제노동형 징역형을 받아 죄값을 치르지 않으면 안되었고, 그후 총리나 각료들이 거의 모두 레지스탕스출신으로 발탁되는 정치관행을 만들었습니다.

드골은 이처럼 나치협력자에 대한 철저한 처리를 통해 민주적이며 도덕적인 정치무대를 창출하는데 성공했던 것인데 광복후 이승만이 친일파를 지배세력으로 재등장시킨 사실과는 전혀 다른 길이라 하겠습니다.

▌선진국, 반인류범죄법으로 계속 반역자 숙청

드골이 시작한 프랑스의 과거청산 작업은 오늘에도 중단없이 계속되고 있으며 전 지구적으로 확대되는 양상을 보이고 있습니다. 나치 점령기간 중 보르도지방의 경찰간부를 지낸 모리스 파퐁은 해방 후

프랑스의 나치협력자 청산

비밀로 레지스탕스에 가담했다는 이유로 면죄부를 받아 우파정부에서 파리경시총감과 예산장관까지 지냈습니다. 그러나 언론계의 폭로로 유태인을 강제수용소에 보낸 사실이 밝혀져 1999년 반인류범죄법위반 공범죄로 10년 징역형을 선고받아 파리근교 프렌느 감옥에서 형을 살고 있습니다. 2000년 3월 90세의 고령인 파퐁의 석방운동이 벌어졌으나 사법당국은 석방을 거부했는데, 이는 그가 반인류범죄 사범이기 때문입니다.

프랑스는 1983년 리용지역 나치의 게슈타포 총책 바르비를 남미에서 체포해 법정 최고형인 종신징역형을 선고했고 1992년에는 드골의 숙청기간 궐석재판에서 사형선고를 두 번이나 받았던 폴 투비에가 장기도피생활 끝에 체포돼 종신징역형을 선고받아 역시 감옥에서 삶을 마감했습니다. 한때 세상을 떠들썩하게 했던 칠레의 군사독재자 피노체트가 런던에 허리디스크를 치료하러 왔다가 스페인 가르송 판사의 체포영장이 영국경찰에 제시돼 1년 6개월을 귀국조차 못하고 연금상태에 빠지게 된 것도 바로 쿠데타시 민주인사 학살을 자행한 반인류범죄법을 위반했기 때문입니다.

반인류범죄법은 프랑스가 1964년 자국 형법에 편입해 시행한 이래 독일과 영국 등 서구에서 광범위하게 시행되고 유엔도 각국에 도입을 권고하고 있는 법입니다. 뿐만 아니라 헤이그의 국제전범재판소는 주로 이 법으로 구유고 내전에서 인종청소를 하거나 고문한 반인권범죄자들을 응징하고 있습니다.

유고연방의 밀로세비치 전대통령이 이 법 위반으로 기소됐으며 루안다의 반인권범죄 사범들도 이 법에 의해 심판되고 있습니다. 잘 알려져 있듯 반인류범죄법은 1945년 3월 미영불 3국의 런던회담에서 나치전범처리 원칙을 결정할 때 처음 제시된 법으로 1946년 뉘른베르그 재판에서 처음 적용된 것으로 이제는 국제형법이 되었습니다.

　따라서 우리 나라도 반인류범죄법의 도입을 추진할 필요가 있다고 생각되며 이것은 일본의 역사교과서 왜곡을 예방하고 종군위안부문제 등 일본과 과거사를 푸는 열쇠가 될 수 있을 것입니다. 일본 강경 우파의 시도 때도 없는 망언에 결정적으로 제동을 걸 수 있는 법적 장치도 될 수 있을 것으로 판단됩니다. 국회의원 여러분은 입법활동에 이를 참고해 반인륜범죄법의 도입을 적극적으로 검토해 주기 바랍니다. 이상으로 토론을 끝마치겠습니다.('민족을 생각하는 국회의원 모임' 창립기념 지정 토론문 전문, 2000년 4월 국회의원 회관)

프랑스의 나치협력자 청산

부록·4

프랑스 극우파, 나치협력자 심판, 친일파

▌프랑스 대선에 때아닌 극우돌풍

2002년 5월 프랑스 대통령선거는 극우파의 돌풍으로 국제사회를 놀라게 했다. 극우파후보 장 마리 르펜 국민전선당수가 사회당의 현직 총리 리오넬 조스팽후보를 제치고 결선투표에 진출한 것이다. 프랑스의 대선은 1차 투표에서 과반수를 획득하는 후보가 없으면 1-2등을 한 후보만이 결선투표에 진출해 양자대결을 벌린다. 4월21일 1차 투표에서 온건우파인 공화국연합(드골파) 후보 시라크 현대통령과 르펜이 1~2등을 차지해 결선투표에 진출했다. 5월5일 치른 결선투표결과 시라크가 무려 82%의 득표로 당선했고 불과 17%의 득표에 그친 르펜은 낙선했다. 결선투표결과를 보고 유럽은 두말할 나위 없고 국제사회가 모두 안도의 한숨을 쉬었다. 특히 프랑스인과 유럽사람들은 '프랑스에 나치즘의 악몽'을 떠올리게 한 '극우파의 바람'이 한풀 꺾여 민주주의의 위기에서 벗어났다고 생각한다.

그런데 프랑스국민은 극우파 돌풍에 대해 '국가의 수치'라며 스스로 반성하며 저항했다. 그들은 2차 결선투표 선거운동을 세계가 주시하는 가운데 매우 기발한 방법으로 펼쳤다. 좌우파가 모두 극우파의 르펜을 정치무대에서 쫓아내기 위해 공동전선을 펴는가 하면 수백만 시민들은 반르펜 시위를 거의 날마다 전개했다. 프랑스 사회당, 공산당, 녹색당, 급진좌파 등 거의 모든 좌파정당들이 르펜의 득세를 차단하기 위해 평소엔 라이벌이며 숙적관계인 우파후보 시라크의 당선을 위해 선거운동을 편 것이다. 그래서 프랑스국민들 거의 전부인 82%가 시라크를 찍어 우파대통령을 출현시킨 것은 극우파의 등극으로 민주주의와 공화정을 파괴하는 정치적 위험을 차단하는데 성공했음을 뜻한다. 유럽은 두말할 나위가 없고 세계가 시라크의 당선을 만장일치로 환영한 것은 너무나 당연한 일이다.

프랑스와 유럽의 정치무대에 극우파가 등장해 민주주의를 위협하는 것은 21세기의 새로운 정치현상이다. 르펜은 불법으로 체류하는 외국인을 비행기에 모두 실어 외국에 추방하고 사형제도를 부활해 범죄를 줄이며 유럽통화 유로의 시스템에서 탈퇴해 옛 프랑스의 프랑화를 부활시키는 등 '프랑스인 만을 위한 프랑스'라는 공약을 내세워 큰바람을 일으켰다. 그러나 르펜은 '20세기 인류의 악마'인 히틀러의 나치독일에 대해 긍정적이며 유태인 4백만 명을 학살한 아우슈비치 수용소마저 증거가 없다고 주장한다. 2차 세계대전 기간 나치독일의 괴뢰정권인 프랑스 비시정권의 정당성도 강변한다. 그래서 그는 민주주의를 부정하고 전체주의 정권수립을 지향하는 극우정치집단으로 규정되었다. 프랑스가 극우파를 막기 위해 좌-우파가 공동전선을 펴 민주주의를 수호한 것은 이번이 두 번째이다.

1944년 8월 2차 세계대전에서 파리를 해방한 후 프랑스임시정부 대통령 드골장군이 나치독일 점령기간 나치에 협력한 자들을 처단한 것은 민족반역자들에 대한 심판사례로 유명하다. 드골은 민족주의 우파지도자이지만 반나치 레지스탕스를 전개한 공산당과 사회당 등 좌파와 거국내각을 구성해 나치협력자들을 과감하게 숙청했다. 이것은 좌-우파가 공동전선을 구축해 민족반역자를 제거한 훌륭한 본보기가 된다. 드골의 나치협력자 숙청은 필자의 저서 '프랑스의 대숙청'에서

프랑스의 나치협력자 청산

구체적으로 기록했기 때문에 여기서는 자세한 내막 소개를 생략하겠다. 다만 이해를 돕기 위해 숙청결과를 소개하면 최고재판소는 비시정권의 라발총리 등 18명에게 사형을 선고해 즉각 집행했고, 국가원수였던 페텡에게만 드골이 무기징역으로 감형해 살려 주었다. 장차관 25명에게 무기 또는 유기징역형에 처했고 14명은 공민권을 박탈했다.

숙청재판소는 6천763명에게 사형선고(이중 779명 집행), 2천777명에게 종신강제노동형, 1만434명에게 유기강제노동형, 2만6천529명에게 유기징역형, 3천678명에게 공민권 박탈형을 내렸다. 경범급 나치협력자를 다룬 시민재판소는 공무원 12만 여명에게 행정처분을, 7만 여명에게 시민권 박탈형을 내렸다. 드골의 임시정부는 나치협력자 2백만 명을 내사한 결과 99만 명을 체포해 조사했다. 드골의 민족반역자 대숙청은 극우 파시스트세력이 주류를 이룬 비시정권의 각료들과 입법 사법 행정부뿐만 아니라 학계, 문화예술계와 언론계 등에 광범위하게 이루어졌다. 드골의 대숙청은 민족반역세력이 절대로 사회의 주류를 형성하지 못하도록 뿌리를 뽑아 다시는 고개를 들지 못하게 만든 점에 큰 의미가 있다. 그런데 르펜의 돌풍은 드골의 가혹한 숙청에도 불구하고 고개를 들어 극우파의 끈질긴 생명력을 말해 준 것으로, 프랑스 좌우파가 다시 한번 단결해 정치무대에서 구축한 것으로 해석된다.

■ 드골의 대숙청에도 되살아난 극우의 생명력

드골의 나치협력자 숙청은 보복적 차원이 아닌 현대민주주의 수립이라는 비전에 기초했음으로 2년만에 성공적으로 완수되었다. 여기에는 이념을 초월한 드골의 정치리더십이 주효했고 이 때문에 좌파인 공산당과 사회당 및 급진좌파와도 국가위기에는 협력하는 전통을 세웠다. 57년이 지난 후 이번 대선에서 프랑스가 르펜의 돌풍으로 민주체제가 위기에 직면하자 좌-우파가 공동전선을 구축해 극우파를 정치무대에서 사실상 퇴출시킨 전통은 드골이 나치협력자 숙청때 만든 것이다. 그리고 드골파인 시라크가 82%라는 압도적 다수표로 대통령에 재선된 것은 결코 우연이 아니라 드골이 남긴 정치유산에 기인된다. 그럼에도 극우파의 생명력은 인간이 상상하기 힘들 정도로 끈질긴 것으로 이념을 초월한 국민의 단결력이 없으면 극우파가 언제든지 역사를 거꾸로 돌릴 수도 있다는 교훈을 프랑스 대선이 남겨주었다.

나치협력자에 대한 드골의 대숙청이래 프랑스는 끊임없이 도피한 나치협력자들을 색출해 심판해왔다. 1984년에는 드골이 프랑스의 레지스탕스 총책으로 임명한 영웅 장 물렝을 체포해 고문사(拷問死)시킨 리용지역 나치독일의 게슈타포총책을 남미에서 체포해 재판 끝에 최고형인 무기징역형을 선고했다. 또 1992년에는 비시정권의 리용지역 민병대장으로 드골의 숙청재판에서 2번이나 사형이 선고됐으나 30여 년간 도피했던 폴 투비에를 체포해 역시 무기징역형을 선고했다. 이들은 모두 감옥에서 옥사해 민족반역에 대한 죄 값을 톡톡히 치렀다. 1999년에는 나치협력자로 '변신술의 천재'라고 일컫는 전 예산장관 모리스 파퐁이 89세의 고령임에도 10년 징역형이 선고되었다. 최근 프랑스 법조계가 92세 고령이 된 파퐁의 석방운동을 폈으나 '민족반역자에게는 관용이 없다'는 국민여론의 지탄을 받아 그의 석방은 좌절됐다.

프랑스국민은 나치협력자 심판을 과거의 일로 치부하는 것이 아니라 현재의 문제로 보고 처리한다. 프랑스의 나치협력자 심판이 끈질기게 진행됨에도 이번 대선에서 극우파가 좌파후보를 밀어내고 결선투표에 진출한데 대해 프랑스와 세계가 모두 똑같이 기절초풍하듯 크게 놀랐다. 프랑스에서 나치협력자들이 지속적으로 심판을 받고 있음에도 극우파가 고개를 들어 일어나는 까닭은 사상과 정치적 자유를 완벽하게 보장하는 민주주의제도의 틈새를 노리고 민족이기주의에 사로잡힌

프랑스의 나치협력자 청산

정치집단이 인종차별주의와 결합되어 국민을 선동하기 때문이다. 이번에 극우파돌풍이 한국언론에도 대대적으로 보도됐지만, 이것을 친일파와 연결해 생각하는 사람은 아무도 없었다. 한국의 친일파가 프랑스의 나치협력자와 비슷한 반민족적 성격을 갖고 있음에도 말이다.

한국에서는 35년간 일제의 지배에도 불구하고 친일파에 대한 심판이나 청산작업이 이루어지지 않고 오늘에 이르렀다. 친일파에 대한 심판노력이 없었던 것은 아니다. 1949년 국회에 반민족행위특별조사위원회(반민특위)가 설치돼 친일파 응징에 나섰으나 초대 대통령 이승만이 강제로 해산시킴으로써 친일파에 대한 심판이 좌절되고 말았다. 그리고 프랑스와 유럽에서는 사법처리 되어 사회에서 제거된 나치협력자들의 운명과는 달리 한국에서는 친일파가 국가와 사회의 지배세력으로 계속 군림하는 비극적 현대사를 낳았다. 이승만 자신은 독립운동가였으나 1945년 8월15일 광복이후 친일파의 등에 업혀 정권을 잡음으로써 반민특위를 해산시키고 친일역적(親日逆賊)들에게 면죄부를 주는 엄청난 과오를 저질렀다. 이것은 마치 드골이 나치협력자들을 숙청하지 않고 오히려 권력의 동반자로 삼아 반민족적 행위를 한 것과 같은 상상할 수 없는 일로, 이승만이 저질은 역사적 과오이다.

▎광복회 친일파 명단발표, 21세기 이정표세우다

광복회가 2002년 2월 친일반민족행위자 692명의 명단을 발표한 것은 만시지탄(晩時之歎)의 감이 있지만 한민족의 민족정기를 살리고 민주적 정통성을 찾아주는 기념비적 사업이라 하겠다. 일본제국주의에 나라를 팔아먹은 친일파는 프랑스의 나치협력자보다 더 악질적이고 반민족적이며 반인도적 죄악을 범했다. 나치협력자는 적어도 나치독일에게 나라를 팔아먹지는 않았고 매국할 생각도 하지 않았다. 그들은 이념적으로 파시스트였기 때문에 히틀러의 나치즘에 공감한 극우파로 나치독일과의 휴전을 받아들여 나치괴뢰정권인 비시정권을 수립했던 것이다. 그리고 그들은 친일파처럼 한글을 폐지하거나 이름까지 바꾸는 민족말살정책에는 결코 동조하지 않았다. 다만 나치협력자들은 나치독일이 전쟁에서 승리하기를 기원했고 프랑스 국민을 독일군수공장에 동원했다. 특히 드골 임시정부가 주도한 반나치 레지스탕스를 테러로 규정해 나치의 비밀경찰에 제보하는 등의 나치협력행위를 저질렀다. 친일파처럼 일본의 헌병이나 고등계형사, 또는 밀정이 되어 독립투사를 체포해 고문하는 등의 반민족행위는 하지 않았다. 그럼에도 드골장군은 이들을 국가반역죄로 가혹하게 응징했다.

이승만 독재정권이 1960년 4·19 학생혁명으로 전복된 이유도 친일파 청산실패에서 찾아야 한다. 친일파는 부귀영화를 위해서는 무슨 짓이든지 하고 개인의 영달을 위해 독립투사들을 박해하는데 앞장섰기 때문이다. 이승만이 친일파에 준 면죄부는 오늘 김대중정부에까지도 영향을 미친다. 과거 군사독재시절 감투를 그대로 인정해 군정의 하수인들을 고관대작에 기용한 것은 이승만이 '행정경험'을 빌미로 친일파를 기용한 것이나 다를 바 없다. 그래서 광복회가 발표한 친일반민족행위자 명단을 발표한 것은 21세기 한민족의 정통성과 민족정기 그리고 민주주의의 이정표를 세운 것이다. 광복회명단에서 보류한 16명을 '민족정기를 세우는 국회의원모임'이 추가해 발표했지만 앞으로도 친일파명단은 2차 3차로 계속 발표돼야 한다. 이렇게 함으로써 이승만이 면죄부를 준 친일파에 대한 역사적 심판의 계기를 마련해 민족의 도덕적 윤리적 기준을 세워 정의로운 민주 국가건설을 하게 된다. 이것이 좌―우파가 공동전선을 펴 극우파를 제거한 프랑스가 남겨준 교훈이며 이것은 바로 광복회의 친일파명단 작성작업과 직결되는 민주주의 정신의 흐름이 된다.(광복회보, 2002년 5월20일호)

프랑스의 나치협력자 청산

부록·5

서울, 파리, 바르샤바 해방 60주년의 명암
― 과거청산 실패한 한국과 성공한 프랑스 폴란드의 경우

▌ '해방의 그날을 떠올리며'

8월의 유럽은 '축제의 달'로 시민들이 거리로 쏟아져 나와 '해방의 기쁨'을 나누는 모습이 인상적이다. 프랑스 파리에서 특파원 생활 23년을 지낸 필자는 해마다 유럽을 여행하며 변화를 탐사하는 버릇이 있는데, 금년에는 나치독일 점령으로부터 해방 60주년 축제광경을 구경할 수 있었다. 프랑스는 지난 6월 6일 미영-캐나다-프랑스 연합군의 노르망디 상륙작전 60주년 기념행사를 성대하게 치른데 이어 파리해방 60주년 기념행사로 축제는 절정에 달했다.

특히 수도 파리를 레지스탕스(시민저항군)가 해방시킨 감격으로 파리시민은 '해방의 그날'을 떠올리며 '레지스탕스 정신'을 되새기고 있었다. 이러한 파리의 분위기는 폴란드의 바르샤바 해방 60주년과 한국의 8·15해방 기념일과는 상당히 다른 것이었다.

프랑스는 레지스탕스가 해방한 수도에 입성하자말자 프랑스 임시정부를 수립한 드골 장군이 나치협력자를 정리해 과거청산을 말끔히 해냈다. 그리고 레지스탕스가 주도한 좌-우파 정당이 정치무대에 올라 정책경쟁을 하는 현대 민주주의 정치구축에 성공했다. 여기에는 민족주의 우파 드골파와 사회당과 공산당 그리고 중도우파 급진당이

레지스탕스를 공통분모로 참여해 민주적이며 시장경제가 제대로 가동되는 '새 프랑스'를 건설했다. 폴란드는 수도 바르샤바의 레지스탕스가 프랑스보다 한발 앞서 궐기해 나치독일군을 축출하는 해방전쟁을 펼쳤다. 그러나 63일의 격렬한 전투 끝에 실패했다. 파리는 불과 일주일 만에 나치독일 점령군 사령관 폰 콜티츠 중장의 항복을 받는데 성공했는데, 바르샤바는 왜 실패한 것일까.

노르망디에 상륙한 미영연합군이 프랑스군의 파리진격을 허용한데 반해 바르샤바의 문턱인 비스툴강에 포진한 소련의 붉은 군대는 폴란드 레지스탕스를 지원하지 않았기 때문이다. 소련군은 나치독일군이 봉기한 레지스탕스를 모두 진압하도록 방관했다. 소련군이나 미영연합군의 지원을 받지 못한 바르샤바 시민저항군은 나치독일 기계화부대에 섬멸되고 말았다. 소련군은 4개월 후 나치독일군이 바르샤바를 철수한 다음에 무혈 입성했다.

런던의 폴란드 임시정부는 프랑스 드골의 임시정부가 파리에 입성해 나치협력자를 청산함으로써 전승국의 지위를 획득한 것과는 달리 '패전국'으로 소련에 점령당해 모스크바의 위성국으로 전락했다. 파리나 바르샤바와는 달리 38도선의 남북에 미군과 소련군이 점령함으로써 해방을 맞은 한반도는 일찍부터 이념적 남북분단의 희생물이 되어 6·25라는 이념전쟁을 경험했다.

나치독일 점령에서 해방시킨 주체에 따라 프랑스, 폴란드, 한국의 운명은 판이하게 갈렸다. 프랑스는 파리를 스스로 해방함으로써 2차 세계대전 후 미국 영국 소련과 같이 전승 4강대국으로 부상했다. 폴란드는 바르샤바 봉기 실패로 소련 공산주의의 위성국이 되었고 한반도는 미군과 소련군이 해방시켜 자유주의와 공산주의 이념의 대결장이 되었다. 나치독일의 패전으로 미영불소 4강대국에 점령당한 독일도 동서로 분단되었다. 그러나 한반도와는 달리 2차 세계대전의 패

프랑스의 나치협력자 청산

전국으로 일본 식민지인 한국의 피해자 지위와는 전혀 달랐다. 독일은 4강대국들이 점령해 1946년 뉘른베르크 국제전범재판에서 보듯 나치독일세력이 소탕되었고 동서독이 계속 나치전범을 응징함으로써 민주선진국 대열에 끼었다. 한반도는 오늘도 분단시대를 살며 특히 광복절 노무현 대통령이 과거청산을 외쳐 후유증이 만만치 않다.

독일은 분단시대부터 2차 세계대전 패전일을 '게르만민족이 나치 전체주의로부터 해방된 날'로 규정해 기념해 왔다. 유럽에서는 프랑스가 시작한 나치협력자 청산의 확산으로 서구와 폴란드 등 동구 및 가해국인 독일까지도 과거청산에 성공했다. 유럽에서는 이제 전승국은 물론이고 패전국 독일조차도 과거청산문제에서 부담이 없다. 독일은 이제 통일한지 15년이 되었고 냉전이 해체되면서 소련과 동구 공산진영이 서구 민주주의와 시장경제 체제에 병합되었다. 2004년에는 폴란드, 체코, 슬로베니아, 슬로바키아와 발틱 3국 등 동구 나라들이 북대서양 동맹 회원국이 되었고 동구 10개 국가들은 유럽연합(EU)의 정식 회원국이 되어 민주선진국의 지위를 획득했다.

유럽이 정치적 민주주의와 시장경제체제로 통일된 것은 동구와 소련 지도자들이 대부분 자유와 경제번영을 외치며 봉기한 1989년 시민혁명의 결과 불가피하게 공산주의체제를 스스로 해체했기 때문이다. 그럼에도 2차 세계대전의 결과 미소가 세계를 분할한 얄타체제의 후유증이 바르샤바봉기 60주년을 계기로 폭로되었다. 과거사가 여전히 현실문제로 남아 이번에 폭발한 것이다.

▍폴란드, 기막힌 '역사의 장난'이 숨겨져 있다

2004년 8월 1일 바르샤바는 나치독일의 점령에서 해방하기 위한 레지스탕스 봉기 60주년을 처음으로 기념했다. 그런데 바르샤바 레지스탕스가 소련군의 힘을 빌리지 않고 스스로 수도를 해방시키기 위해 봉기한 사실을 아는 사람은 거의 없었다. 60주년기념식을 통해 바르샤바 레지스탕스의 반 나치봉기가 63일간 치열한 전투를 펼쳤으나 실패한 사실이 처음으로 세상에 알려졌다. 런던의 폴란드 임시정부는 서부전선에서 미영 연합군이 노르망디에 상륙해 동진(東進)하고 동부전선에서는 소련군이 '스탈린그라드 공방전'에서 승리를 거둔 후 파죽지세(破竹之勢)로 서진(西進)하자 바르샤바의 레지스탕스에게 전면적으로 봉기해 소련군 입성 전에 수도를 나치독일군에서 해방시키라고 지시했다. 이러한 시나리오는 당시 북아프리카의 알제에서 드골의 '자유프랑스'가 파리를 연합군 입성 전 해방이라는 시나리오와 같은 것이었다.

바르샤바의 레지스탕스 봉기는 파리와는 달리 실패하고 말았다. 여기에는 기막힌 '역사의 장난'이 숨겨져 있었다. 이것은 바르샤바의 봉기가 지금까지 세상에 알려지지 못해 묻혀 있었던 사연과 깊은 관련이 있다. 아무튼 8월 1일 폴란드 정부는 바르샤바 레지스탕스 봉기 60주년 기념식을 성대하게 거행했다. 기념식에는 독일의 슈뢰더 총리와 미국의 콜린 파월 국무장관 등 국제사회의 지도자들이 참석했다. 러시아의 푸틴과 프랑스의 시라크 대통령은 오지 않아 폴란드 국민의 비판을 받았다. 사실 바르샤바 레지스탕스 봉기는 파리 레지스탕스 궐기와는 달리 전혀 알려지지 않은 동구 사회주의권의 비밀이요, 터부였다. 필자가 1973년 8월 한국인 최초로 폴란드를 방문해 바르샤바와 크라코우 그리고 아우슈비츠 나치강제수용소를 방문했을 때 가이드는 바르샤바가 나치에 의해 완전히 파괴된 것을 그대로 복원했다고 설명했다. 그러나 레지스탕스 봉기 이야기는 전혀 해주지 않았다.

최근 서울에서도 개봉된 폴란드 출신 로만 폴란스키 감독의 명작

프랑스의 나치협력자 청산

영화 '피아니스트'에서도 나치독일군이 게토의 유태인 봉기를 참혹하게 진압하는 과정을 그렸으나 바르샤바 봉기는 나오지 않았다. 다만 라스트 신에 철수하는 나치장교에게 피아노 한 곡을 쳐주고 목숨을 구한 주인공이 거리로 나왔을 때 완전히 폐허가 된 바르샤바의 모습을 재현시켰다. 바르샤바는 철저히 파괴되고 하나의 흙더미로 화했는데, 지금까지 아무도 이유를 몰랐다. 2차 세계대전 때 소련군과 나치독일군이 바르샤바 공방전을 벌린 결과 파괴된 것으로 알았을 뿐이다. 그러나 바르샤바는 레지스탕스 봉기에 대한 히틀러의 보복작전이며 소련의 붉은 군대가 간접원인 제공자라는 사실이 밝혀졌다.

▌바르샤바 봉기 실패한 이유는

바르샤바의 봉기는 소련군이 1.5km 떨어진 비스툴 강변에 포진한 가운데 1944년 8월 1일 시작되었다. 1943년 게토의 유태인 봉기를 진압한 나치독일군은 소련군의 진격에 따라 크게 약화되었고 히틀러의 패배가 예견되고 있었다. 미영연합군이나 소련군의 지원이 조금만 있으면 레지스탕스의 승리는 명약관화(明若觀火)한 일이었다. 그러나 레지스탕스는 시산혈하(屍山血河)의 참담한 전투를 63일 간이나 치르고도 패배했다. 8월 1일 시작된 전투는 10월 2일에 레지스탕스의 항복으로 끝났다. 전쟁에서 폐색이 짙은 나치독일군의 승리는 소련 스탈린의 전략에 기인된 것이 사실이다. 바르샤바 레지스탕스 패배결과는 20만 명의 레지스탕스와 시민이 전사했고, 16만5천 명의 시민이 나치강제수용소에 끌려갔으며 35만 명의 시민은 국내외로 도피해 나치의 추적을 피해야 하는 도망자로 전락했다. 폴란드 망명정부는 바르샤바의 봉기가 성공해 폴란드 국민이 주인이 되어 소련의 붉은 군대를 맞이함으로써 독립국을 건설한다는 시나리오를 실현하

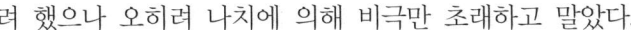

려 했으나 오히려 나치에 의해 비극만 초래하고 말았다.

스탈린의 붉은 군대는 나치독일군이 바르샤바 봉기를 유혈 진압하는 것을 '강 건너 불구경' 보듯 했다. 스탈린이 레지스탕스를 지원하지 말라는 지령을 내렸기 때문이었다. 1939년 히틀러와 불가침조약을 맺어 동부 폴란드 영토를 점령한 스탈린은 이러한 원죄와 아울러 얄타비밀협정으로 동구를 분할해 위성국으로 만드는 시나리오를 갖고 있었다. 스탈린이 바르샤바 봉기를 지원하면 폴란드망명 정부가 프랑스의 드골처럼 독립정부를 먼저 수립해 위성국으로 만들 기회를 잃을 것이 뻔했다. 그래서 스탈린은 코앞에서 벌어진 바르샤바 전투에 팔짱만 끼고 방관한 것이다. 그러나 영국의 처칠은 바르샤바를 지원하기 위해 총력을 기울였다. 먼저 이탈리아와 영국에서 무기와 장비를 실은 수송기를 보냈으나 독일방공망에 걸려 격추되었다. 그래서 스탈린에게 폴란드의 소련군 점령지역에 수송기착륙 허가를 요청했으나 거절당했다. 스탈린은 '바르샤바의 승리'를 방해하고 1945년 연초에 슬그머니 무혈입성(無血入城)해 바르샤바를 '해방'했다고 큰소리쳤다. 약소민족의 비극을 상징하는 장면이다.

▌ 비난받은 러시아 대통령 푸틴의 축사

이러한 역사적 진실이 밝혀지면서 바르샤바 봉기 60주년 기념식은 국제외교에 미묘한 파장을 일으켰다. 공산주의시대에 터부시했던 바르샤바 봉기에 폴란드 정부는 각국 지도자들을 초청했다. 그러나 러시아의 푸틴은 불참하고 폴란드 주재대사에게 축사를 대독시켰다. 아파나시옙스키 대사는 "바르샤바의 봉기는 나치독일군에 대한 폴란드와 러시아의 공동의 승리"라고 푸틴의 메시지를 낭독했다. 폴란드의 유력지 가제타 비보르차는 푸틴의 축사에 격분해 격렬히 비난했다.

프랑스의 나치협력자 청산

"푸틴은 어느 승리를 말하나? 희생된 20만 바르샤바 시민을 말하나? 파괴당한 바르샤바 시가를 말하나? 아마도 그후 소련이 폴란드에 강제한 반세기의 공산주의 체제를 말하는가 보다." 스탈린의 붉은 군대는 바르샤바 레지스탕스가 나치독일군에 무참히 섬멸될 때 팔짱끼고 구경한 사실에 대해 신문은 신랄히 비판했다.

"이것은 마치 파리에서 봉기한 프랑스 레지스탕스가 나치의 직업적 학살자들에 박살되도록 파리 문턱에 도착한 르크레르장군의 프랑스군과 영미연합군이 방치하며 구경한 것과 같다"라고 '바르샤바 44'를 쓴 역사학자 스레지에프스키는 신문에 썼다. 폴란드 임시정부가 바르샤바 봉기를 결정한 것은 소련군의 폴란드 역내 진격과 노르망디 상륙작전이 성공한 것을 보고 승리를 확신했기 때문이다. 그러나 파리 레지스탕스가 승리한 것과는 달리 패배했으며 이것은 50년 공산주의 지배라는 폴란드의 운명을 결정했다. 폴란드 정부는 푸틴대통령에게 스탈린을 나치독일의 공범으로 간주하고 공식사과를 요구했다. 그러나 푸틴은 '사과할 이유가 없다'고 거부했다는 것이다. 러시아의 오만과 소련의 계승자임을 읽히게 하는 장면이다.

미국의 파월 국무장관은 스탈린과 얄타비밀협정을 싸잡아 비난했다. 그는 "당시 연합군이 유럽을 동서 양진영으로 분할한 것은 중대한 역사적 과오"라고 자아비판을 했다. 그는 폴란드의 자유를 쟁취하기 위해 그들의 피로 싸워 독립국을 건설하려 한 바르샤바 봉기를 높이 평가하며 "미영 연합군이 더욱 강력히 스탈린에게 수송기 착륙권리를 주장하지 않은 사실도 과오"라고 지적했다. 그러나 미국은 파월이 도착하기 전 발표한 축하 메시지에서 '바르샤바 봉기를 1943년 게토의 유태인 봉기로 착각한' 구절을 넣는 실수를 했다. 미국 국무성은 냉전시대 폴란드에는 게토의 봉기만 있었고 바르샤바 봉기는 없다고 하는 소련의 선전탓으로 "바르샤바 게토의 봉기 60주년"이라

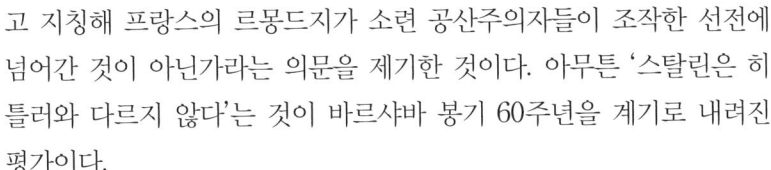

고 지칭해 프랑스의 르몽드지가 소련 공산주의자들이 조작한 선전에 넘어간 것이 아닌가라는 의문을 제기한 것이다. 아무튼 '스탈린은 히틀러와 다르지 않다'는 것이 바르샤바 봉기 60주년을 계기로 내려진 평가이다.

▍독일 총리, '나치독일의 수치'라고 용서빌다

독일은 러시아와는 달리 이탈리아에서 휴가를 중단하고 기념식에 참석한 슈뢰더 총리가 바르샤바 레지스탕스를 유혈진압한데 대해 깊이 사과함으로써 국제사회를 감동시켰다. 그는 "(바르샤바 봉기를 섬멸한) 나치독일은 수치요, 폴란드의 존엄이다"라고 규정하고 "폴란드 국민의 나치시대 종식에 기여한 것을 감사한다"라고 밝혔다. 그는 2차 세계대전 때 나치독일군 패주와 같이 독일로 피난 온 폴란드 등 동구출신 독일인들이 오늘 재산상의 피해보상을 요구하려는 독일의 움직임을 시대착오적이라고 비판하면서 "오늘날 폴란드와 독일이 똑같이 속해 있는 자유유럽에서 역사는 다시 쓰여 지거나, 잘못 해석되어서는 안 될 것'이라고 역설했다. 독일총리의 축사에서 국제사회는 1970년 빌리 브란트 독일총리가 나치가 유태인 봉기를 유혈 진압한 게토를 찾아 무릎을 꿇고 나치독일의 만행을 사죄한 장면을 떠올리며 독일의 반성과 민주주의를 높이 평가했다. 이 장면을 보면서 필자는 마치 8·15 광복기념식에 일본의 고이즈미 총리가 참석해 식민지 지배를 사과하는 모습을 떠올리지 않을 수 없었다. 그러나 이것은 부질없는 상상에 지나지 않으며 오히려 고이즈미는 전범들이 묻힌 신사참배를 할 뿐만 아니라 독도마저 일본영토라 주장하는 적반하장(賊反荷杖)의 모습을 보인다. 일본이 독일의 과거사 반성을 배워야 동북아의 평화가 보장될 것이라는 생각이 든다.

프랑스의 나치협력자 청산

세계 도처에서 기를 펴지 못하고 살아온 바르샤바 레지스탕스 3천여 명이 기념식에 참석해 유혈이 낭자했던 60년 전 그날을 회상했다. 파리에서 딸과 같이 조국을 찾은 생존 레지스탕스 스레지엡스키는 "너무나 괴로워 말할 수 없다. 눈물이 나와 말이 막힌다. 바르샤바 봉기는 인간의 상상력으로는 그려낼 수 없는 일대 드라마였다"라고 술회했다. 당시 레지스탕스는 거의 모두 자유주의자거나 사회민주주의자로 공산주의자는 극소수였다. 나치독일군이 철수하고 소련군이 입성했을 때 천신만고 끝에 살아남은 레지스탕스들은 '이제 살게 되었다'고 좋아한 것도 잠시, 스탈린의 붉은 군대는 이들을 박해했다는 것이다. 그때 영국, 프랑스, 미국, 호주로 도망친 레지스탕스는 60주년 기념식까지 조국에 돌아올 수 없었다고 한다. 바르샤바 봉기를 기념하는 레지스탕스박물관을 폴란드 정부가 60주년을 기념하여 개관했다. 박물관 벽에 전사한 레지스탕스영웅 20만 명의 이름을 새겨 넣었다. 수많은 생존 레지스탕스와 친인척들이 형님과 아우 그리고 아버지의 이름 앞에서 통곡하고 있었다. 바르샤바 시청이 박물관에 바르샤바 봉기의 영웅 20만 명의 이름을 새긴 것은 레지스탕스의 역사를 후세에 남겨 영원히 기억하고 애국적 교훈으로 삼기 위한 것이다.

▌경찰이 먼저 일어난 파리시민 봉기

파리 레지스탕스의 봉기는 1944년 8월 19일 파리경시청 경찰관들이 최초로 총을 들어 발단되었다. 경찰봉기 이전에 8월 11일 철도원, 우편배달부, 간호원의 파업이 있었다. 파리시민의 분주한 움직임을 경계한 나치독일군은 일부 파리 교외의 경찰관의 무장해제를 명령했다. 8월 15일에는 나치독일군이 파리의 모든 경찰에게 무장해제를 명했으나 경찰이 불복해 파업에 들어갔다. 8월 16일 나치독일군은 파리 시민을 위협하기 위해 34명의 레지스탕스를 불로뉴 숲에서 공개리에 처형했다. 17일에는 공무원 1천5백 명이 파리시청 앞에서 파업지지 시위를 했다. 8월 18일 프랑스 레지스탕스 지도자 롤 탕기의 이름으로 '파리시민이여 궐기하라'는 삐라가 뿌려졌다. 그리하여 파리경시청 2천여 경찰이 총을 들고 전투에 나선 것이다.

파리 전역으로 시가전이 확산되고 있을 때 드골 장군은 노르망디의 셸부르에 상륙해 아이젠하워 장군에게 파리해방을 위한 군대급파를 요청했다. 8월 21일 아이젠하워의 명령으로 미군의 진격이 개시되었고 미군은 파리에서 60km 지점의 퐁텐브로우를 점령했다. 그리고 망트 지역의 센강을 건너는데 성공했으나 파리는 아직 50km나 떨어져 있었다. 레지스탕스와 나치독일군의 전투는 더 가열하게 전개되었다. 파리주재 스웨덴 대사는 파리를 보존하기 위한 휴전협상을 중재했다. 르크레르 장군의 프랑스군은 제일 먼저 파리 외각 베르사이유에 도착했으며 레지스탕스 협의회는 전투에 들어갔다. 지하에서 활동하던 유명작가 알베르 카뮈가 주필인 콩바 등 레지스탕스 신문들이 8월 21일 총탄이 쏟아지는 파리 거리에 뿌려져 전투에 시민참여를 호소했다. 파리에는 도처에 바리케이드가 설치되어 레지스탕스가 최후의 결전을 감행했다. 그리고 8월 22일 롤 탕기 명의로 '모두 바리케이드에 모여라'라는 호소문이 신문과 레지스탕스 방송을 통해 전해졌다.

8월 23일 파리의 독일점령군 사령관 폰콜티츠 중장은 파리를 완전무결하게 파괴하라는 히틀러의 명령을 받았다. 르크레르 장군의 프랑스군은 파리 30km 떨어진 트라프시에서 독일군 2만 명과 만나 격전을 벌렸다. 나치점령군은 파리 샹제리제의 '그랑 파레'를 공격해 레지스탕스와 격전을 벌리며 화재를 일으켰다. 파리도처에서 레

프랑스의 나치협력자 청산

지스탕스는 관청을 점령했고 나치점령군은 밀리기 시작했다. 이날 런던의 자유프랑스 방송은 레시스낭스가 사실상 파리를 해방했나고 최초로 방송했다. 그러나 아직 파리는 전투의 한 가운데에 있었다. 드론 대위가 운전한 경비행기가 파리시청 상공을 나르며 "레지스탕스여 조금만 더 버티어다오, 우리 프랑스군이 곧 도착한다"는 메시지를 투하했다. 이날 밤 9시 30분 프랑스군 선봉이 파리 서부교외 세브르다리에 도착했고 파리 16구에 포진한 독일대포가 불을 품었다.

▌파리 레지스탕스, 나치장군의 항복받다

8월 24일 밤부터 25일 새벽까지 파리시민은 밤을 새워 레지스탕스를 지원했다. 이미 24일 밤 파리의 성당 종이 일제히 울려 해방이 임박했음을 알렸고 도처에서 기관총탄과 대포의 발사음으로 귀를 막아야 했다. 레지스탕스는 나치군 점령지를 탈환하며 부분적으로 항복을 받았다. 제일 먼저 파리에 입성한 르크레르 장군의 프랑스군은 24일 밤 몽파르나스 거리에 사령부를 설치했고, 25일 아침 미제5군 4사단 병력 1만6천 명이 남부 이탈리아 문을 통해 파리에 입성했다. 8월 25일 오후 3시 30분, 호텔 므리스의 나치독일 점령군사령부의 방어는 끝났다. 아침부터 벌어진 전투에서 독일군 탱크들은 레지스탕스의 특공작전으로 포성을 멈추었다. 콜티츠 나치사령관은 파리경시청에서 프랑스군 르크레르 장군, 롤 탕기가 제시한 항복문서에 서명했다. 레지스탕스의 6일간 전투 끝에 파리는 나치독일 점령에서 해방되었다. 8월 26일에는 드골 장군이 파리 샹제리제 대로를 1백만 시민과 같이 행진하면서 "파리는 용감한 파리 시민이 해방했다"는 감격적 연설을 했다.

파리해방 60주년을 맞은 8월 19일 파리 도처에서 기념행사와 축제를 펼쳤다. 1944년 드골의 파리해방 시나리오는 바르샤바와는 달리 성공했다. 이는 프랑스를 전승 4강대국으로 격상시켰으며 나치독일 패망에 연합군의 일원으로 2차 세계대전 전후를 요리하는 주역으로 참가하게 만들었다. 폴란드의 비극을 생각할 때 프랑스의 운이 좋았다고 밖에 달리 해석할 길이 없다. 영미연합군이 프랑스군 선발대를 레지스탕스 지원에 참여토록 격려했고 미군도 파리진격에 속도를 가했다. 나치독일군 사령관 콜티츠는 히틀러의 명령을 거역해 파리를 바르샤바처럼 파괴하지 않았다. 여기에는 드골의 탁월한 리더십과 전략이 총체적으로 작용한 것이지만 프랑스 레지스탕스의 지속적이며 애국적 전쟁도 큰 역할을 했다. 파리해방 60주년은 레지스탕스의 이름을 거리에 명명하는 기념식으로 가득 차 있었다.

드라노에 파리시장은 8월 19일 파리 북부지역 레지스탕스 총책 로제-프리우-팔장의 이름을 파리4구의 한 광장에 명명하는 식을 거행했다. 파리봉기 영웅 롤 탕기의 이름은 파리14구의 대로에 부쳐졌다. 파리19구 중심가에 드골의 임시정부 각료로 활약한 공산당 레지스탕스 샤를르 티용의 이름이, 프랑스군을 처음으로 파리에 입성시킨 드론느 대령은 동상이 파리 거리에 세워졌다.

파리해방에 기여한 스페인출신 레지스탕스에게는 헨리 4세 강변로에 금속판을 만들어 영원히 기념했다. 파리해방 60주년은 폴란드와는 달리 외교적 현실문제가 전혀 없었다. 드골이 나치협력자를 철저히 청산했고 민주주의와 시장경제를 발전시킴으로써 오늘 국제사회의 선진민주 강대국이 되었기 때문이다. 폴란드는 1989년 10월 공산주의의 굴레를 벗어던지고 반세기만에 시장경제와 민주주의를 도입함으로써 나토와 유럽연합의 일원으로 먼 길을 돌아 민주주의 진영에 합류했다. 그러나 2차 세계대전 후유증으로 러시아와 독일과 외교

프랑스의 나치협력자 청산

현안을 풀어야 할 입장이다. 여기서 과거청산은 풀어야 전진할 수 있다는 진리를 본다.

8·15 광복기념일도 과거청산 문제로 논란이 분분하다. 노무현 대통령의 경축사는 친일파청산에다 과거 독재의 인권문제까지도 청산 대상으로 거론해 파문을 일으키고 있다. 노대통령은 "반민족 친일행위만이 진상규명의 대상이 아니며 과거 국가권력이 저지른 인권침해와 불법행위도 대상이 돼야 한다"고 천명했다. 그는 "친일과 항일, 좌우대립, 독재와 민주세력 간에 서로 인정하지 않는 대결시대가 계속됐고 특히 독재정권이 지역을 가르고 차별과 배제를 뒤풀이하면서 갈등과 불신이 더 깊어졌다. 이제 분열의 역사에 종지부를 찍어야 한다"고 역설했다. 우리는 프랑스와 폴란드의 나치협력자와 독일의 나치전범이라고 말할 수 있는 친일파에 대해 청산-정리하지 못했기 때문에 대통령의 말은 지당한 당면과제로 등장한 것이다.

▌2005년 광복 60주년에는 친일파 청산 끝내야

그래서 우리에게는 프랑스의 레지스탕스 정신이나 폴란드의 반나치와 반스탈린 저항정신이 민족의 확실한 가치관으로 정립되어 있지 않다. 프랑스와 폴란드 그리고 독일조차도 민족반역자와 나치전범을 응징 청산했음에도 60년이 지난 오늘 다시 바르샤바박물관 벽에 이름을 새겨 넣고 파리의 광장과 대로, 거리에 레지스탕스의 이름을 명명하며 금속판을 부쳐 후세에 영원히 남기는 작업을 계속한다. 민족정기를 정화하고 레지스탕스 정신을 고양해 과거의 과오를 결코 되풀이하지 않겠다는 결의를 다지는 국가적 의식(儀式)이다. 불행히도 한반도는 얄타체제의 희생물이 되었지만 오늘까지도 분단문제와 이념갈등 문제를 해결하지 못하고 있다. 그 뿌리에는 친일파청산 실패

드골의 과거사 정리방식과 친일파 청산

가 도사리고 있음을 부인할 수 없다.

친일파는 유럽의 나치협력자보다 더 악랄한 민족반역자다. 왜냐하면 친일파는 국가와 민족을 일본에 팔고 창시개명으로 이름까지 일본의 것으로 갈며 우리 한글까지 말살하려 획책했다. 나치협력자는 친일파와 같은 민족말살 반역행위는 감히 하지 않았음에도 준엄한 응징을 받아 청산되었다. 해방 후 이승만은 독립운동 투사이며 영웅이었으나 드골과 같은 슬기와 리더십, 그리고 미래를 내다보는 비전이 없었다. 이 때문에 친일파 응징요구에도 불구하고 반민특위를 무력으로 해산시켜 면죄부를 주었던 것이다.

뿐만 아니라 친일파에게 벼슬과 명예와 돈을 안겨 줌으로써 민족정기를 타락시키고 분열시켰다. 60년 전의 이러한 역사적 과오는 오늘에도 부정부패, 기회주의, 분열과 갈등, 이기주의라는 '한국병'으로 뿌리내려 사회혼란을 극에 달하게 한다.

그래서 우리는 내년 광복 60주년까지는 친일파청산을 적어도 기록으로나마 하지 않으면 안 된다. 응징이나 사법처리 즉 인적 청산은 불가능하고 필요하지도 않다. 누가 왜 어떻게 친일파이며 민족반역자가 되었으며 무엇을 했는지 구체적으로 기록을 남겨 후세에 다시는 제2의 친일파가 나오지 않도록 자물쇠를 채우는 것이 중요하다. 우리는 왜 프랑스가 레지스탕스의 이름을 파리의 대로에 명명하고 금속판을 광장과 거리에 부치며 폴란드가 왜 20만 레지스탕스영웅의 이름을 바르샤바봉기 기념박물관 벽에 새겨 넣었는지를 명심해야 한다.(파리에서, 2004년 8월)

프랑스의 나치협력자 청산

참고자료

1) Histoire de l'epuration(숙청의 역사) T 1~3, ROBERT Aron, Fayard, 1975.

2) L'EPURATION 1943~1953(대숙청), HUBERT Lottman, Fayard, 1986.

3) L'epuration francaise 1944~1949(프랑스의 숙청), PETER NOVICK, Balland, 1985.

4) LE PROCES DE VICHY 1944~1945(비시의 재판), FRED KUPFERMAN, Editions Complexe, 1980.

5) L'epuration en France (프랑스에서 숙청), JEAN PIERRE RIOUX, Seuil, 1980.

6) LE GRAND NAUFRAGE(대침몰), JULES ROY, Albin michel, 1995.

7) Les Premiers beaux jours(첫 번째 아름다운 날들), PIERRE ASSOULINE, Calmann-Levy, 1985.

8) L'epuration des intellectuels(지식인들의 숙청), PIERRE ASSOULINE, Editions Complexe, 1985.

9) Qu'est-ce qu'un collaborateur?(협력자란 무엇인가?), Jean Paul Sartre, Gallimard, 1949.

10) La Haute Cour de la Liberation(해방의 최고재판소), LOUIS NOGUERES, Minuit, 1965.

11) PETAIN et La fin de la Collaboration(페탱과 협력의 종말), HENRY ROUSSO, 1984.

12) La Rive gauche(좌안), HERBERT Lotteman, Seuil, 1984.

13) L'EPURATION dans L'administration francaise(프랑스 행정부에서 대숙청), FRANCOIS ROUQUET, CNRS EDITIONS, 1993.

14) HISTOIRE DE LA LIBERATION DE LA FRANCE(프랑스해방의 역사), ROBERT Aron, Fayard, 1960.

15) DE GAULE(드골평전), T-1-3, JEAN Lacouture, Seuil, 1985.

16) La Collaboration(협력), Dominique Veillon, Le Livre de Poches, 1984.

17) QUID(퀴드연감), Dominique et Michel fremy, Robert Laffont, 2000.

18) ALBERT CAMUS(카뮈평전), Herbert Lottman, Seuil, 1978.

19) Memoires de guerres(전쟁회고록), 1940~46, Charles DE GAULE, Plon, 1999.

20) Memoires d'espoir(희망의 회고록), 1958~1969, Charles DE GAULE, Plon, 1999.

21) Histoire de La Resistance en France(프랑스저항운동의 역사), Henri Nogueres, Robert Laffont, 1981.

21) Le Crime et La Memoire(범죄와 기억), Alfred Grosser, Flammarion, 1991.

22) La France Libre(자유프랑스), T-II, J-L Cremieux-Brilhac, folio histoire, 2001.

23) Histoire de VICHY(비시의 역사), 1940~1944, Robert Aron, Fayard, 1959.

24) Intelligence avec l'enemi(적과 내통한 이적죄), Alice Kaplan, Gallimard, 2001.

26) Premier Combat(첫 전투), Jean Moulin, Les Editions de Minuit, 1999.

25) L'esprit de Resistance(레지스탕스 정신), Serge Ravanel, Seuil, 1995.

26) La democratie sans le peuple(인민 없는 민주주의), Maurice Duverger, PUF, 1967.

27) De Gaule, (1940~1958) les Dossiers, historia, 1998.

28) 실록 친일파, 임종국, 서울, 돌베개, 1991.

29) 친일파 I-II, 김삼웅 정운현 공저, 서울, 학민사 1991~1992

30) 지도자와 역사의식 주섭일, 서울, 지식산업사, 1997.

31) 지식인과 저항, 제임스 D. 월킨슨(이인호역), 서울, 문학과 지성사, 1992.

32) 인물로 보는 친일파역사, 역사문제 연구소편, 역사비평사, 1993.

33) 친일문학론, 임종국, 서울, 평화출판사, 1966.

34) 고쳐쓴 한국현대사, 강만길, 서울, 창작과 비평사, 1994.

35) 20세기 우리역사, 강만길, 서울, 창작과 비평사, 1999.

36) 역사비평 28호, 해방50주년기념 특집(주섭일의 논문, 드골의 나치협력자 대숙청), 서울, 1995 '봄'호

37) 대전환기의 세계와 한반도, 주섭일, 사회와 연대, 2002. (제3부 친일파 청산과 일본 군국 주의 부활) 참조.

38) 정치변화와 사회민주주의, 주섭일, 사회와 연대, 2002. (제5부 21세기 한국의 딜레마-친일파 청산과 교육개혁) 참조.

39) Les ACQUITTES DE VICHY(비시의 무죄석방자들), G. Chauvy Perrin, Paris, 2003

40) LA GRANDE HISTOIRE DES FRANCAIS SOUS

L'OCCUPATION(나치점령시대 프랑스인들의 대역사), H. AMOUROUX, R. LAFFONT, Paris, 1998

41) HISTOIRE DE VICHY(피시의 역사) 1940~1944, R. ARON, Fayard, Paris, 1959

42) Une Poignee de miserables(한줌밖에 안 되는 비천한 인간들), M-O BARUCH, Fayard, Pairs, 2003

43) 'Barbie, Touvier, Papon' Collection memoire, Jean Paul Jean, Paris, 2002

44) 'Vichy, un passe qui ne passe pas' H. Rousso, folio histoire, Paris, 2001

프랑스의 나치협력자 청산

2004년 8월 25일 | 초판 인쇄
2004년 8월 30일 | 초판 발행
2017년 11월 30일 | 1판 2쇄 인쇄
2017년 12월 8일 | 1판 2쇄 발행

지은이 | 주 섭 일
발행인 | 오 영 환
발행처 | 사회와 연대 · 세명서관
등 록 | 1989. 2. 20. 제2-409호

주 소 | 서울특별시 중구 동호로 15길43(신당동)
         미래빌딩 305호
전 화 | (02) 2238-9055, 2235-9601
FAX | (02) 2234-9291
E-mail | semyoungbook@hanmail.net

값 28,000원

ISBN 89-89097-25-8 03810

• 잘못 만들어진 책은 교환해 드립니다.